经以济世
礼以衡束
贺教育部
人文社科项目
心里主题

教育部哲学社会科学研究重大课题攻关项目

灾后中小学生心理疏导研究

RESEARCH ON PSYCHOLOGICAL ASSISTANCE
OF PRIMARY AND SECONDARY SCHOOL
STUDENTS AFTER DISASTER

林崇德
等著

经济科学出版社
Economic Science Press

图书在版编目（CIP）数据

灾后中小学生心理疏导研究/林崇德等著．—北京：经济科学出版社，2014.4

（教育部哲学社会科学研究重大课题攻关项目）

ISBN 978 – 7 – 5141 – 4552 – 6

Ⅰ.①灾… Ⅱ.①林… Ⅲ.①小学生 – 学生心理 – 心理健康 – 健康教育 – 研究②中学生 – 学生心理 – 心理健康 – 健康教育 – 研究 Ⅳ.①B844.2

中国版本图书馆 CIP 数据核字（2014）第 080396 号

责任编辑：李晓杰
责任校对：刘欣欣
责任印制：邱　天

灾后中小学生心理疏导研究

林崇德　等著

经济科学出版社出版、发行　新华书店经销
社址：北京市海淀区阜成路甲 28 号　邮编：100142
总编部电话：010 – 88191217　发行部电话：010 – 88191522
网址：www.esp.com.cn
电子邮件：esp@esp.com.cn
天猫网店：经济科学出版社旗舰店
网址：http：//jjkxcbs.tmall.com
北京季蜂印刷有限公司印装
787×1092　16 开　26 印张　500000 字
2014 年 10 月第 1 版　2014 年 10 月第 1 次印刷
ISBN 978 – 7 – 5141 – 4552 – 6　定价：65.00 元
(图书出现印装问题，本社负责调换。电话：010 – 88191502)
(版权所有　翻印必究)

课题组主要成员

（按姓氏笔画为序）

首席专家：林崇德
主要成员：乔志宏　庄　健　安媛媛　伍新春
　　　　　　应柳华　陈秋燕　张晨光　侯志瑾
　　　　　　程　科　曾盼盼　臧伟伟　戴　艳

编审委员会成员

主　任　　孔和平　罗志荣
委　员　　郭兆旭　吕　萍　唐俊南　安　远
　　　　　　文远怀　张　虹　谢　锐　解　丹
　　　　　　刘　茜

总　序

哲学社会科学是人们认识世界、改造世界的重要工具，是推动历史发展和社会进步的重要力量。哲学社会科学的研究能力和成果，是综合国力的重要组成部分，哲学社会科学的发展水平，体现着一个国家和民族的思维能力、精神状态和文明素质。一个民族要屹立于世界民族之林，不能没有哲学社会科学的熏陶和滋养；一个国家要在国际综合国力竞争中赢得优势，不能没有包括哲学社会科学在内的"软实力"的强大和支撑。

近年来，党和国家高度重视哲学社会科学的繁荣发展。江泽民同志多次强调哲学社会科学在建设中国特色社会主义事业中的重要作用，提出哲学社会科学与自然科学"四个同样重要"、"五个高度重视"、"两个不可替代"等重要思想论断。党的十六大以来，以胡锦涛同志为总书记的党中央始终坚持把哲学社会科学放在十分重要的战略位置，就繁荣发展哲学社会科学做出了一系列重大部署，采取了一系列重大举措。2004年，中共中央下发《关于进一步繁荣发展哲学社会科学的意见》，明确了新世纪繁荣发展哲学社会科学的指导方针、总体目标和主要任务。党的十七大报告明确指出："繁荣发展哲学社会科学，推进学科体系、学术观点、科研方法创新，鼓励哲学社会科学界为党和人民事业发挥思想库作用，推动我国哲学社会科学优秀成果和优秀人才走向世界。"这是党中央在新的历史时期、新的历史阶段为全面建设小康社会，加快推进社会主义现代化建设，实现中华民族伟大复兴提出的重大战略目标和任务，为进一步繁荣发展哲学社会科学指明了方向，提供了根本保证和强大动力。

高校是我国哲学社会科学事业的主力军。改革开放以来,在党中央的坚强领导下,高校哲学社会科学抓住前所未有的发展机遇,紧紧围绕党和国家工作大局,坚持正确的政治方向,贯彻"双百"方针,以发展为主题,以改革为动力,以理论创新为主导,以方法创新为突破口,发扬理论联系实际学风,弘扬求真务实精神,立足创新、提高质量,高校哲学社会科学事业实现了跨越式发展,呈现空前繁荣的发展局面。广大高校哲学社会科学工作者以饱满的热情积极参与马克思主义理论研究和建设工程,大力推进具有中国特色、中国风格、中国气派的哲学社会科学学科体系和教材体系建设,为推进马克思主义中国化,推动理论创新,服务党和国家的政策决策,为弘扬优秀传统文化,培育民族精神,为培养社会主义合格建设者和可靠接班人,做出了不可磨灭的重要贡献。

自 2003 年始,教育部正式启动了哲学社会科学研究重大课题攻关项目计划。这是教育部促进高校哲学社会科学繁荣发展的一项重大举措,也是教育部实施"高校哲学社会科学繁荣计划"的一项重要内容。重大攻关项目采取招投标的组织方式,按照"公平竞争,择优立项,严格管理,铸造精品"的要求进行,每年评审立项约 40 个项目,每个项目资助 30 万~80 万元。项目研究实行首席专家负责制,鼓励跨学科、跨学校、跨地区的联合研究,鼓励吸收国内外专家共同参加课题组研究工作。几年来,重大攻关项目以解决国家经济建设和社会发展过程中具有前瞻性、战略性、全局性的重大理论和实际问题为主攻方向,以提升为党和政府咨询决策服务能力和推动哲学社会科学发展为战略目标,集合高校优秀研究团队和顶尖人才,团结协作,联合攻关,产出了一批标志性研究成果,壮大了科研人才队伍,有效提升了高校哲学社会科学整体实力。国务委员刘延东同志为此做出重要批示,指出重大攻关项目有效调动各方面的积极性,产生了一批重要成果,影响广泛,成效显著;要总结经验,再接再厉,紧密服务国家需求,更好地优化资源,突出重点,多出精品,多出人才,为经济社会发展做出新的贡献。这个重要批示,既充分肯定了重大攻关项目取得的优异成绩,又对重大攻关项目提出了明确的指导意见和殷切希望。

作为教育部社科研究项目的重中之重,我们始终秉持以管理创新服务学术创新的理念，坚持科学管理、民主管理、依法管理，切实增强服务意识，不断创新管理模式，健全管理制度，加强对重大攻关项目的选题遴选、评审立项、组织开题、中期检查到最终成果鉴定的全过程管理，逐渐探索并形成一套成熟的、符合学术研究规律的管理办法，努力将重大攻关项目打造成学术精品工程。我们将项目最终成果汇编成"教育部哲学社会科学研究重大课题攻关项目成果文库"统一组织出版。经济科学出版社倾全社之力，精心组织编辑力量，努力铸造出版精品。国学大师季羡林先生欣然题词："经时济世　继往开来——贺教育部重大攻关项目成果出版"；欧阳中石先生题写了"教育部哲学社会科学研究重大课题攻关项目"的书名，充分体现了他们对繁荣发展高校哲学社会科学的深切勉励和由衷期望。

　　创新是哲学社会科学研究的灵魂，是推动高校哲学社会科学研究不断深化的不竭动力。我们正处在一个伟大的时代，建设有中国特色的哲学社会科学是历史的呼唤，时代的强音，是推进中国特色社会主义事业的迫切要求。我们要不断增强使命感和责任感，立足新实践，适应新要求，始终坚持以马克思主义为指导，深入贯彻落实科学发展观，以构建具有中国特色社会主义哲学社会科学为己任，振奋精神，开拓进取，以改革创新精神，大力推进高校哲学社会科学繁荣发展，为全面建设小康社会，构建社会主义和谐社会，促进社会主义文化大发展大繁荣贡献更大的力量。

教育部社会科学司

前　言

党的"十七大"和"十八大"报告均指出，在党和政府的工作中要"注重人文关怀和心理疏导"。2008年5月12日汶川特大地震发生后，国家更是高度重视心理疏导在灾后重建中的作用，并出台了一系列政策来保证灾后心理疏导工作的有效实施。例如，国务院出台了《汶川地震灾后恢复重建条例》（2008-6-8），要求"地震灾区的各级人民政府，做好受灾群众的心理援助工作"；教育部出台了《教育部关于地震灾区中小学开展心理辅导与心理健康教育的通知》（2008-7-23），为加强灾后中小学生疏导提出了具体的要求和实际的建议。在党和政府的重视下，社会各界也表现出了前所未有的热情，为汶川震后心理援助工作提供了大力的帮助。但是，由于缺乏理论研究和实践经验的支持，在心理援助的过程中也出现了一些问题，例如心理援助的专业力量相对匮乏，心理援助中忽视教师群体，且持久性差，人才、资源浪费严重，等等。基于此，我们申请并承担了教育部哲学社会科学研究课题重大攻关项目"灾后中小学生心理疏导研究"（课题编号：08JZD0026），目的就在于认真贯彻落实党中央所提出的"注重人文关怀和心理疏导"的精神，和灾区人民同命运共呼吸，为灾后中小学生的心理疏导做一点力所能及的工作，以促进灾区学校师生的心理重建。

应该说，虽然本课题于2008年12月初才正式获准立项，但是本课题的研究和实务工作实际启动于"5·12"汶川地震发生之初。在"5·12"之后的一周左右，我们不仅进行文献准备、制作宣传手册，还亲赴各重灾区进行心理援助，并进行灾后中小学师生心理状态的观察访谈和培训需求的实地调研。在课题获批之初，我们又赴汶川、茂县、都江堰等重灾区，与当地的教育主管领导、校长和教师进行沟通，了解灾区师生实际的心理援助需求。之后于 2009 年春天，我们对汶川县的中小学校长和一线心理教师进行再次的访谈，一方面确立了参与"调查研究"的学校，与当地的教育系统、校领导以及心理老师建立关系，并获得知情同意；另一方面商议了"培训研究"的内容和形式，并初步确定前几次培训地点、培训形式以及培训主体内容，商谈了参训老师的背景与数量等一系列与培训相关的具体事宜。

在课题的具体实施过程中，我们把总课题分解成了五个子课题、确定了四个总目标、重点关注了三个层面的研究。五个子课题是：第一，灾后中小学生身心反应指标和主观心理需求相关问卷的修订和编制；第二，灾后中小学生身心反应的变化历程及其影响机制的探究；第三，灾后中小学生心理疏导人员培训体系的建构及其有效性检验；第四，灾后中小学生心理疏导干预体系的建构及其有效性检验；第五，心理危机管理与心理疏导对策建议的形成。四个总目标是：第一，调查灾后中小学生的身心反应及变化趋势；第二，探究灾后中小学生身心反应的影响因素与作用机制；第三，建构灾后中小学生心理疏导的人员培训体系与干预援助体系；第四，形成心理危机管理与心理疏导对策的政策建议。为了实现上述总体研究目标，科学开展各子课题的研究工作，我们主要从理论、调查和培训三个层面进行了有效实施。

理论研究方面，我们在对灾难后个体身心反应的大量研究文献进行梳理和分析的基础上，提出了自然灾难后个体身心反应的影响因素以及灾难前—中—后的影响机制模型；结合国外危机后心理援助模式以及我国自然灾难后学校系统、学生群体的实际情况，提出了我国"学校心理危机干预体系的构建"设想，建议学校不仅要在危机后及时进行干预，还需要建立完备的危机干预体系，重视危机前的预防以及危机干预团队的建设。

调查研究方面，本课题克服余震、泥石流、特大暴雨、道路不畅等困难，持续追踪调查了 14 000 人次的学生和 1 300 人次的教师在汶川地震后 1 年、1.5 年、2 年和 2.5 年 4 个时间点的身心状况及其影响因素的变化趋势与作用机制。具体调查的指标有灾后中小学生的创伤后应激障碍（PTSD）、抑郁、创伤后成长（PTG）、问题行为、学业倦息等以及灾后教师的职业倦怠和工作满意度等，同时也调查了影响上述指标的灾难前因素（性别、年龄、创伤经历和人格特点）、灾难当下因素（创伤暴露程度）和灾难后因素（社会支持、应对方式、复原力和控制感）等。通过调查，我们科学描述了灾后中小学生的身心发展现状及其随着时间推移的变化历程，系统探讨了灾后不同时期中小学生身心反应的各种影响因素及其作用机制，也初步探明了灾后中小学教师的身心状况及其影响机制。

培训研究方面，通过对汶川县心理干预需求评估的结果发现，极重灾区中小学校需要专业、长期的心理援助，心理援助要同时关注地震带来的特殊问题以及被地震激化的固有问题，教师作为学校自身的力量应该成为心理疏导的主导力量。于是，结合国外灾后心理干预的经验，参考TAT（教师作为咨询师）和SAP的模式（学生帮助计划），我们提出了Coach（教练、朋辈）咨询与TAT相结合的教师培训模式。根据"分阶段、分人群"的培训理念，对汶川教师进行了为期两年共九期的"以教师为本"的培训干预，内容包含15个与中小学心理咨询、心理辅导和心理健康教育密切相关的专题。在进行教师培训的过程中，我们还加入了教练计划，即不仅课题组专家成员与受训教师进行互动，同时教练团队也支持着受训教师，最终通过受训教师的工作服务学生，影响同事和家长，从而共同促进学生身心健康发展。

通过这三个方面的研究，我们追踪考察了灾后中小学生和教师的身心反应状况及其影响因素，提出了"以教师作为治疗师的理念为核心，以培育学校内部力量、完善学校心理健康教育体系为重点，同时纳入家长这支重要力量"的干预模式，通过专家的"一点"带动教练的"一线"，从而带动教师的"一面"，并促进学生的"一体"，最终提升学生的心理健康水平，形成学校心理疏导体系，带动区域中小学校心理疏导能力的提高。

总之，本课题在全体课题组成员以及国内外专家和相关机构的共同努力下，在理论上，对于灾后中小学生的身心反应及其影响机制、对于如何构建学校心理危机干预体系有了明确而清晰的认识；在规律上，对于灾后中小学生PTSD的现状和PTG的水平及其影响因素进行了科学的数据分析，使得相关的实践探索能够奠基于科学研究的基础之上；在实践层面，本课题创造性地提出了"以教师为本、以学生为鹄"的"专家组+教练组"的培训模式，建立了有利于我国中小学校进行灾后长期心理疏导的体系。

  在整个课题的研究过程中，我们始终贯彻"注重人文关怀和心理疏导"的思想，追求心理和谐的目标，帮助灾后师生正确处理人与自我、人与他人、人与社会、人与自然的关系。经过3年多的不懈努力和合作攻关，本课题已经圆满完成了项目研究计划，并取得了可喜的科研成果和良好的社会声誉。虽然我们的课题已经顺利结题，我们也为"夺取抗击汶川特大地震等严重自然灾害和灾后恢复重建重大胜利（十八大报告）"做出了一点贡献，但是我们对于汶川地震后的心理援助工作并未因此而结束。目前，我们仍在教育部等相关部门的支持下，继续保持与汶川地震灾区师生的密切联系，继续探究汶川地震对中小学师生心理发展的长期影响，为他们解决日常生活、学习和工作上的各种问题继续尽一份绵薄之力。

林崇德
北京师范大学

摘　要

2008年5月12日，四川省汶川县发生里氏8级、最大烈度达11度的特大地震。科学界响应社会需要的号召，与社会各界一起，投入到这场与天灾的抗争之中。经历3年的艰苦研究，由林崇德教授主持的教育部哲学社会科学研究重大课题攻关项目"中小学生灾后心理疏导"于2011年10月结题。该课题以"理论分析，实证研究，疏导干预"为总体工作思路，通过科学的调查研究，了解灾后中小学师生的身心状况，探究其影响因素，并在理论分析与实证支持的基础上，初步建立了中小学生灾后心理疏导培训体系。持续追踪调查了14 000人次的学生和1 300人次的教师在汶川地震后1年、1.5年、2年和2.5年等4个时间点的身心状态与影响因素的变化趋势及其作用机制。

3年来，我们课题组从五个方面对灾后中小学生心理疏导进行了系统的研究，并发现了一些有价值、有启发性的结果：

1. 灾后中小学生身心状况的现状描述

灾后中小学生身心状况既有积极的一面，也有消极的一面。总体看来，PTSD水平不高，抑郁情绪的水平较高，整体上PTG水平也较高。从性别来看，女生的PTSD和抑郁水平皆比男生要高，但男生的PTSD和抑郁随时间变化的下降速度明显快于女生，而男生的PTG和问题行为的上升趋势大于女生。从年级来看，年级越高，PTSD和抑郁症状越严重，同时PTG水平也越高。高年级学生在PTSD、抑郁、PTG和问题行为方面的变化趋势大于低年级学生。对于中小学生的学业倦怠，男女生之间没有显著差异，且随时间的变化差异不明显，但是低年级学生的变化趋势却大于高年级的学生。

2. 灾后中小学生身心反应的影响机制

灾后中小学生的身心反应是多元的，而影响这些身心反应的因素也是多元的。

就 PTSD 和抑郁而言：(1) 社会支持在逃避应对对 PTSD 和抑郁的影响中起调节作用，也就是说，适当的社会支持可以减缓学生的 PTSD 和抑郁；(2) 地震当下，控制感可以正向预测 PTSD 和抑郁，也就是说，个体过去的控制感越强，越容易产生 PTSD 和抑郁。但随着时间的变化，控制感对 PTSD 和抑郁具有负向的预测作用；(3) 复原力对 PTSD 和抑郁具有负向预测作用，但随着时间变化，预测作用不显著。

就 PTG 而言：(1) 人格维度中的情绪性、开放性和谨慎性均能正向预测 PTG，且随着时间的推移，其预测力下降，而宜人性、外向性则没有预测作用；(2) 寻求帮助、积极认知正向预测 PTG，且随着时间的推移，其预测力相当稳定。

就问题行为而言，PTSD 可以正向预测个体的学业倦怠，即 PTSD 程度越高的个体，越容易产生学业倦怠。但是随着时间的推移，中学生出现的 PTG 可以负向预测其学业倦怠，即 PTG 程度越高的个体，越少出现学业倦怠的情况。

就学业倦怠而言：(1) 灾难后因子（例如应对方式、社会支持）与学业倦怠之间关联不大，而 PTSD 和 PTG 等灾后直接的身心状况对学业倦怠程度有着显著的预测作用；(2) PTSD 可以正向预测学业倦怠情况，即 PTSD 程度越高的个体越容易产生学业倦怠，并且这种预测作用随时间推移略有增加，而 PTG 程度越高的个体，学业倦怠程度越低。

3. 灾后教师身心状况及其影响机制

从灾后身心状况来看，灾后教师虽然表现出一定水平的 PTG，但是其工作满意度不高，职业成就感不强，情绪衰竭程度和非人性化程度高；并且随着时间推移，灾后教师的 PTSD 和抑郁等均有增强的趋势。灾后男女教师在 PTSD、抑郁、职业倦怠得分上没有显著差异，女教师的 PTG 得分高于男教师。

从影响机制来看，应对方式在灾后教师获得的社会支持和心理健康之间起到中介作用。对于 PTSD、抑郁和工作满意度，社会支持是通过逃避这种消极的应对方式间接起作用的；对于 PTG，社会支持则是通过寻求社会支持这一积极的应对方式间接起作用的。

与学生不同，过多的社会支持可能会降低教师内在的自我效能感，从而引起灾后教师更多的消极退缩的行为，进而加重 PTSD 和抑郁症状，并降低工作满意度。但是，社会支持也可能会促进灾后教师采用寻求社会支持这一积极的应对方式，进而获得更多的 PTG。

可见，社会支持对灾后教师心理健康的影响是复杂的，这种影响可能是积极的，也可能是消极的。

4. 灾后中小学生心理疏导培训工作与培训体系

本课题组在前期研究和理论指导的基础上，明确提出了"以教师作为治疗师的理念为核心，以培育学校内部力量、完善学校心理健康教育体系为重点，同时纳入家长这支重要力量"的中小学生心理疏导总体思路，采用"专家组 + 教练组"的首创模式进行培训。也就是说，通过 Coach（教练）咨询与 TAT 模式（Teacher as therapist，教师作为治疗师）的结合，致力于中小学校心理健康水平的整体提高。

教练项目的主要工作是通过教练组（成都心理健康教师、学校心理咨询专业硕博士）与灾区教师的一对一长期联系，协助汶川灾区的中小学教师更好地进行学生心理辅导工作，提高教师的心理健康教育水平。整体思路是，专家的"一点"带动教练的"一线"，从而带动教师的"一面"，并促进学生的"一体"。

我们以汶川县为切入点，严格选取 20 所学校的 50 多名骨干教师。在持续两年的时间内，我们共进行了 9 期 15 个专题的培训。在这个过程中，灾区教师的专业能力和个人成长都有了很大的进步。

5. 灾后中小学生心理疏导的政策、管理与建议

中小学生灾后心理疏导是一个庞大的系统工程，需要在政府主导下、社会各界力量的有序配合才能有效开展。鉴于地震发生后的中小学生心理状况明显的阶段性，我们也从应急期和重建期两个方面提出了相关政策和管理的建议。

应急期的心理疏导对策在分析了相关政府部门颁布的有关政策措施的基础上，就外来志愿者管理、应急期学校的责任、媒体的管理等

提出了针对性的建议；重建期的心理疏导对策也首先对各级政府部门的政策进行了分析，然后就师资队伍建设、课程教材建设、心理疏导活动开展和家长辅导等提出了有价值的建议。

　　此外，本课题在国外期刊公开发表了6篇SSCI论文，在国内期刊发表CSSCI论文20篇，并形成一整套的培训方案，这对于以后创伤心理学的理论研究具有推动意义，对于灾后心理援助提供了实际的帮助。

Abstract

On May 12th, 2008, there was an earthquake with a magnitude of 8.0 on the Richter scale occurred in Wenchuan, a county in Sichuan Province of southwestern China. To respond the call of the social needs, along with all sectors of community, many sholars throw into themselves the fight against the disaster. Chaired by Professor Lin Chongde, the project titled "Research on Psychological Assistance of Primary and Secondary School Students after Sichuan Earthquake" was ratified as a key research project of Philosophy and Social Science which be sponsored by the Ministry of Education of China. The project was completed in October 2011. Based on the working idea of "theoretical analyses, empirical studies, and psychological intervention", we implemented scientific surveys to understand the physical and mental health status of primary and secondary school students and teachers after disaster, and to explore their influencing factors as well as constructed psychological assistance training system for primary and secondary school students. Longitudinal surveys were conducted among 14000 students and 1300 teachers at 4 different time points (1 year, 1.5 years, 2 years and 2.5 years after disaster) in order to understand their physical and mental health status, and the influencing factors, changing tendencies and effect mechanisms for these status.

In the past three years, systemic research on the psychological assistance for primary and secondary school students was conducted in five aspects, and found some valuable and enlightening results as follows:

1. The Description of Physical and Mental Health Status of Primary and Secondary School Students after Earthquake

There are both positive and negative sides of physical and mental health status of primary and secondary school students after earthquake.

Generally speaking, posttraumatic stress disorder (PTSD) level was relatively low, while depression level was relatively high. However, the overall level of PTG is relatively high. As for gender, girls had higher PTSD and depression level than boys, while the PTSD and depression level of boys decreased faster than that of girls, nevertheless, their PTG and problematic behaviors increased faster than girls. As for grade, the higher the grade they are, the more severe the PTSD and depression symptoms they are. They also had greater changing tendencies of PTSD, depression, PTG and depression than students in low grade. However, the students in higher grade also had higher PTG level. There was no significant difference in study burnout and its changing tendencies in gender, but the changing tendency was greater in low grade than in high grade.

2. The Effect Mechanisms of Physical and Mental Health of Primary and Secondary School Students after Earthquake

The physical and mental health responses of primary and secondary school students were diverse, and its influencing factors were also different.

With respect to PTSD and depression, (1) social support moderated the relationship between avoidant coping and PTSD/depression, in other words, appropriate social support could relieve PTSD and depression of students; (2) In the early phase after earthquake, sense of control could positively predict PTSD and depression, the stronger the sense of control they had, the more likely they were to develop PTSD/depression, but as time passed by, sense of control negatively predicted PTSD and depression; (3) Resilience negatively predicted PTSD and depression, but the effect was not significant with the change of time.

Regarding PTG, (1) Neuroticism, openness and conscientiousness positively predicted PTG, and their effect reduced with the change of time, while agreeableness and extraversion had no predictable effect; (2) Seeking support and positive cognition positively predicted PTG, and their effect were quite stable.

As to problematic behavior, PTSD positively predicted students' study burnout, that is to say, the higher the PTSD level, the more likely to develop study burnout. Moreover, PTG could negatively predict study burnout, the higher the PTG level, the less likely to develop study burnout.

Regarding study burnout, (1) Post-disaster factors, such as personality, coping style, and social support were not correlated with school burnout, while the direct physical and mental response of disaster, such as PTSD and PTG, could significantly predict study burnout; (2) PTSD positively predicted study burnout, that is, the higher the PTSD level, the more likely to develop study burnout, and this effect increased over time. Meanwhile, the higher the PTG level, the less likely to develop study burnout.

3. The Physical and Mental Health Status of Teachers and Their Effect Mechanisms after Earthquake

In terms of physical and mental health status of teachers, they showed certain level of PTG but low level of job satisfaction; moreover, they had low sense of career achievements as well as high level of emotional exhaustion and dehumanization. Meanwhile, their level of PTSD and depression increased over time. In addition, there was no significant difference of PTSD, depression and job burnout in gender while the PTG scores of female teachers were significant higher than male teachers.

As for effect mechanisms, coping strategy mediated the relation between social support and mental health of teachers after earthquake. Social support impacted PTSD, depression and job satisfaction through avoidance and it impacted PTG through social support seeking.

Different from students, overwhelming social support may reduce self-efficacy of teachers, which in turn led to more withdrawal behaviors, and aggravated PTSD and depression symptoms. However, social support may increase the behavior of social support seeking of teachers and thus helped them get more PTG.

Therefore, the impact of social support on mental health of teachers after disaster is complicated, which can be positive or negative.

4. Psychological Assistance and Training Systems for Primary and Secondary School Student after Disaster

Based on previous studies and theories, the research team clarified the guiding rule of psychological assistance as "training teachers as therapists, facilitating the inner power and improving the mental health education systems of schools, meanwhile incorporating parents as important resources"; in addition, teachers were trained with the initiative model of "expert team plus coach team", in other words, the combination of coach training and TAT (Teachers as therapists), in order to improve the mental health of all people in primary and secondary schools of the whole county.

The main task of coach project is to pair the coach team (psychological teachers in Chengdu and PhD students majored in psychology) with teachers in primary and secondary schools in disaster areas to establish long-term relationship in order to help local teachers to do psychological counseling to students and improve the mental health of themselves as well. The guiding rule is one expert can impact one group of coaches, which in turn impacts one team of teachers, and improve the mental health level of all students in the disaster-affected area.

Taking Wenchuan County as starting point, we selected 50 lead teachers from 20 schools and held 9 systematic lectures on 15 different themes to them in the past two years. Those teachers had great improvements in their professional abilities and personal growth during this process.

5. The Policy, Management and Suggestions of Psychological Assistance of Primary and Secondary School Students after Disaster

The project of psychological assistance of primary and secondary students after disaster is huge and systematic, which could only be carried out effectively with the strong leadership of government and orderly cooperation of various social forces. In view of different stages of psychological status of primary and secondary students after earthquake, we need to put forward suggestions of relevant policies and management in the stages of emergency and reconstruction accordingly.

Based on the analysis of relevant policies and measures issued by government departments, we put forward specific suggestions in the areas of foreign volunteer management, responsibility of schools and media management in emergency stage. With respect to the reconstruction stage, we also analyzed the policies issued by different levels of government departments, and then provided valuable suggestions on the construction of teaching staff, formation of curriculum materials, the practice of psychological assistance and parent coaching.

Moreover, we have published 6 papers in SSCI and 20 papers in CSSCI as well as built a series of systematic training programs, which can promote theory research of trauma psychology in future and provide practical help to psychological assistance after disaster.

目 录

第一章 ▶ 灾后心理疏导的理论思考与研究设计　1

- 第一节　创伤后应激障碍：灾难带来的消极影响　1
- 第二节　创伤后成长：灾难与进步并行　6
- 第三节　心理和谐：灾后心理干预的目标　10
- 第四节　心理疏导体系：促进心理和谐的重要途径　14
- 第五节　灾后中小学生心理疏导的研究内容　23
- 第六节　灾后中小学生心理疏导的研究设计　26

第二章 ▶ 灾后中小学生心理健康状况的追踪调查　33

- 第一节　测量指标与研究设计　33
- 第二节　灾后中小学生创伤后应激障碍状况的追踪调查　39
- 第三节　灾后中小学生抑郁状况的追踪调查　46
- 第四节　灾后中小学生创伤后成长的追踪调查　51
- 第五节　灾后中小学生问题行为的追踪调查　59
- 第六节　灾后中小学生的学业倦怠研究　67
- 第七节　总体讨论与结论　73

第三章 ▶ 灾后中小学生心理健康状态的影响机制　77

- 第一节　变量选择与研究设计　77
- 第二节　灾后中小学生创伤后应激障碍的影响机制　82
- 第三节　灾后中小学生抑郁的影响机制　101
- 第四节　灾后中小学生创伤后成长的影响机制　114
- 第五节　灾后中小学生问题行为的影响机制　134
- 第六节　灾后中小学生学业倦怠的影响机制　145

第七节　总体讨论与结论　152

第四章 ▶ 灾后教师心理健康状态及其影响机制　160

第一节　测量指标与研究框架　160
第二节　灾后教师心理健康的总体水平与变化趋势　163
第三节　灾后教师心理健康的影响因素　174
第四节　灾后教师心理健康的影响机制　196

第五章 ▶ 灾后心理疏导教师培训体系的建构　202

第一节　灾后心理疏导教师培训体系的提出　202
第二节　灾后心理疏导教师培训体系的形成　209
第三节　灾后心理疏导教师培训体系的实施　233
第四节　灾后心理疏导教师培训体系的成效　250

第六章 ▶ 灾后心理疏导培训体系的效果评估　259

第一节　培训效果评估的理论模型与方法　259
第二节　灾后心理疏导培训体系的过程评估　265
第三节　灾后心理疏导培训体系的成果评估　285
第四节　对灾后心理疏导培训体系的反思　307

第七章 ▶ 灾后中小学生心理疏导的政策与管理　310

第一节　应急期中小学生心理援助的政策与管理　310
第二节　重建期心理援助的组织管理与队伍建设　326
第三节　重建期心理健康教育的途径和方法　341

参考文献　351

后记　385

Contents

Chapter 1 Theoretical Reflection and Research Design on Psychological Assistance After Disaster   1

   Section 1   Posttraumatic Stress Disorder: Negative Effects of Disaster   1
   Section 2   Posttraumatic Growth: Grow in the Disaster   6
   Section 3   Psychological Harmony: Aim of Psychological Intervention After Disaster   10
   Section 4   Psychological Assistance System: Important Path to Promote Psychological Harmony   14
   Section 5   Research Content of Psychological Assistance on Primary and Secondary School Students After Disaster   23
   Section 6   Research Design of Psychological Assistance on Primary and Secondary school Students After Disaster   26

Chapter 2 Longitudinal Surveys on Mental Health Status of Primary and Secondary School Students After Disaster   33

   Section 1   Measurement Indicators and Research Design   33
   Section 2   Longitudinal Survey on Posttraumatic Stress Disorder of Primary and Secondary School Students After Disaster   39
   Section 3   Longitudinal Survey on Depression of Primary and Secondary School Students After Disaster   46
   Section 4   Longitudinal Survey on Posttraumatic Growth of Primary and Secondary School Students After Disaster   51

Section 5　Longitudinal Survey on Problematic Behaviors of Primary and Secondary School Students After Disaster　59

Section 6　Longitudinal Survey on Study Burnout of Primary and Secondary School Students After Disaster　67

Section 7　General Discussion and Conclusion　73

Chapter 3　Effect Mechanism of Mental Health of Primary and Secondary School Students After Disaster　77

Section 1　Variable Selection and Research Design　77

Section 2　Effect Mechanism of Posttraumatic Stress Disorder of Primary and Secondary School Students After Disaster　82

Section 3　Effect Mechanism of Depression of Primary and Secondary School Students After Disaster　101

Section 4　Effect Mechanism of Posttraumatic Growth of Primary and Secondary School Students After Disaster　114

Section 5　Effect Mechanism of Problematic Behaviors of Primary and Secondary School Students After Disaster　134

Section 6　Effect Mechanism of Study Burnout of Primary and Secondary School Students After Disaster　145

Section 7　General Discussion and Conclusion　152

Chapter 4　Effect Mechanism of Mental Health Status of Teachers After Disaster　160

Section 1　Variable Selection and Research Design　160

Section 2　Overall Level and Changing Tendencies of Mental Health of Teachers After Disaster　163

Section 3　Influencing Factors of Mental Health of Teachers After Disaster　174

Section 4　Effect Mechanism of Mental Health of Teachers After Disaster　196

Chapter 5　Construction of Psychological Assistance Training System of Teachers After Disaster　202

Section 1　Propose of Psychological Assistance Training System of Teachers After Disaster　202

Section 2　Construction of Psychological Assistance Training System of Teachers After Disaster　209

Section 3　Implementation of Psychological Assistance Training System of Teachers After Disaster　233

Section 4　Effectiveness of Psychological Assistance Training System of Teachers After Disaster　250

Chapter 6　**Evaluation of the Effectiveness of Psychological Assistance Training System After Disaster**　**259**

Section 1　Theoretical Model and Methods of Psychological Assistance Training System After Disaster　259

Section 2　Process Evaluation of Psychological Assistance Training System After Disaster　265

Section 3　Outcome Evaluation of Psychological Assistance Training System After Disaster　285

Section 4　Reflection of Psychological Assistance Training System After Disaster　307

Chapter 7　**Policy and Management of Psychological Assistance of Primary and Secondary School Students After Disaster**　**310**

Section 1　Policy and Management of Psychological Assistance for Primary and Secondary School Students in Emergency Stage　310

Section 2　Organizational Management and Team Building of Psychological Assistance in Reconstruction Stage　326

Section 3　Paths and Methods of Mental Health Education in Reconstruction Stage　341

Reference　351

Postscript　385

第一章

灾后心理疏导的理论思考与研究设计

2008年5月12日，四川省汶川县发生里氏8级、最大烈度达11度的特大地震。此次地震是新中国成立以来破坏性最强、波及范围最广、救灾难度最大的一次地震。全国除黑龙江、吉林和新疆以外，其余各省均有不同程度的震感，其中以川陕甘三省震情最为严重。面对如此严重的自然灾害，社会各界在党中央、国务院的领导下，万众一心、众志成城，展开了我国历史上救援速度最快、动员范围最广、投入力量最大的抗震救灾斗争，充分展现了中华民族不屈不挠、自强不息的伟大抗震精神，谱写了一曲曲感人的抗震救灾新篇章。

在这一背景下，为了认真贯彻落实党中央提出的"注重人文关怀和心理疏导"的号召，为了和灾区人民同呼吸共命运、做一点力所能及的抗震救灾工作，为了用我们的实际行动为心理学的应用做一点贡献、用我们的研究成果为国际创伤心理学建设添砖加瓦，我们承担了教育部哲学社会科学重大攻关项目"灾后中小学生心理疏导"，并将研究的总体目标确定为：(1) 调查灾后中小学生和教师的心理健康状态及发展趋势；(2) 探究灾后中小学生和教师心理健康状态的变化历程及影响机制；(3) 建构灾后中小学生心理疏导的教师培训体系并检验其有效性；(4) 提出心理危机管理与疏导对策，为建立中小学生危机预防系统服务。

第一节 创伤后应激障碍：灾难带来的消极影响

地震作为一种重大的自然灾难，具有突发性和不可预知性。地震所导致的亲人亡故和今后生活的不确定性，会引发个体巨大的心理压力和严重的心理创伤。在此次汶川地震中，中小学校的受灾程度普遍比较严重，而中小学生由于其身心发展的不成熟性，可能会出现更多、更严重的心理危机。对于他们来说，躲过地震仅仅是第一步，而如何从地震所带来的严重身心创伤中恢复，则是其今后相当长时间内所要面对的问题。因此，灾区中小学生的心理健康状况应当引起有关政府部门和广大教育工作者的高度重视。

一、创伤后应激障碍的概念

研究表明，地震可能给中小学生带来一系列的身心健康问题，致使他们的认知、情绪、行为和生理功能受损。其主要的表现是：（1）认知方面表现为注意力下降、易分心，记忆受损、否认事件的发生，对亲人的去世感到自责，问题解决能力和应对能力受到影响；（2）情绪方面表现为情绪低落、神情呆滞、沮丧、抑郁，或焦虑、紧张、恐惧，或易激惹、易怒、情绪变化反复无常；（3）行为方面表现为强迫性行为、社交退缩、逃避、不敢出门、不愿意与人来往；（4）生理方面表现为失眠、做噩梦、易疲劳、易受惊吓、头痛、食欲下降、肌肉紧张、心跳加快等。

在地震后出现的多种心理反应中，创伤后应激障碍是震后幸存者最常出现的心理症状。对这种症状的关注，最初源于对战争创伤的研究，如"炮弹综合症"、"战争神经症"。1980 年，在对美国越南战争后出现的大量有关退伍军人创伤后精神和行为障碍研究的基础上，美国《精神疾病诊断与统计手册》（Diagnostic and Statistical Manual of Mental Disorders）第三版（DSM-3）正式将与这一创伤有关的精神和行为障碍命名为"创伤后应激障碍（Posttraumatic Stress Disorder，简称 PTSD）"。21 世纪初，我国精神障碍分类与诊断标准（CCMD-3）采用与 DSM-3 相类似的定义，将原来（CCMD-2-R）的"延迟性应激障碍"转换为"创伤后应激障碍"（PTSD）。

所谓 PTSD，是指突发性、威胁性或灾难性生活事件导致个体延迟出现和长期持续存在的精神障碍（中国精神障碍分类与诊断标准，2001）。PTSD 会影响个体的社会心理功能，给个体的社会活动、家庭生活和职业发展带来严重的困扰。对于中小学生，PTSD 也会影响他们身心的健康成长。

对于 PTSD 的诊断，主要考虑三类症状：（1）反复体验创伤性事件。例如，具有这类症状的个体会在梦中反复出现遭受地震时的情景或对当时一些情景的侵入性回忆。除此之外，还表现在当个体遇到与地震相关或相似的外部刺激时，会引发其产生强烈的心理反应（恐惧、恶心、抑郁等）或生理反应（心跳加快、出汗、呼吸加快等）。（2）情感麻木和回避能引起创伤回忆的刺激物。一般而言，遭受创伤的个体往往会有强烈的情绪反应，如极度的恐惧、焦虑和害怕，这些情绪甚至可以持续终生。个体对这种负性情感刺激的过度回避，往往会导致情感麻木。另外，遭受创伤的个体会尽量避免那些可能引发创伤回忆的地点、人物、想法和谈话。这种回避行为会阻碍个体与他人建立正常联系，从而影响其日常生活。（3）高度警觉。这种症状在创伤后的第一个月最为普遍和严重，具体表现为个体对环境中的威胁性信息高度警觉和敏感；同时，个体还会体验到难以入睡或者睡眠不深、易激惹或易怒，难以集中注意力，或对刺激的过度反应（比如过分的惊吓反应）。

根据症状出现的时间，PTSD 大致可以分为三类：第一，急性 PTSD，症状立即出现，持续时间少于 3 个月；第二，慢性 PTSD，症状持续 3 个月或更长时间；第三，延迟发生的 PTSD，在创伤事件后至少 6 个月才出现症状。

二、创伤后应激障碍的发生率

自然灾害（洪灾、地震、飓风、海啸）、人为灾害（核辐射、爆炸事件）以及战争事件等不同的灾害事件，有着不同的 PTSD 发生率。

地震作为一种重大的自然灾难，具有突发性、威胁性和不可预知的特点，更易导致个体产生 PTSD，PTSD 的发生率更高。例如，皮外诺斯（Pynoos et al., 1993）研究显示，在亚美尼亚发生地震 1 年后 231 名 8～16 岁儿童 PTSD 发生率为 69%；在伊斯坦布尔 7.4 级地震后的 1～2 个月间，对受灾的 160 名儿童青少年进行量表测查及精神病学访谈发现，其中有 96 名学生被诊断为 PTSD，发生率高达 60%（Eksi & Bruan, 2009）；1999 年希腊雅典发生 6.9 级地震，震后 3 个月 9～18 岁儿童 PTSD 的发生率为 4.5%；美国加州 Northridge 地区发生 6.7 级地震后 3 个月，受灾人群的 PTSD 发生率为 13%（McmIllen et al., 2000）。

国内有学者以 1976 年唐山大地震（震级为 7.8 级，震中裂度为 6 度）中的震中孤儿为研究对象，测得其 PTSD 总发生率为 23%（张本等，2000）；河北省张北地震（6.2 级）后 17 个月，受灾青少年 PTSD 的发生率是 9.4%（茄学萍，曾祥岚，王惠惠，2009）；对中国台湾 1999 年 7.3 级 "九·二一" 大地震房屋受损灾民进行的心理评估结果表明，地震 2 年后的 PTSD 发生率为 20.9%（Chen et al., 2007）；高淑贞（2003）对 300 多名小学和初中生研究发现，在 "九·二一" 大地震初期，小学生 PTSD 的发生率为 28.2%，初中生为 7.7%，地震三年后，小学与初中生总体发生率为 5.2%。

汶川地震发生以后，国内学者对震后幸存者 PTSD 的发生率进行了大量的调查。结果显示：地震发生1月后有82.6%的被试表现出PTSD（张宁等，2010）；在地震发生后3个月，对北川地震灾民安置点义诊接待的140位受灾群众调查发现，PTSD的发生率为61.4%（周波等，2009）；地震发生5个月后1 253名中学生的PTSD发生率为10.21%（曹日芳等，2010）；汶川地震6个月后对1 056名参与救援的解放军官兵调查显示，PTSD发生率为6.53%（Wang et al.，2010）；对北川和兰州两个地震严重程度不同地区的调查显示，北川地区幸存者的PTSD发生率为45.5%，兰州地区幸存者的PTSD发生率为9.4%（Kun et al.，2009）；对距离震中远近不同的两个地区的研究发现，关口地区的PTSD发生率为55.6%，剑南地区的PTSD发生率为26.4%（Chan et al.，2011）；地震后13个月，外迁学生的PTSD发生率为14.79%（臧伟伟等，2009）。

三、创伤后应激障碍的变化历程

研究表明，在灾难发生之后的不同阶段，个体会有不同的心理和行为表现，PTSD的变化表现出一定的阶段性。因此，了解PTSD的变化历程对于个体的心理恢复具有重要意义。

国外有学者将PTSD症状的发展分为三个阶段（Scrignar，1984）：第一阶段是对创伤的反应，症状持续4~6周以上。在地震发生数小时之内，大多数儿童表现出情绪麻木，茫然不知所措。地震发生的第1周内，广泛存在焦虑情绪和茫然之后的恐惧，丧失亲人的儿童还存在沉重的悲伤、哀痛反应。在避难救护所生活10天以后，许多儿童仍感到生活非常压抑，焦虑反应、抑郁情绪和睡眠障碍普遍存在，一些儿童甚至会出现创伤经历在脑海中不断闪回的情况。第二阶段儿童出现无望和失控感、自主神经唤醒症状及躯体症状，儿童生活在创伤阴影中，生活方式、个性及社会功能发生变化，时而发生恐惧性回避、惊跳反应及暴怒。第三阶段发展成慢性心理障碍，儿童表现出颓废、沮丧、躯体症状、慢性焦虑和抑郁交织在一起，同时伴有物质滥用等症状。

国内学者则根据调查将儿童经历地震灾难的心理转变过程按照认知、情感和行为表现的三方面将其分为四个阶段（李磊琼，2007）。第一阶段：惊恐无助。具体表现为，在情绪上，感到沮丧；在认知上，信念受到挑战；在行为上，失去控制感。第二阶段：儿童式早熟。灾后的生活使儿童体会到父母家庭的重要，学会独立自主，但仍带着儿童的纯真来看待生活的变化，对政府、亲人、朋友的帮助表现出感激，但危机感仍存在。第三阶段：摆脱负面情绪。通过心理重构，情绪得到放松，对地震危机意识变得积极。第四阶段：心理转变和升华。表现为，在情绪上，获得平静；在认知上，产生新的思维方式；在行为上，出现有效应对，自我效能感提高。

另一种更普遍的观点则认为灾后儿童心理反应可以分为三个阶段：第一阶段，警戒期。通常是灾难发生的一两周内产生，属于心理应激反应的初始阶段。在这一阶段儿童受到外界危险信号的刺激，身体的各种资源被迅速动员起来用以应对压力。第二阶段，抵抗期。通常是在灾后几天到几周之内产生。在这一阶段，为了抵抗压力，个体在生理上做了调整；然而，机体为了达到这种"正常"的状态而付出了更多的代价，容易感染一些传染病，心身疾病的症候也往往在抵抗期开始出现。第三阶段，衰竭期。持续时间可能是灾后几个月到几年。儿童会持续性地重现创伤体验，出现噩梦、幻想以及相应的生理反应，出现持续性回避，整体感情反应麻木，持续性警觉增强。

四、创伤后应激障碍的共病症状

除了PTSD之外，地震作为一种创伤性事件还会给个体带来其他方面的心理反应，而且这些心理反应通常是与PTSD相伴随的，如焦虑、抑郁以及一些人格上的障碍。

抑郁是灾后最常见的一种心理反应，而且与PTSD共病率非常高。如美国的共病调查结果显示，PTSD和抑郁之间共病率女性为48.5%，男性为47.9%，而且这种共病率在不同创伤事件中比率都非常高（交通事故为53%，退伍军人为50%，人身伤害幸存者为49%）；马尤等（Mayou et al., 2002）对交通事故后的幸存者进行了为期一年的跟踪调查，发现PTSD与抑郁的共病率为35%；Oquendo等人（2003）的研究发现，PTSD共病抑郁的比率高达72.9%。

对于PTSD和抑郁之间的高共病率，研究者提出了四种解释机制（Ginzburg, Ein-Dor & Solomon, 2010）：一种观点认为，PTSD和抑郁之间的高共病率是源于两种症状诊断标准上的重叠，例如有研究结果显示，同时存在PTSD和抑郁的个体在PTSD症状严重性上与只有一种PTSD症状的个体并无显著差异。第二种观点认为，PTSD和抑郁之间的高共病率是因为两种症状间存在一些共同风险因素，比如之前的创伤经历，正是这些共同的风险因素才使得PTSD和抑郁之间表现出高共病率。第三种观点认为，PTSD导致抑郁，PTSD是抑郁产生的一个风险因子。第四种观点则认为抑郁导致PTSD，PTSD是抑郁症状的一个结果。

焦虑也是灾后许多个体常见的一种心理症状。国外有关PTSD和其他精神障碍共病的研究显示，PTSD和焦虑的共病率大约在10%~50%。例如，Seng等（2006）的研究发现，有过创伤经历的成年女性共病PTSD和焦虑的比率为10%；马尤（2002）等发现，交通事故后的幸存者共病PTSD和焦虑的比率为

47%；Mehnert 和 Koch（2007）对癌症病人的研究发现，PTSD 共病焦虑的比率为 20%，受教育程度低、癌症的病程长、得到的社会支持少及低年龄者更易发生共病；尼科尔斯等（Nicholls et al.，2006）所做的一项有关焦虑症病人的调查发现，有 87% 的病人有过创伤经历，其中 38% 符合 PTSD 的诊断标准，且认为主要的易感人群为女性、低年龄、低收入和失业者，因为女性比男性更易遭受强奸、性虐待及家庭暴力等创伤，而低年龄者及低收入者在创伤后所能得到的支持和帮助有限，从而导致这类人群更易发生 PTSD。由于 PTSD 的主要的情绪反应是恐惧和害怕，所以 PTSD 与焦虑在症状上也有重叠。

人格障碍是另外一种灾后个体心理反应。PTSD 共病人格障碍非常复杂，因为共病者会有更严重的抑郁、物质滥用、自杀观念等。O Toole 和 Catts（2008）所做的一项有关越战老兵的回顾性研究表明，发生 PTSD 的病人病前人格多为神经质；博林杰等（Bollinger et al.，2000）的研究发现 PTSD 的患者中有 79.4% 共病人格障碍，而其中最常见的是共病回避型人格障碍和偏执型人格障碍；马耳他等（Malta et al.，2002）对交通事故幸存者所做的研究发现有 13.3% 的人共病 PTSD 和人格障碍，其中 52.4% 为强迫型人格障碍；延等（Yen et al.，2002）研究发现人格障碍患者有较高的创伤暴露史（尤其是儿童期性侵犯），有较高的 PTSD 发生率，首次创伤事件发生时的年龄较小；泰歇等（Teicher et al.，1993）则发现早期严重的应激和虐待有可能改变大脑发育的潜在可能，从而导致 PTSD 和人格障碍的共病。

第二节　创伤后成长：灾难与进步并行

"5·12" 汶川地震一方面给人们的生命财产造成了巨大的损失，也给地震中的幸存者带来极大的心理创伤，如我们之前所提到的 PTSD、抑郁、焦虑等心理症状。但另一方面，我们也应该认识到，地震带给人们的不只是痛苦和悲伤，当人们以一种积极的方式面对灾难时，同样能从灾难中获得新的生命力量，以实现个体成长上的突破和超越。对个体如此，对于一个国家、一个民族亦是如此，正如温家宝总理所说，"一个民族所遭受的灾难总是以民族的进步作为补偿。" 人类的发展史就是一部灾难抗争史，灾难背后孕育着力量，创伤之中蕴蓄着成长。正因为如此，当我们面对如此深重灾难的时候，不仅要关注它所带来的消极后果，更应当挖掘它背后的积极因素。

一、创伤后成长的概念

长期以来,心理学工作者一直关注的是诸如地震之类创伤事件可能带来的消极后果,如 PTSD、焦虑、抑郁等。随着积极心理学的兴起,研究者开始关注创伤事件所带来的"成长"的一面,认为对创伤的认识不应该只从病理学的角度审视,更应该关注个体面对灾难的自我恢复和自我发展的能力,洞悉个体自我增强和自我超越的能力。

何为创伤后成长(post-traumatic growth,简称 PTG)?特德斯奇和卡尔霍恩(Tedeschi & Calhoun)在 1996 年首次正式提出这一概念,并将其界定为"在与具有创伤性质的事件进行抗争后所体验到的一种积极心理改变"。与之类似的概念还有压力相关的成长(stress-related growth)、积极的成长(positive growth)、心理的活力(psychological thriving)和感知到的益处(perceived benefit)等。应该注意的是,这种成长并不是一种单纯的痛苦减少和幸福感的增加,而是具有更深层的含义,即它暗示了一种更加丰满、更加充盈、更加有意义的生活。

事实上,个体在经历创伤后的成长并不少见。已有的研究显示,绝大多数个体经历创伤之后都有某种程度的成长。因此,相对于 PTSD 来说,PTG 或许更应是创伤后应激的正常反应。在人的一生中,总会遇到许多创伤性的事件,如地震、海啸、泥石流等自然灾害,SARS、癌症等恶性疾病、战争、政治迫害、性虐待和强奸等人为事件。在某种程度上说,个体的成长就是建立在战胜多种创伤事件的基础上的,创伤事件是个体成长的一部分。

具体来说,个体在经历创伤后的成长主要表现在三个领域:自我觉知的改变,即经历创伤性事件后,对自我有了重新的认识;人际关系体验的改变;个人一般生命哲学观的改变(Calhoun & Tedeschi, 2006)。特德斯奇和卡尔霍恩(1996)用因素分析的方法获得了 PTG 的五个因素:个人力量(personal strength)、新的可能(new possibilities)、他人关联(relating to others)、生命欣赏(appreciation of life)以及灵性变化(spiritual change)。其中,前两个因素对应的是自我觉知的改变;第三个因素体现的是和他人关系体验的改变;第四、五个因素则涉及生命哲学观的改变。除此之外,也有学者认为,PTG 主要表现为物质获得、娱乐价值、工作上有更好的表现、工作条件改善及法律政策的改变(McMillen & Fisher, 1998);麦克·米伦(McMillen, 2004)则认为,PTG 表现为更富有同情心、人际信任增强、更乐于助人、应对创伤能力的增强、终止酒精和毒品依赖以及邻里之间互助合作程度的提升。

研究和临床经验表明,PTG 具有较大的个体差异。因此,寻找不同个体成长差异的因素，对于帮助个体克服当前的心理创伤，将灾难转化为成长的动因具有重要意义。根据已有的研究，影响个体 PTG 的因素主要有以下几个方面（汪亚珉，2009；张倩、郑涌，2009）：（1）人格因素，如对新经验的开放性、坚毅、乐观；（2）认知因素，对创伤事件的积极再评价，对不能改变事件的接受，对创伤事件进行的有意义的建设性反刍（rumination）；（3）外部的社会支持。

总之，成长不仅仅是恢复到创伤前的功能水平，而是一种转化和自我超越。另外，创伤后成长和痛苦感是相伴相随，共同存在的。所谓的成长并非就是彻底的幸福感体验或者是全面的快乐。享乐主义者和临床心理学家都认为，痛苦感的减少以及幸福感的增加是面对高压力事件的人所期望的结果。但事实上，痛苦感和成长并不是彼此排斥的，它们之间的关系是混合的，创伤后成长并不一定是传统意义上的"好"。从这个意义上来讲，"创伤后成长"这样一个积极的视角却体现了消极心理学和积极心理学在某种程度上的交融和整合。所谓消极，并非只具有消极的意义；所谓积极，也并非是全盘的正面。

二、创伤后成长的理论

鉴于创伤后成长的重要性，众多研究者对其实质和产生机制等问题有着浓厚的兴趣，纷纷从不同角度对这些问题进行诠释，提出了自己的观点，此举极大地丰富和拓展了创伤后成长的内涵。其代表性理论主要包括如下几种。

（一）应对结果理论

这一理论认为创伤后成长是人们应对创伤性事件的副产品（Zoellner & Maercker, 2006）。奥利里和劳克维克斯（O'Leary & Ickovics, 1995）描述了应对挑战之后的三种可能结果：恢复到之前的功能水平（恢复）、到达一个更低的水平（存活）、到达更高的功能水平（繁荣），而创伤后成长即是指最后一种结果。

特德斯奇和卡尔霍恩（Tedeschi & Calhoun, 2004）提出了创伤后成长的模型，用以解释创伤后成长的产生机制。该模型的核心成分包括：个体的特质、创伤事件的性质、悲伤情绪的管理、反刍、自我揭露、社会文化的影响、叙事的发展以及生命的智慧等。该理论认为，创伤性事件破坏了个体原有的重要生活目标以及世界观，导致个体原有的认知图式失衡，从而使个体的生活面临挑战。这种失衡和痛苦会引发个体不断的反刍（rumination）以及试图减轻痛苦的行为尝试，为此个体需要重新树立远大的目标和信念，重新阐释创伤事件的意义，并对痛苦的情绪进行有效的管理。

最初这种反刍是自发产生的，具有侵入性，而不是深思熟虑的。当最初的应对方式成功之后，反刍便转化为一种有意识的对创伤的思考活动。随着有意反刍的深入，个体的认知图式发生改变，生活叙事得到发展，最终获得创伤后成长。因此在这种观点看来，进行新情况分析、意义发现和再评估的反刍，是个体创伤后成长的关键因素。创伤后成长是对创伤事件进行斗争、应对的结果，对个体发展具有积极的建设性的功能。

（二）应对策略理论

与前一理论认为PTG是努力应对创伤事件后所产生的结果的观点不同，另一些学者将PTG看作是对创伤性事件采取的应对策略（coping strategy）。

1. 创伤后成长作为一种意义的解释

戴维斯等（Davis et al., 1998）认为事件的意义解释存在两种形式，一种是原因解释即关注"事件为什么发生"；一种是利益解释，即"为了什么"。Davis认为，研究者通常对前一种意义解释给予了极大关注，而在一定程度上忽略了后一种意义解释，而后者即是创伤后成长。因此，在Davis看来，PTG实质上是一种寻求利益性意义的应对策略。

2. 创伤后成长作为自我增强的评价

泰勒（Taylor）等研究者（2000）认为，创伤后成长只是一种自我知觉到的应对策略，是一种自我增强的评价和积极的错觉。因此，个体在创伤后出现的一种积极心理应对，事实上是个体采取的一种自我防御的应对策略，比如为了掩饰悲伤而采用的自我增强暗示、为了缓解内心的巨大失衡而自我劝慰等。

（三）两成分模型

创伤后成长的两成分模型（Taylor, et al., 2000），又被称为坚纽斯神脸模型（Janus-face-model）。坚纽斯是古罗马的两面神，此模型以坚纽斯神为喻，形象地指出自我知觉的创伤后成长包含两个成分：功能的、自我超越或建设性的成分和策略性的、幻想的或自我欺骗的成分。创伤早期是幻想成分，有利于缓解个体情绪上的悲伤。但是若幻想成分伴以认知的回避策略，并且长期如此，创伤后成长可能对适应调节产生负面影响。建设性成分则是反映成功应对的结果。两成分理论认为，创伤后成长有建设性的一面，也有功能不良的一面。就像坚纽斯的脸，从不同的方向看，看到的是不同的表情。功能不良的一面，被称为积极的幻想，这种幻想平衡了面临危机事件时的痛苦感。

（四）行为成长模型

赫布弗尔（Hobfoll et al., 2007）认为虽然认知过程在创伤后成长过程中发挥重要作用，但是假如这种认知过程不伴随相应的行为改变的话，并不会产生积极效应。因此，不管是建设性的还是幻想性的认知意义都需转化为行为，否则可能会导致消极的后果。真正的创伤后成长并不简单是认知过程，而是通过行为的健康成长来实现的。

（五）生物心理社会进化理论

生物心理社会进化观点将创伤后成长归结为人类进化的固有机制——元学习的一种体现。它认为，创伤性事件作为一种来自环境的冲击力量打破了个体原有的元认知图式，使得元认知发生重组，通过这种重组以实现对社会环境的再适应。因此，克里斯托弗（Christopher，2004）认为，创伤后应激的通常结果就是成长，而PTSD则是心理失调的表现，前者是理性作用的结果，后者是非理性的结果。

生物心理社会进化理论还进一步认为，这种通常的与非通常的结果，理性与非理性起作用的表现有着共同的生理基础：情绪应激中的双通路加工机制。在这种双通路加工机制看来，个体的情绪性反应由两条加工机制来实现，一条是所谓的"快速低通路"，另一条是所谓的"慢速高通路"。快速低通路由下丘脑直接到达杏仁核，慢速高通路则由下丘脑到大脑皮质再到杏仁核。前者被认为主要是启动情绪化的非理性应对，而后者则被认为是经由大脑认知评价加工的理性应对。当创伤性事件打破个体原有认知图式时，假如个体无法顺利找到新的重构线索，就会出现焦虑或情绪化反应，表现出PTSD症状。相反，则会出现更多理性化反应，即创伤后成长。因此，根据这一解释，正常适应性反应从根本上表现为高低两条通路之间的协调，而异常反应则表现为这两条通路的不一致。假如个体慢通路的认知加工不能提供有效的意义以解释这种不一致，就会表现出理性层面上的自我增强错觉；假如慢通路可以有效整合这种不一致，则表现为自我超越的心理建构，即真正的创伤后成长。

上述五种有关创伤后成长的理论，整体上认为创伤后成长是积极的，但不免也有消极成分。这些提示我们在进行灾后心理疏导时，应该从结果与过程、认知与行动等多视角来考察和研究创伤后成长，才能获得对创伤后成长的全面和正确的认识。

第三节 心理和谐：灾后心理干预的目标

党的十六届六中全会指出："注重促进人的心理和谐，加强人文关怀和心理疏导，引导人们正确对待自己、他人和社会，正确对待困难、挫折和荣誉。加强心理健康教育和保健，健全心理咨询网络，塑造自尊自信、理性平和、积极向上的社会心态。"我们从事灾后中小学心理疏导的主要目的也在于促进灾后师生的心理和谐，进而为灾区的社会和谐贡献一份力量。

一、心理和谐的本质和内涵

和谐主要指的是处理与协调好各种各样的关系。从心理和谐角度来说，我们必须处理好、协调好以下六个关系：人与自我的关系，人与他人的关系，人与社会的关系，人与自然的关系，软件与硬件的关系以及中国与外国的关系（林崇德、刘春晖，2011）。在经历了汶川特大地震后，无论是灾区中小学生以及老师、家长，还是非灾区的人民，都需要一个和谐的心理去面对这次灾难。只有保持心理和谐，才能建构一个和谐社会。因此，正确处理这六大关系是保持人民心理和谐、建构和谐社会的基础。

（1）人与自我的关系。人与自我的关系，主要涉及自我修养的准则。每个人心理和谐是以自我和谐为基础的，"信心"是人与自我关系的首要因素，它是指相信自己的愿望或预料一定能够实现的心理。对于个人甚至国家说来，信心是事业成功的保证，是自我成长的动力。汶川地震后，党和国家领导人也强调，要有信心、勇气和力量去面对困难，面向光明的未来。可见，一旦拥有"信心"，就拥有了强大的力量，对自身能力的肯定更能激励着我们战胜灾难带给我们的创伤和痛苦。

（2）人与他人的关系。人与他人的关系又称为"人际关系"，主要涉及朋友、同伴、同事、敌我、同志、亲子、上下级、长幼等之间的关系。心理和谐要求人们正确对待自我与他人的关系，形成良好的人际关系。同时，良好的人际关系是和谐社会的一个重要特征，也是人与社会和谐的重要组成部分，它促使个体对群体产生归属感，使人在心理上产生安全感，继而达到自身的心理和谐状态。正因为有了归属感和安全感，人们才能更好地进行沟通，进行团队合作，从而发挥每个人的潜力。地震后，我们可以看到，除了广大武警官兵及时、迅速的营救工作，还有无数群众自发地前往灾区进行救助，而那些无法接近灾区的群众也在组织的带领下捐钱捐物，为灾区人民贡献自己的一份力量。这些都充分体现出人与人之间的紧密、良好的关系，一种"不似亲人胜似亲人"的归属感，这种归属感把陌生人变成亲人，促进了人们的心理和谐，增强了人民的凝聚力。

（3）人与社会的关系。人与社会的关系即"群己关系"，包括个人对国家、民族、阶级、政党、社团、集体等的关系，爱国主义是人与社会关系的核心。同时，"爱国"与"爱党"具有一致性。"爱国"的人必然"爱党"，因为爱国者一定是希望祖国繁荣富强，而引领国家走向繁荣富强道路的引领者正是中国共产党。中国共产党之所以赢得人民的拥护，是因为党在革命、建设、改革的各个历史时期，总是代表着中国先进生产力的发展要求，代表着中国先进文化的前进方向，代表着中国最广大人民的根本利益，并通过制定正确的路线方针政策，为实现国家和人民的根本利益而不懈奋斗。汶川地震后，党和政府高度重视并迅速做出反应，展开了快速、有效的救助工作。我们清楚地看到，党和国家领导人在第一时间奔赴到抗震救灾的第一线进行指挥，最大程度地提高了救援效率，也使无比悲痛的广大受灾人民得到了莫大宽慰。正是由于我们伟大而强盛的国家给予我们有力的支持，我们的人民才有力量战胜困难。因此，热爱我们的祖国，处理好"爱党"、"爱国"的关系，才能对国家、政党和政府产生信任感，自身也才能更好地达到心理和谐的状态，从而为建设和谐社会贡献自己的力量。

（4）人与自然的关系。人与自然的关系，主要涉及人类对自然进行认知和自然环境对人的心理及其发展产生影响的问题。过度消耗资源造成资源紧缺、污染环境导致生态环境恶化等，反映了人与自然关系的不和谐。如果我们持续处于这种人与自然不和谐的状态，最终人与人的关系、人与社会的关系也将受到影响，这不仅使人们的心理和谐难以达到，也难以实现和谐社会的构建。虽然汶川地震灾害并非人为因素导致，但我们也要注重人与自然的关系。自然灾害造成的一些不和谐已然存在，如人们的生命受到了威胁、财产受到了损失。因此，应正确地处理好人与自然的和谐关系，在灾后重建的阶段有效地、合理地利用自然和开发自然，并对这种暂时不和谐的关系有一个正确的认知，才能转变这种不和谐状态，从而达到"天人合一"的境界。

（5）软件与硬件的关系。在灾后重建和心理疏导的工作中，人是"软件"，而各种技术支持则是"硬件"。我们不仅要关注灾区人民的物质生活，从硬件上给予关怀和支持，使他们生活得更好、更舒心；更要关注灾区人民的精神世界，从软件上采取心理疏导等方式促进其心理和谐，使他们生活得更幸福。只有心理和谐了，人们才能发挥主观能动性，面对困难和挑战，创造和谐社会。

（6）中国与外国的关系。从中国社会和谐发展的角度来讲，我们需要一个和谐世界。2006年8月，胡锦涛同志在中央外事工作会议上讲话指出，推动建设和谐世界，是中国坚持走和平发展道路的必然要求，也是实现和平发展的重要条件。汶川地震后，我们得到了许多国际援助和国际救援物资，有的国家还派出了救援队直接参加到了搜救生存者和医治伤病员的行列，这充分说明了在灾难面前，我国与外国达到了一个和谐的状态，在国际社会这个大家庭里，大家互帮互助，"一方有难，八方支援"。正是在这种和谐外交的方式下，才有可能建立和谐世界，从而在和谐的大环境中保证中国社会的发展，促进富国强民。

综上所述，在灾后心理疏导的关键时刻，心理学工作者应该重点关注影响心理和谐的六大关系。我们认为，只有处理好这六大关系，建构灾后和谐社会的目标才能真正实现。

二、关注灾后中小学生的心理和谐

面对灾后中小学生心理健康严峻形势和灾后心理疏导可能存在的问题，我们曾在教育部"国家灾后心理疏导培训会"上提出了灾后心理疏导的四个要求：一是帮忙不添乱，绝不能造成中小学生二次伤害；二是科学有序是做好从心理救助到心理救援工作的关键，即按民政部划块的要求，各省市心理学工作者到相应的地区去做中小学生心理疏导的工作；三是积极培训，即不管是不是心理学工作者，只要是没有学过创伤心理学的，一律要参加培训，没有经过培训的不得进行心理疏导工作；四是遵循伦理性与坚持科学性。

汶川地震作为一次严重的自然灾难，给地震中的幸存者带来了极大的心理压力和严重的心理创伤。地震不仅改变了个体生存的物理环境，也打破了个体内心原有的平衡，破坏了原来所建立起来的社会关系网络，使个体面临极大的心理冲突和不适。虽然一部分个体通过自身的调节可以克服这种心理上的不适，重新开始新的生活；但是仍有相当一部分个体长期无法走出这种心理上的阴影，给家庭和社会带来了极大的困扰。

儿童青少年是祖国的未来。在"5·12"汶川地震中，中小学校是受灾最为严重的单位之一。据四川省统计，该省共有159个县近1.4万所学校受灾，其中义务教育学校和完全中学占91%。由于中小学生特殊的年龄特点，使得他们对创伤更具有易感性，更有可能会引发严重的心理问题，进而产生各种行为问题，影响他们正常的学习和生活。例如，有研究表明（Bulut & Tayli, 2005；Chen & Wu, 2006），未成年人在灾难后会出现睡眠障碍、学习能力丧失、注意力下降、创伤情境激发的闯入性画面和思维、对创伤回忆的恐惧、对危险的过度警觉、自我效能感降低、不安全感加剧、丧失对日常生活的兴趣、愤怒、易激惹、抑郁、内疚和丧失希望等问题。如果中小学生长时间遭受这种心理问题的困扰，势必会影响他们身心的健康成长。

因此，教育部十分关注灾后中小学生的心理健康问题。震后第三天，时任教育部副部长的陈小娅同志就组织我们为灾区中小学生及其老师和家长编写了《我们一起度过——献给地震灾后的孩子们》、《如何帮助我们的孩子——震区中小学生心理援助教师手册》两本读物，并由当时的教育部副部长（现部长）袁贵仁同志亲自带队送到孩子们、教师和家长手中。时任教育部基础教育司司长的姜沛民同志和教育部中小学心理健康教育专家指导委员会秘书长申继亮同志（原北京师范大学心理学教授，现教育部基础教育二司副司长）深入灾区，长期奋战在灾区中小学心理疏导工作的第一线。教育部师范司十分重视创伤心理学的培训，领导我们举办了四川省地震灾区中小学心理康复教育骨干教师国家级培训，时任师范教育司司长的管培俊同志自始至终地和接受培训的灾区心理康复教育骨干教师在一起。在此基础上，教育部社会科学司委托我们起草了"灾后中小学生心理疏导研究"课题招标指南，经六家单位激烈竞争我们竞标成功，获得了该项课题。

那么，如何去关爱灾后中小学生的心理问题？我们课题组认为，其宗旨是心理和谐，即心理学工作者用自身的专业知识和专业态度，通过人文关怀和心理疏导来解除中小学生在灾后面临的思想困惑、疏导情绪、缓解压力，以促进人的心理健康和心理平衡，提升学生面对灾难和挫折的心理复原力，培养积极、乐观、向上的心理品质，最终实现个体心理和谐。具体来讲，就是要使学生能够处理四方面的关系：人与自我的关系，人与他人的关系，人与社会的关系，人与自然的关系。正确处理"人与自我"的关系就是要能有效管理各种负面情绪，正确地认识、评价自我，重建对自我和生活的自信心，增强耐挫折能力和适应环境的能力。正确处理"人与他人的关系"就是要协调好同伴之间和师生之间的关系，提高学生的人际沟通能力，增强归属感和认同感。处理人与社会、人与自然的关系就是要能够坦然面对灾难，感受社会各界对灾区的无私援助，发现生命的积极意义，珍惜每一天的生活。

第四节 心理疏导体系：促进心理和谐的重要途径

中小学生的心理和谐是我们追求的目标，建构完善的心理疏导体系则是达成这一目标的重要手段和途径。"5·12"汶川特大地震带给我们的伤痛是沉重的，却也是一种动力。如何抚平学生心中的伤痛？这就需要心理学工作者运用自身的专业知识，协调各方心理救援力量，构建起完善的心理疏导体系。我们希望所建构的这一体系不仅能够适合于"5·12"汶川地震受灾的中小学生，更是一套能够应对多种灾害的中小学生心理疏导体系。

第一，预防胜于治疗，心理疏导体系的建构可以节省社会资源。震灾不但扰乱了个体目前的发展状况，还让过去已经成功解决的发展危机再次成为挑战，甚至随着时间的推移，个体又需继续处理下一发展阶段之双重或多重危机与挑战。若震灾后各种生活压力持续如排山倒海而来，而震灾的创伤一直未加处理，则未来仍可能出现抑郁、自杀、PTSD、反社会等现象。因此，本课题在及时、有序、有效、长期的干预过程中，对干预的机制和方法展开研究，提供长期深入的而非短暂的表面帮助。这样，不仅能够整合社会资源，避免资源的重复和浪费，而且能防止事态恶化，做到事半功倍，有利于节约后期治疗的社会成本。

第二，防患于未然，所建构的心理疏导体系具有借鉴意义。虽然我们都不希望灾难再次发生，但是自然规律不可抗拒，各种地质灾害随时都有可能发生。所以，立足于此次震灾，整合相关灾后心理疏导工作，建立适用于各种灾难的灾后中小学生心理疏导体系，为其他的灾后心理疏导积累经验，不仅具有现实意义，而且从长远来看，还具有很强的借鉴和指导意义。我国不仅是世界上自然灾害多发的国家，而且是世界上遭受自然灾害最为严重的国家之一。其中，新中国成立以来比较严重的就有：1954 年江淮大水、1958 年黄河洪水、1959～1961 年 3 年自然灾害、1976 年唐山大地震、1991 年江淮大水、1998 年长江特大洪水等，而 1976 年唐山大地震和 1998 年长江流域特大洪水甚至载入了世界重大自然灾害事件的史册。2008 年我国又遭受了百年一遇的雪灾、汶川大地震以及南方多省的洪灾。除此之外，全球主要的自然灾害，如山体滑坡、泥石流、台风等在我国也时有发生。如果我们能从灾害中吸取经验、建立一整套有效的心理预防和干预机制，那么当灾难再次发生时，我们就具有更强的抵抗力和恢复力，把灾害带给我们的损失降到最小。

一、借鉴国内外经验，寻求最优模式

全世界几乎每天都有灾难发生，灾难后受灾人群的心理疏导受到了国内外相关领域工作者的重视，他们为此也做了很多工作。这些为我们目前的工作积累了宝贵经验，具有很强的借鉴意义。

（一）统筹规划的心理疏导体系

在重大灾难面前，各国政府采取各种措施和方案为受灾的人群服务。美国"9·11"事件后，由美国国防部负责建立了家庭救助中心，由美国红十字会提供专业支援，负责承担遇难者家庭的个案和心理健康服务工作；五角大楼家庭救助中心（PFAC）还很快建立了当地的家庭支持中心，这种体系的构建能够让信息得到有效传递，从而整合各方面的资源以提供有效的心理健康、财政、精神以及信息方面的服务（Huleatt, 2002）。除此之外，美国学者还提出了支持资源的整合模式——教育、支持和训练的社区资源模型（CREST：Community Resources for Education, Support and Training）（North, 2000）。该模式强调在专业人员资源有限时，通过训练团体领导以提供最初的危机干预并减轻情感上的痛苦，使团体内的心理健康资源得到最大的利用。CREST 的培训团队包括心理学家、精神病学专家、精神病学护士、护理专家、临床社会工作者、婚姻和家庭咨询师、行为治疗师、心理学和社会学博士生等。另外，针对学校的危机干预，美国政府还颁布了一些法律，例如《不让一个孩子掉队》（No Child Left Behind）法案就明确规定学校要投入危机的预防和干预中。

另外，我国台湾地区在"9·21"地震后制定了一系列灾后辅导措施。例如其教育主管部门针对灾后可能出现的 PTSD，为受灾学校提供立即性与长期性的心理援助与辅导，其中长期性计划又包含了初级辅导计划、次级辅导计划以及三级辅导计划三个部分，是一个整合各部门相关人员和资源的全面心理疏导计划。

我国相关的政府部门也在"5·12"汶川大地震之后积极行动。在震后不久，教育部就迅速建立了包括我课题组多位专家在内的灾区中小学心理援助专家工作组。该工作组为地震灾区中小学心理援助和心理辅导做了大量的工作，不仅编写完成了中小学灾后心理自助手册《我们一起度过——献给地震灾后的孩子们》，而且在第一时间指导当地的中小学开展心理援助和危机干预工作，并对当地中小学教师开展心理康复培训等。受教育部委托，本课题组首席专家林崇德教授和多位课题组成员不仅主持起草了"地震灾区中小学骨干教师国家级培训方案"，承担了"四川省地震灾区中小学骨干教师心理康复教育国家级培训班"，而且还作为骨干力量，直接参与制定了《教育部关于地震灾区中小学开展心理辅导与心理健康教育的通知》，该通知起到了指导灾后心理疏导工作有效开展的作用。

（二）应用比较成熟的危机干预模式

近年来国外比较著名的危机干预模式包括 CISD（Critical Incident Stress Debriefing）和 CISM（Critical Incident Stress Management），主要用于干预遭受各种创伤的个人，是危机干预的基本工具，可以防止或降低创伤性事件症状的激烈度和持久度，迅速使个体恢复常态（Everly & Boyle, 1999；Everly & Mitchell, 1999）。大量的研究已经证明，这两种模式是比较有效的危机干预模式（Everly & Mitchell, 1999）。在此基础上，美国提出以学校、社区为基础的介入途径，通过培训当地教师或社区志愿者，为学生和教师提供服务。该方案涵盖了灾难发生前的预防、灾难中的应对与评估以及灾后的干预，系统地整合了学校各方面的资源，极具参考价值。以学校为基础的干预策略应用到各类灾难后的干预体系中，被证实有较好的效果（Hutchison，2005）。对于有持续创伤后应激障碍症状的儿童，以学校为基础的心理干预方案尤为有效（Chemtob，Nakashima & Hamada，2002）。借鉴短期马拉松小组的研究，布洛克（Brock，1998）提出了以班级为模式的教室危机干预（Classroom Crisis Intervention）。同时，以员工帮助计划（Employee Assistance Program）为蓝本，美国一些大学和基金会采用了给学生提供心理援助的新模式，即学生帮助计划（Student Assistance Program，简称SAP）。在学生帮助计划中，学校的心理援助由独立于学校的服务机构承担，为学生提供远程心理疏导服务（Veeser & Blakemore，2006）。针对教师这一学生最熟悉并可提供直接帮助的资源，以色列研究者马洛和马格利特（Manor & Margalit，1986）提出了培训"教师作为治疗师"（Teacher as Therapist，简称TAT）的理念。除此之外，为了解决专业咨询人员相对不足的问题，20世纪60年代中期提出了朋辈咨询的概念，通过对特定学生加以训练来协助辅导同辈学生，这种将"辅导者与被辅导者差异减到最低"的辅导方式，也逐渐得到了人们的认可（胡远超、赵山，2008）。

另外，我国台湾地区的研究表明，对于教师的情绪支持团体可以协助教师疏解震灾的哀伤情绪（周玉真，2008）；通过艺术治疗，采用团体的方式对灾后儿童进行心理康复是比较有效的策略（赖念华，2001）；以艾利斯的REBT为基础对少年儿童进行灾后创伤干预（陈宇嘉、王绣兰，1999）以及用书写的方式治疗创伤的小学六年级学生（洪仲清，2004）都取得了较好的效果。除此之外，也有研究者（郑玉英，2001）关注到干预过程中所涉及的文化问题，如能针对原住民的特殊文化风俗对其进行辅导，将具有更好的效果。

二、建构符合我国实际情况的心理援助体系

从国内外的经验可以看出，广大的心理学工作者对灾后心理疏导进行了有价值的尝试和努力，其中许多观点和做法值得我们借鉴并进一步发展。结合以往经验以及我国实际情况，我们认为，可从横向和纵向两个维度建构一套适合我国实际的灾后中小学生心理疏导体系。横向维度上，心理学工作者应更加关注适合我国中小学生具体实际的心理援助模式。如美国所使用的TAT、SAP模式是否适用于我国，我国更适用于何种模式等，需要进行认真研究；而纵向维度则为时间维度，强调心理学工作者应当考虑到灾后中小学生随着时间的推移而需要的心理援助方式、干预手段有所不同。考虑了横向维度，就确定了我国灾后中小学生心理援助的基本模式和方法；考虑了纵向维度，就能保证干预手段和方法具有动态性、灵活性，能更有针对性地进行心理援助。

（一）建立适合我国中小学生的心理援助模式

目前国外有两种长期学生援助模式值得我们借鉴，分别是 TAT 模式和 SAP 模式。TAT 是教师作为治疗师（teacher as therapist）的简称，其理念提倡把教师当作一个提供支持的资源，帮助有特殊需要的学生。这些学生通常有严重的情绪和行为障碍，导致其出现一系列的学业问题。该理念的主要目标是促进学生的心理健康，在校园中创造一个健康的环境以帮助学生取得进步。TAT 模式在美国和以色列等国都有广泛应用。SAP 则是学生帮助计划（student assistance program）的简称，其目标和结构都是以 20 世纪 50 年代出现的员工帮助计划为蓝本而来的。该计划是由学校部门提供的服务，最初是为有酗酒、物质滥用等行为问题的学生所提供的支持和咨询项目，而后该计划经过进一步完善，发展成为用于减少学生的风险因素、促进保护性因素的支持性项目，以增强学生的内外资源，从而避免让行为问题影响其学业表现。该计划在有限的时间内，能更好地对学生进行行为干预以及心理治疗，处理学生的各种健康问题，包括焦虑情绪、抑郁反应以及影响其学业的生活事件（Veeser & Blakemore, 2006）。美国很多州的学校都设置了这一服务项目，也取得了很不错的效果。

这两种心理援助模式的目的都是为了解决学生心理健康方面的问题，进而提高其在学业方面的表现，帮助学生在健康的氛围中获得更大的成功；两者都强调从教师入手，对学生进行帮助。在传统观念里，教师只是传授知识的老师，进行传统课堂的教学。但在这两种模式中，不仅是学业表现，心理方面的问题也需要教师来带动解决。教师是学校原有系统中的一部分，让他们对学生做工作，比外来的心理学工作者容易得多。

TAT 和 SAP 是值得借鉴的，但是这些毕竟是在西方文化背景下发展的干预方式，真正要运用到我国的学校，还需要结合我国的文化背景进行综合考虑。我们在调研中发现，地震灾区中小学校的心理援助状况具有如下特点：绝大多数极重灾区的中小学校没有心理老师；大多数极重灾区严重缺乏心理健康方面的资源；能够长期进驻学校进行服务的心理学队伍有限，而需要帮助的学生数量庞大；对于学校内部的老师而言，有时外来专家的直接进驻会给他们的工作带来一定的压力，甚至对他们而言是一种威胁。在国外两种学生援助模式的基础上，针对我国灾区的特点，我们尝试提出"以教师作为治疗师的理念为核心，以培育学校内部力量、完善学校心理健康教育体系为重点，以家长为辅助"的干预模式。该模式的具体内容有以下几点。

1. 专家组和教练组相结合，为教师量身定制培训体系

专家组是指在心理健康教育领域术业有专攻的学者，他们从不同角度切入，运用专家团队的力量给教师提供全面的培训和指导。但是专家的精力和时间有限，而教师需要的是更加长期的帮助，这就需要教练组的倾力配合。教练组是指具有一定知识和技能的心理学工作者，类似于体育项目中的教练，他们可以通过直接互动或网络联结的方式给接受培训的教师提供指导和支持。教练组虽然不直接处理学生的问题，但是在专业方面可以给教师出谋划策；更重要的是，教练组可以从情感和个人成长方面给教师提供长期而稳定的支持。同时，专家组也要定期给教练组提供督导，教练组如果发现一些共性的问题，也可反馈给专家组，为持续的培训提供第一手资料。这样，就形成了以专家的"一点"带动教练的"一线"，从而带动教师的"一面"，最终在以点带面的层层协助下，提升学生的心理健康水平。

2. TAT 和支架式教学相结合，促进专业力量的提升

"教师作为治疗师"是一种理念，需要结合我国各个学校的具体情况灵活把握，找到适合本地区学校的可操作的干预模式。目前灾区的学校具备专业心理工作资质的教师并不多，甚至有些匮乏。要让他们在有限的训练时间内掌握各种心理学方面的知识和技能，需要外部力量的支援。目前对灾区教师开展培训的专家大部分是外来的，专家随时会撤离，可是灾区中小学的心理重建却至少需要 3~5 年的时间，甚至更长。结合我国学校的具体情况，可以将支架式教学的理念引入培训当地教师的方案当中。也就是说，外来的专家为当地教师提供必要的支持和补充，为教师提供"支架"，使他们逐步学会心理健康方面的知识和技能，并指导其运用所学的知识，直到教师们完全学会并能够很好地运用这些知识和技能为止。培训结束后，专家们和教练组还可以通过电话、网络的方式或是定期回访的方式持续为教师提供督导，让他们感受到支持，能够在遇到问题时及时得到帮助。

3. TAT 与朋辈咨询相结合，增强专业力量的合作

正如上面提到的，专家毕竟是外部力量，和教师共同工作的时间有限，因此他们所能提供的支持和帮助也是有限的。但是，教师在进行心理援助的过程中，可能会遇到各种困难，作为新手的教师治疗师可能一开始会存在角色冲突或者角色焦虑，需要即时的帮助。此时，专家往往是"远水解不了近渴"，这就只能充分利用同伴的力量，互相提供支持和帮助，即将朋辈咨询的概念与教师作为治疗师的理念相结合。

4. 培育学校内部力量，为心理健康教育提供有效保障

TAT 的理念把教师当成学生心理干预的重要资源，这比求助于"够不着"的专家具有更大的现实性。但是，SAP 的实践提示我们，仅有这些心理教师还是远远不够的，心理健康工作的顺利开展需要各方的配合。因此，目前针对中小学

校的心理培训也可以采取类似 SAP 的培训体系，即根据"校长——班主任和骨干教师——学生"的工作思路逐步渗透，为学生提供干预。在进行培训时，校长也要作为重点培训对象，让他们充分了解心理健康的重要性，特别是灾后对学生进行长期心理重建的必要性以及通过教师干预学生的有效性，从而在行政上为心理援助计划提供支持，使该计划能够顺利实施。而对班主任和骨干教师的培训，在于帮助他们消除灾后负面情绪，缓解自身心理压力；让他们了解心理干预的基本技术、实施原则和方法；使参加培训的老师掌握基本的学生辅导技能，丰富教师的心理保健知识，提高教师心理干预的能力。同时，可以让校长与班主任、心理教师共同合作，为学校构建出一套完整的心理健康干预体系，从而系统、有效地为学生提供长久的心理健康方面的服务。

5. 学校和家长共同工作，以发挥家长的重要作用

家长在 SAP 体系中的作用也是非常重要的。家长对于中小学生而言是重要他人，他们的影响是不容忽视的。要想让各项计划能够有效地实施，需要考虑到家长的独特作用。家长和学校合作，才能够最大限度地发挥心理援助计划的作用。鉴于灾区学校的家长分布比较零散、文化知识水平不太高的状况，可以给家长进行一些相关的讲座，教授家长一些简单的知识和心理评估的方法，让家长意识到自己的作用，并运用于实际；同时，家长通过与学校的密切联系，配合心理援助计划，可以共同为孩子的成长负责。

6. 行政力量和民间组织相结合，有效利用外部资源

西方社会采取的是小政府、大社会的机制，在政府救援机制之外，他们充分发挥社会其他组织机构的作用。如 SAP 中，学校和社区机构及其他民间部门进行配合，积极寻求外在力量的帮助，共同实施该计划。社区资源也是学校非常重要的支持系统，仅仅依靠学校行政力量不足以做好学生心理健康工作，因此我们需要充分利用外援，有效地对学生进行心理援助。

在我国，相关政府部门的政策会对心理援助体系的建构起到关键性的作用。选拔和培育合适的教师并进行长期的培训、对整个学校给予全方位的支持，是需要花费很多心血的。仅仅凭借专业人员的一腔热血，不足以给灾区学校培养长久可靠的力量。因此，在行政支持的基础上，还需要结合各种外部力量。

针对灾区学校的长期心理干预，可以充分利用外部资源，让有实力的民间组织参与，他们不仅能够带来关爱，而且能够带来一定的资源，可以起到补充政府和专业团体的作用，也有利于将援助工作精细化，并将其落到实处。

（二）关注长期心理援助模式的灵活性

尽管我们前文已经简要介绍本课题采取的心理援助模式，但仅考虑横向维度，此模式只是静态的；如果加上时间维度，即考虑灾后不同阶段的需要，则该模式就呈现出了其灵活性。

灾难心理学的研究表明，重大灾难后无论个体还是社区的心理反应都会呈现一定的阶段性。而不同的阶段，受灾人群具有特定的心理和行为表现。根据灾难发生后人们心理危机反应的不同，不同的研究者对心理干预的阶段进行了划分。总体而言，大致可分为3个阶段：紧急期，也称急性应激阶段，一般是指灾难后1~2天；第二阶段是灾后初期或早期，也称慢性应激阶段，从灾后2天到3个月左右；第三阶段是心理康复期，也称心理恢复重建阶段，一般指灾后3个月到几年的时间（赵国秋，2008；张黎黎、钱铭怡，2004）。我们应该随着时间的变化，调整心理援助模式中的重点，如不同阶段关注的学生的心理问题不同，需要解决的主要矛盾也不相同，采取的干预手段和疏导活动也不尽相同。因此，清楚明晰地了解灾后不同阶段个体的心理需求，掌握不同阶段运用的干预方法和手段，具有现实意义。

在紧急期、灾后初期和心理康复期阶段，学生的心理特点、心理干预的目标及内容、干预的技术和方法都有一定的区别，针对校长、教师进行培训的主题内容也应随时间变化有所不同。如地震重建初期，由于学生存在外迁、合并等情况，因此，培训的重点就放在学生环境适应的问题上。主题的确定都是以各阶段教师、学生的不同心理需要为出发点，从2009年10月开始，至2011年10月培训主体工作的结束，我们共完成了9期15个主题的培训，主要的内容安排如下：第一期，震后环境适应，学校心理健康教育方法；第二期，教师个人成长，问题解决取向；第三期，短期焦点解决咨询，教师职业倦怠预防；第四期，学业辅导，教学心理；第五期，心理创伤治疗技术；第六期，情绪管理方法，心理咨询技巧；第七期，心理咨询过程，家庭治疗方法；第八期，团体咨询技巧；第九期，箱庭治疗技术。这些培训得到了广大校长和教师的一致好评，促使了其心理的健康成长，从而间接帮助了学生。

三、出台相关政策，保障心理援助工作顺利进行

灾后心理援助是灾后重建工作的重要组成部分，也是一项长期的系统工程。重建阶段需要当地政府从政策层面给予支持，保障心理援助工作的顺利进行。有了国家和政府的积极引导，规范灾后援助的方向和总体布局，全社会力量才会有序、协调地进行心理援助工作。

国内外针对灾后心理援助工作均制定了相关政策，如日本1961年出台了《灾难对策基本法》，美国1974年出台了《斯坦福法案》，我国1997年制定并于

2009年修订了《中华人民共和国防震减灾法》等,其中都对灾后心理救助工作做出了规定和引导,在一定程度上推动了灾后心理援助体系的完善和工作的开展。

"5·12"汶川地震后不久,我国政府很快制定了《国家汶川地震灾后恢复重建总体规划》,其中明确指出:实施心理康复工程,采用多种心理干预措施医治灾区群众心灵创伤,提高自我调节能力,促进身心健康;规定心理救助工作主要由民政部门负责,并要求在中小学校开展心理疏导教育,在医院设置心理门诊,组织专业医务人员、社会工作者和志愿者进社区或村庄,开设心理咨询热线,培训心理疏导专业人员,编写灾区志愿者服务工作手册和心理辅导手册。不过,我们应该看到,这些规划尽管从总体布局上给出了行动的方向,但是还欠缺对灾后心理救助的具体部署,没有一套经过实践不断检验的具体、完善的心理救助体系,也未能将心理救助体系以政策的形式在全国推行。譬如,面对重大自然灾难,各部门应该如何统筹安排心理救助工作?在灾后重建的几个阶段需要关注的重点有何不同?如何针对受灾人群在不同阶段的需要提供相应的心理援助?这些在总体规划中并未体现。从这次的实际经验来看,由于缺乏理论研究和实践经验的支持,在心理援助的过程中也出现了一些问题,主要表现为:(1)心理援助人员热情高涨,但是方法缺乏,尤其极少提供可持续的帮助,有"蜻蜓点水"之嫌;(2)各个救助单位之间缺乏协调合作,多个团队轮番"轰炸"当事人,极有可能带来"二次伤害";(3)学校教师本身也是灾难的受害者,不仅需要坚强地面对学生,还要面临来自少数家长的埋怨和愤怒,但是其本身的心理健康状况却没有得到应有的关注;(4)需要接受心理援助的学生数量庞大,而能提供心理援助的专业力量相对缺乏;(5)心理援助杂乱无序,造成人才、资源的浪费。这些都反映出我国的心理援助工作需要系统的规范和统筹管理。

因此,要想形成健全、系统的灾后心理救助体系,我国尚有很多需要细化和完善的地方。本课题的最终目的,就是希望能够通过我们的调研以及心理援助等实践工作,为国家和政府提供一些政策建议,从而可以在今后应对突如其来的自然灾难时,能够做出快速、正确的应对,有一套系统的行动依据和准则。在"5·12"汶川特大地震后所进行的一系列心理援助工作,都是心理学工作者宝贵的经验,此次汶川的心理援助工作尽管只是一个"点",我们却期待通过这些经验,真正形成一套灾后心理援助模式,在今后应对自然灾难时,能够独当一"面"。这些经验不仅包括课题组通过实际调研得到的灾后各阶段中小学生的身心反应指标、心理需求,也包括心理疏导人员培训体系的建立。可以说,本课题旨在通过几年的调研和实际心理干预,寻找出一套适合我国中小学生的长期的灾后心理援助模式,从而为国家和政府制定相应的法律法规政策提供一些建议,在今后遇到突发事件时做到有法可依，有据可循。

第五节 灾后中小学生心理疏导的研究内容

根据前面的分析，我们认为国内外关于灾后心理疏导的许多观点和做法是值得我们借鉴并进一步发展的。第一，了解现状是有效干预的前提条件。只有全面而深入地了解灾后中小学生的身心状况和心理需要，并以此为依据设计和修正援助方案及援助重点，才有可能做到有的放矢，给对方贴心的帮助，真正实现我们"安心"的目的。第二，教师是有效干预的重要保证。作为中小学生熟悉而信任的对象，教师的影响力毋庸置疑。通过对教师进行培训，借以间接帮助学生的方法得到了研究者的一致认同。第三，干预体系的建立是关键。学校危机的预防和干预得到了国内外政府的重视，也是学校心理学家关注的热点。有效构建学校危机干预体系，发挥政府的行政力量，是至关重要的。第四，长期持续的心理援助非常必要。尽管存在众多的干预模式，但是研究者都非常强调干预的具体化和针对性。此次灾难强度大、范围广、持续时间长，对个体的心理影响也会非常深远，所以提供长期的心理疏导势在必行。

基于上述认识，我们将课题研究的具体内容分解成以下四个方面，即研究灾后中小学师生的心理状态与心理需求、灾后中小学师生心理状态的影响因子及其作用机制、灾后中小学心理疏导的教师培训体系及有效性、灾后中小学生心理危机管理与疏导对策。其中，目标1和目标2属于基础研究，目标3和目标4属于应用研究。

一、灾后中小学师生的心理状态与心理需求

该调查主要包括两个方面：灾后中小学师生的心理健康状态及其随着时间的变化趋势和灾后中小学师生的心理需求。

（一）灾后中小学师生的心理状态及其变化趋势

为了全面了解灾后中小学师生的心理状态及其随着时间的变化趋势，我们可以通过一些量化的指标在不同的时间点进行追踪考察，具体的考察指标有：（1）PTSD、抑郁等创伤后的消极心理特征；（2）创伤后成长（PTG）等积极心理指标；（3）学生的问题行为和学业倦怠、教师的工作满意度和职业倦怠等与

学生特点和教师职业相关的特异性指标。这样,我们一方面可以从消极与积极、一般与特殊相结合的视角全面了解灾后师生的心理健康状态,另一方面可以动态追踪灾后师生的这些心理健康指标随时间流逝的变化趋势,为建立灾后中小学生心理疏导体系提供客观的实证数据支持,提高心理疏导的科学性和针对性。具体研究成果,主要体现在本书的第二章和第四章中。

(二) 灾后中小学师生的心理需求

作为心理学工作者,了解受灾群众的主观需要可以为培训和干预方案的制订和不断修正提供依据,从而使干预更有针对性,以便更好地为其提供心理健康服务。因此,本课题采用访谈的方法,并运用相关的研究工具,对灾区中小学生和教师进行调查,了解并分析了其心理需求及变化过程。主要的访谈结果及其对培训的启示,将在本书第五章中呈现。

二、灾后中小学师生心理状态的影响因子及其作用机制

通过调查了解中小学师生的心理状态及其发展趋势,是我们有效进行心理疏导的前提,但是深入挖掘灾后师生心理状态的影响因素及其作用机制,则是保证心理疏导科学性的关键。因此,我们将具体探讨哪些因素影响了灾后师生的心理状态,这些因素是如何相互作用的,它们的作用机制随着时间推移有何变化等。有关影响机制的研究成果,将在本书第三章和第四章中呈现。

(一) 灾后中小学师生心理状态的影响因子

同样的灾难,不同受灾地区的学生在灾后的不同阶段具有不同的身心反应,为什么有些学生能够逐渐从地震的阴影中走出来,而有些学生则深陷其中,无法自拔,其中有那些因素影响到他们的发展,这些问题非常值得研究和关注。

本课题将以佛莱迪、肖、杰雷尔和马斯特斯(Freedy, Shaw, Jerrell and Masters, 1992)提出的"多变量危险因子模式"(multivariate risk factor model)为主,结合我国台湾学者吴英璋、许文耀等(2004)提出的影响灾后心理反应的因子的认识,并结合此次灾难的现实特点,来探讨灾后中小学师生心理状态及其变化的影响因子。为此,我们将影响灾难后心理状态的因子分为以下三类:①前灾难因子:包括性别、年龄、民族、年级、创伤经历、人格特征等;②当下灾难因子:包括灾难暴露程度及对灾难的主观感受;③后灾难因子:包括应对方式、社会支持、控制感、复原力等。不过,这三类因素对中小学师生灾后

身心反应的影响并不是完全等同的，当下灾难因子是直接的影响变量，而前灾难因子和后灾难因子往往起到调节或中介作用，这就涉及影响机制问题。

（二）灾后中小学师生心理状态的影响机制

灾难作为一种刺激，会对中小学师生的身心产生一定的影响。但是根据以往的研究，这种影响受到一些中介变量和调节变量的作用。本课题将分别从调节变量和中介变量两个方面对其影响机制进行探讨。

灾难当下因子对灾后中小学师生身心反应的影响受到受灾师生内外心理资源等因素的调节。根据以往的研究，复原力、社会支持和人格特点是其中重要的调节变量，故本研究将系统考察这些变量所起的调节作用。初步的假设是：复原力高的师生，灾难当下因子对其身心反应的负向影响越小，反之则影响越大；受灾师生感知到的社会支持越多，灾难当下因子对其身心反应的负向影响越小，反之则负向影响越大；而越乐观开放的师生，灾难当下因子对其身心反应的负向影响越小，反之则影响越大。

灾难当下因子对灾后中小学师生身心反应的影响还受到应对方式和资源流失等因素的中介作用。初步的假设是：应对方式和资源流失是灾难对身心反应影响的中介变量，而资源流失能够解释身心反应最多的变异，是最佳的中介变量。应对方式对身心反应的中介作用是通过资源流失起作用的；即面对灾难，如果个体采用适当的应对方式，使之前丧失的资源得到补偿和恢复，其身心反应状况就会越好；如果采用的应对方式不当，先前因为灾难而耗费的资源得不到补偿和恢复，那么个体的身心状况就会越糟。

三、灾后中小学生心理疏导的教师培训体系的构建及有效性检验

上述调查与动态观察及探求其影响机制，归根结底是为了发挥我们的主观能动性，实施科学控制，这自然就涉及了灾后中小学生心理疏导人员的培训体系及其有效性检验问题。

针对灾区心理援助的需求大而专业人员相对缺乏以及此次灾后心理重建的长期性，本课题采用了分级培训的体系对相关心理疏导人员进行培训，在此基础上摸索有效的长期培训模式和机制。具体做法是由专业心理咨询师（专家组）分别培训心理学工作者（教练组）和一线教师（受训教师），由教练组成员支持和督导一线教师，由接受过培训的一线教师，对学生、其他教师及学生家长进行培训和心理疏导。如果一线教师在对学生进行心理疏导中遇有疑难问题，可由教练

组成员或专家组成员给予指导和帮助。

在本课题中，专家组（专业心理咨询师）由具备高校或研究机构心理咨询教授和副教授资格，接受过危机干预和心理创伤辅导培训，并在这一领域具有临床实践经验的心理学专家组成。教练组（心理学工作者）由四川成都有中小学培训经验的一般心理学工作者组成。针对一般心理学工作者具备一定的心理咨询基础和经验、但灾后心理疏导相关知识缺乏的特点，主要对其进行危机干预、创伤辅导、哀伤辅导、自我保健等相关内容的培训。一线教师指受灾地区的中小学心理教师以及任课教师。针对一线教师的双重角色以及灾后所面临的特殊挑战——不仅要调整自身心态，而且要帮助学生进行心理疏导的特点，对其进行有针对性的辅导和培训。在整个培训过程中，通过心理学工作者、一线教师的过程性反馈及其后期的干预效果来评估这一培训体系的有效性。有关的研究内容和实践成果，将在本书第五章和第六章中呈现。

四、灾后中小学生心理危机管理与心理疏导对策的制定

本课题既调查了灾后中小学师生的身心反应及心理需求，也深入探讨了灾后中小学师生身心反应的影响机制，从而建立起了灾后中小学生心理疏导的教师培训体系。当然，这些工作并不会随着我们课题的结题而结束，而是需要继续推进。更重要的是，我们希望通过课题组的实践和经验，能够为政府提供一系列系统的政策建议，从而使得政府在今后遇到类似的重大灾难后，能够迅速有效地做出反应。

面对重大灾难，政府需要从宏观上把握大局，对整个受灾情况有所了解，并制定相应的政策和措施进行救灾工作。具体到灾后的不同阶段，政府采取的心理危机管理和心理疏导对策也应有所不同。为此，我们将依据研究的结果和相关的文献分析，提出危机初始阶段的干预政策和重建阶段的心理重建政策建议。有关的具体内容，将在本书第七章中呈现。

第六节 灾后中小学生心理疏导的研究设计

为了完成本课题所确立的研究内容、达成其研究目的，需要有科学的研究方法和研究手段作为支持。下面我们就来介绍本课题的基本研究设计。

一、研究范式介绍

研究范式的选择取决于研究目的和内容，合适的研究范式能够全面而深入地探讨研究问题，为研究目的服务。根据研究目的和内容，本课题采用了量化研究和质性研究相结合的方式，灵活运用了横断设计、纵向设计以及聚合交叉设计。

量化研究与质性研究是人文社会科学研究中的两种研究范式。量化研究指在研究中运用调查、实验、测量、统计等量化手段来收集和分析研究资料，从而判断研究现象的性质、发现内在规律、检验某些理论假设的研究方法。而质性研究是以研究者本人为研究工具，在自然情境下采用多种资料收集方法对社会现象进行整体性探究，使用归纳法分析资料和形成理论，通过与研究对象互动对其行为和意义建构获得解释性理解的一种活动。针对灾后中小学师生的身心反应以及影响机制等变量的考察，可以采用量化研究进行调查；而针对受灾人群的心理需求以及具体心理援助中所采取的干预手段和方法，则需要采取质性研究的视角进行深入探究。如此，综合运用质性研究和量化研究，既能得到准确、科学的数据，又能获得有意义的、深刻的结果。

除了综合质性研究和量化研究为本课题服务外，在具体的研究设计上，也需采取纵向研究和横断研究相结合的方法。横断研究是指在某一特定的时间，同时对不同年龄的被试进行比较的方法。研究者可以通过选取生理成熟度不同的群体或不同年龄阶段的群体，来研究某一个特定发展领域在不同年龄的发展状况。它能在短时间内发现同一年龄或不同年龄群体的发展相似性和差异性，确定发展的年龄特征，但它无法获得个体发展趋势或发展变化的数据资料。而纵向研究则是对同一研究对象在不同的年龄或阶段进行长期的反复观测的方法，也叫作追踪研究设计。它能够获得同一群体在某一或某些心理发展领域前后一贯的材料，有助于更为准确地了解该群体的心理发展过程或变化趋势。现有的针对灾后受灾人群的研究大多为横断研究，只能对受灾人群的身心反应做出静态的描述，而未能考察其动态的发展。然而，对于长期的灾后心理重建工作而言，纵向研究具有其独特的学术和应用价值，它能够较为准确地获得灾后不同阶段受灾人群的身心反应数据，能够体现出不同阶段心理变化的连续性和规律性，也可以通过其探讨各种影响因素之间的因果关系。此外，以往对于灾后中小学生的心理康复过程，还缺乏确凿的证据支持，因此所提出的预防和干预对策很有可能效果不佳。静态描述和动态发展的考察相结合，在学术上将有助于全面了解灾后中小学生心理康复的特点和过程，在应用上将会促进有效预防和干预对策的制定。

此外，基础研究和疏导实务相结合也是本课题的一个特色。我们不仅将研究内容定位于规律探讨，更应当以理论指导实际的心理援助，从而更大程度上发挥心理援助的效用。以往的情况是，灾后心理学研究和实务工作未能很好地紧密结合、相互促进，研究得出的理论模型较少能直接地指导灾后心理重建的实践，而实务工作也较少能够为研究的理论建构提供参考。事实上，二者相结合既能提高研究的信效度，也能使实务工作更为有效，有助于建立完整的灾后心理救援体系。此外，对于灾难心理的研究，疏导实务的加入不仅具有现实的价值，而且也符合研究的伦理规范。

二、取样与调研的情况

针对灾区实际、我们所确立的研究目的以及研究的整体构想，我们对从调研取样开始直到最后数据分析的全过程进行了缜密部署。

（一）被试取样及时间取样总体情况

纵向研究要求研究者分不同时间点对同一批被试进行重复施测，加之此次研究对象为汶川地震后的中小学生及教师，因此，研究对象和研究地点都决定着这一系列调研取样的艰巨性。做好调研工作，是我们课题组成员对广大灾区中小学生的责任。

根据我国《汶川地震灾害范围评估报告》，综合考虑四川、甘肃和陕西三省的实际情况，确定汶川地震极重灾区为10个县（市），包括汶川县、北川县、绵竹市、什邡市、青川县、茂县、安县、都江堰市、平武县、彭州市；重灾区为41个县（市、区）；一般灾区为186个县（市、区）。

根据以往的纵向研究的经验，本课题选取了地震发生后一年、一年半、两年、两年半四个时间点对相关变量进行追踪测查。每个时间点所测查的教师及学生人数如表1-1所示。

表1-1　　　　　　四次追踪数据学生和教师样本数量

	第一次 （2009年5月）	第二次 （2009年11月）	第三次 （2010年5月）	第四次 （2010年11月）
学生	3 058	2 181/3 486（非追踪）	2 027	917/2 413（非追踪）
教师	220	198/566（非追踪）	155	100/60（非追踪）

从表1-1能够看出，第一次与第三次数据全部为追踪样本。追踪样本均取自极重灾区汶川县和茂县的中小学师生。其中第二次非追踪数据为重灾区和一般

灾区，如松潘县、马尔康县、理县、金川等地；第四次非追踪数据为汶川县、茂县四年级、初一、高一年级的学生和教师（该群体为新样本）。

（二）具体调研情况概述

数据库中的数据是抽象的，不带任何情感色彩。但采集数据背后的故事，却包含着课题组成员辛勤的汗水和灾区学校工作人员大力的配合。从这个角度讲，这些数据是鲜活的，是富有现场感的。在追踪调研的两年半时间里，采集数据过程中的种种往事使我们难以忘怀。

2009年5~6月，在汶川地震一年后，课题组分别在汶川县、茂县以及汶川县漩口中学外迁的山西省长治市对学生和教师进行了问卷施测。当时，汶川县的大多道路正在修建中，部分学校所处乡镇正在重建，交通非常不便，余震、特大暴雨等自然灾害不断。汶川本属山区，也是国道213线全境贯通的地方，平常的过境量非常大。路途的艰辛坎坷，使得我们的调研特别困难和具有挑战。有时候由于降雨造成多处泥石流及山体滑坡，从成都到汶川的国道213线屡屡中断，负责调研的师生有时候需要从茂县、马尔康等地绕行，路途需平均耗时4~5小时。经过主试师生们的辛苦与努力，学生和教师的总样本量分别达到3 058人和220人。

2009年11~12月，课题组在汶川地震后一年半（第二个时间点）再次深入灾区第一线，对第一次施测的极重灾区的学生和教师进行了追踪施测。另外，除对极重灾区的被试进行追踪施测外，我们还在汶川县附近选择重灾区和一般灾区（松潘、马尔康、理县、金川等地）对中小学生和教师进行了对比施测。重灾区和一般灾区的学生样本量为5 667人、教师样本量为764人。此次调研涉及面最广，主试的师生大多长途跋涉，基本上每次出发做实地调研的时间少则2~3天，多则8~10天。另外，由于四川灾区地貌本身险恶，大多道路以及村落仍在重建，单程从成都到马尔康车程大约14小时；单程从成都到汶川因为堵车、封锁等原因，车程大约4~5小时。当时，国道213线部分路段的山体出现了裂缝，沿线的某些路段飞石滚落时有发生，还存在一定险情，保通任务十分艰巨。加之当时已是寒冬季节，适逢大雪封路，主试的师生曾被困在旅途中。即便如此，他们仍旧将收集的问卷妥善安排，丝毫没有发生损坏和遗失。这种精神始终激励着课题组的其他成员，更加珍惜这来之不易的数据。

2010年5~6月，课题组在汶川地震后两年（第三个时间点）再赴极重灾区汶川县和茂县。此次追踪数据（只含极重灾区）样本量达到2 027名学生和155名教师。随着时间的推移，对样本进行追踪变得愈发困难。这一次取数据，我们遇到了一个难题：由于种种原因，学校采取了打乱学生原有班级，重新分班；甚至有部分学生被分到了其他学校，而学校却没有这方面的完整记录。课题组的主试研究生发挥了创造性、积极性，坚持不懈地在当地教育局把学生记录调出来，甚至为了追踪几个学生，常常多跑几公里，跨学校跨班级地联系被访者，并到达当地发放问卷，追踪数据来之不易。

2010年11~12月，课题组在汶川地震后两年半（第四个时间点）再赴极重灾区进行数据采集。由于追踪数据的六年级、初三、高三学生已经毕业，因此，此次数据采集同时增加了新的非追踪数据，即新的四年级、初一年级和高一年级。如此一来，这些新数据今后将成为新的追踪数据。本次数据共收集到学生追踪样本917人、非追踪样本2 413人，教师追踪样本100人、非追踪样本60人。由于同年8月份汶川部分地区（如映秀镇）遭受了泥石流，因此这次收集数据的路途中也有很多交通困难，但主试师生们克服了种种困难，仍然圆满完成了数据的收集工作。

三、研究方法与工具

根据研究的具体内容与研究目的，本研究主要采取了问卷法与访谈法进行数据的收集工作。

（一）问卷法

问卷法是研究者用统一、严格设计的问卷来收集研究对象有关的心理特征和行为数据资料的一种研究方法。此方法能在短时间内调查很多研究对象，取得大量的资料，并对资料进行数量化处理，经济省时。

根据本课题的基本内容与目标以及选取的心理变量及相关变量，我们采用相关的问卷调查中小学生以及教师的身心反应状况及其影响机制。为了更精准地调查"5·12"汶川地震对中小学生及教师的影响，课题组根据现有问卷并结合灾区中小学生及教师的现实特点，对问卷题目进行了必要的修订。值得一提的是，由于中小学生年龄和教育程度的差异，问卷分为小学版和中学版，加之探讨的影响因素变量较多，因此中学还分为A版和B版，将关系较为密切的变量放置在同一版中。相对应地，教师问卷也分为A版和B版，具体的问卷应用情况如表1-2至表1-3所示。

1. 中小学生问卷

表1-2显示了中学生A版和B版问卷以及小学生问卷涉及的变量。根据这些变量，我们选取了相关的心理测验或问卷。具体工具将在第二章详细介绍，这里不再赘述。

表1-2　中学生 A 版和 B 版问卷以及小学生问卷涉及的变量

中学生 A 版	中学生 B 版	小学生
1. PTSD	1. PTSD	1. PTSD
2. 抑郁	2. 抑郁	2. 抑郁
3. 人格	3. 学习倦怠	3. 问题行为
4. 应对方式	4. 问题行为	4. 应对方式
5. 社会支持	5. 控制感	5. 社会支持
6. PTG	6. 复原力	6. 人口统计学变量
7. 人口统计学变量	7. PTG	7. 地震暴露程度
8. 地震暴露程度	8. 人口统计学变量	
	9. 地震暴露程度	

2. 教师问卷

表1-3 显示了针对教师灾后心理状态所测量的变量及其我们所选用的相关测验或问卷。具体工具，将在第四章详细介绍。

表1-3　教师 A 版和 B 版问卷涉及的变量

A 版	B 版
1. PTSD	1. PTSD
2. 抑郁	2. 抑郁
3. PTG	3. PTG
4. 工作满意度	4. 职业倦怠
5. 应对方式	5. 控制感
6. 社会支持	6. 复原力
7. 人口统计学变量	7. 人口统计学变量
8. 地震暴露程度	8. 地震暴露程度

（二）访谈法

访谈法是研究者通过与研究对象进行口头交谈的方式来收集研究对象有关心理特征和行为数据资料的一种研究方法。通过访谈法，可以了解人们的态度、情感、思想观念和主观感受。

课题组针对学生、教师群体分别设计了个别访谈、焦点小组等质性研究。在每一次培训期间，都会有针对性地选取复原较好、较差的学生进行个别访谈，也从教师的视角去多方位了解学生复原的历程。其中,课题组于2010年7~8月间,亲赴汶川县4个乡镇(其中包括震中映秀镇、银杏乡、草坡乡、棉虒镇等),走访地震后30余户遇难家属和伤残学生,采取了面对面的质性访谈。本次调研恰逢汶川大规模的强暴雨和部分地区泥石流。强降雨导致地震极重灾区汶川县受灾严重,部分乡镇交通、通信、电力中断,负责调研的师生几乎每日中午都在板房里吃简单的工作餐,为了更加深入地进行访谈,扩大我们的调研覆盖面,调研的工作时间大多从上午8点连续工作到下午6点,中午几乎没有午休。这段时间正值四川酷暑,湿热难忍,大多数课题组的学生每日依靠藿香正气水解暑,但是课题组齐心协力,不辞辛苦,为的是得到一线真实、翔实的质性数据。从访谈的角度探讨同样的灾难,不同受灾地区的学生在灾后的不同阶段具有不同的身心反应,为什么有些学生能够逐渐从地震的阴影中走出来,而有些学生则深陷其中,无法自拔,他们分别经历了怎样的心路历程。访谈研究部分以半结构化访谈和深度访谈为主,深入考察灾后中小学生身心的转化以及复原力等积极因素在灾后中小学生身心反应中所起的作用。

此外,我国对进行心理援助工作的相关人员以及接受援助的学生进行了多次半结构化访谈。首先,访谈了亲临四川灾区的心理学专家、当地从事救灾工作的官员、当地教育部门的工作人员以及受灾的中小学生和教师。访谈围绕在救灾和受灾时所知晓和执行的有关政策,对政府相关政策的建议和意见以及信息公开程度对公众的影响,尤其是媒体报道所起的作用。其次,对受训的一线教师和心理教练也进行了多次访谈。访谈主要围绕培训内容的实用性、培训时间和形式的有效性以及对于以后培训的建议和意见等。

总之,通过运用多种研究方法和研究手段,经过3年的研究和实践,本课题获得了真实的研究结果,从而可为灾后心理援助体系相关政策的制定提供切实可靠的依据。

第二章

灾后中小学生心理健康状况的追踪调查

"5·12"汶川特大地震不仅给人们的生命财产造成了巨大的损失，同时也对人们的身心造成了极大的创伤。相关研究表明，重大灾难对于中小学生身心健康的影响更为严重，持续时间往往也更长（Bulut, Bulut & Tayli, 2005），那么，随着时间的推移，震后中小学生的身心健康状况又是如何变化的呢？对此，我们使用问卷法对震后中小学生的身心状况进行了为期两年（4次）的追踪调查，试图揭示震后中小学生的身心反应特征及其随时间变化的历程和特点，为今后我国灾后心理的干预和危机管理提供实证支持。

第一节 测量指标与研究设计

本部分的研究采用整群分层抽样的方法、纵向研究的方法，探讨震后中小学生的创伤后应激障碍（Post-traumatic stress disorder，简称PTSD）、抑郁、创伤后成长（Posttraumatic growth，简称PTG）、问题行为和学业倦怠的变化情况，监测震后中小学生身心变化特点，也为后期的干预和训练提供依据。

一、测量指标的选取

地震作为一种重大创伤性事件，相对日常生活中的压力，它往往与创伤后应激障碍（PTSD）密切相关（Uemoto, Asakawa, Takamiya, Asakawa & Inui, 2012）。已有研究发现 PTSD 是重大地震后最常见的一种身心反应结果（Başoglu, Kılıç, Şalcıoglu & Livanou, 2004），例如，赵丞智等（2001）在对张北地震后受灾青少年的调查发现其 PTSD 发生率为 9.4%；巴尔（Bal, 2008）在土耳其马尔马拉地震后的调查发现，3~8 年级学生的 PTSD 发生率为 56%；甚至有研究发现地震后 6 年之内，其 PTSD 并不会消失（Arnberg, Johannesson & Michel, 2013）。因此，本研究将 PTSD 作为个体灾后身心反应的一个指标来加以考察。

地震对个体身心产生的消极影响不仅仅体现在 PTSD 上，而且还表现在抑郁方面。有研究者认为抑郁是 PTSD 不可分割的要素（Aslam & Tariq, 2011），甚至有研究发现抑郁是 PTSD 出现的预测因子（Ying, Wu & Lin, 2012）。因此，在研究地震后 PTSD 现状的同时，有必要考察地震后抑郁的状况。有研究者对智利地震 12 个月后青少年的抑郁状况的调查发现，抑郁的发病率为 13.5%（Diaz, Quintana & Vogel, 2012），卡拉卡亚、奥格瑞格勒、考斯肯、森斯曼勒和耶尔德兹（Karakaya, Ağaoğlu, Coşkun, Sişmanlar and Yildiz, 2004）对土耳其马尔马拉地震 3 年半的中学生研究发现，抑郁的发病率为 30.8%。可见灾后很长的一段时间内，抑郁仍然是其消极身心反应的一个重要特征。

以往关于受灾者身心状况的研究几乎都是采用一些消极的指标，如 PTSD、抑郁等（Kolltveit et al., 2012; Lewis, Creamer & Failla, 2009; Wang et al., 2012; Zhang et al., 2012; Zhang, Shi, Wang & Liu, 2011; 耿富磊、范方、张岚，2012）。但是，随着积极心理的兴起，越来越多的研究者认识到创伤不仅仅会给个体带来消极的身心反应，而且还有助于个体从创伤事件中获益，以至发生积极的改变（Joseph & Linley, 2005; Tedeschi & Calhoun, 2004）。这种积极的改变被特德斯奇和卡尔霍恩（1995）称为创伤后成长（PTG），它意味着个体在与创伤做抗争后所获得的自我觉知、人际体验和生命价值观的积极改变（Tedeschi & Calhoun, 1996）。不过，PTG 并不一定伴随更多的幸福感以及更少的痛苦感，而是暗示了一种更加丰满、更加充盈、更加有意义的生活（Tedeschi &Calhoun, 1996），它可以被看作是创伤后个体自身的力量和资源。因此，目前创伤心理研究者在研究创伤后个体的身心反应时，常常把 PTG 纳入其研究的范围（Hafstad, Kilmer & Gil – Rivas, 2011; Joseph & Linley, 2006; Taku, Kilmer, Cann, Tedeschi & Calhoun, 2012）。此外，对创伤后个体 PTG 的研究不仅仅是创伤心理学研究的一个重要趋势，更是促进创伤经历者从灾难中获得成长和进步的必然要求。

以往的研究发现，创伤不仅仅会给个体带来消极和积极心理反应，也往往会导致个体产生许多的问题行为，如侵犯行为、药物滥用、酗酒、攻击行为、自杀意向、睡眠问题等等（Milan, Zona, Acker & Turcios – Cotto, 2013; Strom et al., 2012；Watt et al., 2012）。地震作为一种创伤事件，也会导致个体诸多问题行为的产生（Celebi Oncu & Metindogan Wise, 2010；Mulilis & Lippa, 1990）。例如，加藤、飞乌井、三宅、水川和西山（Kato, Asukai, Miyake, Minakawa and Nishiyama, 1996）的研究发现，1995 年日本阪神地震后的 3 个星期，63% 的人出现了睡眠行为问题，震后第 8 个星期时，46% 的人出现了睡眠问题；清水亚孝等（Shimizu et al., 2000）对日本阪神大地震之后青年酗酒行为的研究发现，地震之后青年的酗酒量出现了增加的趋势。塞佩赫里和梅满娣（Sepehri & Meimandi, 2006）对 2003 年巴姆地震后人们药物的服用情况进行研究发现，有关治疗呼吸道疾病、肠胃疾病、镇痛药物和治疗精神问题方面的药物使用量，相对地震之前的使用量大大增加；瓦希德、阿尔亚纳克和艾克塞（Vehid, Alyanak and Eksi, 2006）对马尔马拉地震后 3 609 名学生的研究发现，有 16.7% 的学生有自杀意向；而周颖政等（Chou et al., 2003）对经历 1999 年台湾地震后的幸存者和没有经历次地震的人们进行研究，发现地震幸存者的自杀率是非地震人员的 1.4 倍。可见，问题行为也是地震后容易出现的一种典型的身心反应。

从以上研究中可以看出，灾难给中小学生的身心带来了巨大的伤害，使我们获得了很多关于灾后身心状况的有价值的资料。同时由于本研究的调查对象是中小学生，其学习活动占生活中相当大的比重，而据当地教师反映，地震带来的心理创伤、学校外迁带来的适应问题以及震后家长对孩子学习方面管教的放松等原因，学习倦怠情况在灾后的学生中有所出现（伍新春、侯志瑾、臧伟伟、张宇迪、常雪亮，2009），因此本研究采用学业倦怠作为学生身心状况的指标之一，希望能了解学生这个特殊群体在震后的学习状况，为有针对性地开展灾后中小学生的学习心理辅导提供参考。

综上所述，本研究的重点在于探讨灾后中小学生在 PTSD、抑郁、PTG、问题行为和学业倦怠等方面的变化。虽然以往关于地震后身心反应的研究结果有助于我们理解汶川地震创伤所带来的身心反应，但较少从纵向的角度考察震后亲历者的心理变化历程。为此，本课题的研究拟从纵向视角，采取创伤后应激障碍量表、抑郁量表、创伤后成长量表、问题行为量表和学业倦怠量表在震后一年（2009 年 5 月）、一年半（2009 年 11 月）、二年（2010 年 5 月）、两年半（2010 年 11 月）等 4 个时间点上对同一批灾区学生进行调查，以探讨中小学生创伤后身心反应状况在灾后随时间发展的变化趋势。

二、研究对象

2009 年 5 月在汶川地震极重灾区汶川县和茂县两地共抽取 11 所小学和 8 所

中学进行首次调查。其中，汶川有7所小学和4所中学、茂县有4所小学和4所中学；县城小学3所、县城中学3所、乡镇小学8所、乡镇中学5所。在每所小学的四、五、六年级和中学的初一、初二、高一、高二年级各随机选取两个班参与调查。这些参加调查的学生此后分别在2009年11月、2010年5月及2010年11月连续进行了三次追踪调查。当然，由于转学、升学以及搬迁等客观因素，参与这四次调查的人数在逐渐减少。接受调查学生的具体情况，详见每一节的"研究对象"部分。

三、研究工具

（一）创伤后应激障碍量表

该量表由福阿、约翰逊、芬尼和崔德威（Foa, Johnson, Feeny and Treadwell, 2001）编制，完全参照DSM-IV对PTSD的诊断标准设计题目，采用自我报告的方法测查8~18岁儿童创伤后的应激障碍状况。该量表共包含17题，分为侵入性症状、回避性症状和警觉性增高症状三个维度，如"对过去经常做的事明显失去兴趣"、"很难集中注意力"、"感觉紧张或很容易受到惊吓"。三个维度包含的项目数分别为5、7、5，请被试回答最近两周的身心反应状况。量表为4点计分，0代表"从未"，3代表"总是"。该问卷总的内部一致性信度系数为0.89，侵入性症状、回避性症状以及警觉性增高症状的内部一致性信度系数分别为0.81、0.73、0.75。同时，该问卷的结构拟合指标也较好，问卷的结构效度为$\chi^2/df = 2.02$，$RMSEA = 0.070$，$NNFI = 0.94$，$CFI = 0.95$。

（二）抑郁量表

本课题采用的量表为儿童青少年抑郁量表（CDS）（Fendrich, Weissman & Warner, 1990），蔺秀云等人（2009）在中国儿童青少年人群中进行过修订，专门用于测查6~23岁儿童青少年的抑郁状况，共有20题。量表为4点计分，0代表"从未"，3代表"总是"。涉及抑郁的6个主要症状：抑郁心境、感到内疚/没有价值感、无助感/绝望、精神活动迟滞、缺乏食欲和睡眠困扰。本研究中，量表总的内部一致性信度为0.89。在该问卷编制者Fendrich等人的研究中，抑郁症患者的平均得分为21.2，非抑郁症患者的平均得分为13.9，前者得分显著高于后者（蔺秀云、方晓义、刘杨、兰菁，2009）。

(三) 创伤后成长量表

本课题采用该领域应用最为广泛的创伤后成长量表（Posttraumatic Growth Inventory, PTGI）(Tedeschi & Calhoun, 1996)。包括自我觉知的改变、人际体验的改变、生命价值的改变三个维度，共22题，对应项目数分别是9、7、6。量表为6点计分，0代表"没有变化"，5代表"变化非常大"。计算22个项目的平均分，得到被试的创伤后成长得分，得分越高，表示创伤后成长越大。本研究中，量表总的内部一致性信度系数为0.92，三个维度的内部一致性信度系数在0.80~0.86之间。量表修订后的结构效度良好，验证性因素分析的拟合指数：$\chi^2/df = 2.35$，RMSEA = 0.07，NNFI = 0.89，CFI = 0.93。

(四) 问题行为量表

本课题采用自编的问题行为量表。部分题目来自美国中学生危险行为量表，部分题目根据灾区的实际情况自编。量表维度以及分布如下，1~3题：攻击行为；4~6题：自杀意向；7~10题：饮食行为；11~13题：睡眠行为；14题：服药行为；15~17题：网络或移动通讯工具使用；18~19题：相关的正向行为。本研究中，量表总的内部一致性信度系数为0.91。

(五) 学业倦怠量表

本课题采用胡俏和戴春林（2007）所编制的学业倦怠量表，共包含4个维度，分别为情绪耗竭、学习的低效能感、师生疏离和生理耗竭，由21个项目组成，量表为4点计分，0代表"从未"，3代表"总是"。本研究中，量表总的内部一致性信度系数为0.84，情绪耗竭、学习的低效能感、师生疏离和生理耗竭各分量表的内部一致性系数分别为0.85、0.80、0.75、0.73。量表修订后的结构效度良好，验证性因素分析的拟合指数：RMSEA = 0.073，NNFI = 0.93，CFI = 0.94。

四、施测过程与数据分析

(一) 施测过程说明

本研究的对象为未成年人，本应由家长签署研究知情同意书，但是由于当地条件限制，无法由家长亲自签署。因此，本研究均事先邀请校长代为签署。施测前，告知校长此项研究的意义以及可能给学生带来的影响，在取得校长同意后，请校长签署研究知情同意书。

在施测时，以班级为单位，进行团体施测。主试均为经过培训的心理学专业研究生。施测时采用统一的指导语，被试填答完毕后由主试收回并检查是否有遗漏。在全部被试填答完毕后，由主试带领被试进行一些心理小游戏，以消除填写问卷可能带来的不适，小游戏主要包括"手指操"、"我有一个梦"、"进化论"等。

（二）数据分析方法

采用 SPSS16.0 输入和整理数据，对学生灾后身心反应进行描述统计，对各变量的差异进行单因素方差分析和事后检验。用 HLM6.02 软件包通过建立二层模型来对四次调查时间点（2009 年 5 月、2009 年 11 月、2010 年 5 月、2010 年 11 月）的追踪数据进行分析。

第一层模型是学生灾后身心反应、灾难前置性变量和后灾难变量在四次调查时间点的观测数据，其方程是以追踪观测结果为因变量，以观测时间为自变量。模型方程如下（方程 1）：

$$Y_{ij} = \pi_{0i} + \pi_{1i}(\text{TIME}_0) + \pi_{2i}(\text{TIME}_1) + \pi_{3i}(\text{TIME}_2) + \pi_{4i}(\text{TIME}_3) + \varepsilon_{ij} \quad (1)$$

第二层模型是分别以第一层方程中的截距和斜率为因变量，分析这些发展参数是否存在个体间的差异，假如存在，可否用个体层次的特征变量来解释和预测这一差异。没有加入任何预测变量的模型如下（方程 2、方程 3）：

$$\pi_{0i} = \gamma_{00} + \mu_{0i} \quad (2)$$
$$\pi_{1i} = \gamma_{10} + \mu_{0i} \quad (3)$$

加入性别变量后的模型为（方程 4、方程 5）：

$$\pi_{0i} = \gamma_{00} + \gamma_{01}(\text{性别}) + \gamma_{02}W_{1i} + \mu_{0i} \quad (4)$$
$$\pi_{1i} = \gamma_{10} + \gamma_{11}(\text{性别}) + \gamma_{12}W_{1i} + \mu_{1i} \quad (5)$$

加入学段变量后的模型为（方程 6、方程 7）：

$$\pi_{0i} = \gamma_{00} + \gamma_{01}(\text{学段}) + \gamma_{02}W_{1i} + \mu_{0i} \quad (6)$$
$$\pi_{1i} = \gamma_{10} + \gamma_{11}(\text{学段}) + \gamma_{12}W_{1i} + \mu_{1i} \quad (7)$$

在方程（1）中，Y_{ij} 代表的是个体 j 的第 i 个观测值，TIME 是线性时间变量，对它进行的编码可以反映线性增量。下标"0"表示截距，下标"1"表示斜率，下标"i"表示第 i 个观测对象，下标"j"表示第 j 次观测时间。"π_{0i}"是方程的截距，其含义是第 i 个观测对象的平均数。"π_{1i}"是回归系数，其含义是第 i 个观测对象的变化速率。ε_{ij} 是残差，表示第一水平随机测量的误差。随机部分的 μ_{0i} 和 μ_{1i} 表示截距和斜率的残差。

在方程（2）、方程（3）中，γ_{00}、γ_{10}分别表示截距和斜率的整体均值，用来描述总体的变化趋势。

在方程（4）至方程（7）中，模型中的固定参数所表示的意义如下：

γ_{00}表示第二水平预测变量取值为零时，第一水平截距的总体均值。

γ_{01}表示在控制另外一个第二水平预测变量W_{1i}时，男生相对女生（或者初中相对于小学、高中相对于小学、高中相对于初中）的截距差异。

γ_{02}表示在控制性别影响时，W_{1i}每变化一个单位，因变量截距（初始状态）差异。

γ_{10}表示第二水平预测变量取值为零时，第一水平斜率的总体均值。

γ_{11}表示在控制另外一个第二水平预测变量W_{1i}时，男生相对女生（或者初中相对于小学、高中相对于小学、高中相对于初中）变化速度的平均差异。

γ_{12}表示在控制性别影响时，W_{1i}每变化一个单位，因变量斜率的平均差异。

第二节 灾后中小学生创伤后应激障碍状况的追踪调查

一、问题提出

地震灾害具有突发性、不可预测性和破坏性强的特点，往往在瞬间造成大量的人员伤亡和财产损失。由于地震灾害的这些特点，容易使受灾民众出现PTSD。PTSD主要有三类临床症状：一是闯入症状，即患者脑海中出现创伤性事件或情境的"闪回（flashbacks）"，反复体验到创伤事件发生时的情绪；二是回避症状，即患者会主动回避与创伤性事件有关的刺激或情境；三是高警觉症状，即患者对与创伤性事件相关的线索或事件高度敏感（American Psychiatric Association，2000）。

从以往的研究来看，地震后青少年容易产生PTSD，并且随着时间的变化，PTSD的发生率也在变化。比如，张北地区地震后的3个月和9个月，18～60岁受灾人群的PTSD发病率分别为14.14%和17.18%（Wang, Gao, Shnfuku et al.，2000）；美国加州地震后3个月，受灾人群的PTSD发生率为13%（Mcmllen, North & Smith，2000）；伊斯坦布尔地震后的1～2个月间，对受灾的160名儿童青少年学生进行测查及访谈发现，其中有96名学生被诊断为PTSD，发生率高达60%（Eksi & Braun，2009）；1999年台湾地震2年后的PTSD发生率仍高达20.19%（Chen & Wu，2006）。廖强等人（2008）的调查显示，汶川地震后一个月成都市区中学生PTSD检出率为22.1%。其他调查结果显示，震后3个月，北川地震灾民PTSD的发生率为61.4%（周波等，2009）。

综合这些研究结果可以发现，震后不同时间的PTSD发生率不同。但是这些研究主要从横向的角度考察PTSD在某一时间点的情况，并不能明确PTSD随时间变化的趋势，不利于灾后心理援助工作的持续进行。为此，有必要考察震后不同时间点灾区中小学生PTSD的变化趋势，从而为后续的长期心理重建提供必要的数据支持。

二、研究对象

接受四次PTSD症状调查的中小学生在人口统计学变量上的分布情况，见表2-1。

表2-1　　接受PTSD调查的被试在人口统计学变量上的分布情况

	变量	第一次	第二次	第三次	第四次
性别	男	1 119	1 018	828	389
	女	1 335	1 172	954	492
学段	小学	1 024	948	882	393
	初中	956	860	596	357
	高中	474	382	304	131
总计		2 454	2 190	1 782	881

三、研究结果

（一）PTSD随时间变化的总体趋势

闯入症状、回避症状、高警觉症状和PTSD总分的四次追踪调查结果，见表2-2。

表2-2　　　　　　灾区中小学生 PTSD 四次追踪调查的结果

维度	第一次 $M \pm SD$	第二次 $M \pm SD$	第三次 $M \pm SD$	第四次 $M \pm SD$	F
闯入症状	4.56 ± 2.94	3.90 ± 2.85	3.70 ± 2.84	3.63 ± 2.75	42.92***
回避症状	5.31 ± 3.34	5.02 ± 3.38	4.91 ± 3.55	5.21 ± 3.50	5.55**
高警觉症状	4.76 ± 2.89	4.57 ± 2.98	4.56 ± 3.02	4.71 ± 3.04	2.46
PTSD 总分	14.63 ± 7.91	13.48 ± 8.14	13.17 ± 8.41	13.55 ± 8.25	13.47***

注：* 表示 $p<0.05$，** 表示 $p<0.01$，*** 表示 $p<0.001$。

分别对 PTSD 各维度及其总分进行单因素方差分析，结果显示：

在闯入症状维度上，不同时间点的差异显著，$F_{(3,7303)}=42.92$，$p<0.001$。事后检验结果显示，第一次＞第二次，第一次＞第三次，第一次＞第四次，其余差异不显著。

在回避症状维度上，不同时间点的差异显著，$F_{(3,7303)}=5.55$，$p<0.01$。事后检验结果显示，第一次＞第二次，第一次＞第三次，第四次＞第三次，但第一次与第四次、第二次与第三次、第二次与第四次之间差异不显著。

在高警觉症状维度上，不同时间点的差异不显著，$F_{(3,7303)}=2.46$，$p>0.05$。事后检验结果显示四次差异均不显著。

在 PTSD 的总分上，不同时间点的差异显著，$F_{(3,7303)}=13.47$，$p<0.001$。事后检验结果显示，第一次＞第二次，第一次＞第三次，第一次＞第四次，其余差异不显著。

（二）性别和学段对 PTSD 变化趋势的影响

统计四次调查的追踪数据，得到性别和学段在闯入症状、回避症状、高警觉症状三个维度和 PTSD 总分的差异分析情况，具体结果见表2-3。

为了更清楚地了解 PTSD 总分和各个维度在四次调查时间点上的变化趋势，使用 HLM 软件定义了 PTSD 各个维度及总分随时间增长的线性模型，用多层分析的方法来分析性别和学段对于 PTSD 各个维度和总分的影响，具体见表2-4和表2-5。

1. 性别对 PTSD 变化趋势的影响

表2-4的结果表明，性别变量在4次追踪中 PTSD 各个维度和总分的发展特点表现为：

表2-3 灾区中小学生 PTSD 在性别和学段变量上的差异分析

变量	闯入症状	回避症状	高警觉症状	PTSD
第一次				
男生	4.05±2.83	4.88±3.24	4.32±2.80	13.25±7.58
女生	4.98±2.95	5.67±3.39	5.14±2.91	15.79±8.00
小学	4.33±2.66	4.53±2.75	4.04±2.46	12.91±6.47
初中	4.68±3.16	5.64±3.68	5.02±3.10	15.35±8.83
高中	4.79±3.03	6.32±3.43	5.81±2.88	16.92±8.00
第二次				
男生	3.60±2.84	4.65±3.28	4.19±2.84	12.44±7.94
女生	4.16±2.82	5.33±3.43	4.90±3.05	14.39±8.20
小学	3.41±2.69	3.91±2.83	3.71±2.68	11.03±7.09
初中	4.26±2.94	5.69±3.52	4.95±3.03	14.90±8.49
高中	4.32±2.84	6.24±3.50	5.85±2.91	16.40±8.06
第三次				
男生	3.25±2.69	4.51±3.49	4.05±2.74	11.81±7.93
女生	4.08±2.91	5.26±3.57	5.00±3.19	14.35±8.63
小学	3.26±2.73	3.92±3.19	3.71±2.79	10.89±7.75
初中	4.18±2.97	5.75±3.74	5.20±3.07	15.13±8.79
高中	4.01±2.69	6.17±3.37	5.75±2.85	15.93±7.68
第四次				
男生	3.33±2.60	4.66±3.18	4.12±2.78	12.11±7.55
女生	3.87±2.85	5.64±3.67	5.18±3.15	14.69±8.61
小学	3.26±2.64	4.33±3.24	3.99±2.83	11.59±7.64
初中	4.01±2.89	5.80±3.73	5.10±3.19	14.92±8.89
高中	3.70±2.57	6.21±2.97	5.82±2.68	15.73±6.86

注：* 代表 $p<0.05$，** 代表 $p<0.01$，*** 代表 $p<0.001$。

表2-4　　　　性别对PTSD各维度以及总分发展趋势的影响

变量	闯入症状	回避症状	高警觉症状	总分
固定部分				
截距	4.69***	5.31***	4.56***	14.62***
时间点				
(4~1)	-0.13 (0.06)*	0.01 (0.08)	-0.08 (0.06)	-0.17 (0.16)
(3~1)	0.76 (0.29)**	0.11 (0.35)	0.40 (0.27)	1.16 (0.74)
(2~1)	-1.56 (0.33)***	-0.51 (0.40)	-0.40 (0.33)	-2.35 (0.84)**
性别（男-女）	-0.81 (0.26)**	-0.62 (0.28)*	-0.61 (0.23)**	-2.07 (0.68)**
随机部分				
第一水平	5.41 (0.31)***	6.15 (0.45)***	4.32 (0.28)***	40.29 (2.50)***
第二水平	-0.58 (-0.45)	-0.48 (-0.28)	-0.04 (-0.03)	-2.31 (-0.23)
解释率	24.65%	8.87%	12.27%	2.89%

注：* 表示 $p<0.05$，** 表示 $p<0.01$，*** 表示 $p<0.001$。

在闯入症状维度上，震后1.5年得分与震后1年得分相比，呈显著下降趋势（$\gamma_{21}=-1.56$，$se=0.33$，$p<0.001$），震后2年得分与震后1年得分相比，呈显著上升趋势（$\gamma_{31}=0.76$，$se=0.29$，$p<0.01$），震后2.5年得分与震后1年得分相比，呈显著下降趋势（$\gamma_{41}=-0.13$，$se=0.06$，$p<0.05$）。在第二层分析中，引入了性别因素，男性得分的下降趋势较女性更显著（$\gamma=-0.81$，$se=0.26$，$p=0.002<0.01$），性别对个体间截距变异的解释率为24.65%。

在回避症状维度上，不同时间点施测得分差异均不显著。在第二层分析中，引入了性别因素，男性得分的下降趋势较女性更显著（$\gamma=-0.62$，$se=0.28$，$p=0.03<0.05$），性别对个体间截距变异的解释率为8.87%。

在高警觉症状维度上，不同时间点施测得分差异均不显著。在第二层分析中，引入了性别因素，男性得分的下降趋势较女性更显著（$\gamma=-0.61$，$se=0.23$，$p=0.008<0.01$），性别对个体间截距变异的解释率为12.27%。

在PTSD总分上，不同时间点施测得分部分有显著的差异，震后1.5年与震后1年得分相比呈下降趋势（$\gamma_{11}=-2.35$，$se=0.84$，$p<0.01$），差异显著；震后2年得分与震后1年得分相比、震后2.5年与震后1年得分相比，差异均不显著。在第二层分析中，引入了性别因素，男性得分的下降趋势较女性更显著（$\gamma=-2.07$，$se=0.68$，$p=0.002<0.01$），性别对个体间截距变异的解释率为2.89%。

总的来看，四次施测时间中闯入症状和震后1.5年与震后1年的PTSD总分的第一水平的截距和斜率均有显著差异,说明随着时间推移,闯入症状和震后短时间内 PTSD 症状的严重程度在显著下降。同时,男生在这四次调查结果中的得分下降趋势都比女生显著。

2. 学段对 PTSD 变化趋势的影响

表 2-5 的结果表明,学段变量在 4 次追踪中 PTSD 各个维度和总分的发展特点表现为:

表 2-5　　　　学段对 PTSD 各维度以及总分发展趋势的影响

变量	闯入症状	回避症状	高警觉症状	总分
固定部分				
截距	3.56***	3.27***	2.79***	9.63***
时间点				
(4~1)	-0.12 (0.06)*	0.01 (0.08)	-0.08 (0.06)	-0.17 (0.16)
(3~1)	0.76 (0.29)**	0.11 (0.35)	0.40 (0.27)	1.16 (0.74)
(2~1)	-1.56 (0.33)***	-0.51 (0.40)	-0.40 (0.33)	-2.35 (0.84)**
学段				
(初中—小学)	0.82 (0.28)*	1.14 (0.31)***	0.54 (0.29)***	2.98 (0.74)***
(高中—小学)	0.38 (0.18)*	1.01 (0.19)***	0.86 (0.15)***	2.29 (0.47)***
(高中—初中)	0.47 (0.17)**	0.89 (0.42)*	0.52 (0.27)***	1.62 (1.04)
随机部分				
第一水平	4.19 (3.47)***	5.63 (0.45)***	3.97 (0.28)***	38.04 (2.49)***
第二水平	-0.61 (-0.47)	-0.52 (-0.33)	-0.05 (-0.05)	-2.49 (-2.58)
解释率	26.16%	10.48%	9.65%	7.71%

注: * 表示 $p<0.05$, ** 表示 $p<0.01$, *** 表示 $p<0.001$。

在闯入症状维度上,各学段的得分差异随着时间的变化逐渐增大,具体表现为,初中生和高中生的得分下降趋势较小学更显著($\gamma_{21}=0.82$, $se=0.28$, $p<0.05$; $\gamma_{31}=0.38$, $se=0.18$, $p<0.05$),高中生的得分下降趋势较初中生更显著($\gamma_{32}=0.47$, $se=0.17$, $p<0.01$)。学段对个体间截距变异的解释率为 26.16%。

在回避症状维度上,各学段的得分差异随着时间的变化逐渐增大,具体表现为,初中生和高中生的得分下降趋势较小学更显著($\gamma_{21}=1.14$, $se=0.31$, $p<0.001$; $\gamma_{31}=1.01$, $se=0.19$, $p<0.001$),高中生的得分下降趋势较初中生更显著($\gamma_{32}=0.89$, $se=0.42$, $p<0.05$)。学段对个体间截距变异的解释率为 10.48%。

在高警觉症状维度上，各学段的得分差异也随着时间的变化逐渐增大，具体表现为，初中生和高中生的得分下降趋势较小学更显著（$\gamma_{21} = 0.54$，$se = 0.29$，$p < 0.001$；$\gamma_{31} = 0.86$，$se = 0.15$，$p < 0.001$）高中生的得分下降趋势较初中生更显著（$\gamma_{32} = 0.52$，$se = 0.27$，$p < 0.001$）。学段对个体间截距变异的解释率为 9.65%。

在 PTSD 总分上，各学段的得分差异随着时间的变化逐渐增大，具体表现为，初中生和高中生的得分下降趋势较小学更显著（$\gamma_{21} = 2.98$，$se = 0.74$，$p < 0.001$；$\gamma_{31} = 2.29$，$se = 0.47$，$p < 0.001$），高中生的得分下降趋势与初中生没有显著差异（$\gamma_{32} = 1.62$，$se = 1.04$，$p > 0.05$）。学段对个体间截距变异的解释率为 7.71%。

总的来看，在 PTSD 各维度和总分的随机部分第一水平的截距和斜率均有显著差异，说明在第一次施测时，被试在闯入维度、回避维度、高警觉维度和总分的得分上就存在显著差异；随着时间推移，下降的速度也有显著的差异。同时，学段的影响显著。

四、结果讨论

从追踪数据可以看出，震后 1 年时（2009 年 5 月）PTSD 得分的平均数最高（$M = 14.63$，$SD = 7.91$），震后 1.5 年的平均数降低为 13.48（$SD = 8.14$），震后 2 年的平均数继续降低为 13.17（$SD = 8.41$），震后 2.5 年的得分略高，平均数为 13.55（$SD = 8.25$），但是对比每个维度的得分，第四次调查结果中，回避维度和高警觉维度高于第二次和第三次调查的结果，闯入维度的得分降低。总体而言，灾区中小学生 PTSD 症状随着时间的推移，呈现逐渐好转的趋势。这可能是因为随着时间的推移，青少年的认知和情绪能力都有了很大的发展，他们能够有效地应对侵入到其思维中的创伤事件相关线索，并更好地管理因地震相关线索带来的负面情绪，以至于随着时间的推移，中小学生的 PTSD 出现了好转的趋势。

使用 HLM 多层线性模型分析追踪数据的线性变化，在控制性别、学段变量的影响后，也发现随着时间的推移，灾区学生 PTSD 各维度及其总分呈明显下降的趋势，同时男生的下降趋势比女生显著，高中生、初中生的下降趋势比小学生的显著。这可能是因为相对男性，女性在创伤事件后更愿意报告出反应症状、对负性情绪的感受更强烈，所以其 PTSD 的持续时间较长。年龄对 PTSD 的影响，既往的研究表明，年龄与 PTSD 症状之间呈负相关，即年龄越小，灾后 PTSD 症状越严重（Groome & Soureti，2004），本研究也发现年龄越低其 PTSD 越严重，这与陈丽云、陈快乐和廖龙仁（Chen，Tan and Liao et al.，2007）对我国台湾地区"9·21"地震后小学生PTSD比初中生严重的研究一致。这可能是因为年龄小的青少年相对年龄大的青少年,其认知能力和情绪管理能力还相对不成熟,无法有效应对创伤带来的消极影响,因此其PTSD有更高的水平。但是随着时间的推移,青少年的认知能力和情绪管理能力有了较大的发展,他们具备了有效应对压力事件的能力,从而使得年龄较大的青少年PTSD症状的严重性下降速度快于年龄较小的青少年。

五、研究结论

第一,从追踪调查的结果来看,PTSD各维度及其总分随着时间的推移呈现下降的趋势,尤其是闯入症状较为明显。

第二,从性别和学段看,男生的下降趋势比女生显著,高中、初中的下降趋势比小学的显著。

第三节 灾后中小学生抑郁状况的追踪调查

一、问题提出

抑郁是一种情感障碍,它是一种以情绪低落、无望失助为主的病理性症状。以往有关灾难心理的研究表明,抑郁是PTSD主要的共病症状(Eksi, 2009; Ying et al., 2012)。与成人相比,儿童青少年的抑郁症具有症状出现隐蔽、发生过程缓慢、复发风险高的特点,往往容易被人忽视。

创伤经历与青少年抑郁问题的关系不容忽视。对于儿童,抑郁问题和PTSD有密切关系,重度PTSD的个体,有41%患有抑郁及其相关症状,抑郁水平与PTSD的症状有明显关系(王丹、司徒明镜、方慧、张毅、景璐石、黄颐,2009)。同时,灾后青少年抑郁有可能造成慢性PTSD,并妨碍其从PTSD中得到恢复,尤其是对中小学生造成长期的心理困扰。因此,对创伤后儿童青少年抑郁问题进行及时、有效的干预非常重要。

为了能够有效地对儿童青少年的抑郁问题进行干预,有必要考察不同年龄和性别儿童青少年的抑郁状况,并探究其抑郁状况的时间变化趋势。之前有不少研究者对抑郁的性别差异做过研究,大多数的结果显示女性的抑郁得分较男性稍高

(陈世英、高耀，2011；李海峰、况伟宏、韩布新，2010；苏朝霞、康妍、李建明，2011）。这可能和女性更愿意表达恐惧、焦虑情绪以及女性对灾难的心理承受能力较弱有关，她们更易感到危险难以抗衡（李海峰、况伟宏、韩布新，2010）。另外，年龄因素对灾后抑郁的影响也是不可忽视的。面对灾难带来的创伤，有研究发现儿童青少年是地震后发生PTSD和抑郁的高危人群，这可能与少年儿童的心理防御能力低有关（李勇、贺丹军、吴玉琴、杨宁波、王昊飞、丛晓银，2008；Lai, Chang & Connor, 2004）。对于抑郁随时间的变化趋势，有研究发现其随着时间的变化有增加的趋势（Nolen – Hoeksema & Morrow, 1991；Ying et al., 2012），但是对于不同年龄和性别的儿童青少年抑郁状况随着时间变化的状况如何，目前的研究相对较少。为此，本研究将着重考察不同年龄和性别儿童青少年抑郁状况的变化情况，为有针对性地实施灾后中小学生抑郁的干预提供数据支持。

二、研究对象

接受四次抑郁调查的被试在人口统计学变量上的分布情况，与PTSD研究的被试相同，见表2-1。

三、研究结果

（一）抑郁随时间变化的总体趋势

统计四次调查的追踪数据，结果如表2-6，可以看到抑郁状况的发展趋势。因为量表规定得分超过15分即为抑郁障碍或心境恶劣，从表2-6中可以发现四次抑郁总分均超过15分，从第一次到第三次逐渐降低、第四次又有所升高的趋势。可见，灾后的两年半内，抑郁问题一直困扰着灾区的中小学。

表2-6 灾区中小学生抑郁在四次追踪调查的结果

维度	第一次 $M \pm SD$	第二次 $M \pm SD$	第三次 $M \pm SD$	第四次 $M \pm SD$	F值
抑郁总分	20.57 ± 9.37	19.60 ± 9.60	19.27 ± 10.40	20.12 ± 9.75	7.17***

注：* 表示 $p<0.05$，** 表示 $p<0.01$，*** 表示 $p<0.001$。

对抑郁总分进行单因素方差分析,结果显示:四个时间点的差异显著,$F_{(3,7282)} = 7.17$,$p < 0.001$。事后检验结果显示,第一次 > 第二次,第一次 > 第三次,第四次 > 第三次,而第二、三次之间、第四次分别和第一、二次之间没有显著差异。

(二)性别和学段对抑郁变化趋势的影响

统计四次调查的追踪数据,可以得到性别和学段在抑郁总分上的差异情况,具体结果见表2-7。

表2-7　灾区中小学生抑郁总分在性别和学段变量上的差异分析

变量	得分	变量	得分	变量	得分	变量	得分
第一次		第二次		第三次		第四次	
男生	19.05 ± 8.74	男生	18.05 ± 8.91	男生	17.41 ± 9.43	男生	17.76 ± 8.85
女生	21.83 ± 9.67	女生	20.95 ± 9.97	女生	20.88 ± 10.92	女生	22.01 ± 10.06
小学	18.01 ± 7.98	小学	16.12 ± 8.10	小学	16.34 ± 9.36	小学	17.41 ± 8.43
初中	21.45 ± 9.64	初中	21.46 ± 9.79	初中	21.65 ± 10.96	初中	21.87 ± 10.53
高中	24.35 ± 9.96	高中	24.08 ± 9.57	高中	23.29 ± 9.67	高中	23.52 ± 9.30

为了更好地解释抑郁随时间的变化趋势,我们用HLM软件定义了抑郁总分随时间增长的线性模型,并引入性别和学段两个变量,使用多层线性分析的方法来分析二者在抑郁得分上变化的趋势,结果见表2-8和表2-9。

1. 性别对抑郁变化趋势的影响

从表2-8中可以发现,在抑郁总分的线性变化趋势中,时间的初始截距即震后1年的被试抑郁总分的均值为18.96,但在这四次施测过程中,抑郁总分变化趋势差异不显著。性别对于抑郁总分的变化趋势有显著影响,男生的下降速度与女生相比更明显($\gamma_{01} = -3.00$,$se = 0.82$,$p < 0.001$),在抑郁总分的随机部分第一水平的截距和斜率均有显著差异,说明在第一次施测时,被试抑郁的得分上就存在显著差异,随着时间推移,下降的速度也有显著的差异。在第二水平中引入性别变量,性别对个体间截距变异的解释率为3.64%。

表 2-8　　　　　　　　　性别对抑郁发展趋势的影响

变量	总分
固定部分	
截距	18.96
时间点	
(2~1)	-1.03 (1.10)
(3~1)	0.93 (0.97)
(4~1)	-0.18 (0.21)
性别（男-女）	-3.00 (0.82)***
随机部分	
第一水平	40.29 (2.50)***
第二水平	-1.93 (-0.16)
解释率	3.64%

注：* 表示 $p < 0.05$，** 表示 $p < 0.01$，*** 表示 $p < 0.001$。

2. 学段对抑郁变化趋势的影响

从表 2-9 中可以看到，在抑郁总分的线性变化趋势中，学段的初始截距即震后 1 年的被试抑郁总分的均值为 19.00，但在这四次施测过程中，抑郁总分变化趋势差异不显著。各学段的抑郁总分的差异随着时间的变化逐渐增大，差异显著（$\gamma_{01} = 3.41$, $se = 0.55$, $p < 0.001$）。具体表现为，初中生和高中生的下降趋势较小学生更显著（$\gamma_{21} = 3.30$, $se = 0.85$, $p < 0.001$；$\gamma_{31} = 3.43$, $se = 0.60$, $p < 0.001$）；高中生的下降趋势较初中生更显著（$\gamma_{32} = 3.56$, $se = 1.27$, $p = 0.006 < 0.01$）。在抑郁总分的随机部分第一水平的截距和斜率均有显著差异，说明在第一次施测时，被试抑郁的得分上就存在显著差异，随着时间推移，下降的速度也有显著的差异。在第二水平中引入学段变量，学段对个体间截距变异的解释率为 11.36%，可以看出学段变量对于抑郁总分的变化趋势有很显著的预测作用。

表 2-9　　　　　　　　　学段对抑郁发展趋势的影响

变量	总分
固定部分	
截距	19.00
时间点	
(2~1)	0.18 (0.14)

续表

变量	总分
（3～1）	0.07（0.04）
（4～1）	0.02（0.01）
学段	－3.41（0.55）***
（初中—小学）	3.30（0.85）***
（高中—小学）	3.43（0.60）***
（高中—初中）	3.56（1.27）**
随机部分	
第一水平	49.34（2.76）***
第二水平	－2.49（－2.58）
解释率	11.36%

注：* 表示 $p < 0.05$，** 表示 $p < 0.01$，*** 表示 $p < 0.001$。

四、结果讨论

从追踪数据描述分析可以看出，震后 1 年时（2009 年 5 月）抑郁的平均总分最高（$M = 20.57$，$SD = 9.37$），震后 1.5 年的得分降低为 19.60（$SD = 9.60$），震后 2 年的得分继续降低为 19.27（$SD = 10.40$），震后 2.5 年的得分又升为 20.12（$SD = 9.75$）。四次抑郁均分均高于 15 分，说明灾区中小学生的心理健康不容乐观，一直都受抑郁情绪的困扰。这提示我们必须有专业的心理学和医学工作者介入，以对其进行改善，防止抑郁症状严重干扰中小学生的学习和生活。

在控制了性别、学段变量的影响后，灾区中小学生抑郁程度呈明显下降的趋势。这表明，随着时间的推移，灾区中小学生的抑郁情绪逐渐有所缓解。进一步使用 HLM 多层线性模型分析了追踪数据的线性变化，发现性别、学段变量对灾区中小学生抑郁情绪的影响显著，男生的得分下降趋势显著快于女生，高中、初中的下降趋势显著快于小学。可能的原因是相对男性，女性在创伤事件后对负性情绪的感受更强烈；不同学段学生的抑郁得分差异可能主要与个体的认知发展水平有关系。

五、研究结论

第一，从追踪调查的结果来看，整体而言，灾区中小学生的抑郁随时间的变化而降低，但是其分值均在 15 分以上。

第二，灾区学生的抑郁情绪呈下降趋势，男生的得分下降趋势显著快于女生，高中、初中下降趋势显著快于小学。

第四节 灾后中小学生创伤后成长的追踪调查

一、问题提出

创伤后成长（posttraumatic growth，PTG）是指在与创伤事件或情境进行抗争后所体验到的心理方面的正性变化（Tedeschi & Calhoun，1996）。质性研究发现 PTG 包括自我觉知的改变（changes in the perception of self）、人际关系体验的改变（changes in the experience of relationships with others）和生命价值观的改变（changes in one's general philosophy of life）三个方面的内容（Calhoun & Tedeschi，2006）。

首先，自我觉知的改变包括了个人力量的增加和新的可能性出现。虽然创伤会导致个体认为世界是危险的、无法预知的，但是这些创伤也会促使个体的另一种积极的力量的增加。例如，一个从创伤情境中过来的人，会变得更加坚强。对于新的可能性，特德斯奇和卡尔霍恩（1995）认为，经历创伤性事件后，也许会发展出新的兴趣、新的活动，甚至走上了完全不同的职业生涯道路。例如，为了纪念自己死去的孩子，有的人转换行业成了护士；地震之后，有些学生对以前讨厌的地理变得非常有兴趣等。

其次，人际体验的改变。创伤可能会产生丧失，同时也会破坏重要的关系，但是创伤的结果也可以包含个体所体验到的人际关系的积极改变。这些改变的一种体现，就是经历创伤者看待其他人的态度。我们的访谈也发现，地震之后，有一些学生认为和其他同学的关系更加亲密，大家在一起能增强安全感。其他的感觉还包括更多的自由，在社交中更加表露自我等。

最后，生命价值的改变包括了生命欣赏和精神改变。处理危机时，对自己所拥有的感激和对事件重要性排序的改变是常见的体验。尽管说对个人而言，排序的改变不完全一样，但是他们能发现日常生活中所蕴藏的意义（例如，花时间和自己的孩子在一起）。"生命中什么才是最重要的"排序的改变是个体成长中生命哲学的一个成分，地震之后，和家人在一起、聆听孩子纯真的笑声、看着孩子平安健康，可能比以往任何时候都显得重要。另外，在精神改变上，对于某些人来讲，所体验的改变体现在精神或宗教领域。有些人会在创伤后很快发生了改变。尽管质量和内容很相似，但是轨迹是非常不同的。在生命价值的改变这一领域中，创伤者体验到最多的是对生命的目的和意义有更强的感觉。对于某些人来讲，可能还包含了深刻的、有意义的灵性成分。

当前，PTG 的研究已涉及自然灾难（如地震、海啸、泥石流等），与健康相关的创伤（如亲人死亡、慢性病和残疾、艾滋病、癌症、心脏病等），也涉及人为灾难或人为创伤事件（如战争、交通事故、火灾、强奸和性虐待、绑架劫持等）(Joseph & Linley, 2004)。然而经历这些创伤事件后，随着时间的推移，青少年的 PTG 是如何变化的呢？目前还没有研究证实随着时间的推移，PTG 的水平呈现增加的趋势（Meyerson, Grant, Carter & Kilmer, 2011），但是有研究发现时间的变化与 PTG 呈显著的负向相关（Phipps, Long & Ogden, 2007；Wolchik, Coxe, Tein, Sandler & Ayers, 2008），也有研究发现创伤后时间的变化与 PTG 之间不存在显著的相关（Alisic, Van der Schoot, van Ginkel & Kleber, 2008；Currier, Hermes & Phipps, 2009）。这些研究结果的不一致，可能源自于研究对象及其经历的创伤事件不同所致。为了明确地震这一创伤后青少年的 PTG 是如何随时间的变化而变化的，本研究以地震灾区中学生为研究对象，选取灾后 1 年、1.5 年、2 年、2.5 年四个时间点来探讨该群体 PTG 的发展水平及其趋势。

二、研究对象

参与 PTG 调查的中学生在人口统计学变量上的分布情况，见表 2-10。

表 2-10　　　　　被试在人口统计学变量上的分布情况

变量		第一次	第二次	第三次	第四次
性别	男	297	228	191	89
	女	451	370	339	142
学段	初中	492	394	390	170
	高中	256	204	140	61
总计		631	610	551	231

三、研究结果

(一) PTG 随时间变化的总体趋势

PTG 各维度及总分在四次调查中的状况,见表 2-11。

表 2-11　灾区中学生 PTG 各维度以及总分追踪调查的结果

维度	第一次 $M \pm SD$	第二次 $M \pm SD$	第三次 $M \pm SD$	第四次 $M \pm SD$	F
自我觉知的改变	3.29±1.01	3.05±0.93	3.13±0.98	3.20±0.88	0.70**
人际体验的改变	3.28±1.11	3.08±0.98	3.16±0.98	3.30±0.94	0.92**
生命价值的改变	3.11±1.05	2.97±0.98	3.09±0.85	3.00±1.06	0.40***
PTG 总分	3.24±0.98	3.07±0.91	3.06±0.92	3.18±0.87	0.41***

注:* 表示 $p<0.05$,** 表示 $p<0.01$,*** 表示 $p<0.001$。

分别对 PTG 各维度及其总分进行单因素方差分析,结果显示:

在自我觉知的改变上,四个时间点的差异显著,$F_{(3,3339)}=0.70$,$p<0.01$。事后检验结果显示:第一、三、四次 > 第二次。

在人际体验的改变上,四个时间点的差异显著,$F_{(3,3339)}=0.92$,$p<0.01$。事后检验结果显示:第一、四次 > 第二次。

在生命价值的改变上,四个时间点的差异显著,$F_{(3,3339)}=0.40$,$p<0.001$。事后检验结果显示:第一、三次 > 第二次。

在 PTG 总分上,四个时间点的差异显著,$F_{(3,3339)}=0.41$,$p<0.001$。事后检验结果显示:第一次 > 第二、三次。

(二) 性别和学段对 PTG 变化趋势的影响

统计四次调查的追踪数据,得到性别和学段在 PTG 各维度及其总分的差异情况,具体结果见表 2-12。

表2-12　灾区中学生PTG各维度以及总分在性别和学段变量上的差异分析

变量	自我觉知的改变	人际体验的改变	生命价值观的改变	总分
第一次				
男生	3.44±1.10	3.42±1.27	3.33±1.11	3.41±1.11
女生	3.21±0.97	3.22±1.03	3.01±0.89	3.16±0.91
初中	3.27±1.03	3.30±1.13	3.05±1.06	3.21±1.01
高中	3.48±0.80	3.16±0.87	3.74±0.70	3.45±0.60
第二次				
男生	3.13±1.03	3.04±1.07	3.33±1.11	3.03±1.00
女生	3.13±0.98	3.22±0.93	3.01±1.02	3.09±0.87
初中	3.11±1.00	3.16±1.00	3.05±1.06	3.05±0.93
高中	3.31±0.78	3.19±0.65	3.74±0.70	3.32±0.70

变量	自我觉知的改变	人际体验的改变	生命价值的改变	PTG总分
第三次				
男生	3.10±0.81	3.20±0.91	2.99±0.84	3.09±0.85
女生	3.05±0.96	3.17±1.02	2.95±1.05	3.05±0.98
初中	3.07±0.92	3.20±1.00	2.96±0.99	3.07±0.92
高中	3.01±0.79	2.98±0.84	3.07±0.95	3.01±0.79
第四次				
男生	3.34±0.67	3.40±0.73	3.19±0.86	3.32±0.68
女生	3.13±0.97	3.25±1.03	2.91±1.14	3.11±0.95
初中	3.17±0.87	3.31±0.95	2.96±1.04	3.16±0.86
高中	3.52±0.98	3.16±0.92	3.45±1.31	3.39±1.03

为了更好地解释 PTG 各维度以及总分随时间变化的趋势,我们用 HLM 软件定义了 PTG 各维度以及总分随时间增长的线性模型,并引入性别和学段两个变量,使用多层线性分析的方法来分析二者对于 PTG 各维度以及总分变化趋势的影响,结果见表 2-13 和表 2-14。

1. 性别对 PTG 变化趋势的影响

从表 2-13 可以看出,在 PTG 各维度以及总分上,截距均显著。在时间点方面,震后 2.5 年的 PTG 与震后 1 年没有差异,其余不同追踪时间点的 PTG 各维度及其总分的变化趋势如下:自我觉知的改变得分,震后 1.5 年和震后 2 年分别与震后 1 年相比,都呈显著下降趋势（$\gamma_{11} = -0.14$, $se = 0.30$, $p < 0.05$; $\gamma_{21} = -0.05$, $se = 0.25$, $p < 0.05$）;人际体验的改变得分,震后 1.5 年与震后 1 年相比,呈下降趋势（$\gamma_{11} = -0.20$, $se = 0.33$, $p < 0.05$）,但震后 2 年与震后 1 年不存在显著差异（$\gamma_{21} = 0.08$, $se = 0.27$, $p > 0.05$）;生命价值观的改变得分,震后 1.5 年与震后 1 年相比,呈显著下降趋势（$\gamma_{11} = -0.52$, $se = 0.32$, $p < 0.001$）,震后 2 年与震后 1 年相比,呈显著增长趋势（$\gamma_{21} = 0.35$, $se = 0.26$, $p < 0.01$）;在 PTG 的总分上,震后 1.5 年与震后 1 年相比,呈显著下降趋势（$\gamma_{11} = -0.26$, $se = 0.28$, $p < 0.01$）;震后 2 年与震后 1 年相比,呈显著增长趋势（$\gamma_{21} = 0.10$, $se = 0.23$, $p < 0.01$）。

表 2-13　　性别对 PTG 各维度以及总分发展趋势的影响

变量	自我觉知的改变	人际体验的改变	生命价值观的改变	PTG 总分
固定部分				
截距	3.17***	3.23***	2.99***	3.14***
时间点				
(2~1)	-0.14 (0.30)*	-0.20 (0.33)*	-0.52 (0.32)***	-0.26 (0.28)**
(3~1)	-0.05 (0.25)*	0.08 (0.27)	0.35 (0.26)**	0.10 (0.23)**
(4~1)	0.03 (0.05)	-0.01 (0.06)	-0.06 (0.06)	-0.07 (0.05)
性别（男-女）	-0.13 (0.17)**	-0.13 (0.17)	-0.15 (0.18)	-0.11 (0.17)***
随机部分				
第一水平	0.65 (0.43)***	0.68 (0.47)***	0.70 (0.49)***	0.64 (0.42)***
第二水平	0.86 (0.44)	0.88 (0.43)	0.89 (0.50)	0.81 (0.43)
解释率	32.31%	29.41%	27.14%	26.56%

注:* 表示 $p < 0.05$,** 表示 $p < 0.01$,*** 表示 $p < 0.001$。

在第二层加入性别后,发现在 PTG 的自我觉知的改变（$\gamma_{01} = -0.13$, $se =$

0.17，$p<0.001$）及总分（$\gamma_{01}=-0.11$，$se=0.07$，$p<0.001$）方面，性别存在显著差异，即随着时间推移，男生的变化趋势较女生更加显著；在 PTG 的人际体验的改变（$\gamma_{01}=-0.13$，$se=0.17$，$p>0.05$）和生命价值观的改变（$\gamma_{01}=-0.15$，$se=0.18$，$p>0.05$）方面，不存在显著的性别差异。

从随机部分可以看出，在第一层水平上，PTG 各维度以及总分均达到了显著水平。加入第二层性别后发现，在自我觉知的改变方面，性别的解释率为 32.31%；人际体验的改变方面，性别的解释率为 29.41%；生命价值观的改变方面，性别的解释率为 27.14%；PTG 的总分上，性别的解释率为 26.56%。

2. 学段对 PTG 变化趋势的影响

从表 2-14 可知，在以学段为第二层进行分析时，PTG 的各个维度及总分上，截距均达到显著水平。在 PTG 各维度及总分上，不同的时间点效应显著。自我觉知的改变得分，震后 1.5 年和震后 2 年分别与震后 1 年相比，均呈显著下降趋势（$\gamma_{11}=-0.15$，$se=0.31$，$p<0.05$；$\gamma_{21}=-0.07$，$se=0.23$，$p<0.05$）；人际体验的改变得分，震后 1.5 年与震后 1 年相比，呈显著下降趋势（$\gamma_{11}=-0.21$，$se=0.34$，$p<0.05$），而震后 2 年与震后 1 年相比，却呈显著增长趋势（$\gamma_{21}=0.08$，$se=0.17$，$p<0.05$）；生命价值观的改变得分，震后 1.5 年与震后 1 年相比，呈显著下降趋势（$\gamma_{11}=-0.33$，$se=0.32$，$p<0.001$），而震后 2 年和 2.5 年分别与震后 1 年相比，却呈显著增长趋势（$\gamma_{21}=0.32$，$se=0.36$，$p<0.01$；$\gamma_{31}=0.08$，$se=0.07$，$p<0.05$）；在 PTG 总分上，震后 1.5 年与震后 1 年相比，呈显著下降趋势（$\gamma_{11}=-0.46$，$se=0.18$，$p<0.01$），震后 2 年和 2.5 年分别与震后 1 年相比，却呈显著增长趋势（$\gamma_{21}=0.11$，$se=0.14$，$p<0.01$；$\gamma_{31}=0.07$，$se=0.05$，$p<0.05$）。

表 2-14　　学段对 PTG 各维度以及总分发展趋势的影响

变量	自我觉知的改变	人际体验的改变	生命价值观的改变	PTG 总分
固定部分				
截距	3.17***	3.31***	2.87***	3.16***
时间点				
(2~1)	-0.15 (0.31)*	-0.21 (0.34)*	-0.33 (0.32)***	-0.46 (0.18)**
(3~1)	-0.07 (0.23)*	0.08 (0.17)*	0.32 (0.36)**	0.11 (0.14)**
(4~1)	0.03 (0.05)	-0.02 (0.06)	0.08 (0.07)*	0.07 (0.05)*
学段（高中—初中）	0.18 (0.18)***	-0.03 (0.11)*	-0.10 (0.16)*	0.17 (0.20)**

续表

变量	自我觉知的改变	人际体验的改变	生命价值观的改变	PTG 总分
随机部分				
第一水平	0.66（0.42）***	0.68（0.46）***	0.71（0.47）***	0.63（0.40）***
第二水平	0.77（0.42）	0.86（0.37）	0.83（0.49）	0.76（0.42）
解释率	16.67%	26.47%	16.90%	20.63%

注：* 表示 $p<0.05$，** 表示 $p<0.01$，*** 表示 $p<0.001$。

在以学段为第二层进行分析时，PTG 总分及自我觉知的改变维度的得分，高中生的变化趋势较初中生的大（$\gamma_{01}=0.17$，$se=0.20$，$p<0.01$；$\gamma_{01}=0.18$，$se=0.18$，$p<0.001$）；人际体验的改变维度和生命价值观的改变维度的得分，高中生的变化趋势较初中生的小（$\gamma_{01}=-0.03$，$se=0.11$，$p<0.05$；$\gamma_{01}=-0.10$，$se=0.16$，$p<0.05$）。

学段变量对自我觉知的改变、人际体验的改变、生命价值观的改变得分及 PTG 总分的变化解释率分别为 16.67%、26.47%、16.90% 和 20.63%。

四、结果讨论

从追踪结果来看，PTG 在四个测试时间点之间的主效应差异显著，但 PTG 各维度及其总分先呈现出显著的下降趋势，再呈现上升趋势，但并非直线上升趋势。这在一定程度上说明了 PTG 在灾后中学生成长过程中还受到其他因素的影响。这与康帕斯、海登和格哈德（Compas, Hinden and Gerhardt, 1995）的纵向研究结果一致，他们认为经历创伤性事件的个体最终表现为 7 种结果，而 PTG 仅仅是其中的一种结果，在个体经历创伤性事件后，先出现一段时间的功能损伤，而后逐渐回复，并伴有成长的变化，最后其成长水平超过了创伤之前的水平状态，但这个过程可能会因其他事件影响而出现变化，以致 PTG 随时间变化趋势出现波动的状态。

性别变量对 PTG 的影响非常显著。随着时间的推移，自我觉知改变维度发展的差异除了实际水平的差异外，有 32.31% 的差异是由于学生自身的性别变量引起的；人际体验改变维度的总变异量中，性别变量解释了 29.41% 的差异；生命价值的改变维度中，性别解释了 27.14% 的变异量。其中，性别变量对 PTG 总分的变异量解释占到了 26.56%。这一方面看出了性别对第一层差异结果的影响是十分明显的，另外一方面也提示我们在进一步考察性别对 PTG 的影响时，应该更加注重对各个维度的深入研究，以丰富 PTG 的内部变化特征。

本研究发现，男女生在 PTG 的自我觉知的改变维度及总分上均有显著差异，女生得分高于男生。这一结果与以往大多数研究结论一致（Cryder, Kilmer, Tedeschi & Calhoun, 2006; Vishnevsky, Cann, Calhoun, Tedeschi & Demakis, 2010）。由于相较男性而言，女性情感更加细腻、洞察力强、善于自省，在经历创伤之后她们对自身各方面变化有较好的觉察力，所以即使实际产生的成长与男性没有程度上的差别，女性也能通过自我的审视报告出更多的 PTG。

总体而言，学段变量对 PTG 各个维度以及总分均具有显著的影响。其中，自我觉知改变维度发展的差异除了实际水平的差异外，有 16.67% 的差异是由学段这一背景变量引起的；人际体验改变维度的总变异量中，学段变量解释了 26.47%；生命价值改变维度中，学段解释了 16.90% 的变异量；在 PTG 总分上，学段变量解释了 20.63% 的变异量。本研究表明，在地震一年时，被试年龄小，但其创伤之后的积极变化的得分却相对较高，这与以往的研究一致（Davis, et al., 1998; Polatinsky & Esprey, 2000; Everse r, et al., 2001; Lechner, et al., 2003; Kimhi, Eshel, Zysberg, et al., 2010），但是随着年龄的增加，PTG 的水平呈先降后增的趋势。这是因为 PTG 的发生需要对个体的认知进行挑战，挑战的程度越大，其 PTG 的水平越高（Calhoun, Tedeschi, Cann & Hanks, 2010）。在创伤初期，地震对个体的认知构成了很大的挑战，其 PTG 水平可能也相对较高；而是随着时间的流逝以及青少年认知的发展，地震对其认知的挑战程度可能有所下降，因此其 PTG 水平也有所下降。然而，正是由于青少年的认知发展，对创伤线索有着积极的思考，这也使得青少年在一段时间内，可能出现 PTG 反弹的效果。该结果也表明，PTG 与年龄的关系并非简单的线性关系，而是曲线关系。但随着年龄的增长，PTG 的发展趋势到底是先上升再下降，还是先下降再上升，其中的影响因素是如何发挥作用的，还有待进一步的探索。

五、研究结论

第一，从追踪调查的结果来看，灾区学生 PTG 各维度及其总分先呈现出显著的下降趋势，再呈现出上升趋势。

第二，性别、学段变量对 PTG 具有显著的影响。在性别上，男生的变化趋势较女生更加显著；高中生的自我觉知的改变得分和 PTG 总分的变化趋势较初中生的大，但在人际体验的改变维度和生命价值观的改变维度的得分上，高中生的变化趋势较初中生的小。

第五节 灾后中小学生问题行为的追踪调查

一、问题提出

汶川特大地震不仅给人们的生命财产造成了巨大的损失,还对人们的心理造成了极大的创伤。面对巨大的地震灾难,不少灾难亲历者出现了各种问题行为,比如,酗酒、吸烟、哭泣等行为增加。宋辉等人(2010)在汶川地震后对极重灾区的都江堰、北川、青川三地的民众进行调查,结果显示,酒精依赖的民众占0.80%;男性、年龄较大者、受教育程度较低者、婚姻不稳定者、震中丧失亲人、亲眼目睹他人死亡的民众,酒精依赖的程度显著高于其他民众。刘涛生和刘伟志(2010)对汶川地震经历者睡眠状况进行了调查,结果显示,灾区人们的失眠发生率为51%。

中小学校是汶川特大地震中受灾最为严重的单位之一。那么,灾后中小学生会出现什么问题行为呢?这些问题行为随时间的变化又是如何变化的呢?为此,本课题对灾区中小学生的攻击行为、自杀意向、饮食行为、睡眠行为、服药行为、网络或通讯工具使用、相关正向行为等状况进行了四次追踪的调查,以考察灾后中小学生的问题行为状况及其随时间变化的趋势,从而为灾后中小学生的行为矫正提供实证数据的支持。

二、研究对象

由于存在被试缺失和无效问卷等情况,实际接受震后问题行为调查的被试具体分布情况,见表2-15。

表2-15　　接受问题行为调查的被试在人口统计学变量上的分布情况

变量		第一次	第二次	第三次	第四次
性别	男	882	779	804	298
	女	951	797	923	350
年级	小学	1 022	948	829	391
	初中	558	451	592	187
	高中	253	177	306	70
总计		1 833	1 576	1 727	648

三、研究结果

(一) 问题行为随时间变化的总体趋势

各种问题行为的频率在四次调查中的基本状况,见表 2 – 16。

表 2 – 16　　灾区中小学生问题行为频率在四次追踪调查的结果

维度	第一次 $M \pm SD$	第二次 $M \pm SD$	第三次 $M \pm SD$	第四次 $M \pm SD$	F 值
攻击行为	0.68 ± 0.42	0.58 ± 0.43	0.60 ± 0.36	0.85 ± 0.78	60.54 ***
自杀意向	0.10 ± 0.28	0.11 ± 0.29	0.11 ± 0.25	0.54 ± 1.04	193.64 ***
饮食行为	0.34 ± 0.34	0.30 ± 0.34	0.31 ± 0.29	0.59 ± 0.75	96.83 ***
睡眠行为	0.58 ± 0.48	0.53 ± 0.48	0.57 ± 0.42	0.50 ± 0.48	6.89 ***
服药行为	0.03 ± 0.21	0.06 ± 0.29	0.05 ± 0.21	0.07 ± 0.31	5.45 **
网络或移动通讯工具使用	0.68 ± 0.55	0.74 ± 0.56	0.88 ± 0.49	0.90 ± 0.54	51.55 ***
相关正向行为	1.39 ± 0.55	1.30 ± 0.58	1.32 ± 0.49	1.31 ± 0.58	9.21 ***
问题行为总分	0.54 ± 0.24	0.51 ± 0.26	0.55 ± 0.22	0.71 ± 0.47	79.85 ***

注：* 表示 $p < 0.05$，** 表示 $p < 0.01$，*** 表示 $p < 0.001$。

分别对行为频率各维度及其总分进行单因素方差分析，结果显示：

在攻击行为维度上，四个时间点的差异显著，$F_{(3,5781)} = 60.54$，$p < 0.001$。事后检验结果显示：第四次 > 第一次 > 第二次和第三次，第二、三次之间无显著差异。

在自杀意向维度上，四个时间点的差异显著，$F_{(3,5781)} = 193.64$，$p < 0.001$。事后检验结果显示：第四次 > 第一次、第二次和第三次，后三者之间无显著差异。

在饮食行为维度上，四个时间点的差异显著，$F_{(3,5781)} = 6.89$，$p < 0.001$。事后检验结果显示：第四次 > 第一次 > 第二次和第三次，第二、三次之间无显著差异。

在睡眠行为维度上，四个时间点的差异显著，$F_{(3,5781)} = 16.48$，$p < 0.01$。

事后检验结果显示：第一次＞第二次；第一次＞第四次；第三次＞第二次；第三次＞第四次，第一、三次之间、第二、四次之间无显著差异。

在服药行为维度上，四个时间点的差异显著，$F_{(3,5781)} = 5.45$，$p < 0.01$。事后检验结果显示：第四次＞第一次；第四次＞第三次；第二次＞第一次，第一、三次之间、第二、三次之间、第二、四次之间无显著差异。

在网络或移动通讯工具使用维度上，四个时间点的差异显著，$F_{(3,5781)} = 51.55$，$p < 0.001$。事后检验结果显示：第四次＞第二次＞第一次；第三次＞第二次＞第一次，第三、四次之间无显著差异。

在相关正向行为维度上，四个时间点的差异显著，$F_{(3,5781)} = 9.21$，$p < 0.001$。事后检验结果显示：第一次＞第二次；第一次＞第三次；第一次＞第四次，第二、三、四次之间无显著差异。

在问题行为总分上，四个时间点的差异显著，$F_{(3,5781)} = 79.85$，$p < 0.001$。事后检验结果显示：第四次＞第一次＞第二次；第四次＞第三次＞第二次，第一、三次之间无显著差异。

（二）性别和学段对问题行为变化趋势的影响

统计四次调查的追踪数据，得到性别和学段在行为频率的差异情况，具体结果见表 2–17。

为了更好地解释问题行为随时间的变化趋势，我们用 HLM 软件定义了问题行为随时间增长的线性模型，并引入性别和学段两个因素，使用多层线性分析的方法来分析二者对于问题行为得分变化趋势的影响，结果见表 2–18 和表 2–19。

1. 性别对问题行为变化趋势的影响

由表 2–18 可以看出，在以性别作为第二层变量的条件下，问题行为的各个维度的截距均达到显著水平，但是各维度在四个调查时间点之间的结果不存在显著的差异。在网络或移动通讯工具使用、相关正向行为和问题行为总分上，不同性别的得分随着时间变化有显著变化差异；在相关正向行为得分上，随着时间的推移，男生的下降趋势较女生更加明显（$\gamma_{01} = 0.14$，$se = 0.02$，$p < 0.001$）；在网络或移动通讯工具使用维度上，随着时间推移，女生的得分增加趋势较男生的显著（$\gamma_{01} = -0.21$，$se = 0.02$，$p < 0.001$）。在问题行为的总分上，随着时间推移，男生的得分增长趋势比女生更显著（$\gamma_{01} = 0.14$，$se = 0.02$，$p < 0.001$）。

表 2-17 灾区中小学生问题行为在性别和学段变量上的差异分析

变量	攻击行为	自杀意向	饮食行为	睡眠行为	服药行为	网络或通讯工具使用	相关正向行为	问题行为总分
第一次								
男	0.70±0.42	0.09±0.27	0.39±0.38	0.57±0.48	0.04±0.21	0.81±0.56	1.33±0.56	0.57±0.25
女	0.65±0.42	0.11±0.29	0.29±0.29	0.60±0.49	0.03±0.20	0.57±0.50	1.44±0.54	0.52±0.23
小学	0.68±0.40	0.07±0.22	0.28±0.28	0.53±0.45	0.01±0.13	0.57±0.50	1.36±0.58	0.50±0.22
初中	0.74±0.44	0.14±0.33	0.40±0.40	0.64±0.54	0.06±0.27	0.76±0.57	1.39±0.51	0.60±0.26
高中	0.49±0.41	0.16±0.31	042±0.34	0.64±0.49	0.05±0.27	1.00±0.54	1.52±0.45	0.61±0.21
第二次								
男	0.61±0.43	0.11±0.29	0.33±0.37	0.51±0.47	0.07±0.31	0.36±0.58	1.23±0.60	0.53±0.27
女	0.56±0.42	0.12±0.29	0.27±0.30	0.56±0.48	0.05±0.27	0.52±0.52	1.37±0.55	0.50±0.24
小学	0.57±0.40	0.07±0.22	0.24±0.28	0.50±0.45	0.03±0.20	0.55±0.52	1.30±0.60	0.47±0.23
初中	0.65±0.47	0.16±0.36	0.38±0.41	0.59±0.54	0.10±0.36	0.34±0.60	1.24±0.56	0.57±0.29
高中	0.48±0.45	0.18±0.38	0.41±0.39	0.55±0.43	0.12±0.43	0.99±0.55	1.46±0.47	0.59±0.27
第三次								
男	0.61±0.36	0.10±0.24	0.34±0.33	0.54±0.42	0.05±0.22	0.96±0.52	1.26±0.53	0.56±0.23
女	0.60±0.36	0.13±0.25	0.28±0.25	0.59±0.41	0.05±0.19	0.80±0.46	1.37±0.44	0.54±0.21
小学	0.61±0.42	0.10±0.28	0.24±0.29	0.53±0.47	0.03±0.21	0.76±0.57	1.26±0.61	0.50±0.25
初中	0.62±0.29	0.14±0.21	0.37±0.28	0.60±0.35	0.06±0.20	0.97±0.37	1.33±0.32	0.59±0.18
高中	0.55±0.29	0.12±0.22	0.37±0.27	0.62±0.37	0.06±0.21	1.01±0.39	1.45±0.37	0.60±0.18
第四次								
男	0.89±0.80	0.56±1.04	0.66±0.77	0.48±0.49	0.10±0.36	1.01±0.53	1.22±0.59	0.74±0.49
女	0.82±0.76	0.53±1.03	0.53±0.74	0.51±0.48	0.51±1.48	0.80±0.53	1.39±0.56	0.68±0.46
小学	1.03±0.88	0.79±1.23	0.73±0.89	0.45±0.45	0.05±0.24	0.82±0.51	1.32±0.59	0.78±0.55
初中	0.65±0.50	0.19±0.44	0.37±0.41	0.54±0.55	0.11±0.37	0.98±0.59	1.24±0.59	0.59±0.33
高中	0.40±0.38	0.11±0.29	0.39±0.33	0.64±0.45	0.13±0.41	1.12±0.47	1.46±0.38	0.60±0.23

表 2-18　　性别对问题行为各维度以及总分发展趋势的影响

变量	攻击行为	自杀意向	饮食行为	睡眠行为	服药行为	网络或移动通讯工具使用	相关正向行为	问题行为总分
固定部分								
截距	0.65***	0.16***	0.35***	0.56***	0.05***	0.77***	1.35***	1.35***
时间点								
(2~1)	-0.06 (0.09)	-0.12 (0.07)	-0.08 (0.08)	-0.04 (0.10)	-0.03 (0.06)	-0.02 (0.10)	0.10 (0.14)	0.10 (0.14)
(3~1)	0.06 (0.08)	0.11 (0.06)	0.07 (0.07)	0.03 (0.08)	0.02 (0.05)	0.04 (0.09)	-0.03 (0.12)	-0.03 (0.12)
(4~1)	-0.11 (0.02)	-0.03 (0.02)	-0.02 (0.02)	-0.01 (0.02)	-0.00 (0.01)	-0.02 (0.02)	0.00 (0.03)	0.00 (0.03)
性别(男-女)	-0.03 (0.01)	0.02 (0.01)	-0.07 (0.01)	0.04 (0.02)	-0.02 (0.01)	-0.21 (0.02)***	0.14 (0.02)***	0.14 (0.02)***
随机部分								
第一水平	0.22 (0.05)	0.18 (0.03)***	0.17 (0.03)***	0.31 (0.09)***	0.15 (0.02)***	0.38 (0.14)	0.30 (0.09)***	0.30 (0.09)***
第二水平	0.41 (0.17)	0.40 (0.16)	0.37 (0.14)	0.36 (0.13)	0.20 (0.04)	0.38 (0.15)	0.45 (0.21)	0.45 (0.21)
解释率	45.58%	54.31%	53.45%	13.98%	26.71%	1.23%	33.16%	33.16%

注：* 表示 $p<0.05$，** 表示 $p<0.01$，*** 表示 $p<0.001$。

由随机部分的结果可以看出，在第一水平上除攻击行为和网络或移动通讯工具使用维度之外，其他各个维度均达到显著水平。在性别作为第二层维度情况下，性别对攻击行为、自杀意向、饮食行为、睡眠行为、服药行为、网络或移动通讯工具使用、相关正向行为和问题行为总分的解释率分别为 45.58%、54.31%、53.45%、13.98%、26.71%、1.23%、33.16% 和 33.16%。

2. 学段对问题行为变化趋势的影响

由表 2-19 可以看出，在以学段为第二层进行分析时，在问题行为的各个维度上，截距均达到显著水平。在部分维度上，时间点效应显著，具体表现为：在攻击行为得分上，震后 2.5 年与震后 1 年相比，呈显著下降趋势（$\gamma_{31} = -0.05$，$se = 0.01$，$p<0.001$）；在自杀意向得分上，震后 2 年与震后 1 年相比，呈显著增长趋势（$\gamma_{21} = 0.15$，$se = 0.04$，$p<0.001$）；震后 2.5 年与震后 1 年相比，呈

显著下降趋势（$\gamma_{31} = -0.06$，$se = 0.01$，$p < 0.001$）；在饮食行为得分上，震后 2.5 年与震后 1 年相比，呈显著下降趋势（$\gamma_{31} = -0.05$，$se = 0.01$，$p < 0.001$）；在相关正向行为得分上，震后 1.5 年与震后 1 年相比，呈显著下降趋势（$\gamma_{11} = -0.29$，$se = 0.09$，$p < 0.001$）；震后 2 年与震后 1 年相比，呈显著增长趋势（$\gamma_{21} = 0.24$，$se = 0.08$，$p < 0.01$）；震后 2.5 年与震后 1 年相比，呈显著下降趋势（$\gamma_{31} = -0.05$，$se = 0.02$，$p < 0.01$）；在问题行为总分上，震后 1.5 年与震后 1 年相比，呈显著下降趋势（$\gamma_{11} = -0.29$，$se = 0.09$，$p < 0.001$）；震后 2 年与震后 1 年相比，呈显著增长趋势（$\gamma_{21} = 0.24$，$se = 0.08$，$p < 0.05$）；震后 2.5 年与震后 1 年相比，呈显著下降趋势（$\gamma_{31} = -0.05$，$se = 0.02$，$p < 0.05$）。

表 2-19　学段对问题行为各维度以及总分发展趋势的影响

变量	攻击行为	自杀意向	饮食行为	睡眠行为	服药行为	网络或移动通讯工具使用	相关正向行为	问题行为总分
固定部分								
截距	0.65***	0.16***	0.35***	0.57***	0.05***	0.78***	1.35***	1.35***
时间点								
(2~1)	-0.13 (0.07)	-0.11 (0.05)	-0.10 (0.06)	0.04 (0.08)	0.08 (0.06)	0.07 (0.08)	-0.29 (0.09)***	-0.29 (0.09)***
(3~1)	0.17 (0.06)	0.15 (0.04)***	0.15 (0.05)	-0.04 (0.07)	-0.08 (0.05)	-0.07 (0.07)	0.24 (0.08)**	0.24 (0.08)**
(4~1)	-0.05 (0.01)***	-0.06 (0.01)***	-0.05 (0.01)***	0.01 (0.01)	0.02 (0.01)	0.01 (0.02)	-0.05 (0.02)**	-0.05 (0.02)**
学段	-0.07 (0.01)***	0.01 (0.01)	0.04 (0.01)***	0.05 (0.01)***	0.03 (0.01)***	0.18 (0.01)***	0.05 (0.01)***	0.05 (0.01)***
(小学—初中)	-0.00 (0.02)	-0.01 (0.01)	0.06 (0.01)***	0.09 (0.02)***	0.05 (0.01)***	0.20 (0.02)***	-0.02 (0.02)	-0.02 (0.02)
(小学—高中)	-0.09 (0.01)***	-0.01 (0.01)	0.04 (0.01)***	0.04 (0.01)***	0.03 (0.01)**	0.18 (0.01)***	0.07 (0.01)***	0.07 (0.01)***
(初中—高中)	-0.07 (0.01)***	-0.01 (0.02)	0.00 (0.02)	-0.01 (0.02)	-0.00 (0.02)	0.15 (0.03)***	0.16 (0.02)***	0.16 (0.02)***

续表

变量	攻击行为	自杀意向	饮食行为	睡眠行为	服药行为	网络或移动通讯工具使用	相关正向行为	问题行为总分
随机部分								
第一水平	0.22 (0.05)***	0.19 (20.04)***	0.18 (0.03)***	0.30 (0.09)***	0.15 (0.02)***	0.37 (0.14)***	0.31 (0.09)***	0.31 (0.09)***
第二水平	0.40 (0.16)	0.39 (0.15)	0.37 (0.13)	0.36 (0.13)	0.20 (0.04)	0.38 (0.15)	0.45 (0.21)	0.45 (.021)
解释率	45.32%	49.95%	51.84%	14.72%	27.63%	28.74%	32.54%	32.54%

注：* 表示 $p<0.05$，** 表示 $p<0.01$，*** 表示 $p<0.001$。

学段对问题行为各维度的影响结果为：在攻击行为维度上，各学段的得分差异随着时间变化逐渐减小（$\gamma_{01}=-0.07$，$se=0.01$，$p<0.001$），具体表现为，小学生的趋势较高中生和初中生的显著；在饮食行为维度上，各学段的得分差异随着时间变化逐渐增大（$\gamma_{01}=0.04$，$se=0.01$，$p<0.001$），具体表现为，初中生和高中的变化趋势较小学生的更显著；在睡眠行为维度上，各学段的得分差异随着时间变化逐渐增大（$\gamma_{01}=0.05$，$se=0.01$，$p<0.001$），具体表现为，初中生和高中的变化趋势较小学生的更显著；在服药行为维度上，各学段的得分差异随着时间变化逐渐增大（$\gamma_{01}=0.03$，$se=0.01$，$p<0.001$），具体表现为，初中生和高中生的变化趋势较小学生的更显著；在网络或移动工具使用维度上，各学段的得分差异随着时间变化逐渐增大（$\gamma_{01}=0.18$，$se=0.01$，$p<0.001$），具体表现为，初中生和高中的变化趋势较小学生的更显著，高中生的变化趋势较初中生的显著；在相关正向行为维度上，各学段的得分差异随着时间变化逐渐增大（$\gamma_{01}=0.05$，$se=0.01$，$p<0.001$），具体表现为，初中生和高中生的变化趋势较小学生的更显著；在问题行为总分上，各学段的得分差异随着时间变化逐渐增大（$\gamma_{01}=0.05$，$se=0.01$，$p<0.001$），具体表现为，初中生和高中的变化趋势较小学生的更显著。

由随机部分的结果可以看出，在第一水平上，各个维度均达到显著水平。在控制性别后，学段对攻击行为、自杀意向、饮食行为、睡眠行为、服药行为、网络或移动通讯工具使用、相关正向行为和问题行为总分的解释率分别为45.32%、49.95%、51.84%、14.72%、27.63%、28.74%、32.54%和32.54%。

四、结果讨论

问题行为的追踪数据结果显示，时间对问题行为各维度的得分有显著的影响。具体表现为，除相关正向行为和睡眠行为外，在其他维度上，第四次调查时的得分均高于前三次的调查。这意味着灾后中小学生的问题行为较多，且随着时间的变化仍然有加重的趋势。这可能是因为灾后社会、学校和家长对中小学生的关注主要针对的是其心理问题，但是对其行为问题的关注度可能还有待提升。基于此，我们认为灾后心理援助的过程中，不仅要关注中小学生的心理问题，而且还应该关注其行为问题，从而才能真正地促使灾后中小学生的健康发展。研究也发现，在四次追踪调查过程中，相关正向行为的得分高于其他维度的得分。这可能是因为灾后社会为中小学生提供了大量的人力、物力的支持，激发了其内在的感激之情，使他们表现出更多的亲社会行为以及相关的正向行为（McCullough, Kilpatrick, Emmons & Larson, 2001）。

性别和学段对问题行为的影响主要表现为，网络或移动通讯工具使用上，女生的得分增加趋势较男生的更显著，一个可能的解释在于，创伤可导致个体产生一种不安全感，为了减少这种不安全感所带来的消极影响，个体需要与他人建立广泛的联系，而网络或移动通讯工具的使用正是灾后中小学生与家人、学校、同伴甚至是心理援助人员建立联系的一种手段和工具，因此，无论男女都有可能使用这些工具。但是由于女生对于人际关系更敏感（Belle, 1991），随着灾后重建的完成，社会援助力量逐渐撤出灾区时，会给女生的人际关系以更大的冲击，为了能继续保持与支援人员的联系，女生更可能会选择网络和移动工具，因此随着时间的推移，女生在这一维度的得分增加趋势较男生快。

相关正向行为和问题行为总分上，男女生得分差异逐渐增大，男生的相关正向行为的下降趋势较女生显著，但问题行为总分上，其增长速度大于女生。这可能与男女生的应对创伤的方式不同所致。在应对创伤压力的过程中，女生通常会不断地反思创伤事件给其带来的影响，而男生倾向于借助诸如暴力行为、药物使用等方式来缓解自己的情绪（Barrett & Bliss-Moreau, 2009），尤其是随着年龄的增加，受性别社会化的影响，两者采取上述不同应对方式的差异将更加突出，因此男女生在相关正向行为和问题行为总分上的差异会逐渐增大。

除自杀意向维度外，学段对问题行为的其他维度都有显著的影响。这可能是由于灾后家庭、学校、社会对中小学生的关注，使其看到了生命的重要性，看到了未来的希望，因此不同年级的学生都对生活有着美好的憧憬，所以学段对其的作用不显著。另外，研究还发现攻击行为维度上，各学段得分差异逐渐减小，其他行为维度上，各学段得分差异逐渐增大。这可能与灾后中小学生的行为管理有很大的关系，具体的原因可能需要进一步的分析。

五、研究结论

第一，震后中小学生的问题行为依旧较多，且有不断加重的趋势，但相关正向行为的水平相对高于其他具体的问题行为。

第二，性别和学段分别对问题行为的部分维度有显著的影响。总体而言，随着时间推移，男生的得分增长趋势比女生更显著；初中生和高中生的增加趋势较小学生的更显著。

第六节 灾后中小学生的学业倦怠研究

一、问题提出

倦怠是一种慢性疲乏症、抑郁和挫折感，不仅包含身体的疲惫、生理的损耗，还包含心理上的疲惫和损耗（Freudenberger & Richelson, 1986）。我国学者甘怡群等人（2007）认为，学业倦怠是由于长期的课业压力而引起的心理综合症状，主要表现为学生感到精疲力竭，对待学习玩世不恭，学习效率明显降低。

地震给中小学生心理带来了许多问题行为，其中也可能包括学业倦怠。例如，伍新春等（2009）的研究发现，由于地震带来的心理创伤、学校外迁带来的适应问题以及震后家长对孩子学习方面管教的放松等原因，学习倦怠的情况在灾后的学生中有明显出现。然而，随着灾后的重建，社会对中小学生身心健康的关注，灾后中小学生的学业倦怠是否会随着时间的推移而发生变化呢？为了探究灾后中小学生学业倦怠随时间变化的趋势，我们对灾区中学生的学业倦怠情况进行了四次追踪数据的搜集。通过问卷调查的形式，综合分析了灾区的中学生学业倦怠情况，比较了不同年级和性别的中学生学业倦怠特点。

二、研究对象

接受学业倦怠调查的学生在性别、学段等人口学变量上的统计分布情况，见表2-20。

表2-20　　　　　　被试在人口统计学变量上的分布情况

变量		第一次	第二次	第三次	第四次
性别	男	364	278	155	105
	女	435	350	194	151
学段	初中	549	451	188	186
	高中	250	177	161	70
总计		799	628	349	256

三、研究结果

（一）学业倦怠随时间变化的总体趋势

学业倦怠状态在四次调查中的情况，见表2-21。

表2-21　　　　　灾区中学生学业倦怠在四次追踪调查中的结果

维度	第一次 $M \pm SD$	第二次 $M \pm SD$	第三次 $M \pm SD$	第四次 $M \pm SD$	F
情绪耗竭	1.41±0.78	1.41±0.83	1.57±0.78	1.46±0.78	3.62*
学习低效能感	2.08±0.86	2.17±0.88	2.01±0.85	2.14±0.83	3.08*
师生疏离感	1.24±0.91	1.32±0.93	1.43±0.87	1.34±0.85	3.60*
生理耗竭	1.48±0.96	1.45±0.94	1.50±0.87	1.37±0.94	1.05
学业倦怠总分	1.55±0.63	1.58±0.62	1.63±0.61	1.58±0.60	1.46

注：*表示$p<0.05$，**表示$p<0.01$，***表示$p<0.001$。

分别对学业倦怠各维度及其总分进行单因素方差分析，除了生理耗竭维度和学业倦怠总分在四次数据上不存在显著差异以外，其他各维度的四个时间点差异均显著：

情绪耗竭维度上的差异显著，$F_{(3,2028)}=3.62$，$p<0.05$。事后检验结果显示，第二次=第一次，第三次>第一、二次，第四次>第一、二次。

学习低效能感维度上的差异显著，$F_{(3,2028)}=3.08$，$p<0.05$。事后检验结果显示，第二次>第一次，第二次>第三次。

师生疏离感维度上的差异显著，$F_{(3,2028)}=3.60$，$p<0.05$。事后检验结果显示，第三次>第一次。

（二）性别和学段对学业倦怠变化趋势的影响

统计四次调查的追踪数据，得到性别和学段在学业倦怠上的差异分析情况，具体结果见表2-22。

表 2-22 灾区中学生学业倦怠在性别和学段变量上的差异分析

变量	情绪耗竭	学习低效能感	师生疏离感	生理耗竭	学业倦怠总分
第一次					
男生	1.40±0.82	2.21±0.90	1.17±0.89	1.33±0.90	1.53±0.64
女生	1.43±0.76	1.97±0.82	1.30±0.92	1.60±0.99	1.57±0.63
初中	1.31±0.78	2.12±0.90	1.15±0.94	1.34±0.95	1.48±0.63
高中	1.65±0.75	1.98±0.78	1.44±0.81	1.77±0.92	1.71±0.61
第二次					
男生	1.41±0.87	2.29±0.87	1.28±0.92	1.31±0.95	1.57±0.63
女生	1.42±0.81	2.08±0.88	1.36±0.93	1.56±0.91	1.59±0.61
初中	1.32±0.84	2.25±0.91	1.23±0.95	1.39±0.96	1.54±0.64
高中	1.64±0.76	1.98±0.78	1.56±0.84	1.61±0.86	1.70±0.57

变量	情绪耗竭	学习低效能感	师生疏离感	生理耗竭	学业倦怠总分
第三次					
男生	1.58±0.82	2.11±0.81	1.38±0.89	1.41±0.86	1.63±0.61
女生	1.56±0.75	1.93±0.88	1.46±0.86	1.57±0.87	1.63±0.61
初中	1.47±0.82	2.14±0.93	1.40±0.92	1.40±0.93	1.60±0.65
高中	1.69±0.70	1.85±0.73	1.46±0.81	1.62±0.79	1.67±0.56
第四次					
男生	1.49±0.86	2.20±0.87	1.20±0.80	1.16±0.88	1.54±0.64
女生	1.43±0.72	2.10±0.81	1.44±0.88	1.52±0.96	1.61±0.57
初中	1.36±0.81	2.21±0.89	1.29±0.88	1.30±0.97	1.54±0.62
高中	1.71±0.63	1.95±0.64	1.49±0.76	1.58±0.84	1.70±0.53

为了更好地解释学业倦怠随时间的变化趋势，我们用 HLM 软件定义了学业倦怠各维度和总分随时间增长的线性模型，并引入性别和学段两个因素，使用多层线性分析的方法来分析二者对于学业倦怠各维度得分及总分变化趋势的影响，结果见表 2 – 23 和表 2 – 24。

表 2 – 23　　　　性别对学业倦怠各维度以及总分发展趋势的影响

变量	情绪耗竭	学习低效能感	师生疏离感	生理耗竭	学业倦怠总分
固定部分					
截距	1.41***	2.45***	1.06***	1.04***	1.52***
时间点					
(2~1)	−0.01 (0.33)	0.25 (0.39)	0.07 (0.38)	0.08 (0.39)	0.07 (0.24)
(3~1)	0.15 (0.31)	−0.03 (0.38)	0.12 (0.36)	0.05 (0.37)	0.04 (0.23)
(4~1)	−0.04 (0.07)	0.05 (0.09)	−0.04 (0.08)	−0.03 (0.08)	−0.02 (0.05)
性别（男 – 女）	−0.00 (0.05)	−0.23 (0.06)***	0.11 (0.06)	0.27 (0.06)***	0.02 (0.04)
随机部分					
第一水平	0.42 (0.00)	0.38 (0.01)	0.52 (0.00)	0.57 (0.01)	0.28 (0.01)
第二水平	−0.00 (−0.01)	−0.02 (−0.30)	−0.01 (−0.33)	−0.02 (−0.33)	−0.14 (−0.28)
解释率	2.01%	7.17%	4.53%	4.57%	9.04%

注：* 表示 $p < 0.05$，** 表示 $p < 0.01$，*** 表示 $p < 0.001$。

表 2 – 24　　　　学段对学业倦怠各维度以及总分发展趋势的影响

变量	情绪耗竭	学习低效能感	师生疏离感	生理耗竭	学业倦怠
固定部分					
截距	0.98***	2.28***	0.89***	0.89***	1.26***
时间点					
(2~1)	0.06 (0.30)	0.72 (0.36)*	−0.29 (0.33)	0.81 (0.36)*	0.28 (0.23)
(3~1)	−0.00 (0.29)	−0.62 (0.35)	0.39 (0.32)	−0.52 (0.33)	−0.16 (0.20)
(4~1)	0.00 (0.07)	0.14 (0.08)	−0.08 (0.07)	0.10 (0.07)	0.03 (0.05)
学段（初中—高中）	0.34 (0.05)***	−0.15 (0.06)*	0.26 (0.06)***	0.44 (0.07)***	0.22 (0.04)***
随机部分					
第一水平	0.39 (0.00)	0.39 (0.01)	0.51 (0.00)	0.56 (0.01)	0.27 (0.01)*
第二水平	0.00 (0.02)	−0.02 (−0.37)	−0.01 (−0.27)	−0.02 (−0.25)	−0.01 (−0.24)
解释率	5.66%	9.62%	1.28%	2.01%	5.08%

注：* 表示 $p < 0.05$，** 表示 $p < 0.01$，*** 表示 $p < 0.001$。

1. 性别对学业倦怠变化趋势的影响

从固定部分的参数估计结果可看出：

在情绪耗竭维度上的得分，不同时间点的差异不显著；在第二层分析中，引入了性别因素，男女之间的差异也不显著。

在学习低效能感维度上的得分，不同时间点的差异不显著；在第二层分析中发现，随着时间的变化，男生的变化趋势比女生的慢（$\gamma_{01} = -0.23$，$se = 0.06$，$p < 0.001$）。

在师生疏离感维度上的得分，不同时间点的差异不显著；在第二层分析中发现，男女的差异也不显著。

在生理耗竭维度上的得分，不同时间点的差异不显著；在第二层分析中发现，随着时间的变化，男生的变化趋势比女生的快（$\gamma_{01} = 0.27$，$se = 0.06$，$p < 0.001$）。

在学业倦怠总分上，不同时间点的差异不显著；在第二层分析中，男女的差异也不显著。

从随机部分的参数估计结果可看出，性别对个体间的情绪耗竭、学习低效能感、师生疏离感、生理耗竭和学业倦怠总分的变异解释率分别是：2.01%、7.17%、4.53%、4.57%和9.04%。

2. 学段对学业倦怠变化趋势的影响

分别对学业倦怠与学段进行多层线性分析（见表2-24），从固定部分参数估计结果可看出：

在情绪耗竭维度上的得分，不同时间点的差异不显著。在第二层学段变量的分析中，随着时间的变化，初中生的得分较高中生得分的变化趋势更加明显（$\gamma_{01} = 0.34$，$se = 0.05$，$p < 0.001$）。

在学习低效能感维度上的得分，震后1.5年比震后1年的差异有显著增长的趋势（$\gamma_{10} = 0.72$，$se = 0.36$，$p < 0.05$），其他时间点的差异不显著。在第二层分析中，随着时间的变化，高中生的得分较初中的得分增加趋势更加显著（$\gamma_{01} = -0.15$，$se = 0.06$，$p < 0.05$）。

在师生疏离感维度上的得分，不同时间点的差异不显著。在第二层分析中，随着时间的变化，初中生的得分较高中生得分增加趋势更加显著（$\gamma_{01} = 0.26$，$se = 0.06$，$p = < 0.001$）。

在生理耗竭维度上的得分，震后1.5年比震后1年的差异有显著增长的趋势（$\gamma_{10} = 0.81$，$se = 0.36$，$t = 2.45$，$p < 0.05$），其他时间点的差异不显著。在第二层分析中，随着时间的变化，初中生的得分较高中生的得分增加趋势更加显著（$\gamma_{01} = 0.44$，$se = 0.07$，$t = 6.50$，$p < 0.001$）。

在学业倦怠总分上，不同时间点的差异不显著。在第二层分析中，随着时间的变化，初中生较高中生有更多的增加趋势（$\gamma_{01}=0.22$，$se=0.04$，$p<0.001$）。

从随机部分参数估计结果可看出，学段对个体间情绪耗竭、学习低效能感、师生疏离感、生理耗竭和学业倦怠总分的变异解释率分别是5.66%、9.62%、1.28%、2.01%和5.08%。

四、结果讨论

追踪结果显示，整体而言，灾区中学生的学业倦怠并没有随着时间的推移而发生变化，这表明地震创伤对灾区学生的学业倦怠没有产生明显的影响。但对于学业倦怠的具体维度而言，情绪耗竭、学习低效能感和师生疏离感维度随着时间的推移，发生了显著的变化。具体表现在，在情绪耗竭维度上，震后1.5年、震后2年、震后2.5年比震后1年得分高，随着时间的变化情绪耗竭呈增长趋势，到震后2年达到最高，随后下降。这可能与灾后中小学生PTSD的警觉增高症状有着密切的关系，在第二节的研究中发现，灾后中小学生的警觉增高症状出现了逐渐增加的趋势，由于警觉增高症状主要的特征体现在情绪的高度紧张，当这种紧张状态一直持续下去，而个体又无法有效的应对时，个体会出现情绪耗竭的现象。因此，随着时间的推移，中小学生的情绪耗竭可能越来越严重。在学习低效能感维度上，震后1年到震后1.5年得分呈增长趋势达到最高，随后下降，震后2年得分最低。这可能是因为灾后短时间内，由于中小学生不能有效地适应环境，因此可能出现学习效能感较低，但是随着时间的推移，中小学生可能逐步适应环境，尤其是学习的环境，此时其学习的效能感可能会随之而增加。在师生疏离感上，震后1年、震后1.5年和震后2年得分呈增长趋势，到震后2年达到最高，随后下降。出现这一现象的原因可能有多种，但具体的因素还有待进一步地分析，不过这提示我们，一定要关注师生的关系，改善师生关系以促进师生的共同发展。

本研究也发现，男生的学习低效能感高于女生，但生理耗竭程度低于女生。这可能与男女生应对地震创伤的方式有关。通过调查了解，男生多会采用一些行为表现来释放压力，而女生较多使用积极的认知方式缓解地震创伤带来的不良影响。整体而言，高中生的学业倦怠情况随着时间的推移越来越大于初中生，但是学业倦怠的增加趋势却是初中生显著快于高中生。一个可能的原因在于，地震后的高中生PTSD和抑郁相对初中生较高（见本章第二、三节），意味着其体验到的消极情绪相对初中生更多。由于个体的行为源于自己的情绪感受，情绪可以影响行为的维持和中断；而行为的结果可以加强或弱化情绪（马利军、黎建斌，

2009），消极的情绪可能导致更多的消极行为。因此，对于学生的学习这一行为而言，消极的情绪会导致其厌学，视学习为一种痛苦等消极的结果（乔建中、李星云，1995），这些消极的结果又会进一步强化其消极情绪，这种周而复始的最终结果可导致其学业倦怠的出现。由于高中生所面临的学业压力随着年级的增加而不断增加，这些压力与地震后消极情绪的累加，使其所体验到的消极情绪更多，致使其学业倦怠随着时间的推移，越来越多于初中生。但是初中生由于认知的不成熟，随着年龄的增加会逐渐认识到现实的残酷，可能使其感到更多的学业压力，致使其增长的速度要快于高中生。

五、研究结论

第一，追踪调查结果显示，在四次数据上，生理耗竭维度和学业倦怠总分不存在显著差异，情绪耗竭、学习低效能感和师生疏离感上存在显著差异。多层线性分析结果显示，学业倦怠各维度得分和总分随着时间的推移的变化差异不显著。

第二，从多层线性分析结果看，整体而言，男女生学业倦怠的变化趋势没有显著差异，但初中生较高中生有更多的增加趋势。

第七节　总体讨论与结论

地震灾害具有突发性和不可预知性，它造成的亲人亡故、物质损失等，会使灾难亲历者出现巨大的心理压力或创伤。地震灾害造成的伤害是持久的，会对部分亲历者产生终生的不良影响。由于重大灾难对于中小学生身心健康的影响更为严重，持续时间往往也更长（Bulut et al., 2005），因此本研究的关注点在于灾后中小学生的身心健康状况。由于中小学生的认知、情绪等能力处于迅速的发展期，随着他们自身的发展以及周围环境的变化，地震所致的心理反应状况是否也会随着时间的推移而变化呢？为了能够了解灾后中小学生的身心健康状况随时间变化的特征，本研究进行了为期两年半的追踪研究，并得到了如下基本认识。

一、震后中小学生健康状况的变化情况

震后中小学生的消极心理反应逐步得到缓解。最典型的表现是 PTSD 和抑郁

症状的严重性随时间的推移而逐渐减弱。随着时间的推移，灾后重建的工作已基本完成，青少年接触关于地震相关线索可能性逐渐减小，即使接触到那些具有纪念意义的创伤性线索，由于青少年认知的发展也会使其能够更好地加工这些线索，侵入到个体认知世界的事件会越来越少。另外，也正是由于青少年的认知和情绪能力发展以及他人的支持，能够使青少年有效地加工这些创伤性线索并且缓解由此带来的消极情绪，而不是一味地选择逃避。所以随着时间的推移，PTSD和抑郁症状的严重性也在降低。

虽然，震后中小学生的消极心理反应得到了逐步的缓解，这并不意味着震后中小学生的积极心理变化在逐渐地增强，一个典型的表现是震后中小学生的PTG随时间的推移出现了"U"型变化的趋势。这一结论支持了PTG与PTSD共存的假设（Dekel, Ein-Dor & Solomon, 2012; Salsman, Segerstrom, Brechting, Carlson & Andrykowski, 2009; Tedeschi & Calhoun, 2004），也回应了以往关于青少年PTG是否是"真实"的争论。有研究者认为PTG可作为一种防御性的认知策略，它可以通过把创伤性事件知觉为成长来降低抑郁、应激反应等消极身心反应，从而有效地应对创伤，而这种防御性的PTG会随着时间的推移有所降低（McFarlane, 2000）。这种"假性的成长"在创伤初期比较明显，随着距离创伤事件的时间远去，这种知觉的成长会降低。根据本研究的结论，我们认为震后青少年PTG随时间的流逝，虽有短暂的下降但至震后2年时开始有上升的趋势，这说明了震后青少年的PTG是一种真实存在的成长，而非"假性的成长"。震后青少年PTG之所以出现"U"型变化的趋势，可能与震后的周年纪念日相关，但具体原因还有待进一步的考察。

我们不仅考察了震后中小学生心理反应随时间变化的趋势，而且还考察震后中小学生的行为发展变化情况。我们发现震后中小学生的问题行为随时间的变化在不断的加重，但是学业倦怠随时间变化的趋势不明显。这可能是因为震后社会对中小学生的关注，主要体现在心理方面，对于其问题行为的关注度有所降低。另外，由于面临强度为8.0级的地震，震后中小学生能够生存已是父母和家长最为感激的事，因此他们对于震后中小学生的行为有很大的容忍度，这可能也是其问题行为增加的一个原因。至于学业倦怠随时间变化的趋势不明显，其中一种可能的解释是影响学业倦怠的因素很多，例如学业负担、学业成就感等等（倪士光、伍新春、张步先，2009），而这些因素可能与地震灾难和时间历程都关联不大。因此即使距离创伤的时间越来越远，学业倦怠的情况也不会随着时间的推移而发生太大的变化。

二、性别对中小学生健康状况变化趋势的影响

追踪研究不同性别中小学生的健康状况,发现性别对 PTSD、抑郁、PTG 和问题行为的变化趋势有显著的影响,但对学业倦怠的变化趋势影响不显著。其中男生的 PTSD 和抑郁随时间变化的下降速度明显快于女生,而男生的 PTG 和问题行为的增加趋势大于女生。这可能是因为女生对外界环境的变化更加敏感,经历创伤事件后,女生通常会不断地沉浸于创伤事件给其带来的影响,而男生倾向于借助诸如攻击行为、药物使用等方式来缓解自己的情绪(Barrett & Bliss-Moreau, 2009)。根据反应风格理论(Nolen-Hoeksema, Wisco & Lyubomirsky, 2008),常常沉浸于消极事件之中会导致个体消极身心反应的产生,这也可能影响了其自身的成长和发展。因此,随着时间的推移,虽然女生的认知能力有所发展,社会也提供了大量的支持,但是由于自身对于创伤事件的反应风格,所以即使消极身心反应有所降低,但是速度仍然较慢。由于男生在应对创伤后的消极情绪时,多采用一些不良的行为进行宣泄,所以男生问题行为在四个时间点上都多于女生。但是对于男生的 PTG 增加趋势大于女生,还有待进一步探究。性别对学业倦怠的变化趋势影响不显著,这可能是因为男女生随着年级的升高,都感受到巨大的学业压力,而学业倦怠的主要影响因素可能是学业压力,而非地震相关因素,因此男女生的学业倦怠变化趋势没有显著的差异。但是具体的原因还需要进一步的分析。

三、学段对中小学生健康状况变化趋势的影响

本研究发现,年龄较大的青少年在 PTSD、抑郁、PTG 和问题行为方面的变化趋势大于年龄较小的青少年,这支持了破碎世界假设(Janoff-Bulman, 1989)。该假设认为创伤事件首先会挑战人们关于世界、他人和自我的认识,使个体原有的认知与创伤后的认知失调;使失调的认知恢复平衡是创伤后个体的重要议题,具体的方式主要有同化和顺应两种方式,其中同化和消极的顺应容易产生 PTSD 和抑郁,积极的顺应可能导致 PTG 的产生(Stephen Joseph & P. Alex Linley, 2005)。由于年龄较大的青少年期认知相对稳定,创伤对其世界假设的挑战更大,其认知的失衡性也较大,由于认知同化或是顺应需要一定的时间,所以随着时间的推移,年龄大的青少年产生消极身心反应或是积极的心理变化的可能性也较年龄低的青少年大。由于问题行为很多时候是伴随着消极的心理反应(Panagioti, Gooding & Tarrier, 2009; Taft, Creech & Kachadourian, 2012),因此

当其消极心理变化趋势增加时，也会致使问题行为的趋势有所变化。在学业倦怠方面，年龄较大青少年的变化趋势却小于年龄较小的青少年。这可能与其认知的发展、对于现实压力的认识有关，但是具体的原因也有待进一步的分析。

总之，随着时间的推移，震后中小学生的PTSD、抑郁有下降的趋势，PTG出现"U"型变化趋势，但是问题行为却有显著的增加趋势，而学业倦怠没有显著的变化。这提示我们在关注中小学生的心理问题、促进其心理健康成长的同时，也要关注中小学生的问题行为，并不能放松对其学业倦怠的关注。另外，性别和学段都会对中小学生健康状况的变化趋势产生重要的影响，这提示我们在进行灾后心理援助时应区分不同性别、不同年龄，以采取有针对性的措施加以应对。

第三章

灾后中小学生心理健康状态的影响机制

为了使得灾后中小学生心理疏导体系的建立与干预更加有效，除了调查灾后中小学生不同阶段的心理健康状态的特点以及发展趋势以外，有必要深入研究灾后中小学生心理状态的影响因素和作用机制，这不仅可为干预的有效进行提供研究保障，也可为创伤心理学的研究发展添砖加瓦。

第一节 变量选择与研究设计

对于灾后中小学生心理健康状态的影响机制探究，需以确定心理健康状态的指标为前提。只有在了解灾后中小学生心理健康现状的基础上，才能分析各种心理健康指标的影响因素及其相互关系，最终才能深入探讨灾后中小学生心理健康的影响机制。

一、灾后中小学生心理健康状态指标的确定

地震灾难，不仅意味着现实的残酷，而且还包括由此带来的心灵创伤。从个体的身心发展来看，地震常引发一系列与应激有关的消极身心反应，其中PTSD、抑郁等症状是较为常见的消极心理反应，其持续时间较长。

但是，人类的文明和个体的智慧都是在解决各种困境的过程中发展起来的。

相关的调查研究也表明，在成长过程中绝大多数个体或多或少地经历过创伤性事件，相对于创伤后的病理性表现（如 PTSD）而言，创伤后成长（PTG）也是对创伤事件应激的正常反应，是个体在应对创伤后体验到的一种积极心理变化。个体除了可能在创伤后变得消沉、脆弱外，也可能将创伤看成是一种契机，重新思考并培育新的生命力量，藉以获得成长、突破与超越。

对于受灾的青少年群体而言，无论是消极身心反应，还是积极的心灵成长，对其健康、全面的发展都具重要的影响。青少年时期是生理和心理发生急剧变化的特殊时期，是从儿童到成人的过渡时期和重要转折点，青少年对自我的认同、与他人的关系以及对世界和未来的思考正处于探索的关键期，这期间诸多问题会接踵而至，各种成长危机错综交织。所以，当突发灾难与青少年所处发展阶段的成长性危机碰撞时，一方面带来了重大创伤，另一方面也会带来了更多成长的可能。而学习发展和行为适应是青少年发展中不可或缺的成长目标，结合在灾区一线的长期观察以及对教师、家长的访谈，我们认为，灾后中小学生对于学习的态度、努力程度以及日常生活中的适应状况也是其身心反应的重要指标。

为此，本课题选取的有关灾后中小学生心理健康状态的指标除了普适的灾后心理状态指标——PTSD 和抑郁之外，还有近年来创伤心理学中提出的积极复原指标——创伤后成长（PTG）。另外，根据中小学生群体的特殊性，我们还将"学业倦怠"和"问题行为"作为衡量灾后中小学生心理健康的指标。因此，本课题衡量灾后中小学生心理健康状态的指标共有 PTSD、抑郁、PTG、学业倦怠、问题行为等五个方面。

二、灾后中小学生心理健康状态的影响因素

在确定了灾后中小学生心理健康状态的指标之后，我们对国内外关于灾后心理状态的影响变量及其机制的研究进行了文献梳理。

在创伤心理学界，佛莱迪、肖、杰雷尔和马斯特斯等人（Freedy, Shaw, Jerrell and Mastersy et al., 1992）对众多的影响因子进行了概括，提出了"多变量危险因子模式"（multivariate risk factor model）。这种模式把影响灾后心理反应的因子分为三类，分别是：(1) 前灾难因子（pre-disaster factor），包括了受创者的性别、年龄、人格特征等；(2) 当下灾难因子（within-disaster factor），包括灾难暴露（exposure）程度及对灾难的主观感知；(3) 后灾难因子（post-disaster factor），包括应对方式、社会支持、复原力及控制感等。

不过，目前国内外创伤心理学的研究都较少关注到青少年群体。特里基（Trickey et al., 2012）的元分析指出，由于有关青少年灾后身心反应的研究较

少，因此在研究青少年身心反应的影响因素时，可以参考成年人身心反应的影响模型来考察，既可以比较灾难前、中、后的三个阶段的不同因子的作用，也可以从固有的个体特征、创伤的严重程度、社会支持以及与此相伴的心理交互过程来比较。除了分类考察以外，还可以考虑一些相对不稳定的影响因素与结果变量之间的调节变量，以发掘在某类灾难情况下有着独特作用的影响因子。因此，本章将参考"多变量危险因子模式"，在灾难前—中—后因子的理论框架下，对青少年的 PTSD、抑郁、PTG、问题行为和学业倦怠的影响机制进行研究。

前灾难因子主要涉及的变量包括一些人口统计学变量和人格。性别和年龄（学段）在第二章中已经探讨，本章不再赘述。除了人口统计学变量，人格作为一种稳定的心理资源，具有跨情境的稳定性和倾向性，对 PTSD 和 PTG 有着直接和深远的影响，因此一直受到众多研究者的关注。相关实证研究发现，情绪性是最普遍的与致病的创伤后结果相关的人格维度，能预测创伤或压力情境中的适应情况（Casella & Motta，1990；Watson & Hubbard，1996；安媛媛、伍新春、刘春晖、林崇德，2013）。开放性与 PTG 的关系比较稳定，大多呈现正相关，即开放的个体较容易认为创伤事件具有挑战性和震撼性，并容易对该事件进行深层次的认知加工和积极沉思，因此较容易产生 PTG（刘春晖、安媛媛、伍新春、林崇德，2013）；而人格的其他维度与 PTG 的关系探讨不多。

当下灾难因子即创伤暴露程度。对于暴露程度的测量，最简便的方式是以距离发生灾难、创伤事件中心的远近来界定。但有学者认为这种界定太过简化，而忽略了灾难、创伤事件对个人、家庭、社区以及生态等环境的冲击，因此认为创伤暴露指标应包含以下三个维度：（1）灾难当下主观感觉到生命受威胁的程度；（2）灾难当下经历的对生命有威胁的客观事实，例如自己受伤或目睹他人受伤或死亡；（3）灾难后的损失与破坏，包括财产的损失、家园与生活作息的变化（Wu，Hung & Chen，2002）。Trickey 等人（2012）的元分析发现创伤暴露程度是与 PTSD 关系最紧密的危险因子，两者的关系不受其他因素调节；创伤暴露程度与灾后抑郁之间关系的研究甚少；而创伤暴露程度与 PTG 之间的关系近年来有研究者开始给予了关注，但是因为实证研究不多，结论并不一致。

后灾难因子包括应对方式、社会支持、复原力及控制感等。其中，众多研究证明应对方式能够调节灾难对个体消极身心反应的影响（朱丽雅，2005），而有关应对方式与积极成长的研究结论并不一致。有研究者（Maercker & Langner，2001；Bussell & Naus，2010）发现，积极的应对方式与 PTG 正相关，但是也有研究者把应对方式分为不同的类型（如情绪中心、问题中心以及意义应对等），分别对这几类应对与 PTG 的关系进行了研究，却发现了不一致的结果。

除了个体的应对方式以外，社会支持是影响灾后青少年身心状况的重要因素之一。青少年处于认知发展和情绪调节等能力的发展阶段，因此他们在灾后的身心状况恢复及成长都需要周围的重要他人或者志愿者的支持（伍新春等，2009）。考克斯、肯纳迪和亨德里克斯（Cox, Kenardy and Hendrikz, 2008）的元分析发现，来自周遭的社会支持越低，个体的消极身心反应越严重。

创伤事件对人的安全感、信念系统打击很大，使人产生一种对世界、对生活失去控制和把握的感觉。尤其是青少年，在经历重大灾难后经常会表现出惶恐和困惑，如"为什么这种事情会发生"、"我该怎么办"，因此个体的控制感是创伤后心理恢复与重建的重要影响因素。由心理学家罗特（J. Rotter）提出的控制感概念，是指个体在与周围环境（包括心理环境）作用的过程中，认识到控制自己生活的力量，也就是每个人对自己的行为方式和结果的责任的认识和定向。控制感可分为直接控制、间接控制、认知控制和情感控制。直接控制是指当事人倾向于发挥自己的力量，直接面对并解决问题；间接控制是指当事人倾向于依靠他人的力量，向他人寻求帮助以解决问题；认知控制是指当事人通过调整自己的认知，来达到增加控制感的目的；情感控制是指当事人通过调整自己的情感，来达到增加控制感的目的。控制感是涉及情绪健康和压力应对的心理学理论中的核心概念，在压力情境下个体的控制感越高，消极身心反应越低（李虹、林崇德、商磊，2007）。而灾难与创伤不同于一般的应激事件，控制感与灾后个体身心反应的关系研究还很少，需要进一步实证研究。

复原力是指个体从困难、挫折和不幸中恢复和调整过来的能力（Masten, 1994）。陈静等（2008）调查了1978年唐山大地震之后幸存者的复原力情况，发现复原力对于灾后社会回到正常轨道、居民恢复正常生活至关重要。研究一致发现复原力是PTSD的保护因子之一（Davidson, et al., 2005），但是复原力与积极成长的关系并不大，前者属于复原的能力，而后者属于成长的结果。复原与成长是两个范畴的变量。翁、波吉曼、比斯康提和华莱士（Ong, Bergeman, Bisconti and Wallace, 2006）认为复原力与PTG之间没有关系。

客观地说，以往的研究者对灾后身心反应的影响因素进行相关研究，得到了一些有价值的结论，但同时也存在一定问题和不足，值得我们进一步探讨和完善。以往大多数的研究者采用的是某个变量单独预测身心反应的研究范式，或者只是对具有重要影响的变量进行单独讨论，缺乏全面和系统的视野。而创伤心理学界近年来的理论探讨，越来越多地将灾后身心反应看成是多变量共同影响与交互作用的结果。帕克（Park, 1998）指出，关于各种影响变量之间复杂关系的研究中存在两种理论模型，分别是交互作用模型（Transactional Model）和整合模型（Comprehensive Models）。交互作用模型认为经历创伤后的身心反应是由人稳定的特质与创伤事件的相互作用而产生，前灾难因子中的人格对身心反应有着稳定的预测作用，并且这种影响极有可能是通过当下灾难因子（创伤暴露程度）与后灾难因子（应对方式、社会支持、复原力和控制感）的中介过程发生的。而整合模型认为创伤后反应是一个多因素交互作用的结果，包括个人特质、应对过程、社会资源、事件影响程度等。由此可见，无论哪种理论模型，关于创伤后身心反应的作用机制研究都已经进入到对灾难前—中—后各种因素的共同影响和交互作用研究的范式。此外，现有研究多是从横断层面探讨各种变量对于灾后个体身心反应的影响，缺乏从追踪的视角研究这种影响机制随时间变化而发生变化的轨迹和趋势，而这也正是本课题力图有所突破的地方。

三、灾后中小学生心理健康状态影响机制的研究框架

基于上述文献分析，本章将分别探讨灾后中小学生心理健康状态的五个指标——PTSD、抑郁、PTG、问题行为和学业倦怠的影响因素及其作用机制，以及这种作用机制是否会随着时间（地震后1年、1.5年、2年、2.5年）的变化而有所不同。本研究收集资料的方法为问卷法。由于探讨的影响因素比较多，因此问卷分为A版和B版，将关系较为密切的变量安排在同一版中。

正如本书第一章对研究工具的介绍所言，应对方式和社会支持这两个灾难后因素在问卷中学生A版和小学生版中进行了测量，复原力和控制感这两个灾难后因素只在问卷中学生B版中进行了测量，而创伤暴露程度在中学生A版、B版和小学生版本中都有测量。因此，在对PTSD、抑郁的影响机制进行建模的时候，我们根据问卷的设置将变量分为两组来进行探讨，分别是中小学生的创伤暴露程度、应对方式、社会支持对PTSD、抑郁的影响（A版本）和中学生的创伤暴露程度、复原力、控制感对PTSD、抑郁的影响（B版本）。A版本在灾后1年、1.5年、2年、2.5年四个时间点所测的被试量分别为1 813人、1 576人、1 218人、846人；B版本在上述四个时间点的被试量分别为622人、609人、545人、229人。

在对PTG的影响机制进行建模的时候，回顾PTG概念的提出者特德斯奇和卡尔霍恩团队十多年以来的研究，发现人格、应对方式和社会支持与PTG的关系比较紧密，因此我们只选取了A版本的一组变量对其进行探讨。由于只有中学生样本测量了PTG，因此四个时间点的被试量分别为795人、628人、349人、255人。

对于问题行为而言，由于该指标本身只在A版本中测量，因此在确定其影响因素并且建构理论模型时，我们只考虑了A版本中的变量，包括创伤暴露程度、应对方式与社会支持以及A版中的PTSD和抑郁对问题行为的作用机制。由

于只有中学生样本测量了问题行为，因此四个时间点的中学生的样本量分别为795 人、628 人、349 人、255 人。

学业倦怠指标只在 B 版本中进行了测量，另外由于以往研究发现（本章第六节问题提出中有具体阐述）学业倦怠相对其他指标而言，与前灾难因子、当下灾难因子和后灾难因子的关系并不是很密切，但是学业倦怠作为一种灾后学生的消极反应可能与 PTSD 和 PTG 的水平较为相关，因此我们选取了 PTSD 和 PTG 来考察学业倦怠的影响因素。四个时间点的被试量分别为 622 人、609 人、545 人、229 人。

第二节 灾后中小学生创伤后应激障碍的影响机制

此次地震作为重大创伤性事件，对中小学生的心理冲击较大，容易导致其出现诸多心理问题，其中 PTSD 是其最典型的一个心理问题，此问题的出现受许多因素的影响，本节内容主要从创伤暴露程度、应对方式、社会支持、复原力和控制感等方面考察 PTSD 的影响机制，从而为有效缓解中小学生的 PTSD 提供帮助。

一、问题提出

在我国，《中国精神障碍诊断与分类标准》第三版（CCMD - 3）首次使用 PTSD 这一名称（王玉龙、谢伟、杨智辉、彭勃、王建平，2005）。PTSD 主要有三类症状表现：一是闯入性症状，反复地重新体验或者梦到这种痛苦；二是回避性症状，避免谈论任何和创伤有关的情感和事情，并且对一般事务麻木，避免交往；三是警觉性增高症状，易激惹，注意力不易集中（中国精神障碍分类与诊断标准，2001）。

灾难心理学对 PTSD 发生率的实证研究最多。加莱亚等人（Galea et al.）在综述了国外 200 多篇有关 PTSD 的文章后提出，自然灾害发生后 1~2 年内，PTSD 患病率多在 5%~33%（引用张姝玥、王芳、许燕、潘益中、毕帼英，2009）；而另外有研究者在综述的基础上提出青少年群体在自然灾害后 PTSD 的检出率在 0%~95% 的区间（John, Russell, & Russell, 2007）。此次汶川地震之后，也出现了不少有关 PTSD 的研究报告。关念红（2008）和王相兰（2008）经过调查发现四川当地和转移异地治疗的病人的 PTSD 检出率分别为 14.1% 和

16.22%，其中包括青少年病人，但没有单独计算；廖强等人（2008）的调查显示，震后一个月成都市区中学生 PTSD 检出率为 22.1%。PTSD 发生率的不一致，除了测量工具不同之外，可能与应激事件的强度、个体受灾程度以及施测时间点等因素有关。

克里斯和艾米丽（Chris and Emily，2003）的元分析在总结了 476 篇关于 PTSD 的研究之后，认为对 PTSD 症状有预测作用的因素包含创伤暴露程度、社会支持、个体复原能力以及与此相伴的应对过程。为此，本研究选取创伤暴露程度、应对方式、社会支持、复原力、控制感等变量来研究 PTSD 的影响因素。除了考察影响因素对 PTSD 的直接效应，我们还将进一步探讨这些变量是如何通过交互作用来影响青少年灾后 PTSD 的，以及这一影响机制是如何随时间演变而发生改变的。以下分别介绍创伤暴露程度、应对方式、社会支持、复原力与控制感与 PTSD 之间关系的研究。

先前大多数研究发现创伤暴露程度能正向预测 PTSD（赵玉芳、赵守良，2009；Norris，2002；Altindag et al.，2005；Chen & Wu，2006）；而格林等人（Green et al.，1991）则发现灾难暴露对于 PTSD 的预测力并不显著；也有部分研究发现两者之间没有关系（关念红，2008），研究者解释称这可能是因为接受调查的被试均被转移至安全环境，并得到良好的救助。另外，有研究发现初始暴露程度高的受灾学生 PTSD 发生率反而更低，研究者解释这可能和处于震中的群众获得的支持高且被迅速转移到安全的居住环境有关。那么在极重灾区的青少年群体中，创伤暴露程度与 PTSD 的关系是怎样的，这种关系是否会随着时间而变化，是非常值得我们进一步探讨的问题。

创伤性事件毫无疑问是一个巨大的压力事件，处理压力事件的一个重要方式与个体采用的应对方式有着密切的关系。压力情境和应对方式的关系已经被很多研究系统探讨过。阿萨莫阿（Asarmoe，1999）在研究青少年面对地震压力的反应时，发现青少年若倾向于使用逃避的方式来进行应对，那么患 PTSD 的机率就会增高（转引自萧丽玲，2001）。特里基等（Trickey et al.，2012）的元分析发现，青少年对创伤的积极认知可以缓解 PTSD 水平，即个体的积极思维、对事件的正面加工，可以缓解 PTSD 症状。由此可见，应对方式中与 PTSD 关系较为紧密的有逃避应对和积极认知，而两者在创伤暴露程度与 PTSD 之间可能起到中介作用。因此，本研究假设逃避应对和积极认知这两种应对方式不仅可以直接对 PTSD 起作用，还可能在创伤暴露程度与 PTSD 之间起到部分中介作用。

除了个体的应对方式以外，灾后的社会支持也是预测 PTSD 的重要变量。考克斯、肯纳迪和亨德里克斯（2008）回顾了涉及儿童及青少年意外创伤（accidental trauma）的危险因子的文献，提出来自父母和朋友的支持是青少年 PTSD 的重要保护因子之一。另外，流行病学"风险—保护"模式（epidemiological risk-protective approach）指出，个体心理健康水平不佳是风险因素导致的，如创伤性事件；而诸如社会支持等保护因素则对风险因素的影响起到缓冲作用（Benight & Bandura, 2004）。同时，也有实证研究发现社会支持在创伤暴露程度和 PTSD 症状之间的调节作用（Stephens, Long, & Miller, 1997）。因此，本研究假设社会支持可以调节创伤暴露程度与 PTSD 之间的关系。

除了应对方式和社会支持以外，复原力也是青少年 PTSD 的重要影响因素。康纳等人（Connor et al., 2005）在暴力创伤幸存者的研究中，测量了复原力、身体健康和 PTSD 等变量。结果显示，高复原力与更多的积极身体结果相关联，并且复原力越高，PTSD 症状越低。因此，我们假设：复原力越高，PTSD 的程度越低；复原力可以调节创伤暴露程度与 PTSD 之间的关系。

此外，研究者认为控制感在应激源与应激反应之间起到了中介作用。内控的人使用的应对行为更有效，外控的人由于将生活中的事件看作处于自己的控制之外，认为自己的行动对应激源不会产生影响，不去想办法减轻应激，从而使自己的健康受到更大的负面影响（石林，2004）。除了内外控制以外，还有学者将控制感分为初级控制和二级控制。初级控制（包括直接控制和间接控制）是指个体相信自己可以通过影响现实（如他人、环境、症状等）改善和提高自身的健康或幸福。二级控制（包括认知控制和情感控制）是指个体相信通过改变自身的认知、情绪和行为来与现实保持协调，就可以改善和提高自身的健康或幸福。国内有学者（辛自强、马君雪、耿柳娜，2006）对控制感与生活事件之间的关系进行了研究，结果发现认知控制有保护作用，而情感控制则是危险因素。而在灾难情境下，青少年的控制感与 PTSD 之间的关系如何，也是本研究关心的话题之一。

综合分析国内外有关灾后青少年 PTSD 的影响因素研究，我们认为：第一，从创伤心理学的角度看，PTSD 症状的形成涉及多方面的因素，而以往的有关研究更多的是从某一侧面、某个因素来解释 PTSD 的发生，其结果不可避免地具有一定的局限性。我们认为有必要在以往研究的基础上，采用多变量的研究，进行 PTSD 的作用机制的探讨。第二，国内外关于灾后 PTSD 的已有研究，往往侧重于描述 PTSD 的现状与探讨受灾程度和人口统计学变量对于 PTSD 的影响，缺乏纵向的、不同时间段内各变量作用大小比较的研究。因此，本研究将从追踪的视角分别探讨应对方式和社会支持以及复原力和控制感这两组变量对 PTSD 的影响机制。

二、数据结果与讨论

(一) PTSD 的影响因素模型(震后 1 年):应对方式和社会支持的作用

对震后一年中小学生的创伤暴露程度、应对方式、社会支持以及 PTSD 三个维度进行 pearson 相关分析,结果见表 3-1。

表 3-1　创伤暴露程度与应对方式、社会支持、PTSD 等变量的相关 (T1)

	创伤暴露程度	积极认知	逃避	社会支持	闯入	回避	警觉
创伤暴露程度	1						
积极认知	0.05	1					
逃避	0.18***	0.053	1				
社会支持	0.08	0.26***	-0.01	1			
闯入	0.15***	-0.05	0.26***	0.02	1		
回避	0.15***	-0.13**	0.27***	-0.23***	0.58***	1	
警觉	0.24***	-0.11**	0.13**	-0.15**	0.65***	0.66***	1

注:* 表示 $p<0.05$,** 表示 $p<0.01$,*** 表示 $p<0.001$。

本课题假设应对方式在创伤暴露程度和 PTSD 之间起部分中介作用,创伤暴露程度越高,个体越倾向于采取逃避的应对方式,PTSD 的症状越严重;创伤暴露程度越低,个体越倾向于采取积极认知的应对方式,PTSD 的症状越轻;并假设社会支持在逃避和 PTSD 之间起调节作用(在低社会支持的情况下,逃避对 PTSD 的影响相对较强;而在高社会支持的情况下,逃避对 PTSD 的影响减弱)。将数据和理论模型相拟合,得出数据模型图,见图 3-1。

在图 3-1 的数据模型中,创伤暴露程度对逃避的路径系数最小,其 CR 值为 0.024,p 值为 0.981,于是删除该条路径,得到修正后的数据模型图,见图 3-2。

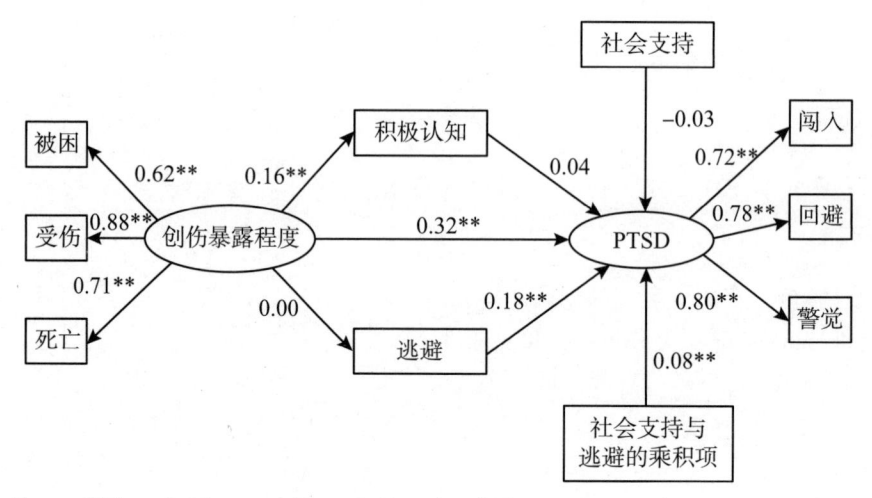

图 3-1　震后 1 年 PTSD 的影响因素：应对方式和社会支持的作用

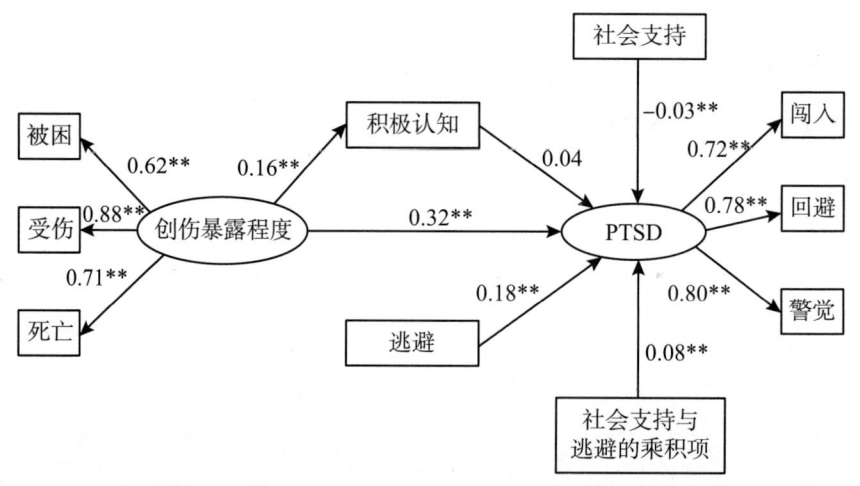

注：* 表示 $p<0.05$，** 表示 $p<0.01$，*** 表示 $p<0.001$。

图 3-2　震后 1 年 PTSD 的影响因素：应对方式和
社会支持的作用（第一次修正）

注：* 表示 $p<0.05$，** 表示 $p<0.01$，*** 表示 $p<0.001$。

在图 3-2 的数据模型中，积极认知对 PTSD 的路径系数最小，其 CR 值为 1.223，p 值为 0.221，于是删除该条路径，得到进一步修正后的数据模型图，见图 3-3。

图 3-3 震后 1 年 PTSD 的影响因素：应对方式和社会支持的作用（第二次修正）

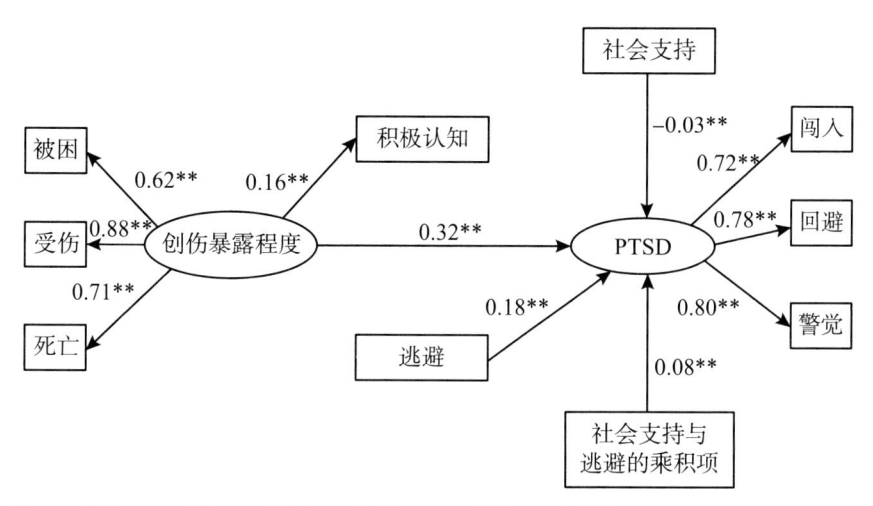

注：＊表示 $p<0.05$，＊＊表示 $p<0.01$，＊＊＊表示 $p<0.001$。

在图 3-3 中，除社会支持对 PTSD 的路径系数不显著外，该模型中的各条路径系数都是显著的（$p<0.05$）。模型的各项拟合指标良好（$RMSEA=0.039$，$CFI=0.924$，$NFI=0.903$，$IFI=0.924$），说明模型和数据有较好的拟合，模型是可接受的。

在最终确定的模型中，我们可以得出以下结论：

第一，创伤暴露程度可以正向预测 PTSD。

第二，积极认知和逃避都不能在创伤暴露程度和 PTSD 之间起中介作用，但逃避对 PTSD 的直接效应显著。说明无论创伤暴露程度的高低，逃避的应对方式都具有消极的意义。创伤暴露程度的高低不影响受灾学生对逃避这种应对方式的采用，但倾向于采取逃避应对方式的个体，其 PTSD 症状可能更严重。因此，从预防 PTSD 的角度来说，应教育受灾学生避免采取逃避的应对方式。例如，不要刻意避开和地震有关的问题，不要对与地震相关的事讳莫如深，也不应尝试用各种事情来填充自己的时间以避免脑海中出现与地震相关的事情和画面。受灾学生应该正视地震的发生以及地震带来的损伤，在正视现实情况的基础上尽力调节自身的身心状况。

第三，社会支持在逃避对 PTSD 的影响中起调节作用。对感知到低社会支持的个体来说，逃避对 PTSD 的影响力更大；而对感知到高社会支持的个体来说，逃避对 PTSD 的影响力则相对较小。因此，应向受灾学生提供尽可能多的、高质量的社会支持，从各方面来关心他们。例如，倾听他们内心的不满和痛苦，帮助他们排解烦恼，给他们提供情感支持；在日常生活中帮助他们解决一些难题或在他们遇到困难时给予合理的建议；业余时间经常陪伴他们，并和他们一起从事一些轻松愉快的、能激发其兴趣的活动；尊重他们的意见，多使用赞扬和鼓励的方式帮助他们提升自我的价值感；和他们建立互相信任的亲密关系；等等。

（二）PTSD 的影响因素模型（震后 1.5/2/2.5 年）：应对方式和社会支持的作用

对震后 1.5 年中小学生的创伤暴露程度、应对方式、社会支持以及 PTSD 三个维度进行 pearson 相关分析，结果如表 3-2 所示。参考震后 1 年时 PTSD 的影响因素模型，采用震后 1.5 年的数据对模型进行拟合，得出震后 1.5 年的 PTSD 影响因素模型，见图 3-4。

表 3-2 创伤暴露程度与应对方式、社会支持、PTSD 等变量的相关（T2）

	创伤暴露程度	积极认知	逃避	社会支持	闯入	回避	警觉
创伤暴露程度	1						
积极认知	0.02	1					
逃避	0.18***	0.05	1				
社会支持	0.04	0.25***	-0.09	1			
闯入	0.21***	0.01	0.31***	0.05	1		
回避	0.15***	-0.11*	0.32***	-0.14**	0.58***	1	
警觉	0.13***	-0.004*	0.14**	-0.002	0.62***	0.67***	1

注：* 表示 $p<0.05$，** 表示 $p<0.01$，*** 表示 $p<0.001$。

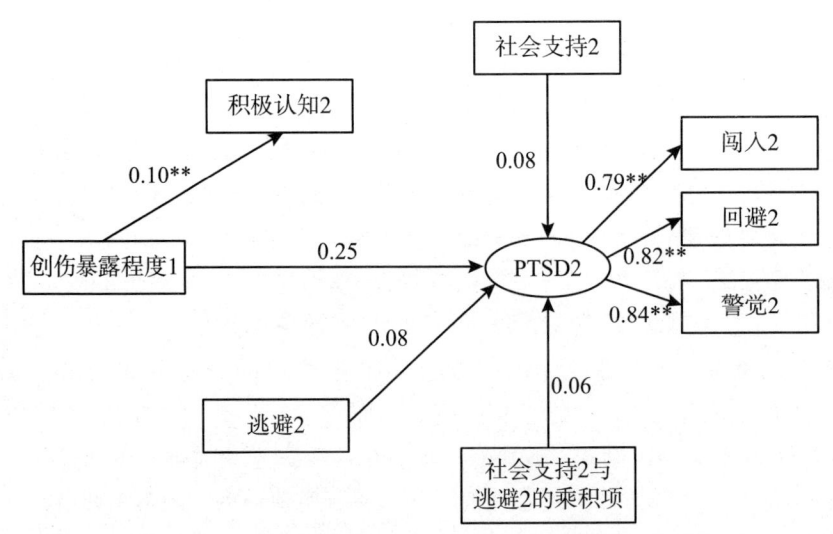

注：* 表示 $p<0.05$，** 表示 $p<0.01$，*** 表示 $p<0.001$。

图 3-4 震后 1.5 年 PTSD 的影响因素：应对方式和社会支持的作用

如图 3-4 所示，模型的各项拟合指标良好（$RMSEA = 0.128$，$CFI = 0.908$，$NFI = 0.891$，$IFI = 0.909$），各项拟合指数处于临界可接受的水平，说明模型是基本可接受的。震后 1.5 年时，逃避和社会支持对 PTSD 的直接预测作用不显著（$p > 0.05$），社会支持在逃避和 PTSD 之间的调节作用不显著（$p > 0.05$）。创伤暴露程度对 PTSD 的直接预测作用不显著（$p > 0.05$）。创伤暴露程度对积极认知有正向预测作用。

对震后 2 年中小学生的创伤暴露程度、应对方式、社会支持以及 PTSD 三个维度进行 pearson 相关分析，结果见表 3-3。参考震后 1 年时 PTSD 的影响因素模型，采用震后 2 年的数据对模型进行拟合，得出震后 2 年的 PTSD 影响因素模型，见图 3-5。

表 3-3　　　　　　　创伤暴露程度与应对方式、社会支持、
　　　　　　　　　　PTSD 等变量的相关（T3）

	创伤暴露程度	积极认知	逃避	社会支持	闯入	回避	警觉
创伤暴露程度	1						
积极认知	-0.08	1					
逃避	0.16***	0.18**	1				
社会支持	0.02	0.42***	0.04	1			
闯入	0.25***	0.08	0.50***	0.001	1		
回避	0.19***	-0.003	0.45***	-0.19**	0.64***	1	
警觉	0.21***	0.01	0.27**	-0.08	0.63***	0.68***	1

注：* 表示 $p < 0.05$，** 表示 $p < 0.01$，*** 表示 $p < 0.001$。

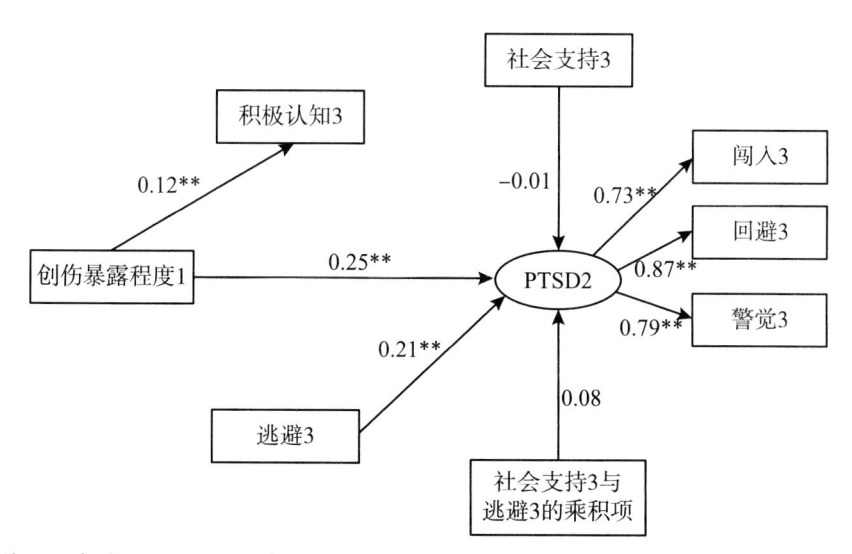

注：* 表示 $p < 0.05$，** 表示 $p < 0.01$，*** 表示 $p < 0.001$。

图 3-5　震后 2 年 PTSD 的影响因素：应对方式和社会支持的作用

如图 3-5 所示，模型的各项拟合指标良好（$RMSEA = 0.108$，$CFI = 0.915$，$NFI = 0.893$，$IFI = 0.916$），各项拟合指数处于临界可接受的水平，说明模型是基本可接受的。震后 2 年时，逃避对 PTSD 的直接预测作用显著（$p < 0.05$），社会支持对 PTSD 的直接预测作用不显著（$p > 0.05$），社会支持在逃避和 PTSD 之间的调节作用不显著（$p > 0.05$）。创伤暴露程度对 PTSD、积极认知有正向预测作用。

对震后 2.5 年中小学生的创伤暴露程度、应对方式、社会支持以及 PTSD 三个维度进行 pearson 相关分析，结果见表 3-4。参考震后 1 年时 PTSD 的影响因素模型，采用震后 2.5 年的数据对模型进行拟合，得出震后 2.5 年的 PTSD 影响因素模型，见图 3-6。

表 3-4　　创伤暴露程度与应对方式、社会支持、PTSD 等变量的相关（T4）

	创伤暴露程度	积极认知	逃避	社会支持	闯入	回避	警觉
创伤暴露程度	1						
积极认知	-0.03	1					
逃避	-0.001	0.28***	1				
社会支持	0.07	0.30***	0.15*	1			
闯入	0.06	0.22**	0.38***	0.14	1		
回避	0.08	-0.001	0.19***	-0.19**	0.59***	1	
警觉	0.08	0.07	0.09	-0.03	0.65***	0.66***	1

注：* 表示 $p < 0.05$，** 表示 $p < 0.01$，*** 表示 $p < 0.001$。

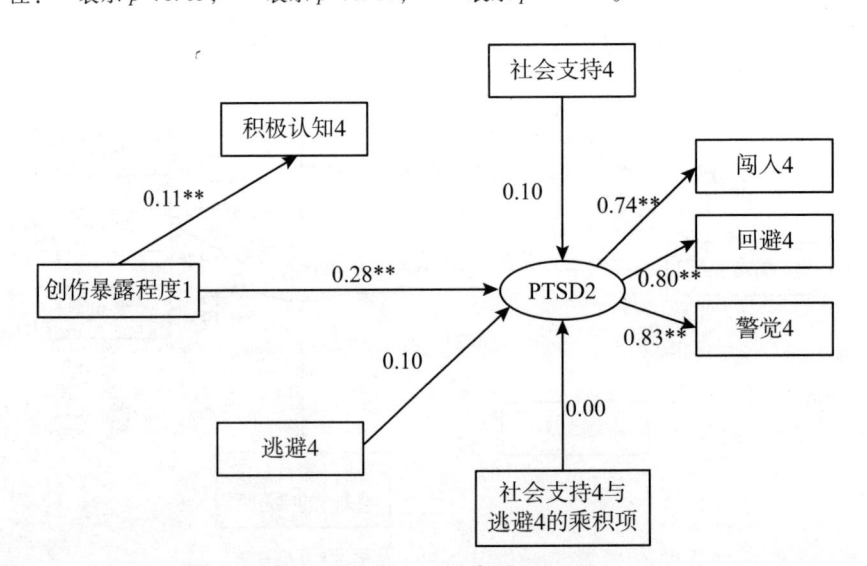

注：* 表示 $p < 0.05$，** 表示 $p < 0.01$，*** 表示 $p < 0.001$。

图 3-6　震后 2.5 年 PTSD 的影响因素模型：应对方式和社会支持的作用

如图 3-6 所示，模型的各项拟合指标良好（$RMSEA = 0.110$，$CFI = 0.915$，$NFI = 0.893$，$IFI = 0.915$），各项拟合指数处于临界可接受的水平，说明模型是基本可接受的。社会支持和逃避对 PTSD 的直接预测作用不显著（$p > 0.05$），社会支持在逃避和 PTSD 之间的调节作用不显著（$p > 0.05$）。创伤暴露对 PTSD、积极认知有正向的预测作用。

总之，总结 4 个时间点的社会支持和应对方式对 PTSD 的影响因素模型，可以得出以下结论：

第一，从震后 1 年、震后 2 年的模型可以看出，逃避应对能在一定程度上对 PTSD 有正向预测作用。

第二，震后 1 年的社会支持对 PTSD 有负向预测作用，同时在逃避应对和 PTSD 之间起调节作用；但是在震后 1.5 年、2 年、2.5 年时，社会支持的直接作用和调节作用不再显著。这可能因为在震后早期，提供社会支持对个体有保护作用，从而更少出现 PTSD 等负性心理结果，同时社会支持能够让个体更有勇气去面对创伤事件，从而降低了 PTSD 的水平。但是随着时间的推移，社会支持这种外在的影响对个体的心理适应不再产生作用。

（三）PTSD 的影响因素模型（震后 1 年）：复原力和控制感的作用

对震后 1 年时中学生的创伤暴露程度、复原力三个维度、控制感四个维度以及 PTSD 三个维度进行 pearson 相关分析，见表 3-5。

根据前述的文献梳理结果，本课题提出如下假设：①创伤暴露程度能正向预测 PTSD；②控制感能正向预测 PTSD；③创伤暴露程度能正向预测复原力；④控制感能正向预测复原力；⑤复原力能负向预测 PTSD。

将数据和假设的理论模型相拟合，得出数据模型图，见图 3-7。

在图 3-7 的数据模型中，创伤暴露程度对复原力的路径系数不显著（$p > 0.05$），其 CR 值为 0.894，p 值为 0.371，于是删除该条路径，得出修正后的数据模型图，见图 3-8。

在图 3-8 的模型中，各条路径系数都是显著的（$p < 0.05$）。模型的各项拟合指标良好（$RMSEA = 0.068$，$CFI = 0.962$，$NFI = 0.953$，$IFI = 0.962$），说明模型和数据有较好的拟合，模型是可接受的。我们可以从该模型中得出以下结论：

第一，创伤暴露程度可以正向预测 PTSD。

第二，控制感对 PTSD 有直接和间接作用。一方面，控制感可以直接正向预测 PTSD，即控制感越高，PTSD 越高；另一方面，控制感可以通过复原力的中介作用间接影响 PTSD，表现为控制感越高，复原力越高，而 PTSD 越低。

表 3-5　创伤暴露程度与控制感、复原力、PTSD 等变量的相关（T1）

	创伤暴露程度	直接控制	间接控制	情感控制	认知控制	力量	乐观	坚韧	卷入	回避	警觉
创伤暴露程度	1										
直接控制	0.04	1									
间接控制	0.06	0.66***	1								
情感控制	0.11**	0.44***	0.43***	1							
认知控制	0.10**	0.74***	0.57***	0.49***	1						
力量	0.08*	0.57***	0.43***	0.43***	0.67***	1					
乐观	0.10**	0.55***	0.49***	0.45***	0.59***	0.72***	1				
坚韧	0.08*	0.64***	0.46***	0.41***	0.65***	0.84***	0.69***	1			
卷入	0.30***	0.06	0.10**	0.03	-0.002	-0.06	-0.03	0.01	1		
回避	0.23***	0.02	0.06	0.07*	-0.08*	-0.13**	-0.11**	-0.09*	0.62***	1	
警觉	0.19***	0.02	0.08*	0.04	-0.07	-0.14***	-0.10**	-0.10*	0.64***	0.67***	1

注：* 表示 $p < 0.05$，** 表示 $p < 0.01$，*** 表示 $p < 0.001$。

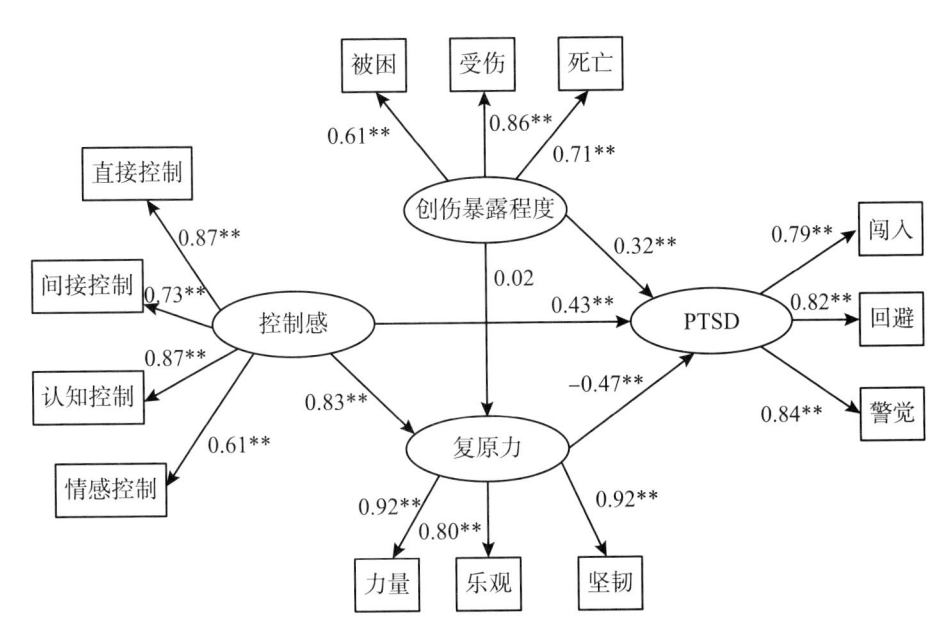

注：* 表示 $p<0.05$，** 表示 $p<0.01$，*** 表示 $p<0.001$。

图 3-7　震后 1 年 PTSD 的影响因素模型：控制感和复原力的作用

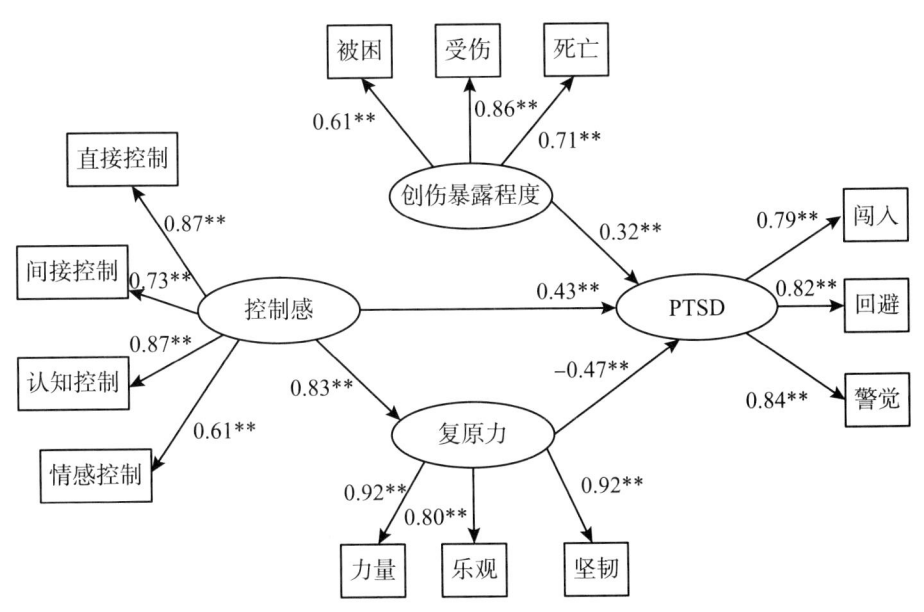

注：* 表示 $p<0.05$，** 表示 $p<0.01$，*** 表示 $p<0.001$。

图 3-8　震后 1 年 PTSD 的影响因素模型：控制感和复原力的作用（修正后）

第三，控制感能正向预测复原力。

第四，复原对可以负向预测 PTSD。

第五，创伤暴露程度对复原力没有预测作用，这和我们的假设不相符合。数据结果说明复原力很可能不是创伤后才激发出来的，而是原本就存在于机体中的一种潜能，创伤的大小并不影响受灾者复原力的高低。

（四）PTSD 的影响因素模型（震后 1.5/2/2.5 年）：复原力和控制感的作用

对震后 1.5 年中学生的创伤暴露程度、复原力、控制感以及 PTSD 进行 pearson 相关分析，见表 3-6。参考震后 1 年时 PTSD 的影响因素模型，采用震后 1.5 年的数据对模型进行拟合，得出震后 1.5 年的 PTSD 影响因素模型，见图 3-9。

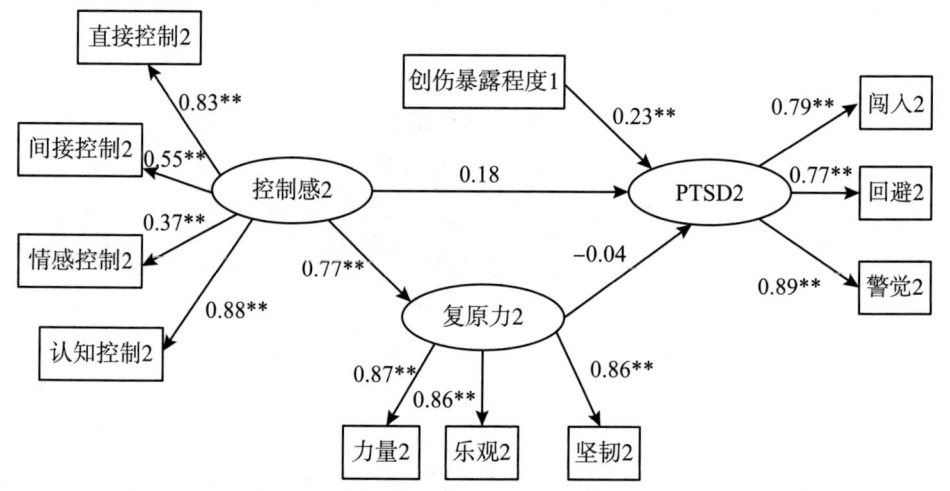

注：* 表示 $p<0.05$，** 表示 $p<0.01$，*** 表示 $p<0.001$。

图 3-9 震后 1.5 年 PTSD 的影响因素模型：控制感和复原力的作用

如图 3-9，模型的各项拟合指标良好（$RMSEA=0.052$，$CFI=0.978$，$NFI=0.898$，$IFI=0.978$），说明模型和数据有较好的拟合，模型是可接受的。震后 1.5 年时，控制感对 PTSD 的直接预测作用不显著（$p>0.05$），同时控制感不能通过复原力间接影响 PTSD。控制感对复原力有正向预测作用。复原力对 PTSD 没有显著预测作用（$p>0.05$）。创伤暴露程度对 PTSD 有正向预测作用，这点和图 3-4 的结果不一致，创伤暴露程度和 PTSD 的关系在两个震后 1.5 年的模型中不一致。

表 3-6　创伤暴露程度与控制感、复原力、PTSD 等变量的相关（T2）

	创伤暴露程度	直接控制	间接控制	情感控制	认知控制	力量	乐观	坚韧	侵入	回避	警觉
创伤暴露程度	1										
直接控制	-0.01	1									
间接控制	-0.04	0.71***	1								
情感控制	0.07	0.50***	0.46***	1							
认知控制	0.01	0.79***	0.62***	0.53***	1						
力量	-0.04	0.57***	0.44***	0.39***	0.62***	1					
乐观	-0.03	0.51***	0.40***	0.36***	0.55***	0.75***	1				
坚韧	-0.02	0.59***	0.43***	0.34***	0.59***	0.84***	0.67***	1			
侵入	0.25***	0.10*	0.11*	0.10*	-0.04	-0.09*	-0.01	-0.03	1		
回避	0.16***	0.02	0.06	0.08	-0.06*	-0.17***	-0.13***	-0.15**	0.63***	1	
警觉	0.15***	0.07	0.06	0.12*	-0.01	-0.13***	-0.09*	-0.08	0.66***	0.70***	1

注：* 表示 $p<0.05$，** 表示 $p<0.01$，*** 表示 $p<0.001$。

对震后 2 年中学生的创伤暴露程度、复原力、控制感以及 PTSD 进行 pearson 相关分析，见表 3-7。参考震后 1 年时 PTSD 的影响因素模型，采用震后 2 年的数据对模型进行拟合，得出震后 2 年的 PTSD 影响因素模型，见图 3-10。

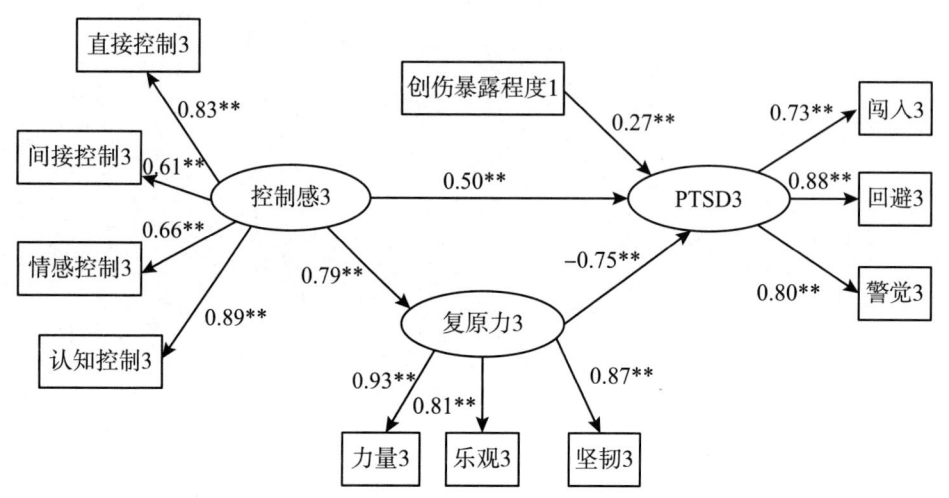

注：* 表示 $p<0.05$，** 表示 $p<0.01$，*** 表示 $p<0.001$。

图 3-10　震后 2 年 PTSD 的影响因素模型：控制感和复原力的作用

如图 3-10，模型的各项拟合指标良好（$RMSEA=0.107$，$CFI=0.923$，$NFI=0.861$，$IFI=0.925$），各项拟合指数处于临界可接受的水平，说明模型是基本可接受的。震后 2 年时，控制感对 PTSD 有正向预测作用。同时，控制感能通过复原力影响 PTSD，表现为控制感越高，复原力越高，PTSD 越低。控制感能正向预测复原力。复原力能负向预测 PTSD。创伤暴露程度能正向预测 PTSD，这点和图 3-5 的结果一致。

对震后 2.5 年中学生的创伤暴露程度、复原力、控制感以及 PTSD 进行 pearson 相关分析，见表 3-8。参考震后 1 年时 PTSD 的影响因素模型，采用震后 2.5 年的数据对模型进行拟合，得出震后 2.5 年的 PTSD 影响因素模型，见图 3-11。

如图 3-11，模型的各项拟合指标良好（$RMSEA=0.082$，$CFI=0.959$，$NFI=0.900$，$IFI=0.960$），说明模型和数据有较好的拟合，模型是可接受的。震后 2.5 年时，控制感对 PTSD 有负向预测作用，且控制感不能通过复原力间接影响 PTSD。控制感对复原力有正向预测作用。复原力对 PTSD 没有显著预测作用（$p>0.05$）。创伤暴露程度对 PTSD 有正向的预测作用，这点和图 3-6（震后 2.5 年）的结果一致。

总之，总结 4 个时间点的控制感和复原力对 PTSD 的影响因素模型，可以得出以下结论：

表3-7　创伤暴露程度与控制感、复原力、PTSD等变量的相关（T3）

	创伤暴露程度	直接控制	间接控制	情感控制	认知控制	力量	乐观	坚韧	闯入	回避	警觉
创伤暴露程度	1										
直接控制	-0.01	1									
间接控制	0.04	0.71***	1								
情感控制	0.08	0.50***	0.46***	1							
认知控制	0.01	0.79***	0.62***	0.52***	1						
力量	-0.03	0.57***	0.44***	0.41***	0.73***	1					
乐观	-0.05	0.51***	0.40***	0.35***	0.59***	0.74***	1				
坚韧	-0.002	0.59***	0.43***	0.38***	0.69***	0.84***	0.71***	1			
闯入	0.26***	0.10*	0.11**	-0.12*	-0.20***	-0.20***	-0.14**	-0.12*	1		
回避	0.22***	0.02	0.06	-0.01	-0.26***	-0.24***	-0.16**	-0.21***	0.62***	1	
警觉	0.17***	0.07	0.06	-0.05	-0.21***	-0.18***	-0.12*	-0.15**	0.61***	0.74***	1

注：* 表示 $p < 0.05$，** 表示 $p < 0.01$，*** 表示 $p < 0.001$。

表 3-8　创伤暴露程度与控制感、复原力、PTSD 等变量的相关（T4）

	创伤暴露程度	直接控制	间接控制	情感控制	认知控制	力量	乐观	坚韧	闯入	回避	警觉
创伤暴露程度	1										
直接控制	0.12	1									
间接控制	0.17*	0.72***	1								
情感控制	0.15*	0.58***	0.58***	1							
认知控制	0.13	0.74***	0.61***	0.63***	1						
力量	0.10	0.38***	0.33***	0.43***	0.58***	1					
乐观	0.09	0.38***	0.35***	0.39***	0.53***	0.75***	1				
坚韧	0.14	0.42***	0.30***	0.45***	0.56***	0.85***	0.75***	1			
闯入	0.16***	0.03	0.04	-0.03	-0.04	-0.08	-0.01	-0.05	1		
回避	0.17**	0.06	0.15*	0.08	-0.05	-0.05	-0.04	-0.07	0.62***	1	
警觉	0.10*	0.07	0.12	0.07	-0.07	-0.01	-0.01	0.01	0.62***	0.69***	1

注：* 表示 $p<0.05$，** 表示 $p<0.01$，*** 表示 $p<0.001$。

图 3-11 震后 2.5 年 PTSD 的影响因素模型：控制感和复原力的作用

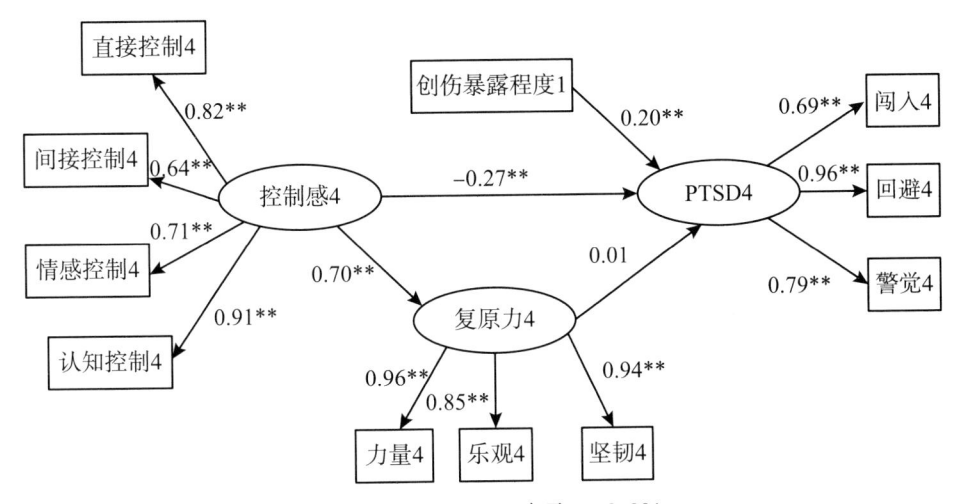

注：* 表示 $p<0.05$，** 表示 $p<0.01$，*** 表示 $p<0.001$。

第一，在控制感和 PTSD 的关系上，震后 1 年和震后 2 年时，控制感能直接和通过复原力间接地影响 PTSD，其直接影响表现为控制感能正向预测 PTSD，间接影响表现为控制感越高，复原力越高，而 PTSD 越低；震后 2.5 年时，控制感能直接影响 PTSD，但预测作用和震后 1 年、2 年时的趋势相反，表现为控制感越高，PTSD 越低；此外，震后 2.5 年时控制感不能通过复原力间接影响 PTSD。在震后初期，为什么控制感对 PTSD 的直接和间接的作用呈现不一致呢？这可能是因为控制感既有适应性的一面，也有非适应性的一面。虽然平时生活中，控制感强的人能更主动地面对并解决生活的问题，较少出现心理问题，但地震是一种突发的、不可控的灾难，对于控制感强的个体，在震后初期，若没有通过适当的方式，这种希望主动掌控的倾向在这种不可控的环境中显得更为无力，从而增加人的负性的心理结果。但是控制感强的个体，如果能通过适当的方式，例如复原力——在灾难中仍然有勇气、有力量，并用乐观的态度去面对灾难而不被打倒，这时控制感能发挥其适应性的一面，使个体能更好地在灾难中恢复，也更少出现 PTSD 等负性心理症状。震后 2 年时控制感对 PTSD 的作用和震后 1 年时类似，这可能因为"周年"时间点的作用。周年期间能够勾起人的创伤回忆，再次想起当时的那种不可控的、让人感到无力的场景，控制感与 PTSD 的作用再次显现。但是随着时间发展，生活秩序的重建，灾难的不可控的因素降低，此时个体的控制感对生活的适应变得重要，控制感越高，能更有力量地面对生活的问题，更可能采用各种方法去解决问题，从而更好地适应生活，更少出现负性心理症状。

第二，在 4 个时间点上，控制感均能正向预测复原力。虽然前面谈到控制感可能的"双刃剑"作用,但是控制感高的人,仍可能有更高的复原力。这是因为控制感高的人,更希望把握对自己、对生活的掌控感,虽然在不可控的灾难下,个体的控制感受到了很大挑战,但是控制感高的人更可能主动地去重建自身的控制感,主动地面对创伤,寻找解决方法,在灾难中坚强地恢复而不被打倒。

第三,在震后1年、震后2年时,复原力能够负向预测PTSD。复原力像是人体固有的心理免疫调节机能,心理遭受"细菌"或"病毒"侵扰之后,帮助心理进行免疫调节,以恢复心理健康。在灾后初期,复原力对于个体的心理恢复、对严重心理症状的缓解有重要作用。而且在"周年"期间,这种作用再次显现,这可能因为周年期间,个体的创伤回忆再次被激活,个体可能会再次感到各种情感的冲击,而此时的复原力对于保护个体的身心健康有更重要的作用。

第四,结合PTSD在不同时间点的两类影响因素模型,可以发现创伤暴露程度和PTSD的关系主要表现为创伤暴露程度能正向预测PTSD(图3-4模型除外),而且这种关系在不同的时间点也是较为稳定。本研究所测创伤暴露程度包括亲眼目睹或事后得知亲友被困、受伤和死亡的情况,这些情况属于资源保存理论中的"环境资源的丧失"。本研究的结果支持了资源保存理论中"资源的流失导致人们出现身心反应"的核心观点。

上述数据分析结果说明,在震后不同时间点影响PTSD的因素不尽相同,且不同时间点的影响因素间的作用机制也不尽相同。因此,心理援助者在对受灾学生进行心理干预时,可以参考不同时间点PTSD的影响因素不同的特点,更有针对性地进行干预,以做到有的放矢。

三、结 论

第一,在震后1年(T1)、2年(T3)及2.5年(T4)三个时间点上,创伤暴露程度均可以正向预测PTSD。

第二,在震后的四个时间点上,积极认知在创伤暴露程度和PTSD之间均不起中介作用。

第三,震后1年时(T1),创伤暴露程度越高,受灾学生越倾向于采取积极认知的应对方式,且随着时间推移,创伤暴露程度对个体积极认知应对的预测作用有所减小。

第四,在震后的四个时间点上,逃避都不能在创伤暴露程度和PTSD之间起中介作用,且创伤暴露程度的高低不影响受灾学生是否采用逃避的应对方式。

第五,在震后1年(T1)和震后2年(T3)两个时间点上,倾向于采取逃避应对方式的个体会出现更加严重的 PTSD 症状；而在震后 1.5 年（T2）和震后 2.5 年（T4）两个点上，则不存在这种预测作用。

第六，震后 1 年（T1）的社会支持在逃避对 PTSD 的影响中起调节作用，但在其后三个时间点上，则不存在这种调节作用。

第七，震后 1 年（T1）及震后 2 年（T3）的控制感可以直接正向预测 PTSD，震后 1 年（T1）和震后 2 年（T3）的控制感能通过复原力间接地预测 PTSD，表现为控制感越高，复原力越高，而 PTSD 越低。但震后 2.5 年（T4）的控制感则对 PTSD 起负向预测作用，且控制感不能通过复原力间接作用于 PTSD。

第八，在 4 个时间点上，控制感均能正向预测复原力。

第九，震后 1 年（T1）和震后 2 年（T3）的复原力对 PTSD 具有负向预测作用。

第三节 灾后中小学生抑郁的影响机制

抑郁作为创伤后个体容易出现的另一个心理问题，已备受研究者的关注。大量的研究者对创伤后抑郁出现的原因做了相关的探究，并得出了一些有价值的结论，而本节内容主要从创伤暴露程度、应对方式、社会支持、复原力和控制感等方面考察创伤后抑郁出现的影响机制，从而为有效缓解中小学生创伤后的抑郁提供相应的帮助。

一、问题提出

抑郁症被认为是灾难事故后第二位常见的精神障碍，抑郁症也是灾难后 PTSD 的主要共病现象之一（Brady, Killeen, Brewerton, & Lucerini, 2000）。如同灾后 PTSD 的患病率存在较大的差异性，以往的研究发现灾后抑郁症的患病率从 5.4%（Chen, Chen, Chou, Sun, Chen, Tsai, et al., 2007）到 52%（Armenian, Morikawa, Melkonian, Hovanesian, Akiskal, & Akiskal, 2002）不等。那么究竟是什么原因导致灾后抑郁的产生，并且会出现程度上的差异呢？

最有影响的解释来自贝克（Beck）等人提出的抑郁障碍的社会—认知心理因素模型。他们认为，抑郁障碍是由于素质性因素和应激的交互作用而产生的，这里的素质性因素主要是认知心理因素，如自我概念、认知评价等；应激性因素则是各种社会刺激，如灾难性生活事件、日常生活事件等。从20世纪80年代开始，人们在研究抑郁障碍的病因学时，开始关注社会环境因素和认知心理因素的相互作用对抑郁障碍的影响。

我们在日常生活的观察中也可以看到，并不是所有人在遭遇应激时都会表现出心理问题。在同一种压力条件下，有的人表现出较为严重的抑郁，而有的人则相反，这种差异主要是由不同个体所具有的不同素质所决定的。以往研究所涉及到的素质主要分为两大类：一是心理素质，如认知方式、人格特质等等；二是生物素质，包括家庭遗传以及一些与抑郁有关的生理学方面的素质。而针对青少年抑郁的研究发现，青少年的抑郁与生活事件、应对方式、控制信念关系密切，并且影响机制可能不是简单的线性关系（王极盛、丁新华，2003）；个体的抑郁状态与自身心理特质（如复原力）以及家庭和社会环境有关（徐斐、王晨阳、李解权，2006）。可以说，抑郁是个体素质与压力应激共同作用的结果。

为此，本研究选取应对方式中的逃避应对和积极认知、社会支持、复原力、控制感等个体素质与创伤暴露程度（即应激事件）等变量来研究抑郁的影响因素。除了考察影响因素与抑郁之间的直接效应，我们还将进一步探讨这些影响变量是如何交互作用影响青少年灾后抑郁状况的，以及这一影响机制是如何随时间演变而发生改变的。以下分别介绍应对方式、社会支持、复原力和控制感四个影响因素与抑郁之间关系的研究。

应对方式与抑郁的关系研究并不是很多。辛自强等人（2006）发现，对于青少年而言，他们往往缺乏处理生活事件的能力，缺乏生活经验和应对问题的技能，由此很可能对将来的生活也感到无法控制或感到无望。由此我们假设，青少年越是采取逃避应对的方式，无望感越强，从而抑郁程度也相对较高；青少年如果采取积极认知的方式，在灾难中发现意义，抑郁程度会相对较低。同时，除了应对方式对抑郁有直接的预测作用以外，应对方式也会在创伤暴露程度与抑郁之间起着中介作用。

社会支持与抑郁之间的关系研究相对较多。科因等人（Coyne et al., 1991）认为，在生活事件与抑郁症之间，社会支持可能起着重要的调节作用。良好的社会支持有利于心理健康，而不良社会关系的存在则会损害心理健康。社会支持一方面对处于应激状态下的个体提供保护，即对应激起缓冲作用，另一方面对维持一般的良好情绪体验具有重要意义。已有研究发现，社会支持与抑郁等消极情绪存在明显的负相关，社会支持作为个体应对压力的一种重要资源，与个体在特定情境下的抑郁反应有着重要的内在联系。而针对青少年的研究也发现，社会支持系统对保证青少年健康发展、减少生活事件的消极影响有重要意义。这种社会支持可以被宽泛地理解为一种过程，在这个过程里个体体验到被他人重视、关怀，意识到自己与这些人联系在一起（Herman & Petersen, 1996; Lamothe et al., 1995）。由此我们假设，社会支持既可能直接预测抑郁的水平，也可以缓冲创伤暴露程度与抑郁之间的关系。

复原力与抑郁之间的关系研究较少。萧文（1999）在台湾"9·21"大地震之后，针对9名符合受访条件的灾区居民进行深度访谈，发现个人过去或幼年以来的成长经验中，如具备较多的复原力前置因素，则在地震后也能表现出较多的复原力，而使个人保持良好的身心状况或者复原较快；反之，则会在地震后个人的抑郁、焦虑等情绪层面表现出较差的适应功能。由此我们假设，青少年的复原力越强，面对创伤、灾难时的抑郁情绪就会变少。

控制感与抑郁之间关系的研究，在非灾难的情境中已经有一些研究者给予了关注。其中，哈蒙德和罗姆尼（Hammond & Romney, 1994）的研究表明，临床确诊的青少年抑郁患者（13~16岁）比非抑郁者有更多的人际孤立和更高的外部控制点得分。金姆（Kim, 1997）的研究发现，青少年的控制信念和抑郁症状之间有关系，同时发现控制感在压力生活事件和抑郁症状之间能够部分地发挥中介作用。然而，重大灾难后个体的控制感与抑郁情绪之间的关系随着时间可能有变化，起初可能控制感有利于抑郁情绪的恢复，而随着时间的变化，控制感可能与抑郁情绪的关系没有刚开始那么紧密。由此我们假设，控制感与抑郁之间的关系会随着时间而变化。

综合分析国内外有关灾后抑郁的影响因素的研究，我们认为：第一，以往有关青少年抑郁的研究大多集中在个体素质、应激程度与抑郁的关系，而针对某种灾难或者创伤后的抑郁情绪研究较少，对其影响机制研究更少；第二，在考察抑郁的影响因素时，以往的研究大多是从横断面进行某个影响因素与抑郁的"一对一"的关系探讨，而本研究将从纵向的视角，挖掘个体变量以及创伤暴露程度对灾后抑郁的影响，试图发现灾后不同时间段内影响机制的变化规律。为此，本课题将分别探讨应对方式和社会支持以及复原力和控制感这两组变量对灾后中小学生抑郁的影响机制。

二、数据结果与讨论

（一）抑郁的影响因素模型（震后1年）：应对方式和社会支持的作用

对震后1年中小学生的创伤暴露程度、应对方式、社会支持以及抑郁进行

pearson 相关分析，见表 3-9。然后基于假设和模型验证，建立震后 1 年抑郁的影响因素模型，见图 3-12。

表 3-9　　创伤暴露程度与应对方式、社会支持、抑郁之间的相关（T1）

	创伤暴露程度	积极认知	逃避	社会支持	抑郁
创伤暴露程度	1				
积极认知	0.05	1			
逃避	0.18***	0.053	1		
社会支持	0.08	0.26***	-0.01	1	
抑郁	0.11**	-0.17***	0.15***	-0.25***	1

注：* 表示 $p<0.05$，** 表示 $p<0.01$，*** 表示 $p<0.001$。

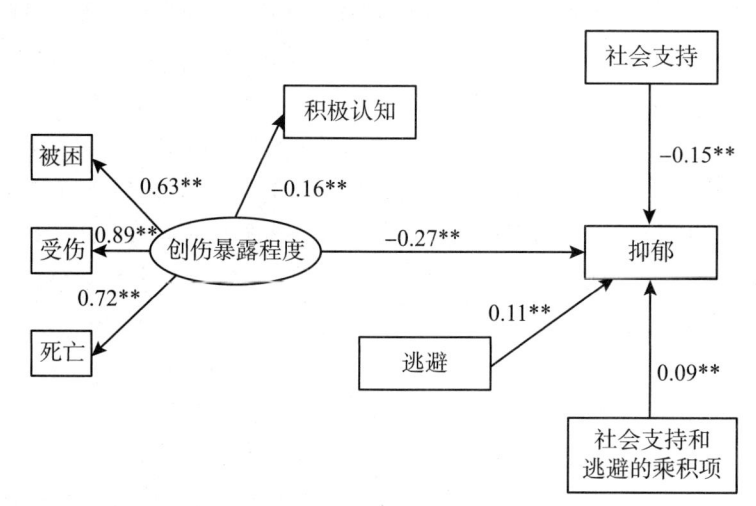

注：* 表示 $p<0.05$，** 表示 $p<0.01$，*** 表示 $p<0.001$。

图 3-12　震后 1 年抑郁的影响因素：应对方式和社会支持的作用

图 3-12 的模型的各项拟合指标良好（$RMSEA=0.039$，$CFI=0.923$，$NFI=0.903$，$IFI=0.923$），说明模型和数据有较好的拟合，模型是可接受的。逃避应对方式对抑郁有正向的预测作用，即逃避应对越高，抑郁越低。社会支持对抑郁有负向的预测作用，即社会支持越高，抑郁越低。此外，社会支持对逃避和抑郁的关系存在显著的调节作用。创伤暴露程度对抑郁有显著的负向预测作用，即创伤暴露程度越高，抑郁越低。创伤暴露程度对积极认知有显著的负向预测作用，这点和图 3-3（震后 1 年）的结果不一致。在震后 1 年 PTSD 的模型和抑郁的模型两者的关系出现不一致，说明创伤暴露程度和积极认知的关系不是很稳定、明确，容易受到其他因素的影响，未来可能需要更多的研究去探讨。

(二) 抑郁的影响因素模型 (震后1.5/2/2.5年): 应对方式和社会支持的作用

对震后1.5年中小学生的创伤暴露程度、应对方式、社会支持以及抑郁进行pearson相关分析,见表3-10。参考震后1年时抑郁的影响因素模型,采用震后1.5年的数据对模型进行拟合,得出震后1.5年抑郁的影响因素模型,见图3-13。

表3-10　　　　创伤暴露程度与应对方式、社会支持、
抑郁等变量的相关 (T2)

	创伤暴露程度	积极认知	逃避	社会支持	抑郁
创伤暴露程度	1				
积极认知	0.02	1			
逃避	0.18***	0.05	1		
社会支持	0.04	0.25***	-0.09	1	
抑郁	0.11*	-0.08	0.21***	-0.16**	1

注: * 表示 $p<0.05$, ** 表示 $p<0.01$, *** 表示 $p<0.001$。

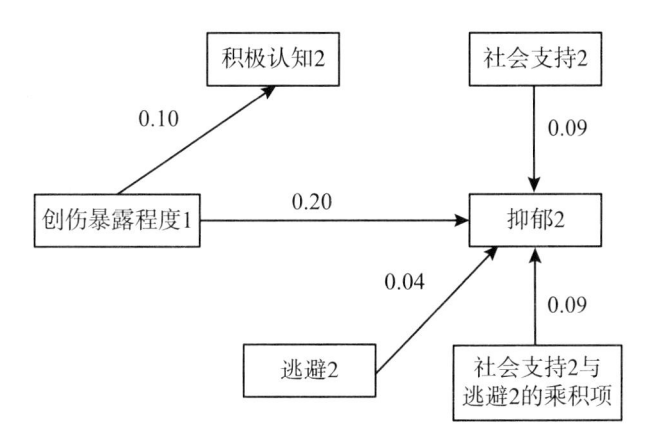

图3-13　震后1.5年抑郁的影响因素模型: 应对方式和社会支持的作用

图3-13中的各项路径系数都不显著 ($p>0.05$)。震后1.5年时,创伤暴露程度、逃避应对、社会支持对抑郁状况都没有影响。社会支持在逃避应对与抑郁之间的调节作用不显著。创伤暴露程度对积极认知没有显著预测作用,这点和图3-4 (震后1.5年) 中两者的关系不一致。

对震后2年中小学生的创伤暴露程度、应对方式、社会支持以及抑郁进行pearson相关分析,见表3-11。参考震后1年时抑郁的影响因素模型,采用震后2年的数据对模型进行拟合,得出震后2年抑郁的影响因素模型,见

图 3-14。

表 3-11　　创伤暴露程度与应对方式、社会支持、
抑郁等变量的相关（T3）

	创伤暴露程度	积极认知	逃避	社会支持	抑郁
创伤暴露程度	1				
积极认知	-0.08	1			
逃避	0.16***	0.18**	1		
社会支持	0.02	0.42***	0.04	1	
抑郁	0.15**	-0.02	0.31***	-0.23***	1

注：* 表示 $p<0.05$，** 表示 $p<0.01$，*** 表示 $p<0.001$。

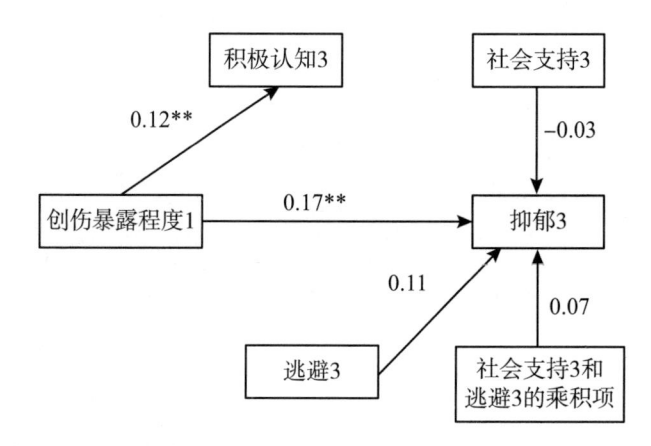

注：* 表示 $p<0.05$，** 表示 $p<0.01$，*** 表示 $p<0.001$。

图 3-14　震后 2 年抑郁的影响因素模型：应对方式和社会支持的作用

图 3-14 的模型的各项拟合指标良好（$RMSEA=0.127$，$CFI=0.904$，$NFI=0.886$，$IFI=0.905$），各项拟合指数处于临界可接受的水平，说明模型是基本可接受的。震后 2 年时，社会支持和逃避对抑郁的直接预测作用不显著（$p>0.05$），社会支持在逃避和抑郁之间的调节作用不显著。创伤暴露程度对抑郁有正向的预测作用。创伤暴露程度对积极认知有正向的预测作用，这点和图 3-5（震后 2 年）中两者的关系一致。

对震后 2.5 年中学生的创伤暴露程度、应对方式、社会支持以及抑郁进行 pearson 相关分析，见表 3-12。参考震后 1 年时抑郁的影响因素模型，采用震后 2.5 年的数据对模型进行拟合，得出震后 2.5 年抑郁的影响因素模型，见图 3-15。

表 3-12　　　创伤暴露程度与应对方式、社会支持、
抑郁等变量的相关（T4）

	创伤暴露程度	积极认知	逃避	社会支持	抑郁
创伤暴露程度	1				
积极认知	-0.03	1			
逃避	-0.001	0.28***	1		
社会支持	0.07	0.30***	0.15*	1	
抑郁	0.02	-0.02	0.15*	-0.19**	1

注：* 表示 $p < 0.05$，** 表示 $p < 0.01$，*** 表示 $p < 0.001$。

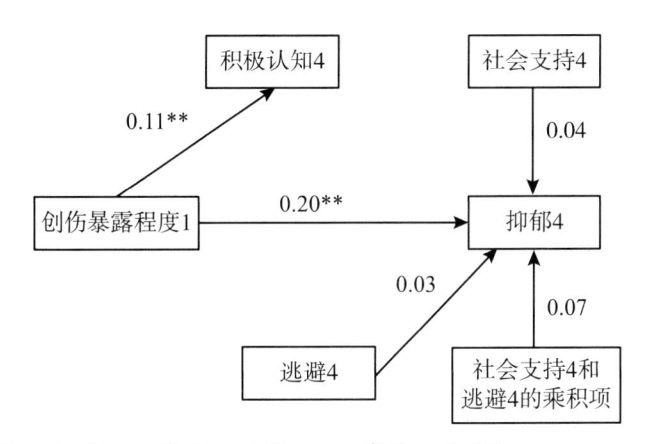

注：* 表示 $p < 0.05$，** 表示 $p < 0.01$，*** 表示 $p < 0.001$。

图 3-15　震后 2.5 年抑郁的影响因素模型：应对
方式和社会支持的作用

图 3-15 的模型的各项拟合指标良好（$RMSEA = 0.128$，$CFI = 0.908$，$NFI = 0.891$，$IFI = 0.909$），各项拟合指数处于临界可接受的水平，说明模型是基本可接受的。震后 2.5 年时，社会支持和逃避对抑郁的直接预测作用不显著（$p > 0.05$），社会支持在逃避和抑郁之间的调节作用不显著。创伤暴露程度对抑郁有正向预测作用。创伤暴露程度对积极认知有正向的预测作用，这点和图 3-6（震后 2.5 年）的结果一致。

综合上述结果可知，在震后 1 年时，逃避应对能正向预测抑郁，社会支持能负向预测抑郁，且社会支持在逃避和抑郁之间起调节作用，对感知到低社会支持的个体来说，逃避对抑郁的影响更大，而对感知到高社会支持的个体来说，逃避对抑郁的影响则相对较小。逃避并没有真正去面对创伤，只是将未处理的创伤的情感积压在心里，从而可能产生负性的心理问题，如抑郁。然而，当社会支持较

高时，个体更可能有勇气、力量去面对创伤和创伤后的生活，抑郁水平也因此降低。但是，时间点2、3、4中没有出现这种作用机制。这说明社会支持的保护作用主要出现在创伤后早期，在个体创伤早期提供有质量的社会支持，有助于个体更有勇气去面对创伤。

（三）抑郁的影响因素模型（震后1年）：复原力和控制感的作用

对震后1年中学生的创伤暴露程度、复原力和控制感以及抑郁进行pearson相关分析，见表3-13。然后基于假设和模型验证，建立震后1年的抑郁影响因素模型，见图3-16。

表3-13　　　　创伤暴露程度与控制感、复原力、
抑郁等变量的相关（T1）

	创伤暴露程度	直接控制	间接控制	情感控制	认知控制	力量	乐观	坚韧	抑郁
创伤暴露程度	1								
直接控制	0.04	1							
间接控制	0.06	0.66***	1						
情感控制	0.11**	0.44***	0.43***	1					
认知控制	0.10**	0.74***	0.57***	0.49**	1				
力量	0.08*	0.57***	0.43***	0.43***	0.67***	1			
乐观	0.10**	0.55***	0.49***	0.45***	0.59***	0.72***	1		
坚韧	0.08*	0.64***	0.46***	0.41***	0.65***	0.84***	0.69***	1	
抑郁	0.22***	-0.05	0.03	0.07*	-0.14***	-0.21***	-0.17***	-0.16***	1

注：* 表示 $p<0.05$，** 表示 $p<0.01$，*** 表示 $p<0.001$。

在图3-16的模型中，各条路径系数都是显著的（$p<0.05$）。模型的各项拟合指标良好（$RMSEA=0.077$，$CFI=0.960$，$NFI=0.952$，$IFI=0.960$），说明模型和数据有较好的拟合，模型是可接受的。震后1年时，控制感对抑郁有正向的预测作用，即控制感越高，抑郁也越高。此外，控制感能通过复原力影响到抑郁，表现为控制感越高，则复原力越高，而抑郁越低。创伤暴露程度对抑郁有正向的预测作用，这点与图3-12的结果不一致。在震后1年抑郁的两个影响因素模型上创伤暴露程度和抑郁的关系存在不一致。

图 3-16 震后 1 年抑郁的影响因素：复原力和控制感的作用

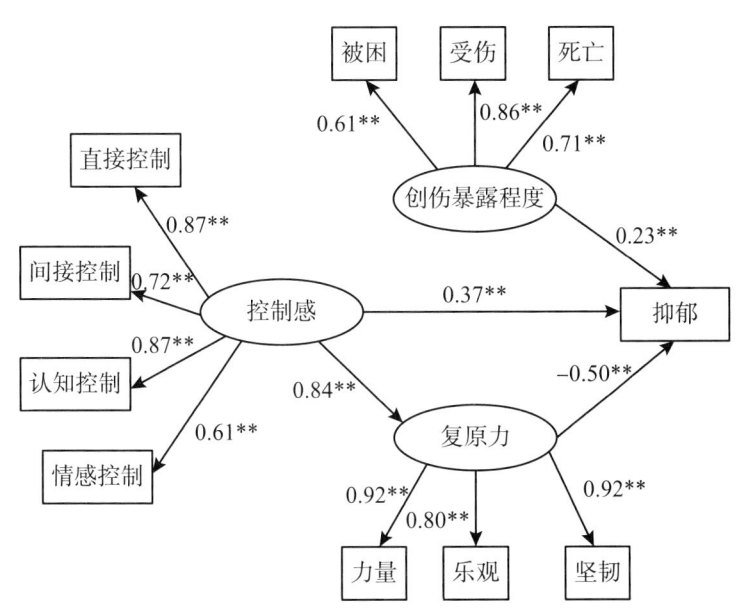

注：* 表示 $p<0.05$，** 表示 $p<0.01$，*** 表示 $p<0.001$。

（四）抑郁的影响因素模型（震后 1.5/2/2.5 年）：控制感和复原力的作用

对震后 1.5 年中学生的创伤暴露程度、复原力和控制感以及抑郁进行 pearson 相关分析，见表 3-14。参考震后 1 年时抑郁的影响因素模型，采用震后 1.5 年的数据对模型进行拟合，得出震后 1.5 年抑郁的影响因素模型，见图 3-17。

表 3-14　　　　创伤暴露程度与控制感、复原力、抑郁等变量的相关（T2）

	创伤暴露程度	直接控制	间接控制	情感控制	认知控制	力量	乐观	坚韧	抑郁
创伤暴露程度	1								
直接控制	-0.01	1							
间接控制	-0.04	0.71***	1						
情感控制	0.07	0.50***	0.46***	1					
认知控制	0.01	0.79***	0.62***	0.53***	1				

续表

	创伤暴露程度	直接控制	间接控制	情感控制	认知控制	力量	乐观	坚韧	抑郁
力量	-0.04	0.57***	0.44***	0.39***	0.62***	1			
乐观	-0.03	0.51***	0.40***	0.36***	0.55***	0.75***	1		
坚韧	-0.02	0.59***	0.43***	0.34***	0.59***	0.84***	0.67***	1	
抑郁	0.13	-0.03***	0.003	0.10*	-0.11**	-0.20***	-0.16***	-0.18***	1

注：* 表示 $p<0.05$，** 表示 $p<0.01$，*** 表示 $p<0.001$。

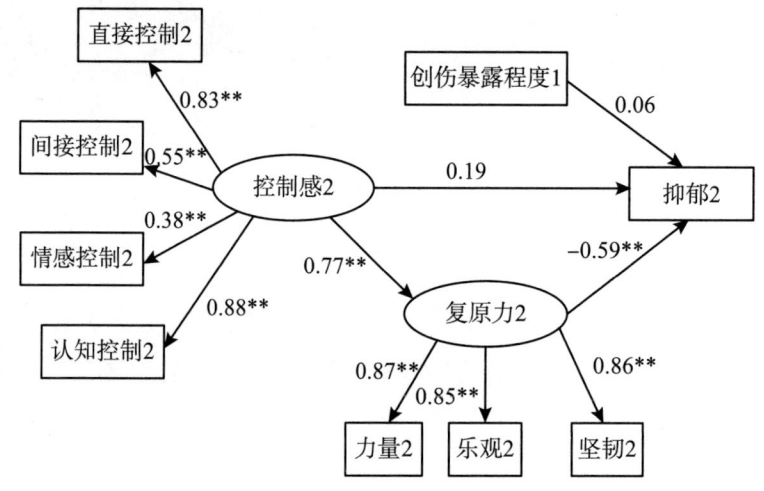

注：* 表示 $p<0.05$，** 表示 $p<0.01$，*** 表示 $p<0.001$。

图 3-17　震后 1.5 年抑郁的影响因素模型：控制感和复原力的作用

图 3-17 的模型的各项拟合指标良好（$RMSEA=0.069$，$CFI=0.969$，$NFI=0.904$，$IFI=0.970$），说明模型和数据有较好的拟合，模型是可接受的。震后 1.5 年时，控制感对抑郁没有直接的作用，但是控制感可以通过复原力而影响抑郁，表现为控制感越高，复原力也越高，而抑郁越低。创伤暴露程度对抑郁没有显著的预测作用，这点和图 3-13（震后 1.5 年）结果一致。

对震后 2 年中学生的创伤暴露程度、复原力和控制感以及抑郁进行 pearson 相关分析，见表 3-15。参考震后 1 年时抑郁的影响因素模型，采用震后 2 年的数据对模型进行拟合，得出震后 2 年抑郁的影响因素模型，见图 3-18。

表 3-15　创伤暴露程度与控制感、复原力、抑郁等变量的系数 (T3)

	创伤暴露程度	直接控制	间接控制	情感控制	认知控制	力量	乐观	坚韧	抑郁
创伤暴露程度	1								
直接控制	-0.01	1							
间接控制	0.04	0.71***	1						
情感控制	0.08	0.50***	0.46***	1					
认知控制	0.01	0.79***	0.62***	0.52***	1				
力量	-0.03	0.57***	0.44***	0.41***	0.73***	1			
乐观	-0.05	0.51***	0.40***	0.35***	0.59***	0.74***	1		
坚韧	-0.002	0.59***	0.43***	0.38***	0.69***	0.84***	0.71***	1	
抑郁	0.16***	-0.10	-0.06	-0.04	-0.29***	-0.26***	-0.20***	-0.24***	1

注：* 表示 $p < 0.05$，** 表示 $p < 0.01$，*** 表示 $p < 0.001$。

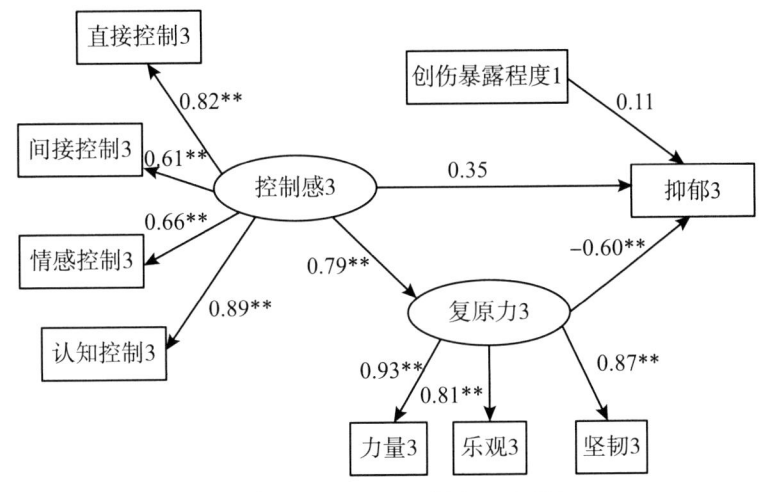

图 3-18　震后 2 年抑郁的影响因素模型：控制感和复原力的作用

注：* 表示 $p < 0.05$，** 表示 $p < 0.01$，*** 表示 $p < 0.001$。

图 3-18 的模型的各项拟合指标良好（$RMSEA = 0.128$，$CFI = 0.913$，$NFI = 0.866$，$IFI = 0.916$），各项拟合指数处于临界可接受的水平，说明模型是基本可接受的。震后 2 年时，控制感对抑郁没有显著的直接作用，但是控制感可以通过复原力而影响抑郁，表现为控制感越高，复原力越高，而抑郁越低。此外，创伤暴露程度对抑郁没有显著预测作用，这点和图 3-14（震后 2 年）的结果不一致。

对震后 2.5 年中小学生的创伤暴露程度、复原力和控制感以及抑郁进行 pearson 相关分析，见表 3-16。参考震后 1 年时抑郁的影响因素模型，采用震后 2.5 年的数据对模型进行拟合，得出震后 2.5 年抑郁的影响因素模型，见图 3-19。

表 3-16　创伤暴露程度与控制感、复原力、抑郁等变量的相关（T4）

	创伤暴露程度	直接控制	间接控制	情感控制	认知控制	力量	乐观	坚韧	抑郁
创伤暴露程度	1								
直接控制	0.12	1							
间接控制	0.17*	0.72***	1						
情感控制	0.15*	0.58***	0.58***	1					
认知控制	0.13	0.74***	0.61***	0.63***	1				
力量	0.10	0.38***	0.33***	0.43***	0.58***	1			
乐观	0.09	0.38***	0.35***	0.39***	0.53***	0.75***	1		
坚韧	0.14	0.42***	0.30***	0.45***	0.56***	0.85***	0.75***	1	
抑郁	0.11*	0.01	0.14*	0.03	-0.13	-0.17*	-0.15*	-0.18*	1

注：* 表示 $p<0.05$，** 表示 $p<0.01$，*** 表示 $p<0.001$。

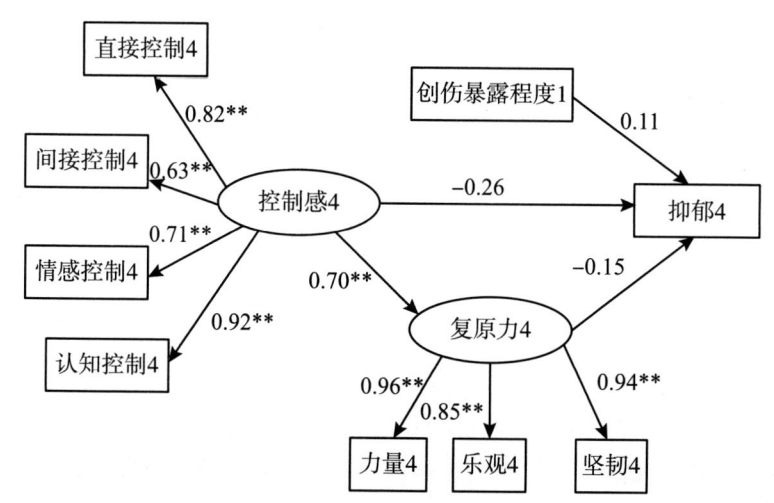

图 3-19　震后 2.5 年抑郁的影响因素模型：控制感和复原力的作用

注：* 表示 $p<0.05$，** 表示 $p<0.01$，*** 表示 $p<0.001$。

图 3-19 的模型的各项拟合指标良好（$RMSEA=0.102$，$CFI=0.953$，$NFI=0.908$，$IFI=0.954$），各项拟合指数处于临界可接受的水平，说明模型是基本可接受的。震后 2.5 年时，控制感对抑郁没有直接作用，也不能通过复原力影响到抑郁，但控制感对复原力有显著正向预测作用，控制感越高，复原力越高。创伤暴

露程度对抑郁没有显著预测作用,这点和图 3-15(震后 2.5 年)的结果不一致。

综合上述结果,可以得到以下结论:

第一,在前 3 个时间点,控制感对抑郁有直接或间接的作用。在震后 1 年时,控制感对抑郁有直接的正向预测作用,同时能通过复原力间接影响抑郁,表现为控制感越高,复原力越高,而抑郁越低。控制感对抑郁的直接作用和间接作用趋势不一致,一定程度上体现了在灾难背景中,控制感既有适应性一面,也有不适应性一面:地震是突发和不可控的,在不可控的大灾难之后的早期,控制感高的个体容易感到无力、失望,抑郁水平也越高;但是如果控制感高的个体能通过适当的方式,如在灾难中顽强生存、乐观面对,发挥控制感适应性一面,其抑郁水平也较低。在震后 1.5 年、震后 2 年时,控制感对抑郁没有直接的预测作用,但是能通过复原力间接影响抑郁,且间接作用趋势和震后 1 年时一致。在震后 2.5 年时,控制感对抑郁没有显著的作用。总体来看,在不可控的灾后初期,控制感可能具有双面性;但随着灾后的重建,生活秩序的恢复,控制感若能通过适当的方式表现出来,能够降低抑郁等负性心理结果;随着距离灾难发生时间越来越远,控制感对于抑郁的作用不再明显。这也提示,心理辅导中要利用好灾难后的早期,通过提高个体在创伤中复原的能力,更好地面对灾难。

第二,在震后 1 年(T1)、震后 1.5 年(T2)和震后 2 年(T3)复原力对抑郁有负向预测作用。复原力作为个体从创伤中复原的能力,对个体在灾后的恢复、免于严重的心理症状有重要作用。

第三,结合抑郁在不同时间点的两类影响因素模型,可以发现创伤暴露程度和抑郁的关系没有明显的规律性,即使是同一个时间点,两者关系在不同模型也会存在矛盾,如震后 1 年,创伤暴露程度与抑郁的关系在以社会支持、逃避为影响因素的模型(见图 3-12)和以控制感、复原力为影响因素的模型(见图 3-16)中呈现不一致的趋势。这说明创伤暴露程度和抑郁的关系不稳定,容易受到其他因素的影响,这可能需要未来的研究有更深入的探讨。

三、结论

第一,在震后的四个时间点上,逃避都不能在创伤暴露程度和抑郁之间起中介作用,且创伤暴露程度的高低并不影响受灾学生是否采用逃避的应对方式。

第二,在震后 1 年(T1)的时间点上,倾向于采取逃避应对方式的个体更可能出现严重的抑郁症状。但在后三个时间点上,这种预测作用均不存在。

第三,震后 1 年(T1)的社会支持对抑郁有负向的预测作用,同时社会支持能在逃避对抑郁的影响中起调节作用，但在震后 1.5 年（T2）、2 年（T3）及 2.5 年（T4）三个时间点上，社会支持则不存在这种直接预测作用，也不能起到调节作用。

第四，震后 1 年（T1）的控制感可以直接正向预测抑郁，也可以通过复原力间接影响抑郁，表现为控制感越高，复原力越高，抑郁越低；在震后 1.5 年（T2）和震后 2 年（T3），控制感对抑郁的直接预测作用不显著，通过复原力的间接作用显著；在震后 2.5 年（T4），控制感对抑郁没有显著的直接或间接作用。

第五，震后 1 年（T1）、震后 1.5 年（T2）和震后 2 年（T3），复原力对抑郁有负向预测作用。

第四节 灾后中小学生创伤后成长的影响机制

创伤后个体不仅出现消极的心理问题，同时也会出现积极的心理变化，其中 PTG 是创伤后个体积极变化的突出表现，它的出现受诸多因素的影响，其中创伤暴露程度、人格和应对方式被认为是最重要的三个因素，因此本节内容主要从创伤暴露程度、人格和应对方式三个方面探究 PTG 的影响机制，以便为有效促进灾后中小学生的 PTG 提供实证的支持。

一、问题提出

创伤事件亲历者不仅会逐渐表现出诸如 PTSD 和抑郁等心理问题，同时也会报告一些在他们生活中由于创伤带来的积极变化（Frazier, Conlon & Glaser, 2001; Frazier, Tashiro, Berman, Steger, & Long, 2004; Tedeschi & Calhoun, 2004），如感受到自身的力量、与家人和朋友关系变得更亲密、对生命有更深刻的认识等。这种被觉察到的积极变化就是创伤后成长（posttraumatic growth，简称 PTG），它已经在自然灾难（So-kum Tang, 2007）、丧亲创伤（Davis, Nolen-Hoeksema, & Larson, 1998）、战争（Schnurr, Rosenberg, & Friedman, 1993）、人为灾害（McMillen, Smith, & Fisher, 1997）等一系列创伤事件后被研究者观测到。

研究者最早将 PTG 界定为"同主要的生活危机进行抗争后所体验到的一种积极心理改变"，并且认为它并不一定伴随更多的幸福感以及更少的痛苦感，而是暗示了一种更加丰满、更加充盈、更加有意义的生活（Tedeschi & Calhoun, 1996）。特德斯奇和卡尔霍恩（Tedeschi & Calhoun, 2004）提出 PTG 包含以下三个方面的内容：自我觉知的改变（changes in the perception of self）、关系体验的改变（changes in the experience of relationships with others）以及生命价值的改变（changes in general philosophy of life）。

随着 PTG 研究的发展，研究者们注意到 PTG 对青少年的重要性。但是迄今为止，有关青少年 PTG 的研究甚少，仅有的研究大多只从质性研究和描述性统计的层面进行现状描述。研究者从自我觉知、人际体验、生命价值三个方面测查交通意外幸存的 7~18 岁青少年的 PTG，结果发现 42% 的青少年在意外灾难后能够体验到一定程度的 PTG。青少年在意外灾难发生之后，尽管认知与思维水平不及成年人，但是他们在思考创伤发生的意义以及什么对于生命更加重要等这些主题上并没有受到年龄的限制（Emma & Paul, 2004）。

近年来，对于 PTG 的探讨已经不仅仅局限于现象的描述和概念的争论，而是开始转入对其因果关系的机制解释。帕克（1998）在对 PTG 影响因素进行理论探讨时指出：个体自身的特点，如人格、应对资源以及在整个应对中的认知过程，是人们在面对创伤经历时最重要的决定因素。这些特点以及创伤情境因素，共同决定着个体 PTG 的深度与范围。

创伤事件本身是 PTG 的前提，即个体只有置身于创伤暴露之中，才能获得成长。巴拉卡特等人（Barakat et al., 2006）提出，个体感知到的疾病严重程度及对生命的威胁程度与 PTG 有关，疾病的客观严重程度与 PTG 无关（Barakat, Alderfer, &Kazak, 2006）。国内也有一些学者关注了汶川地震后创伤暴露程度与 PTG 之间的关系。李松蔚等人（2010）在对汶川地震两个受灾程度不同的地区的中学生进行 PTG 的对比研究中发现，震后一年，认为地震对其生命健康威胁程度高的个体有更高水平的 PTG（李松蔚、王文余、钱铭怡、高隽、王雨吟、邓晶，2010）。也有研究认为二者不相关，如杨凡等人（2010）在对地震后青少年 PTG 的研究中发现，PTG 的水平高低与创伤暴露程度无显著相关（杨凡、林沐雨、钱铭怡，2010）。

在现实的生活中，我们发现即使处于同样的灾难中，个体的 PTG 存在很大差异；同时，也不是所有置身于灾难中的个体都会产生 PTG。这说明，除创伤程度之外，还有其他因素影响着 PTG。有研究者指出，人格作为一种稳定的心理资源，具有跨情境的稳定性和倾向性，对 PTG 有着直接和深远的影响，因此，人格的各维度与 PTG 的关系一直受到众多研究者的关注。莎士比亚-芬奇、高、史密斯（Shakespeare - Finch, Gow and Smith, 2005）发现，紧急救护人员人格中的开放性、外向性、宜人性和谨慎性，与对 PTG 的感知呈显著正相关；而情绪性与 PTG 之间的关系则存在争论。一些学者认为，情绪性是最普遍的与致病的创伤后结果相关的，是最能预测创伤情境中个体适应的人格维度（Casella & Motta, 1990; Watson & Hubbard, 1996）；但另一种观点认为，情绪性与PTG无显著相关（Zoellner, Rabe, Karl & Maercker, 2008）。此外，特德斯奇和卡尔霍恩（1996）考察了大学生PTG与"大五"中所有人格维度的关系，结果表明开放性和PTG之间存在显著的正相关。他们认为，开放性的个体富有想象力、敢于表达情绪，并有强烈的求知欲，因此他们更容易"从逆境中吸取力量"。那么，在青少年群体中，人格的不同维度与PTG的关系究竟如何，值得深入探寻。

除人格因素外，在影响PTG的诸多因素中，应对方式受到了广泛的关注。应对方式在一定程度上反映了稳定的人格特征（Lazarus & Folkman, 1984; Park & Folkman, 1997），它介于应激源与个体的身心健康之间，适宜的应对能够缓解应激情境对个体的创伤。在研究过程中，研究者把应对方式分为不同的类型（如情绪应对和问题应对等），并分别探讨了它们与PTG的关系，但是所得结果不一。比如阿历克斯梅兹等人（Aslikesimci et al., 2005）发现，采取情绪应对能促进更多的成长；而徐路瓦和泰奥（Schroevers & Teo, 2008）发现，使用问题应对越多的个体，在创伤后成长上得分越高。也有研究发现，问题聚焦的应对策略与积极结果相关，而情绪聚焦的应对策略与消极结果相关（Paton & Johnston, 2001）。因此，在有关PTG的研究中，通常将问题中心的应对称为积极应对，将情绪聚焦的应对称为消极应对。一般认为，积极的应对方式诸如积极认知、寻求帮助会带来积极的心理结果，积极认知对于创伤性事件的成功适应至关重要，也是个人成长发生的先决条件（Calhoun & Tedeschi, 1998; Janoff–Bulman, 1992; Aslikesimci & Tulin, 2005; Maercker & Langner, 2001; Bussell & Naus, 2010）；而消极的应对方式诸如逃避应对、负向发泄会引发负面的心理状态。因此在本研究中，我们选取了积极应对和消极应对两个指标来测量应对方式，其中，积极应对包括积极认知和寻求帮助，而消极应对包括逃避应对和负向发泄，以考察不同性质的应对方式与PTG的关系。另外，有研究者提出，尽管在人格变量对PTG之间存在直接影响，但也可能通过各种应对过程发挥中介作用（Tedeschi & Calhoun, 1998）。因此，本研究也将进一步探讨应对方式在人格和PTG之间的中介机制。

总之，以往的研究表明，创伤暴露程度、人格特点和应对方式都可能影响个体的PTG，但它们之间是如何相互作用来影响PTG的呢？对此，以往的研究却少有探讨（Cryder, Kilmer, Tedeschi & Calhoun, 2006）。为此，本课题拟同时探讨创伤暴露程度、人格与应对方式对青少年PTG的影响及其作用机制。基于已有研究经验，我们假设创伤暴露程度与PTG无关；人格不仅可以对PTG有直接的预测作用，还可以通过应对方式的中介效应对PTG起作用。此外，这种影响机制是否会在灾后不同时间段内有变化，不同人格维度对PTG的影响机制是否相同,也是本研究关注的核心议题。

二、数据结果与讨论

(一) 创伤暴露程度对 PTG 的影响(震后 1/1.5/2/2.5 年)

创伤暴露程度和 PTG 之间的关系研究结果不一,本研究将采用三维度的创伤暴露指标来探讨两者之间的关系。创伤暴露程度的三个维度为房屋损失、亲人伤亡和主观害怕程度。

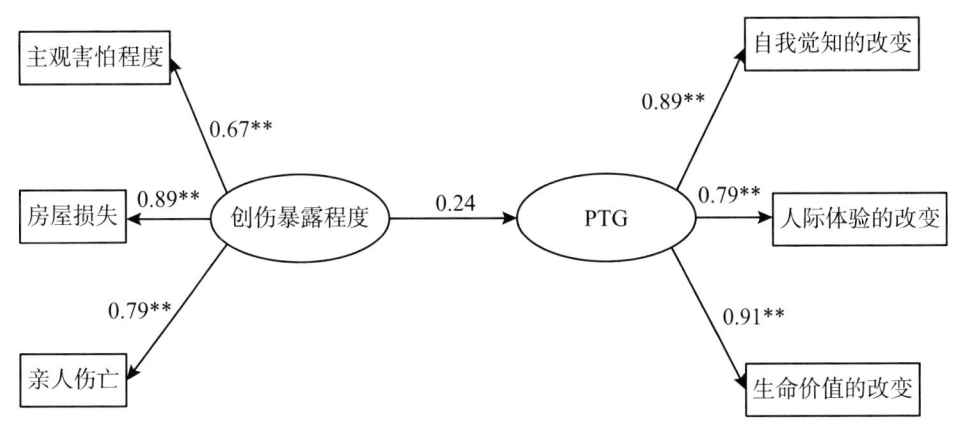

图 3-20 创伤暴露程度对 PTG 的直接作用 (T1)

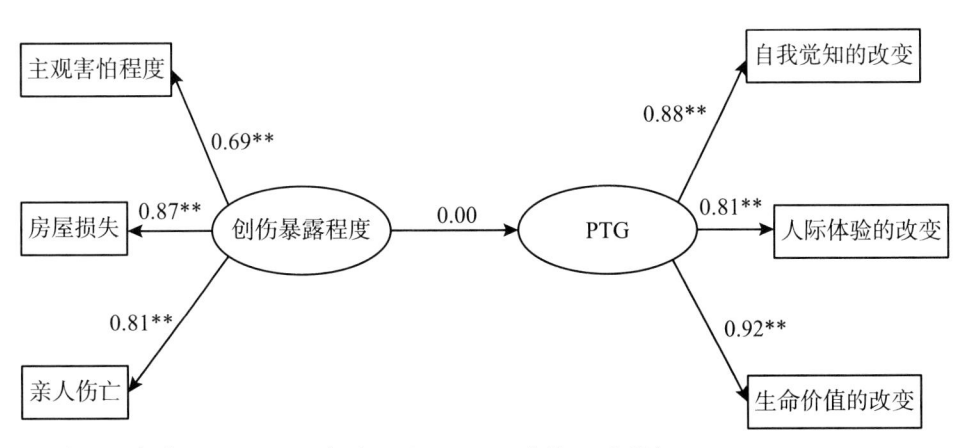

图 3-21 创伤暴露程度对 PTG 的直接作用 (T2)

注: * 表示 $p < 0.05$,** 表示 $p < 0.01$,*** 表示 $p < 0.001$。

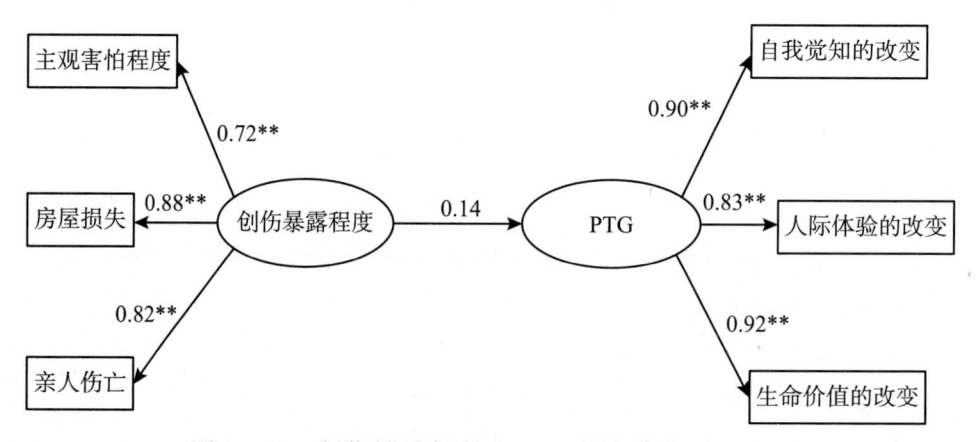

图 3-22 创伤暴露程度对 PTG 的直接作用（T3）

注：* 表示 $p<0.05$，** 表示 $p<0.01$，*** 表示 $p<0.001$。

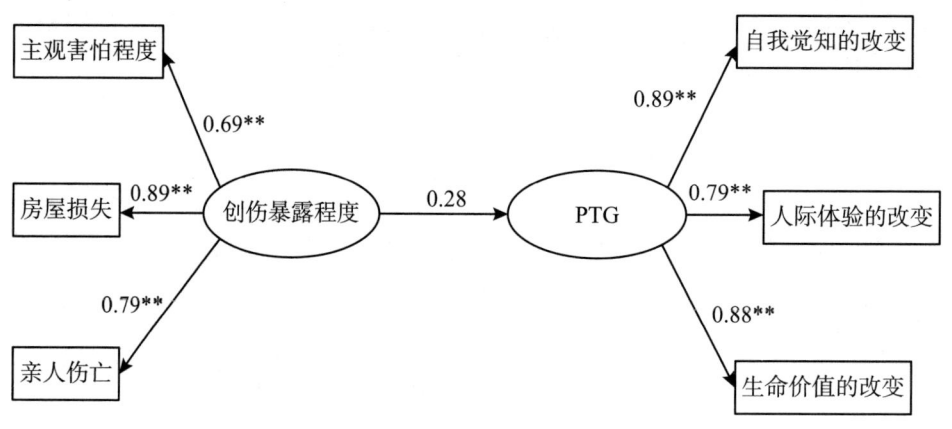

图 3-23 创伤暴露程度对 PTG 的直接作用（T4）

由图 3-20 至图 3-23 可知，创伤暴露程度对震后 1 年、1.5 年、2 年、2.5 年的 PTG 的直接作用都不显著，路径系数分别为 0.24、0.00、0.14、0.28。由于创伤暴露程度并不能直接作用于 PTG，我们无法探究人格在其中的调节作用，因此我们只能采用人格作为自变量，探索人格与应对方式对 PTG 的影响机制。

（二）人格、应对方式对 PTG 的影响（震后 1 年）

我们采用分层回归分析，在控制了性别、年级、民族等人口统计学变量后，考察了人格中五个维度对青少年 PTG 的独立预测关系，结果显示：情绪性显著预测 PTG（$\beta=0.39$，$p<0.05$）；谨慎性显著预测 PTG（$\beta=0.37$，$p<0.05$）；开放性显著预测 PTG（$\beta=0.51$，$p<0.05$），而宜人性和外向性则没有进入回归方程，对 PTG 的预测作用不显著。因此，在探讨人格对 PTG 的影响机制时，我

们分别以人格中的情绪性、谨慎性和开放性为自变量,以 PTG 为因变量来探讨应对方式在其中的影响机制。

1. 应对方式在情绪性与 PTG 之间的中介效应

对震后 1 年中学生的情绪性人格、应对方式以及 PTG 进行 pearson 相关分析,见表 3 - 17;然后基于假设和模型验证,建立应对方式在情绪性人格和 PTG 之间的中介效应模型图,见图 3 - 24。

表 3 - 17　　情绪性人格与应对方式、PTG 等变量的相关（T1）

	情绪性	积极认知	寻求帮助	逃避	负向发泄	自我觉知	人际体验	生命价值
情绪性	1							
积极认知	-0.07	1						
寻求帮助	-0.18***	0.20***	1					
逃避	0.08*	0.053	-0.16***	1				
负向发泄	0.30***	-0.05	-0.11**	0.15***	1			
自我觉知	0.11**	0.25***	0.18***	0.06	0.02	1		
人际体验	0.10**	0.22***	0.14***	0.06	-0.004	0.83***	1	
生命价值	0.13**	0.19***	0.16***	0.07	0.03	0.77***	0.72***	1

注:* 表示 $p<0.05$,** 表示 $p<0.01$,*** 表示 $p<0.001$。

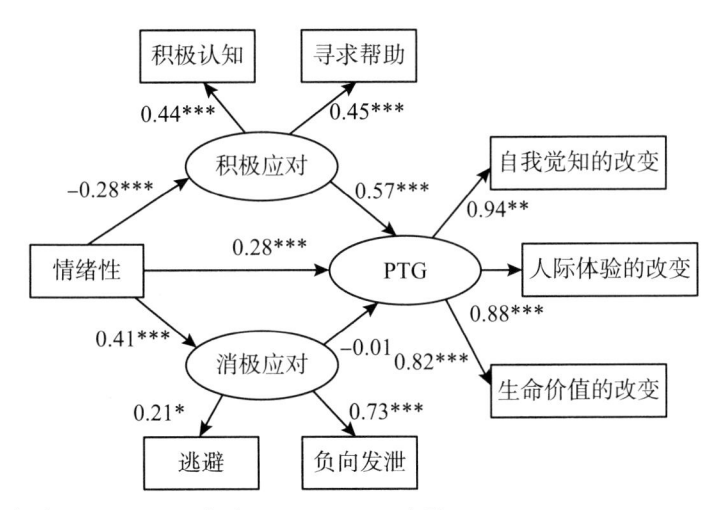

图 3 - 24　应对方式在情绪性与 PTG 之间的中介作用（T1）

注:* 表示 $p<0.05$,** 表示 $p<0.01$,*** 表示 $p<0.001$。

在情绪性与 PTG 之间加入应对方式的中介变量后,图 3 - 24 的各项拟合指标如下:$\chi^2(16)=2.41$,$RMSEA=0.048$,$CFI=0.985$,$TLI=0.974$,$GFI=0.985$。情绪性与 PTG（$\gamma=0.28$,$p<0.05$）之间的路径系数显著。接着我们分别讨论积极应对和消极应对在其中起到的两条中介路径。

一方面，情绪性与积极应对（$\gamma = -0.28$，$p < 0.05$）、积极应对与PTG（$\gamma = 0.57$，$p < 0.05$）之间的路径系数均显著，因此积极应对在情绪性人格到PTG之间起着中介作用，表现为情绪性人格可以通过降低积极应对来阻碍PTG的形成。

另一方面，情绪性与消极应对（$\gamma = 0.41$，$p < 0.05$）之间的路径系数显著，但是消极应对与PTG（$\gamma = -0.01$，$p > 0.05$）之间的路径系数不显著，因此消极应对在情绪性人格和PTG之间不起中介作用。

2. 应对方式在谨慎性与PTG之间的中介效应

对震后1年中学生的谨慎性人格、应对方式以及PTG进行pearson相关分析，见表3-18；然后基于假设和模型验证，建立应对方式在谨慎性人格和PTG之间的中介效应模型图，见图3-25。

表3-18　谨慎性人格与应对方式、PTG等变量的相关（T1）

	谨慎性	积极认知	寻求帮助	逃避	负向发泄	自我觉知	人际体验	生命价值
谨慎性	1							
积极认知	0.17***	1						
寻求帮助	0.25***	0.20***	1					
逃避	0.001	0.05	-0.16***	1				
负向发泄	-0.17***	-0.05	-0.11**	0.15***	1			
自我觉知	0.36**	0.25***	0.18***	0.06	0.02	1		
人际体验	0.33**	0.22***	0.14***	0.06	-0.004	0.83***	1	
生命价值	0.37**	0.19***	0.16***	0.07	0.03	0.77***	0.72***	1

注：* 表示 $p < 0.05$，** 表示 $p < 0.01$，*** 表示 $p < 0.001$。

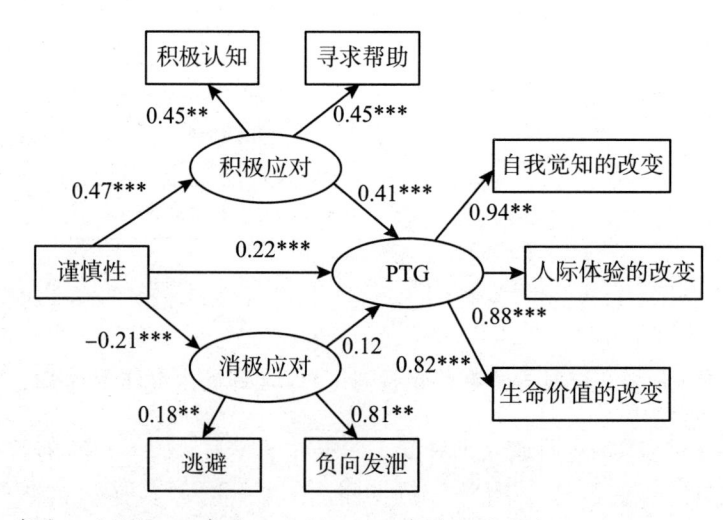

注：* 表示 $p < 0.05$，** 表示 $p < 0.01$，*** 表示 $p < 0.001$。

图3-25　应对方式在谨慎性与PTG之间的中介作用（T1）

在谨慎性与 PTG 之间加入应对方式的中介变量后,图 3-25 的各项拟合指标如下:$\chi^2(16) = 2.85$,$RMSEA = 0.055$,$CFI = 0.981$,$TLI = 0.967$,$GFI = 0.982$。谨慎性与 PTG($\gamma = 0.22$,$p < 0.05$)之间的路径系数显著,接着我们分别讨论积极应对和消极应对在其中起到的两条中介路径。

一方面,谨慎性与积极应对($\gamma = 0.47$,$p < 0.05$)、积极应对与 PTG($\gamma = 0.41$,$p < 0.05$)之间的路径系数均显著,积极应对在谨慎性人格到 PTG 之间起着中介作用,表现为谨慎性能通过提高积极应对来促进 PTG。

另一方面,谨慎性与消极应对($\gamma = -0.21$,$p < 0.05$)之间的路径系数显著,但是消极应对与 PTG($\gamma = 0.12$,$p > 0.05$)之间的路径系数不显著,因此消极应对在谨慎性人格与 PTG 之间不起中介作用。

3. 应对方式在开放性与 PTG 之间的中介效应

对震后 1 年中学生的开放性人格、应对方式以及 PTG 进行 pearson 相关分析,见表 3-19;然后基于假设和模型验证,建立应对方式在开放性人格和 PTG 之间的中介效应模型图,见图 3-26。

表 3-19   开放性人格与应对方式、PTG 等变量的相关系数(T1)

	开放性	积极认知	寻求帮助	逃避	负向发泄	自我觉知	人际体验	生命价值
开放性	1							
积极认知	0.20***	1						
寻求帮助	0.17***	0.20***	1					
逃避	-0.09*	0.05	-0.16***	1				
负向发泄	-0.07	-0.05	-0.11**	0.15***				
自我觉知	0.36***	0.25***	0.18***	0.06	0.02	1		
人际体验	0.28***	0.22***	0.14***	0.06	-0.004	0.83***	1	
生命价值	0.29***	0.19***	0.16***	0.07	0.03	0.77***	0.72***	1

注:* 表示 $p < 0.05$,** 表示 $p < 0.01$,*** 表示 $p < 0.001$。

在开放性与 PTG 之间加入应对方式的中介变量后,图 3-26 的各项拟合指标如下:$\chi^2(16) = 2.10$,$RMSEA = 0.042$,$CFI = 0.988$,$TLI = 0.980$,$GFI = 0.987$。开放性与 PTG($\gamma = 0.23$,$p > 0.05$)之间的路径系数不显著,接下我们分别讨论积极应对和消极应对在其中起到的两条中介路径。

一方面,开放性与积极应对($\gamma = 0.40$,$p < 0.05$)、积极应对与 PTG($\gamma = 0.43$,$p < 0.05$)之间的路径系数均显著,因此积极应对在开放性人格到 PTG 之间起着中介作用,表现为开放性人格可以通过提升积极应对来促进个体的创伤后成长。

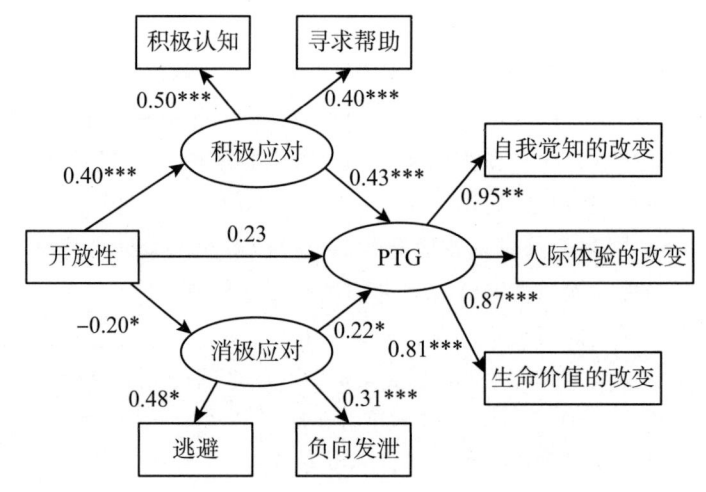

图 3-26 应对方式在开放性与 PTG 之间的中介作用（T1）

注：* 表示 $p<0.05$，** 表示 $p<0.01$，*** 表示 $p<0.001$。

另一方面，开放性与消极应对（$\gamma=-0.20$，$p<0.05$）、消极应对与 PTG（$\gamma=0.22$，$p<0.05$）之间的路径系数均显著，因此消极应对在开放性人格到 PTG 之间起着中介作用，表现为开放性人格越高，消极应对越低，PTG 也越低。

（三）人格、应对方式对 PTG 的影响（震后 1.5 年）

1. 应对方式在情绪性与 PTG 之间的中介效应

对震后 1.5 年中学生的情绪性人格、应对方式以及 PTG 进行 pearson 相关分析，见表 3-20；然后基于假设和模型验证，建立应对方式在情绪性人格和 PTG 之间的中介效应模型图，见图 3-27。

表 3-20　　情绪性人格与应对方式、PTG 等变量的相关（T2）

	情绪性	积极认知	寻求帮助	逃避	负向发泄	自我觉知	人际体验	生命价值
情绪性	1							
积极认知	0.02	1						
寻求帮助	-0.14**	0.28***	1					
逃避	0.12**	0.06	-0.09*	1				
负向发泄	0.35***	0.003	-0.09*	0.18***	1			
自我觉知	0.22***	0.27***	0.24***	-0.01	-0.05	1		
人际体验	0.21***	0.21***	0.16***	0.04	-0.02	0.72***	1	
生命价值	0.18***	0.26***	0.19***	0.004	-0.04	0.84***	0.78***	1

注：* 表示 $p<0.05$，** 表示 $p<0.01$，*** 表示 $p<0.001$。

注：* 表示 $p<0.05$，** 表示 $p<0.01$，*** 表示 $p<0.001$。

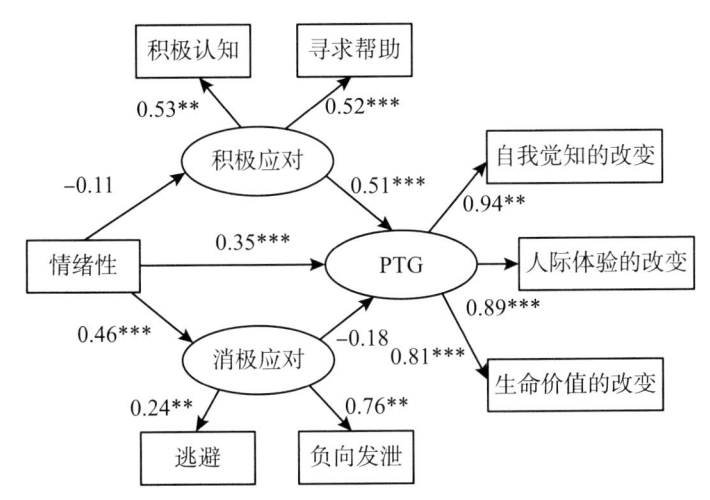

图 3-27　应对方式在情绪性与 PTG 之间的中介作用（T2）

在情绪性与 PTG 之间加入应对方式的中介变量后，图 3-27 的各项拟合指标如下：$\chi^2(16)=2.75$，$RMSEA=0.054$，$CFI=0.982$，$TLI=0.969$，$GFI=0.976$。情绪性人格能正向预测 PTG（$\gamma=0.35$，$p<0.05$）。接下来我们分别讨论积极应对和消极应对在其中起到的两条中介路径。

一方面，情绪性与积极应对（$\gamma=-0.11$，$p>0.05$）之间的路径系数不显著，积极应对与 PTG（$\gamma=0.51$，$p<0.05$）之间的路径系数显著，因此积极应对在情绪性人格和 PTG 之间不起中介作用。

另一方面，情绪性与消极应对（$\gamma=0.46$，$p<0.05$）之间的路径系数显著，但是消极应对与 PTG（$\gamma=-0.18$，$p>0.05$）之间的路径系数不显著，因此消极应对在情绪性人格和 PTG 之间也不起中介作用。

2. 应对方式在谨慎性与 PTG 之间的中介效应

对震后 1.5 年中学生的谨慎性人格、应对方式以及 PTG 进行 pearson 相关分析，见表 3-21；然后基于假设和模型验证，建立应对方式在谨慎性人格和 PTG 之间的中介效应模型图，见图 3-28。

表 3-21　　谨慎性人格与应对方式、PTG 等变量的相关（T2）

	谨慎性	积极认知	寻求帮助	逃避	负向发泄	自我觉知	人际体验	生命价值
谨慎性	1							
积极认知	0.23***	1						
寻求帮助	0.25***	0.28***	1					
逃避	0.03	0.06	-0.09**	1				

续表

	谨慎性	积极认知	寻求帮助	逃避	负向发泄	自我觉知	人际体验	生命价值
负向发泄	-0.16***	0.003	-0.09*	0.18***	1			
自我觉知	0.36***	0.27***	0.24***	-0.01	-0.05	1		
人际体验	0.33***	0.21***	0.16***	0.04	-0.02	0.72***	1	
生命价值	0.36***	0.26***	0.19***	0.004	-0.04	0.84***	0.77***	1

注：* 表示 $p<0.05$，** 表示 $p<0.01$，*** 表示 $p<0.001$。

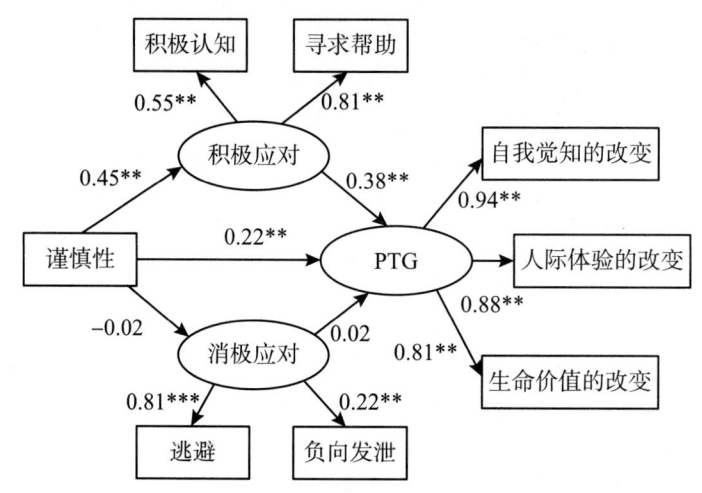

注：* 表示 $p<0.05$，** 表示 $p<0.01$，*** 表示 $p<0.001$。

图 3-28 应对方式在谨慎性与 PTG 之间的中介作用（T2）

在谨慎性与 PTG 之间加入应对方式的中介变量后，图 3-28 的各项拟合指标如下：$\chi^2(16)=1.74$，$RMSEA=0.035$，$CFI=0.982$，$TLI=0.969$，$GFI=0.983$。谨慎性与 PTG（$\gamma=0.22$，$p<0.05$）之间的路径系数显著，接下来我们分别讨论积极应对和消极应对在其中起到的两条中介路径。

一方面，谨慎性与积极应对（$\gamma=0.45$，$p<0.05$）、积极应对与 PTG（$\gamma=0.38$，$p<0.05$）之间的路径系数均显著，因此积极应对在谨慎性人格到 PTG 之间起着中介作用，表现为谨慎性人格能通过提升积极应对来促进 PTG。

另一方面，谨慎性与消极应对（$\gamma=-0.02$，$p>0.05$）之间的路径系数不显著，消极应对与 PTG（$\gamma=0.02$，$p>0.05$）之间的路径系数不显著，因此消极应对在谨慎性到 PTG 之间不起中介作用。

3. 应对方式在开放性与 PTG 之间的中介效应

对震后 1.5 年中学生的开放性人格、应对方式以及 PTG 进行 pearson 相关分析，见表 3-22；然后基于假设和模型验证，建立应对方式在开放性人格和 PTG

之间的中介效应模型图，见图 3-29。

表 3-22 开放性人格与应对方式、PTG 等变量的相关（T2）

	开放性	积极认知	寻求帮助	逃避	负向发泄	自我觉知	人际体验	生命价值
开放性	1							
积极认知	0.19*	1						
寻求帮助	0.14**	0.28***	1					
逃避	-0.08	0.06	-0.09*	1				
负向发泄	-0.05	0.003	-0.09*	0.18***	1			
自我觉知	0.34***	0.27***	0.24***	-0.01	-0.05	1		
人际体验	0.31***	0.21***	0.16***	0.04	-0.02	0.72***	1	
生命价值	0.37***	0.26***	0.19***	0.004	-0.04	0.84***	0.78***	1

注：* 表示 $p<0.05$，** 表示 $p<0.01$，*** 表示 $p<0.001$。

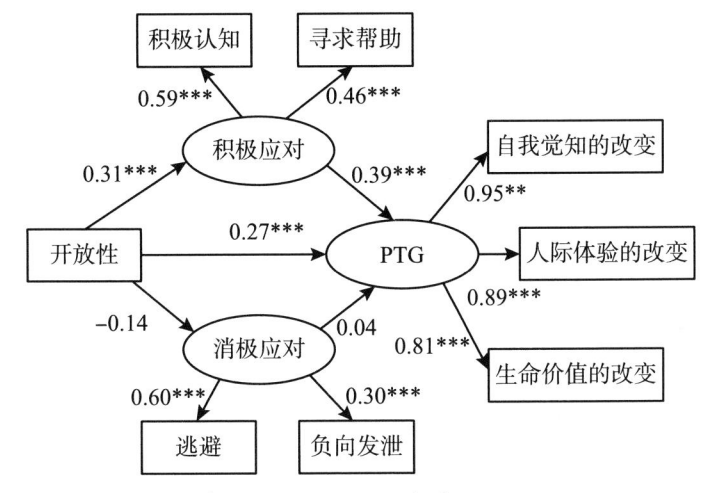

注：* 表示 $p<0.05$，** 表示 $p<0.01$，*** 表示 $p<0.001$。

图 3-29 应对方式在开放性与 PTG 之间的中介作用（T2）

在开放性与 PTG 之间加入应对方式的中介变量后，图 3-29 的各项拟合指标如下：$\chi^2(16) = 1.66$，$RMSEA = 0.033$，$CFI = 0.993$，$TLI = 0.988$，$GFI = 0.989$。开放性与 PTG（$\gamma = 0.27$，$p<0.05$）之间的路径系数显著，我们分别讨论积极应对和消极应对在其中起到的两条中介路径。

一方面，开放性与积极应对（$\gamma = 0.31$，$p<0.05$）、积极应对与 PTG（$\gamma = 0.39$，$p<0.05$）之间的路径系数均显著，因此积极应对在开放性人格到 PTG 之间起着中介作用，表现为开放型人格能通过提升积极应对来促进 PTG。

另一方面，开放性与消极应对（$\gamma = -0.14$，$p>0.05$）之间的路径系数不显著，消极应对与 PTG（$\gamma = 0.04$，$p>0.05$）之间的路径系数也不显著，因此消极应对在开放性人格和 PTG 之间不起中介作用。

（四）人格、应对方式对 PTG 的影响（震后 2 年）

1. 应对方式在情绪性与 PTG 之间的中介效应

对震后 2 年中学生的情绪性人格、应对方式以及 PTG 进行 pearson 相关分析，见表 3 – 23；然后基于假设和模型验证，建立应对方式在情绪性人格和 PTG 之间的中介效应模型图，见图 3 – 30。

表 3 – 23　　情绪性人格与应对方式、PTG 等变量的相关系数（T3）

	情绪性	积极认知	寻求帮助	逃避	负向发泄	自我觉知	人际体验	生命价值
情绪性	1							
积极认知	0.14*	1						
寻求帮助	-0.07	0.48***	1					
逃避	0.19***	0.22***	0.14**	1				
负向发泄	0.45***	0.19***	0.06	0.32***	1			
自我觉知	0.11*	0.31***	0.19***	0.07	0.14**	1		
人际体验	0.15***	0.31***	0.18***	0.05	0.12**	0.86***	1	
生命价值	0.16***	0.31***	0.24***	0.14**	0.12**	0.82***	0.78***	1

注：* 表示 $p < 0.05$，** 表示 $p < 0.01$，*** 表示 $p < 0.001$。

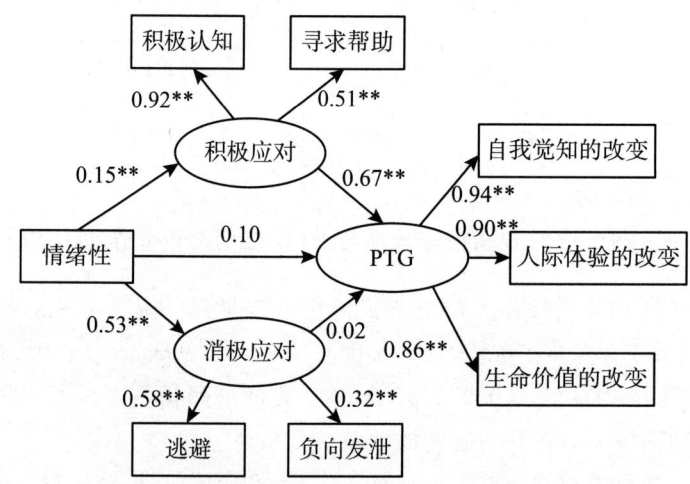

注：* 表示 $p < 0.05$，** 表示 $p < 0.01$，*** 表示 $p < 0.001$。

图 3 – 30　应对方式在情绪性与 PTG 之间的中介作用（T3）

在情绪性与 PTG 之间加入应对方式的中介变量后，图 3 – 30 的各项拟合指标如下：$\chi^2(16) = 3.57$，$RMSEA = 0.072$，$CFI = 0.974$，$TLI = 0.954$，$GFI =$

0.973。情绪性与 PTG（$\gamma = 0.10$，$p > 0.05$）之间的路径系数不显著，接下来我们分别讨论积极应对和消极应对在其中起到的两条中介路径。

一方面，情绪性与积极应对（$\gamma = 0.15$，$p < 0.05$）、积极应对与 PTG（$\gamma = 0.67$，$p < 0.05$）之间的路径系数均显著，因此积极应对在情绪性人格到 PTG 之间起着中介作用，表现为情绪性人格能通过提升积极应对来促进 PTG。

另一方面，情绪性与消极应对（$\gamma = 0.53$，$p < 0.05$）之间的路径系数显著，但是消极应对与 PTG（$\gamma = 0.02$，$p > 0.05$）之间的路径系数不显著，因此消极应对在情绪性人格和 PTG 之间不起中介作用。

2. 应对方式在谨慎性与 PTG 之间的中介效应

对震后 2 年中学生的谨慎性人格、应对方式以及 PTG 进行 pearson 相关分析，见表 3-24；然后基于假设和模型验证，建立应对方式在谨慎性人格和 PTG 之间的中介效应模型图，见图 3-31。

表 3-24 　　　　谨慎性人格与应对方式、PTG 等变量的相关（T3）

	谨慎性	积极认知	寻求帮助	逃避	负向发泄	自我觉知	人际体验	生命价值
谨慎性	1							
积极认知	0.38[*]	1						
寻求帮助	0.41[***]	0.48[***]	1					
逃避	0.04	0.22[***]	0.14[**]	1				
负向发泄	-0.04	0.19[***]	0.06	0.32[***]	1			
自我觉知	0.28[***]	0.31[***]	0.19[***]	0.07	0.14[**]	1		
人际体验	0.23[***]	0.31[***]	0.18[***]	0.05	0.12[**]	0.86[***]	1	
生命价值	0.29[***]	0.31[***]	0.24[***]	0.14[**]	0.12[**]	0.82[***]	0.78[***]	1

注：* 表示 $p < 0.05$，** 表示 $p < 0.01$，*** 表示 $p < 0.001$。

在谨慎性与 PTG 之间加入应对方式的中介变量后，图 3-31 各项拟合指标如下：$\chi^2(16) = 63.8$，$RMSEA = 0.078$，$CFI = 0.970$，$TLI = 0.947$，$GFI = 0.969$。谨慎性与 PTG（$\gamma = 0.12$，$p > 0.05$）之间的路径系数不显著，接下来我们分别讨论积极应对和消极应对在其中起到的两条中介路径。

一方面，谨慎性与积极应对（$\gamma = 0.59$，$p < 0.001$）、积极应对与 PTG（$\gamma = 0.33$，$p < 0.001$）之间的路径系数均显著，因此积极应对在谨慎性人格到 PTG 之间起着中介作用，表现为谨慎性人格能通过提升积极应对来促进 PTG。

另一方面，谨慎性与消极应对（$\gamma = -0.02$，$p > 0.05$）之间的路径系数不显著，消极应对与 PTG（$\gamma = 0.12$，$p < 0.05$）之间的路径系数显著，因此消极应对的中介效应不显著。

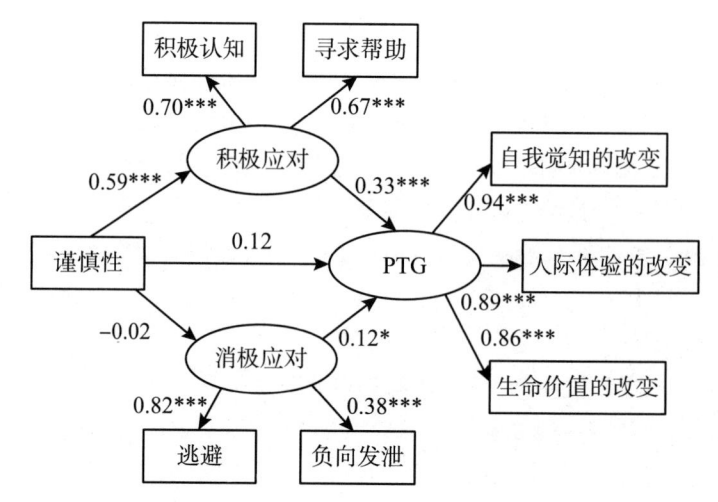

注：* 表示 p<0.05，** 表示 p<0.01，*** 表示 p<0.001。

图 3-31　应对方式在谨慎性与 PTG 之间的中介作用（T3）

3. 应对方式在开放性与 PTG 之间的中介效应

对震后 2 年中学生的开放性人格、应对方式以及 PTG 进行 pearson 相关分析，见表 3-25；然后基于假设和模型验证，建立应对方式在开放性人格和 PTG 之间的中介效应模型图，见图 3-32。

表 3-25　开放性人格与应对方式、PTG 等变量的相关（T3）

	开放性	积极认知	寻求帮助	逃避	负向发泄	自我觉知	人际体验	生命价值
开放性	1							
积极认知	0.39***	1						
寻求帮助	0.44***	0.48***	1					
逃避	-0.04	0.22***	0.14**	1				
负向发泄	-0.01	0.19***	0.06	0.32***	1			
自我觉知	0.24***	0.31***	0.19***	0.07	0.14**	1		
人际体验	0.27***	0.31***	0.18***	0.05	0.12*	0.86***	1	
生命价值	0.25***	0.31***	0.24***	0.14**	0.12*	0.82***	0.78***	1

注：* 表示 p<0.05，** 表示 p<0.01，*** 表示 p<0.001。

在开放性与 PTG 之间加入应对方式的中介变量后，图 3-32 各项拟合指标如下：$\chi^2(15)=37.1$，$RMSEA=0.054$，$CFI=0.986$，$TLI=0.974$，$GFI=0.982$。开放性与 PTG（$\gamma=0.20$，$p<0.01$）之间的路径系数均显著，接下来我们分别讨论积极应对和消极应对在其中起到的两条中介路径。

注：* 表示 $p<0.05$，** 表示 $p<0.01$，*** 表示 $p<0.001$。

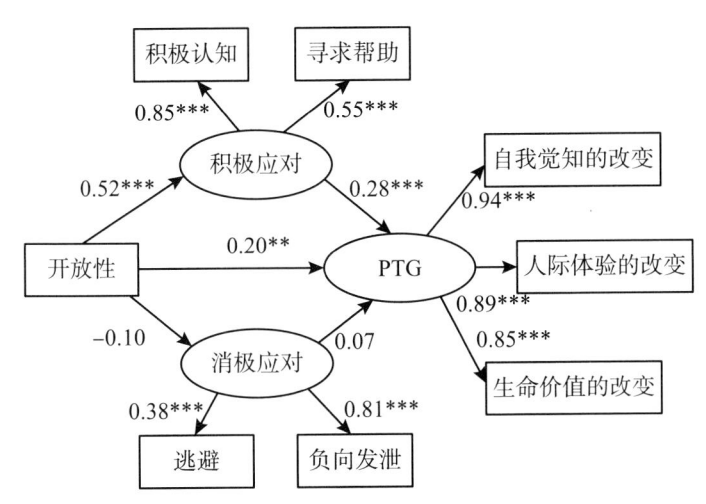

图 3-32　应对方式在开放性与 PTG 之间的中介作用（T3）

一方面，开放性与积极应对（$\gamma=0.52$，$p<0.001$）、积极应对与 PTG（$\gamma=0.28$，$p<0.001$）之间的路径系数均显著，说明积极应对在开放性人格和 PTG 之间起着中介作用，表现为开放性人格能通过提升积极应对以促进 PTG。

另一方面，开放性与消极应对（$\gamma=-0.10$，$p>0.05$）、消极应对与 PTG（$\gamma=0.07$，$p>0.05$）之间的路径系数均不显著，说明对于开放性和 PTG 的关系而言，消极应对不起中介作用。

（五）人格、应对方式对 PTG 的影响（震后 2.5 年）

1. 应对方式在情绪性与 PTG 之间的中介效应

对震后 2.5 年中学生的情绪性人格、应对方式以及 PTG 进行 pearson 相关分析，见表 3-26；然后基于假设和模型验证，建立应对方式在情绪性人格和 PTG 之间的中介效应模型图，见图 3-33。

表 3-26　情绪性人格与应对方式、PTG 等变量的相关（T4）

	情绪性	积极认知	寻求帮助	逃避	负向发泄	自我觉知	人际体验	生命价值
情绪性	1							
积极认知	0.15*	1						
寻求帮助	0.02	0.40***	1					
逃避	0.18**	0.29***	0.24**	1				
负向发泄	0.54***	0.16*	0.16*	0.30***	1			

续表

	情绪性	积极认知	寻求帮助	逃避	负向发泄	自我觉知	人际体验	生命价值
自我觉知	0.13	0.28***	0.27***	0.20**	0.17*	1		
人际体验	0.24**	0.29***	0.30***	0.13	0.21**	0.85***	1	
生命价值	0.17*	0.21***	0.26***	0.21**	0.19**	0.81***	0.76***	1

注：* 表示 $p<0.05$，** 表示 $p<0.01$，*** 表示 $p<0.001$。

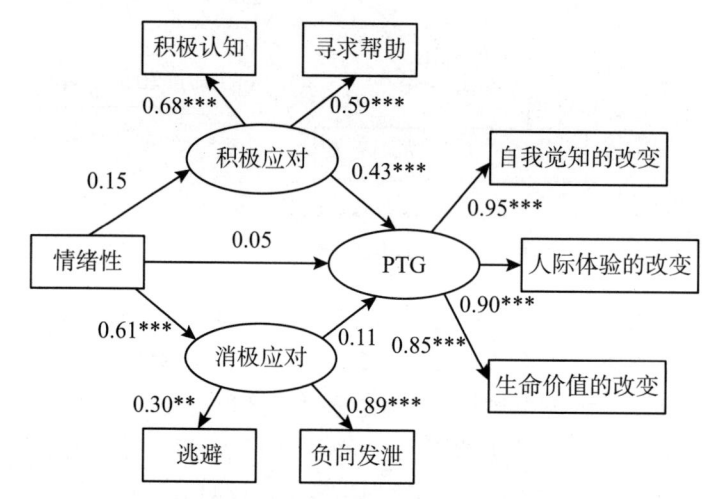

注：* 表示 $p<0.05$，** 表示 $p<0.01$，*** 表示 $p<0.001$。

图 3-33 应对方式在情绪性与 PTG 之间的中介作用 (T4)

在情绪性与 PTG 之间加入应对方式的中介变量后，图 3-33 的各项拟合指标如下：$\chi^2(15) = 2.64$，$RMSEA = 0.085$，$CFI = 0.968$，$TLI = 0.939$，$GFI = 0.960$。情绪性与 PTG 之间的路径系数不显著（$\gamma = 0.05$，$p > 0.05$），接下来我们分别讨论积极应对和消极应对在其中起到的两条中介路径。

一方面，积极应对与 PTG（$\gamma = 0.43$，$p < 0.05$）之间的路径系数显著，但情绪性与积极应对（$\gamma = 0.15$，$p > 0.05$）之间的路径系数不显著，因此积极应对在情绪性人格和 PTG 之间不起中介作用。

另一方面，情绪性与消极应对（$\gamma = 0.61$，$p < 0.05$）之间的路径系数显著，但是消极应对与 PTG（$\gamma = 0.11$，$p > 0.05$）之间的路径系数不显著，因此消极应对在情绪性人格和 PTG 之间不起中介作用。

2. 应对方式在谨慎性与 PTG 之间的中介效应

对震后 2.5 年中学生的谨慎性人格、应对方式以及 PTG 进行 pearson 相关分析，见表 3-27；然后基于假设和模型验证，建立应对方式在谨慎性人格和 PTG 之间的中介效应模型图，见图 3-34。

表 3 – 27 谨慎性人格与应对方式、PTG 等变量的相关（T4）

	谨慎性	积极认知	寻求帮助	逃避	负向发泄	自我觉知	人际体验	生命价值
谨慎性	1							
积极认知	0.26***	1						
寻求帮助	0.30***	0.40***	1					
逃避	0.16*	0.29***	0.24**	1				
负向发泄	-0.02	0.16*	0.16*	0.30***	1			
自我觉知	0.30***	0.28***	0.27***	0.20**	0.17*	1		
人际体验	0.21**	0.29***	0.30***	0.13	0.21**	0.85***	1	
生命价值	0.14*	0.21***	0.26***	0.21**	0.19**	0.81***	0.76***	1

注：* 表示 $p < 0.05$，** 表示 $p < 0.01$，*** 表示 $p < 0.001$。

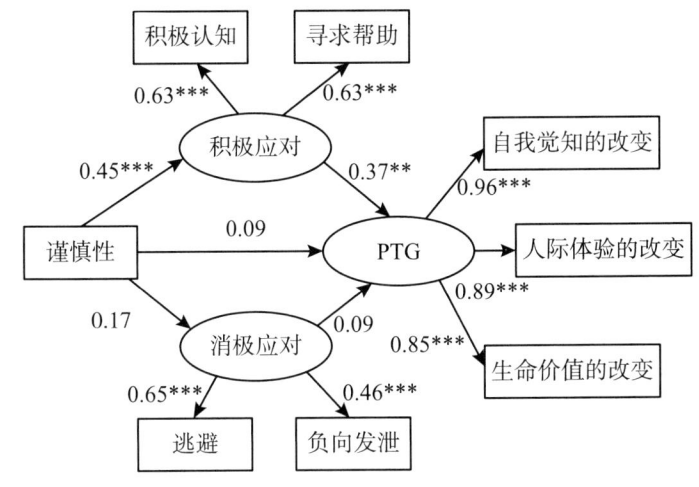

注：* 表示 $p < 0.05$，** 表示 $p < 0.01$，*** 表示 $p < 0.001$。

图 3 – 34 应对在谨慎性与 PTG 的中介作用（T4）

在谨慎性与 PTG 之间加入应对方式的中介变量后，图 3 – 34 的各项拟合指标如下：$\chi^2(15) = 2.44$，$RMSEA = 0.080$，$CFI = 0.970$，$TLI = 0.944$，$GFI = 0.962$。谨慎性与 PTG（$\gamma = 0.09$，$p > 0.05$）之间的路径系数不显著，接下来我们分别讨论积极应对和消极应对在其中起到的两条中介路径。

一方面，谨慎性与积极应对（$\gamma = 0.45$，$p < 0.05$）、积极应对与 PTG（$\gamma = 0.37$，$p < 0.05$）之间的路径系数均显著，因此积极应对在谨慎性人格到 PTG 之间起着中介作用，表现为谨慎性人格可以通过提升积极应对以促进 PTG。

另一方面，谨慎性与消极应对（$\gamma = 0.17$，$p > 0.05$）之间的路径系数不显著，消极应对与 PTG（$\gamma = 0.09$，$p > 0.05$）之间的路径系数也不显著，因此消极应对在谨慎性人格和 PTG 之间不起中介作用。

3. 应对方式在开放性与 PTG 之间的中介效应

对震后 2.5 年中学生的开放性人格、应对方式以及 PTG 进行 pearson 相关分析，见表 3-28；然后基于假设和模型验证，建立应对方式在开放性人格和 PTG 之间的中介效应模型图，见图 3-35。

表 3-28　开放性人格与应对方式、PTG 等变量的相关（T4）

	开放性	积极认知	寻求帮助	逃避	负向发泄	自我觉知	人际体验	生命价值
开放性	1							
积极认知	0.25**	1						
寻求帮助	0.23***	0.40***	1					
逃避	0.14*	0.29***	0.24**	1				
负向发泄	0.11	0.16*	0.16*	0.30***	1			
自我觉知	0.29***	0.28***	0.27***	0.20**	0.17*	1		
人际体验	0.21**	0.29***	0.30***	0.13	0.21**	0.85***	1	
生命价值	0.22**	0.21***	0.26***	0.21**	0.19**	0.81***	0.76***	1

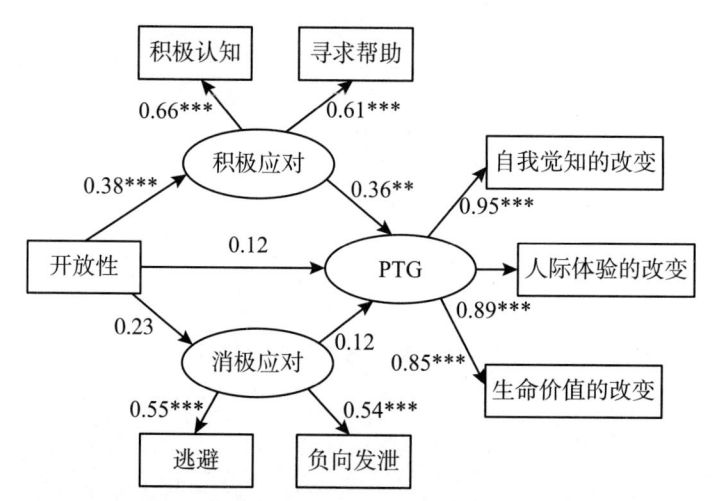

注：* 表示 $p<0.05$，** 表示 $p<0.01$，*** 表示 $p<0.001$。

图 3-35　应对在开放性与 PTG 的中介作用（T4）

在开放性与 PTG 之间加入应对方式的中介变量后，图 3-35 的各项拟合指标如下：$\chi^2(14) = 1.69$，$RMSEA = 0.055$，$CFI = 0.986$，$TLI = 0.972$，$GFI = 0.975$。开放性与 PTG（$\gamma=0.12$，$p>0.05$）之间的路径系数不显著，接下来我们分别讨论积极应对和消极应对在其中起到的两条中介路径。

一方面，开放性与积极应对（$\gamma=0.38$，$p<0.05$）、积极应对与 PTG（$\gamma=$

0.36，$p<0.05$）之间的路径系数均显著，因此积极应对在开放性人格到 PTG 之间起着中介作用，表现为开放性人格能通过提升积极应对以促进 PTG。

另一方面，开放性与消极应对（$\gamma=0.23$，$p>0.05$）之间的路径系数不显著，消极应对与 PTG（$\gamma=0.12$，$p>0.05$）之间的路径系数也不显著，因此消极应对在开放性人格和 PTG 之间不起中介作用。

总之，综合上述结果，我们可以得到如下认识：

第一，人格对 PTG 的影响，一方面可以直接影响 PTG，另一方面也可以通过应对方式的中介作用来影响 PTG。在创伤后的前期，人格对 PTG 既有直接作用，也存在通过应对方式影响 PTG 的间接作用；随着创伤时间的发展，人格对 PTG 的直接作用降低，如到了震后 2.5 年（T4）时，3 个人格因素对 PTG 均没有直接的预测作用。但是人格或是可以通过应对方式间接影响 PTG，如震后 2.5 年（T4）的谨慎性、开放性人格可以通过积极应对间接影响 PTG，或是对 PTG 没有显著的直接或间接预测作用，如情绪性人格。

第二，应对方式在人格与 PTG 之间起的中介作用，主要体现在积极应对的中介作用上；相比之下，消极应对几乎不能起到中介作用（除了震后 1 年的开放性人格）。谨慎性人格和开放性人格，在 4 个时间点上，均能通过提升积极应对方式来促进 PTG。PTG 是一种经历创伤后的积极改变，它和更多的积极应对方式相关联，从积极的角度看待创伤以来的历程，思考创伤的意义，从与他人的相互支持中走过创伤，这些积极的应对方式能促进 PTG 的形成。但在情绪性人格上，其在震后 1 年时表现为能通过降低积极应对来阻碍 PTG 的形成，在震后 2 年时能通过提升积极应对来促进 PTG。

第三，在三种人格维度上，谨慎性、开放性和更多的积极应对相关，也多能稳定地通过积极应对影响 PTG；相比之下，情绪性和更多的消极应对相关联，其以应对方式作为中介影响 PTG 也比较不稳定。

三、结论

第一，震后 4 个时间点内，个体的消极应对在人格与 PTG 之间几乎不起中介作用（除震后 1 年的开放性人格）。

第二，积极应对在谨慎性和开放性人格与 PTG 之间起着相对稳定的中介作用，表现为谨慎性、开放性人格能通过提升积极应对来促进 PTG。积极应对在情绪性人格与 PTG 之间的中介作用，表现为在震后 1 年（T1）时能通过降低积极应对来阻碍 PTG 的形成，在震后 2 年（T3）时能通过提升积极应对来促进 PTG。

第三，谨慎性、开放性人格和更多的积极应对相关，情绪性人格和更多的消极应对相关。

第五节 灾后中小学生问题行为的影响机制

地震作为一种创伤事件，不仅会对中小学生的心理产生巨大的影响，而且还会导致许多问题行为的出现，诸如暴力行为、睡眠问题、酗酒、药物滥用等等，这些问题的出现一方面是由于心理问题的产生所引发的，另一方面是对创伤的应对不良所导致的。这些问题行为不仅影响到其健康的发展和社会适应，而且还会给学校的管理带来诸多问题，为了帮助灾后中小学生更好地适应灾后的社会生活，加强灾后中小学校的管理，非常有必要了解灾后中小学生问题行为出现的原因。为此，本节内容主要从PTSD、抑郁、创伤暴露程度、社会支持、应对方式等方面考察灾后中小学生问题行为发生的机制。

一、问题提出

地震之后，很多成年人会用酗酒、滥用药物来麻醉自己，虽然这种做法可能暂时缓解一些心理创伤，但是从长远的角度看，却会导致社交能力渐渐削弱，精神疾病的易感性增加。在青少年群体中，除了PTSD症状和抑郁等情绪障碍以外，本课题组在进行教师培训和焦点访谈的过程中发现，学生们在生活适应方面的行为也发生了变化，有些危险行为随之产生。在大灾大难之后，处于青春发育期的中小学生面对内心冲突、外界诱惑以及生理上的巨大变化，容易产生一系列的心理和行为问题，如意外伤害行为、吸烟、打架、自杀等相关行为。如果这些问题行为没有得到很好的解决，将会严重阻碍个体将来的健康发展。为此，本研究将关注影响灾后青少年问题行为的成因及其作用机制。

问题行为自20世纪20年代由威克曼（Wickman）提出之后，受到了国内外研究者的广泛关注。在我国，相关研究表明，中学生的问题行为检出率呈上升趋势，不容乐观。代维祝等人（2010）提出压力性生活事件是引发青少年问题行为的重要变量，即青少年经历的压力性生活事件越多，越是倾向于采取防御策略，其外化和内化的行为问题也越多。另外，谢子龙、侯洋、徐展（2009）的研究结果发现，社会支持是影响初中流动儿童问题行为的重要因素之一。

但是，基于灾难后青少年问题行为的影响因素研究还比较少见。研究者只是发现创伤带来的灾后特定精神障碍（急性应激障碍、PTSD和抑郁）可能是青少年特定问题行为的起因（Norris, Friedman, Watson, Byrne, Diaz & Kaniasty, 2002）。另外，美国著名教育心理学家林格伦认为："学生在生活中遭受的失败和挫折是引起和加重问题行为的重要因素，问题行为的出现往往是作为逃避挫折引起的紧张和焦虑的心理防卫机制。"我们认为，遭受灾难创伤的学生，由于其安全感、确定感需要长期得不到满足，经常体验到由创伤引发的 PTSD 和抑郁等情绪，这些消极情绪状态可能进而引发消极行为反应，具体包括暴力行为、自杀意向、饮食行为、睡眠行为、服药行为、网络或移动通讯工具使用等。为此，本研究将系统考察应对方式和社会支持对灾后中小学生问题行为的预测作用，并探讨 PTSD 和抑郁在其中的中介效应。

二、数据结果与讨论

（一）问题行为的影响因素模型（震后 1 年）

对震后 1 年中小学生的问题行为、PTSD 三个维度、创伤暴露程度、社会支持与应对方式进行 pearson 相关分析，见表 3 - 29。然后基于假设和模型验证，建立 PTSD 在问题行为及其影响因素之间的中介模型，见图 3 - 36。

表 3 - 29　　　　PTSD、创伤暴露程度、社会支持、应对
　　　　方式与问题行为的相关（T1）

	闯入	回避	警觉	创伤暴露程度	社会支持	积极认知	逃避	问题行为
闯入	1							
回避	0.48**	1						
警觉	0.50**	0.53**	1					
创伤暴露程度	-0.29**	-0.14**	-0.17**	1				
社会支持	0.19**	0.03	0.08**	-0.25**	1			
积极认知	0.14**	0.01	0.08*	-0.15**	0.29**	1		
逃避	0.21**	0.20**	0.10**	-0.11**	-0.02	0.25**	1	
问题行为	0.23**	0.26**	0.35**	-0.15**	0.09*	-0.02	-0.05	1

注：* 表示 $p < 0.05$，** 表示 $p < 0.01$，*** 表示 $p < 0.001$。

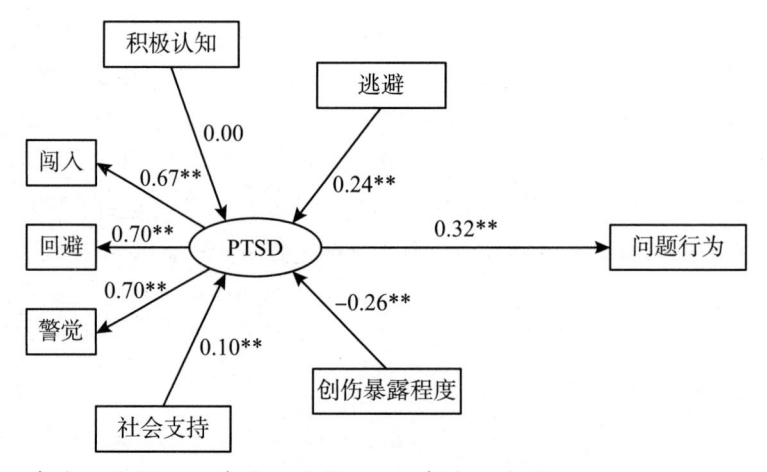

注：* 表示 p<0.05，** 表示 p<0.01，*** 表示 p<0.001。

图 3-36　震后 1 年问题行为的影响因素：PTSD 的中介作用

在图 3-36 的数据模型中，积极认知到 PTSD 的路径系数最小，其 CR 值为 0.085，p 值为 0.933，于是删掉该条路径，得出修正后的数据模型图，见图 3-37。

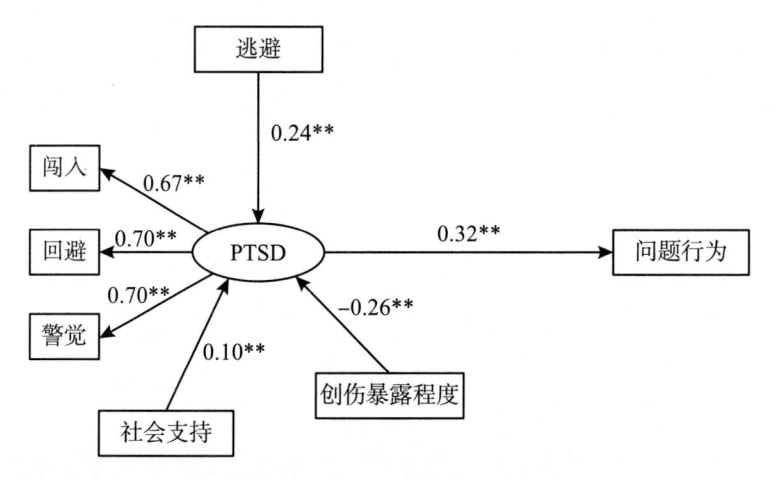

注：* 表示 p<0.05，** 表示 p<0.01，*** 表示 p<0.001。

图 3-37　震后 1 年问题行为的影响因素：PTSD 的中介作用（修正后）

除社会支持对 PTSD 的路径系数不显著外，图 3-37 所示模型的各条路径系数都是显著的（p<0.05）。模型的各项拟合指标良好（RMSEA = 0.048，CFI = 0.927，NFI = 0.900，IFI = 0.927）说明模型和数据有较好的拟合，模型是可以接受的。

在图 3-37 的模型中，我们可以看出，第一，PTSD 在创伤暴露程度和问题行为之间起中介作用,创伤暴露程度越高,PTSD 程度越轻,问题行为越少;第二,PTSD 在逃避和问题行为之间起中介作用,即越多采用逃避方式,个体的 PTSD 程度越严重,问题行为越多。

对震后 1 年中小学生的问题行为、抑郁、创伤暴露程度、社会支持与应对方式进行 pearson 相关分析,见表 3-30。然后基于假设和模型验证,建立抑郁在问题行为及其影响因素之间的中介模型,见图 3-38。

表 3-30　　　　抑郁、创伤暴露程度、社会支持、应对
方式与问题行为的相关(T1)

	抑郁	创伤暴露程度	社会支持	逃避	积极认知	问题行为
抑郁	1					
创伤暴露程度	-0.25**	1				*
社会支持	0.19**	-0.25**	1			
积极认知	0.12**	-0.15**	0.29**	1		
逃避	0.15**	-0.11**	-0.02	1	0.25**	
问题行为	0.40**	-0.15**	0.09*	-0.02	-0.05	1

注:* 表示 $p<0.05$,** 表示 $p<0.01$,*** 表示 $p<0.001$。

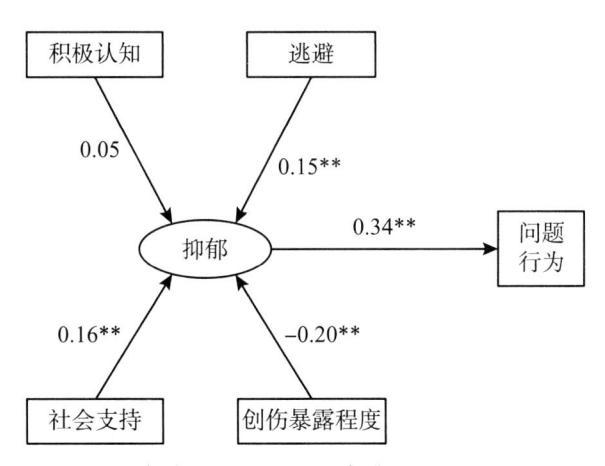

图 3-38　震后 1 年问题行为的影响因素:抑郁的中介作用

注:* 表示 $p<0.05$,** 表示 $p<0.01$,*** 表示 $p<0.001$。

在图 3-38 的数据模型中,积极认知到创伤后障碍的路径系数最小,其 *CR* 值为 1.212,*p* 值为 0.226,于是删掉该条路径,得出修正后的数据模型图,见图 3-39。

```
        逃避
         │
       0.15**
         ↓
       ┌────┐   0.34**
       │ 抑郁 │─────────→ 问题行为
       └────┘
       ↗      ↖
    0.16**   -0.20**
      │        │
   社会支持  创伤暴露程度
```

注：* 表示 $p < 0.05$，** 表示 $p < 0.01$，*** 表示 $p < 0.001$。

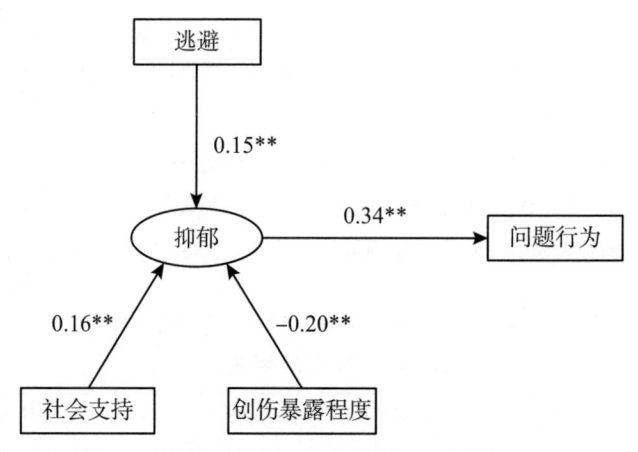

图 3-39　震后 1 年问题行为的影响因素：抑郁的中介作用 （修正后）

在图 3-39 的模型中，各条路径系数都是显著的 （$p < 0.05$）。模型的各项拟合指标良好 （$RMSEA = 0.049$，$CFI = 0.932$，$NFI = 0.907$，$IFI = 0.932$），说明模型和数据有较好的拟合，模型是可以接受的。

在图 3-39 的模型中，我们可以看出：第一，抑郁状况在创伤暴露程度和问题行为之间起中介作用，创伤暴露程度越高，抑郁程度越轻，问题行为越少；第二，抑郁在社会支持和问题行为之间起中介作用，即获得的社会支持越多，抑郁水平越高，从而导致更多的问题行为；第三，抑郁在逃避和问题行为之间起中介作用，即越多采用逃避方式，个体的抑郁水平越高，问题行为越多。

（二）问题行为的影响因素模型 （震后 1.5 年）

对震后 1.5 年中小学生的问题行为、PTSD 三个维度、创伤暴露程度、社会支持与应对方式进行 pearson 相关分析，见表 3-31。然后基于假设和模型验证，建立 PTSD 在问题行为及其影响因素之间的中介模型，见图 3-40。

表 3-31　　　　PTSD、创伤暴露程度、社会支持、应对方式与问题行为的相关 （T2）

	闯入	回避	警觉	创伤暴露程度	社会支持	逃避	积极认知	问题行为
闯入	1							
回避	0.59**	1						
警觉	0.58**	0.61**	1					

续表

	闯入	回避	警觉	创伤暴露程度	社会支持	逃避	积极认知	问题行为
创伤暴露程度	0.02	0.04	-0.01	1				
社会支持	0.14**	0.03	0.08**	-0.01	1			
逃避	0.05	0.03	0.07	-0.01	0.06	1		
积极认知	0.23**	0.27**	0.13**	0.03	-0.03	1	1	
问题行为	0.35**	0.42**	0.52**	-0.01	0.01	0.09	0.04	1

注：* 表示 $p<0.05$，** 表示 $p<0.01$，*** 表示 $p<0.001$。

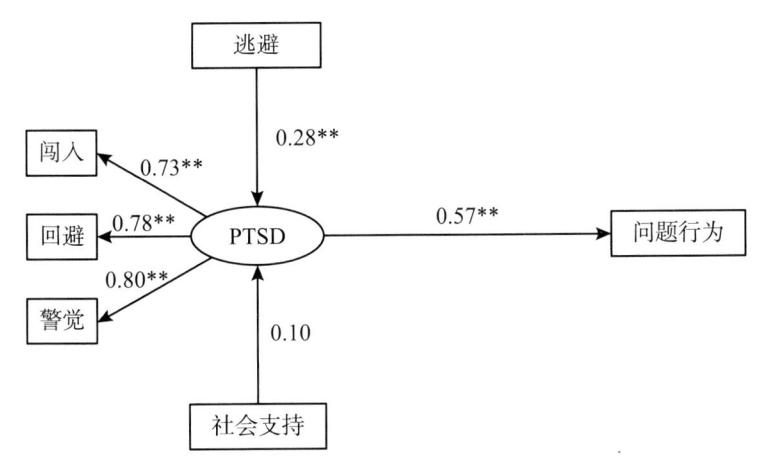

注：* 表示 $p<0.05$，** 表示 $p<0.01$，*** 表示 $p<0.001$。

图 3-40 震后 1.5 年问题行为的影响因素：PTSD 的中介作用

在图 3-40 的模型中，除社会支持到 PTSD 的路径不显著外，其他各条路径系数都是显著的（$p<0.05$）。模型的各项拟合指标良好（$RMSEA=0.047$，$CFI=0.933$，$NFI=0.906$，$IFI=0.933$），说明模型和数据有较好的拟合，模型是可以接受的。从图 3-40 的模型可以看出，PTSD 在逃避和问题行为中起中介作用，即越多采用逃避方式，个体的 PTSD 越严重，问题行为越多。

对震后 1.5 年中小学生的问题行为、抑郁、创伤暴露程度、社会支持与应对方式进行 pearson 相关分析，见表 3-32。然后基于假设和模型验证，建立抑郁在问题行为及其影响因素之间的中介模型，见图 3-41。

表3-32　　抑郁、创伤暴露程度、社会支持、应对
方式与问题行为的相关（T2）

	抑郁	创伤暴露程度	社会支持	积极认知	逃避	问题行为
抑郁	1					
创伤暴露程度	-0.003	1				
社会支持	0.16**	-0.01	1			
积极认知	0.19**	0.02	0.19**	1		
逃避	0.15**	0.03	-0.03	0.40**	1	
问题行为	0.50**	-0.01	0.01	0.03	0.09	1

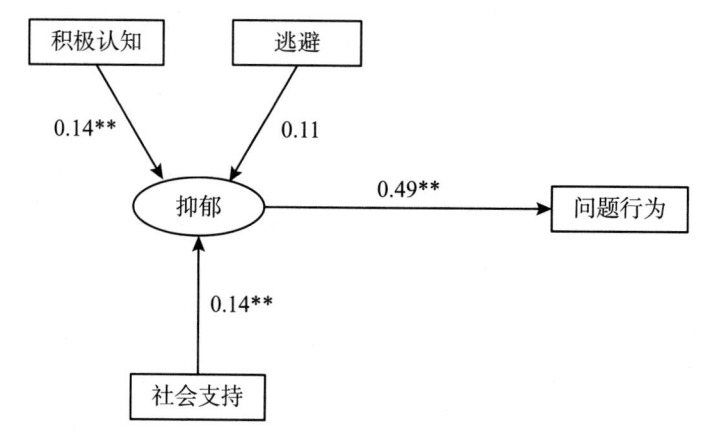

注：* 表示 $p<0.05$，** 表示 $p<0.01$，*** 表示 $p<0.001$。

注：* 表示 $p<0.05$，** 表示 $p<0.01$，*** 表示 $p<0.001$。

图3-41　震后1.5年问题行为的影响因素：抑郁的中介作用

在图3-41的模型中，除逃避应对到抑郁的路径不显著外，其他各条路径系数都是显著的（$p<0.05$）。模型的各项拟合指标良好（$RMSEA=0.046$，$CFI=0.938$，$NFI=0.912$，$IFI=0.939$），说明模型和数据有较好的拟合，模型是可以接受的。

从图3-41中可以看出：第一，抑郁状况在社会支持和问题行为中起中介作用，即社会支持越多，抑郁水平越高，问题行为越多；第二，抑郁状况在积极认知和问题行为之间也起中介作用，即个体越采用积极认知的方式，抑郁水平越高，问题行为越多。

（三）问题行为的影响因素模型（震后2年）

对震后2年中小学生的问题行为、PTSD三个维度、创伤暴露程度、社会支持与应对方式进行pearson相关分析，见表3-33；之后建立PTSD在问题行为及

其影响因素之间的中介模型，见图 3-42。

表 3-33　　PTSD、创伤暴露程度、社会支持、应对方式与问题行为的相关系数（T3）

	闯入	回避	警觉	创伤暴露程度	社会支持	积极认知	逃避	问题行为
闯入	1							
回避	0.62**	1						
警觉	0.61**	0.60**	1					
创伤暴露程度	0.03	0.001	0.05	1				
社会支持	0.05	-0.01	0.07*	0.02	1			
积极认知	0.21**	0.21**	0.17**	-0.05	0.25**	1		
逃避	0.35**	0.35**	0.24**	-0.003	0.06	0.54**	1	
问题行为	0.40**	0.39**	0.43**	0.03	-0.01	0.10**	0.19**	1

注：* 表示 $p<0.05$，** 表示 $p<0.01$，*** 表示 $p<0.001$。

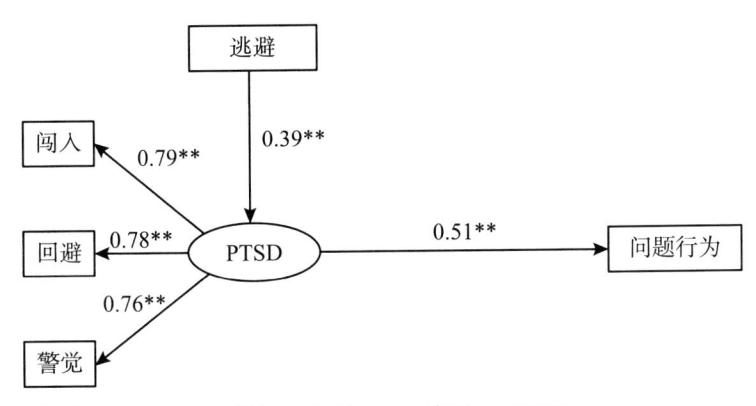

注：* 表示 $p<0.05$，** 表示 $p<0.01$，*** 表示 $p<0.001$。

图 3-42　震后 2 年行为改变的影响因素：PTSD 的中介作用

在图 3-42 的模型中，各条路径系数都是显著的（$p<0.05$）。模型的各项拟合指标良好（$RMSEA=0.060$，$CFI=0.916$，$NFI=0.892$，$IFI=0.916$），说明模型和数据有较好的拟合，模型是可以接受的。从图 3-42 中可以看出，PTSD 在逃避和问题行为之间起中介作用，即越多采用逃避方式，个体的 PTSD 越高，问题行为越多。

对震后 2 年中小学生的问题行为、抑郁、创伤暴露程度、社会支持与应对方式进行 pearson 相关分析，见表 3-34；然后基于假设和模型验证，建立抑郁在行为改变及其影响因素之间的中介模型，见图 3-43。

表 3-34　抑郁、创伤暴露程度、社会支持、应对方式与问题行为的相关（T3）

	抑郁	创伤暴露程度	社会支持	积极认知	逃避	问题行为
抑郁	1					
创伤暴露程度	0.03	1				
社会支持	-0.10**	0.02	1			
积极认知	0.11**	-0.05	0.25**	1		
逃避	0.24**	-0.003	0.06	0.54**	1	
问题行为	0.45**	0.03	-0.01	0.10**	0.19**	1

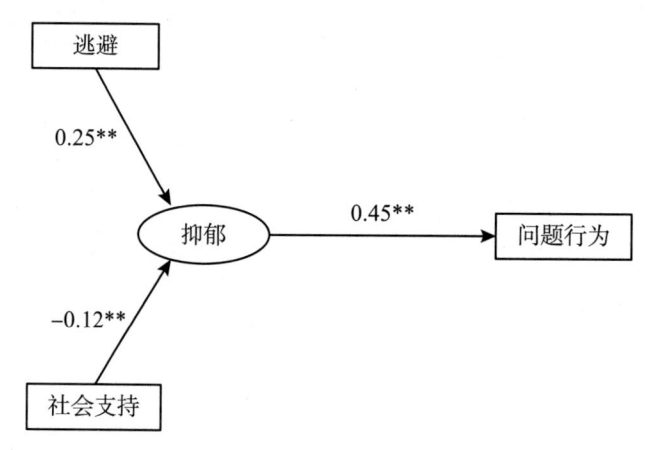

注：* 表示 $p<0.05$，** 表示 $p<0.01$，*** 表示 $p<0.001$。

图 3-43　震后 2 年问题行为的影响因素：抑郁的中介作用

注：* 表示 $p<0.05$，** 表示 $p<0.01$，*** 表示 $p<0.001$。

在图 3-43 的模型中，各条路径系数都是显著的（$p<0.05$）。模型的各项拟合指标良好（$RMSEA=0.065$，$CFI=0.909$，$NFI=0.888$，$IFI=0.910$），说明模型和数据有较好的拟合，模型是可以接受的。

从图 3-43 中可以看出：一是抑郁在社会支持和问题行为之间起中介作用，即越多的社会支持，抑郁状况越少，问题行为越少；二是抑郁在逃避和问题行为之间起中介作用，即越多采用逃避方式，个体的抑郁水平越高，问题行为越多。

（四）问题行为的影响因素模型（震后 2.5 年）

对震后 2.5 年中小学生的问题行为、PTSD 三个维度、创伤暴露程度、社会支持与应对方式进行 pearson 相关分析，见表 3-35；之后然后基于假设和模型验证，建立 PTSD 在问题行为及其影响因素之间的中介模型，见图 3-44。

表 3-35　　PTSD、创伤暴露程度、社会支持、应对方式与问题行为的相关（T4）

	闯入	回避	警觉	创伤暴露程度	社会支持	积极认知	逃避	问题行为
闯入	1							
回避	0.75**	1						
警觉	0.70**	0.77**	1					
创伤暴露程度	-0.01	-0.003	-0.01	1				
社会支持	0.02	0.03	0.05	0.01	1			
积极认知	0.12**	0.12**	0.11**	-0.01	0.28**	1		
逃避	0.20**	0.14**	0.08*	-0.05	0.06	0.52**	1	
问题行为	0.25**	0.29**	0.25**	-0.03	0.02	-0.02	-0.07*	1

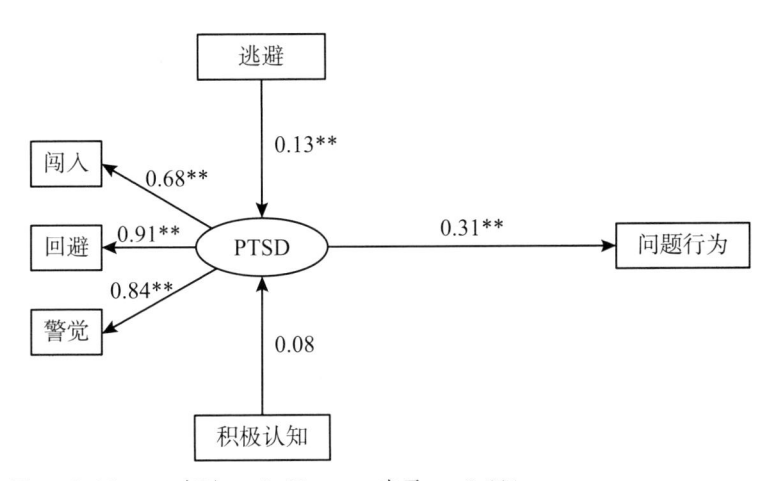

注：* 表示 $p<0.05$，** 表示 $p<0.01$，*** 表示 $p<0.001$。

注：* 表示 $p<0.05$，** 表示 $p<0.01$，*** 表示 $p<0.001$。

图 3-44　震后 2.5 年问题行为的影响因素：PTSD 的中介作用

在图 3-44 的模型中，除积极认知对 PTSD 的影响不显著之外，其他各条路径系数都是显著的（$p<0.05$）。模型的各项拟合指标良好（$RMSEA=0.067$，$CFI=0.906$，$NFI=0.888$，$IFI=0.906$），说明模型和数据有较好的拟合，模型是可以接受的。

从图 3-44 可知，PTSD 在逃避和问题行为中起中介作用，即个体越多地采用逃避方式，它们的 PTSD 症状越严重，问题行为越多。

对震后 2.5 年中小学生的问题行为、抑郁、创伤暴露程度、社会支持与应对方式进行 pearson 相关分析，见表 3-36；然后基于假设和模型验证，建立抑郁在问题行为及其影响因素之间的中介模型，见图 3-45。

表 3-36　抑郁、创伤暴露程度、社会支持、应对方式与问题行为的相关（T4）

	抑郁	创伤暴露程度	社会支持	积极认知	逃避	问题行为
抑郁	1					
创伤暴露程度	-0.03	1				
社会支持	-0.05	0.01	1			
积极认知	0.07*	-0.01	0.28**	1		
逃避	0.07*	-0.05	0.06	0.52**	1	
问题行为	0.27**	-0.03	0.02	-0.02	-0.07*	1

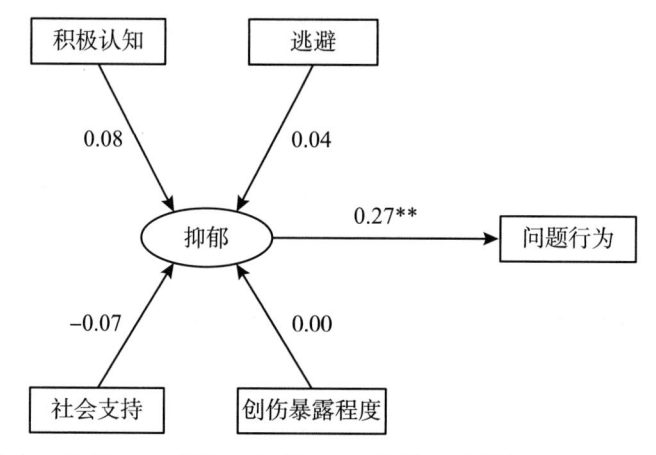

注：* 表示 $p<0.05$，** 表示 $p<0.01$，*** 表示 $p<0.001$。

注：* 表示 $p<0.05$，** 表示 $p<0.01$，*** 表示 $p<0.001$。

图 3-45　震后 2.5 年问题行为的影响因素：抑郁的中介作用

由图 3-45 可知，创伤暴露程度、社会支持、逃避应对和积极认知对抑郁的路径系数都比较小，p 值均不显著。也就是说，事隔 2.5 年之后，创伤暴露程度、社会支持、积极认知和逃避方式对抑郁都没有显著影响，而抑郁对问题行为的正向预测作用仍然存在，抑郁水平越高，问题行为越多。

总之，综合上述结果，我们可以得到以下基本认识：

第一，PTSD 对问题行为有直接的影响，而且这种直接影响相对稳定，在 4 个时间点均表现为 PTSD 越高，问题行为越多。这说明创伤后的 PTSD 对问题行为有直接的影响，且这种影响具有持续性。

第二，关于 PTSD 是否为其他因素与问题行为之间的中介因素，在 4 个时间点的模型中，可以看到 PTSD 均是而且在后 3 个时间点上仅是逃避和问题行为之间的中介因素，这说明逃避应对可以通过提高 PTSD 而增加问题行为，而且这种作用相对稳定。对创伤事件的逃避，并没有真正处理由创伤而引起的对情感、世界观等强烈的冲击，只是将其压在心里，这会导致更多创伤后的负性心理结果，也会导致更多的问题行为。

第三，抑郁对问题行为有直接的影响，而且这种直接影响相对稳定，在4个时间点均表现为抑郁水平越高，问题行为越多。这说明抑郁也可以影响到个体的行为变化，尤其是问题行为的增加。

第四，关于抑郁是否为其他因素与问题行为之间的中介因素，在4个时间点的模型中，可以看到抑郁作为中介因素没有明显的规律性，说明抑郁作为中介因素的作用机制不稳定。

第五，从PTSD、抑郁对问题行为的直接影响可以看出，问题行为作为一个客观指标，与情绪有紧密的联系，受到情绪的直接影响。

三、结 论

第一，在震后的4个时间点上，PTSD均可以直接正向预测问题行为，即PTSD越高，问题行为越多。此外，PTSD还是逃避应对和问题行为之间的中介因素，逃避应对越高，PTSD越高，问题行为也越多。

第二，在震后的4个时间点上，抑郁均可以正向预测问题行为，即抑郁越高，问题行为越多。但是，抑郁作为其他因素与问题行为之间的中介机制没有明显的规律性。

第六节 灾后中小学生学业倦怠的影响机制

学习作为中小学生的主要任务，灾后中小学生的学习状况备受家庭、学校和社会各界的关注。由于地震之后中小学生出现了诸多心理反应，这些反应会影响其学习行为，进而影响其学业状况，其中最主要的就是学业倦怠问题。为了帮助中小学生积极投身于学业之中，有必要了解中小学生出现学习倦怠的原因。对此，本节内容主要从PTSD和PTG出发，考察两种创伤后心理反应对中小学生学业倦怠的影响。

一、问题提出

学业是中小学生核心竞争力和自我效能感的来源。部分学生由于与学习情景的长期严重分离而出现了身心资源衰竭、对学习疏离和负性自我评价的低效学习心理，这就是学业倦怠。它不仅影响身心健康，还可能在同龄群体间具有传染性，造成潜在的恶性影响。

对于灾后的中小学生而言，心理复原不仅仅表现在对PTSD和抑郁的消除上，还表现在每天的学习生活中。学习是青少年每天都需要面对的主要任务，我们在对灾区教师的访谈中发现，学生普遍表现出对学习的倦怠，如"不想学习"、"不爱学习"，或者认为"学习好也没有意义"等。但是从长远看来，学习对于青少年的意义不仅仅是学习能力的一种体现，也是灾后心理适应的重要指标。因而研究灾后中小学生的学业倦怠，对于了解他们的学习状况，进一步促进他们的心理成长和长远发展，都有很强的现实意义。

倪士光、伍新春、张步先（2009）针对大学生学业倦怠的研究发现，压力应激事件是学业倦怠的重要因素。而地震灾难是一种非可控的、程度更大的应激，它对青少年的学习可能会造成更大的影响，且这种影响往往不是个体所能控制的。我们在灾区访谈的结果也发现：个体灾后应激情绪越高，其学习所受干扰越大，越有可能出现学业倦怠的现象。因此，我们假设，灾区个体的PTSD越高，其学业倦怠水平就越高。

如前所述，个体在经历创伤后，如果能对创伤事件进行积极的再评价，也可能出现创伤后成长。研究发现，在面对丧失且有可能是持续的丧失时，个人将认识到生活的珍贵。在正常情况下，人们倾向于"向前看"，即关注于自己所缺少的、想要得到的；而在重大灾难后，人们倾向于"向后看"，即关注于已经拥有的、没有被完全毁灭的，从而使得生活呈现出新的价值。在认识到生活价值的同时，个人也通过新的选择和承诺变得积极起来，而这创造了生活的新意义（张倩、郑涌，2009）。不过，Hobfoll等（2007）认为，如果个体未将PTG的认知转化为行为，那么它们就可能导致消极后果。真正的PTG并不简单是认知过程，而是通过行为实现个人的建设性认知或使幻想现实化，即真正的PTG是通过行为成长来实现的。那么，青少年在经历了大灾大难后，在拥有了PTG的前提下，是否会对自己面临的重大任务"学习"的压力和意义产生不同的感知和理解？这也是本研究关注的话题，即个体的PTG是否会对学业倦怠产生作用。我们假设，个体PTG越高，学业倦怠水平会越低。

为此，本研究将系统考察PTSD和PTG这两个指标对学业倦怠的影响作用，并研究这一影响作用是否会随时间的变化而发生改变。

二、数据结果与讨论

（一）学业倦怠的影响因素模型（震后1年）：PTSD和PTG的作用

对震后1年中小学生的PTG三个维度、PTSD三个维度以及学业倦怠四个维度进行pearson相关分析，见表3-37；然后基于假设和模型验证，建立PTSD和PTG对学业倦怠影响的模型图，见图3-46。

表 3-37　　PTG、PTSD 与学业倦怠等变量的相关（T1）

	自我觉知	人际体验	生命价值	闯入	回避	警觉	情绪耗竭	学习低效	师生疏离	生理耗竭
自我觉知	1									
人际体验	0.83***	1								
生命价值	0.75***	0.73***	1							
闯入	0.11**	0.15***	0.16***	1						
回避	0.05	0.09*	0.08*	0.62***	1					
警觉	0.04	0.06	0.07	0.64***	0.67***	1				
情绪耗竭	−0.08*	0.002	−0.04	0.23***	0.33***	0.38***	1			
学习低效	−0.18***	−0.17***	−0.16***	−0.02	0.10**	0.05	0.18***	1		
师生疏离	0.01	0.03	0.07*	0.31***	0.41***	0.43***	0.55***	0.13***	1	
生理耗竭	0.02	0.05	0.06	0.46***	0.56***	0.60***	0.60***	0.12***	0.58***	1

注：* 表示 $p<0.05$，** 表示 $p<0.01$，*** 表示 $p<0.001$。

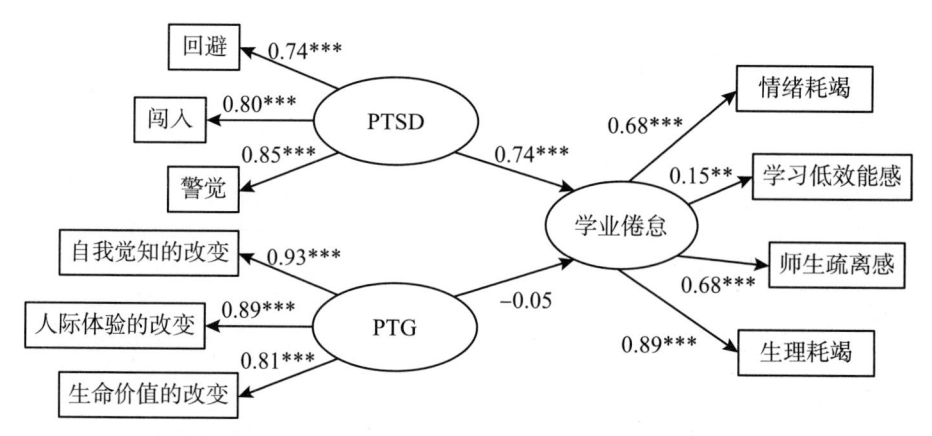

图 3-46 震后 1 年学业倦怠的影响因素：PTSD、PTG 的作用

图 3-46 的模型的各项拟合指标良好（$\chi^2(32) = 5.20$，$RMSEA = 0.073$，$CFI = 0.965$，$TLI = 0.951$，$GFI = 0.959$），说明模型与数据的拟合良好。其中，PTSD 与学业倦怠（$\gamma = 0.74$，$p < 0.05$）之间的路径系数显著，因此 PTSD 对学业倦怠的正向预测作用显著；PTG 与学业倦怠（$\gamma = -0.05$，$p > 0.05$）之间的路径系数不显著，因此 PTG 对学业倦怠的预测作用不显著。

（二）学业倦怠的影响因素模型（震后 1.5 年）：PTSD 和 PTG 的作用

对震后 1.5 年中小学生的 PTG 三个维度、PTSD 三个维度以及学业倦怠四个维度进行 pearson 相关分析，见表 3-38；然后基于假设和模型验证，建立 PTSD 和 PTG 对学业倦怠影响的模型图，见图 3-47。

表 3-38　　PTG、PTSD 与学业倦怠等变量的相关（T2）

	自我觉知	人际体验	生命价值	闯入	回避	警觉	情绪耗竭	学习低效	师生疏离	生理耗竭
自我觉知	1									
人际体验	0.87***	1								
生命价值	0.85***	0.84***	1							
闯入	-0.06	-0.04	-0.07	1						
回避	-0.16***	-0.14**	-0.17***	0.64***	1					
警觉	-0.11**	-0.07	-0.10*	0.65***	0.70***	1				
情绪耗竭	-0.06	-0.02	-0.06	0.20***	0.36***	0.39***	1			
学习低效	-0.22***	-0.19***	-0.17***	-0.03	0.04	0.02	0.15***	1		
师生疏离	0.01	0.004	-0.02	0.34***	0.51***	0.48***	0.59***	0.07	1	
生理耗竭	-0.11**	-0.08	-0.09*	0.49***	0.60***	0.63***	0.63***	0.07	0.60***	1

注：* 表示 $p < 0.05$，** 表示 $p < 0.01$，*** 表示 $p < 0.001$。

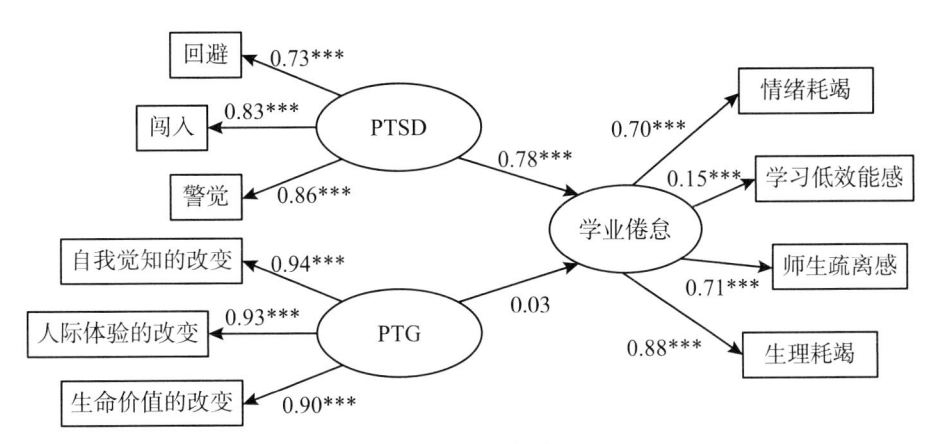

注：* 表示 $p < 0.05$，** 表示 $p < 0.01$，*** 表示 $p < 0.001$。

图 3-47　震后 1.5 年学业倦怠的影响因素：PTSD、PTG 的作用

图 3-47 的模型的各项拟合指标良好（$\chi^2(30) = 4.00$，$RMSEA = 0.070$，$CFI = 0.975$，$TLI = 0.963$，$GFI = 0.965$），说明模型与数据的拟合良好。其中，PTSD 与学业倦怠（$\gamma = 0.78$，$p < 0.05$）之间的路径系数显著，因此 PTSD 对学业倦怠的正向预测作用显著；PTG 与学业倦怠（$\gamma = 0.03$，$p > 0.05$）之间的路径系数不显著，因此 PTG 对学业倦怠的预测作用不显著。

（三）学业倦怠的影响因素模型（震后 2 年）：PTSD 和 PTG 的作用

对震后 2 年中小学生的 PTG 三个维度、PTSD 三个维度以及学业倦怠四个维度进行 pearson 相关分析，见表 3-39；然后基于假设和模型验证，建立 PTSD 和 PTG 对学业倦怠影响的模型图，见图 3-48。

表 3-39　PTG 与 PTSD、学业倦怠等变量的相关（T3）

	自我觉知	人际体验	生命价值	闯入	回避	警觉	情绪耗竭	学习低效感	师生疏离感	生理耗竭
自我觉知	1									
人际体验	0.88***	1								
生命价值	0.89***	0.86***	1							
闯入	-0.12*	-0.10	-0.14*	1						
回避	-0.21***	-0.16**	-0.21***	0.64***	1					
警觉	-0.16**	-0.10	-0.14*	0.63***	0.74***	1				
情绪耗竭	-0.24***	-0.16**	-0.22***	0.16**	0.37***	0.35***	1			
学习低效	-0.29***	-0.25***	-0.31***	0.03	0.13*	0.08	0.17***	1		
师生疏离	-0.13*	-0.11*	-0.12*	0.29***	0.52***	0.47***	0.53***	0.08	1	
生理耗竭	-0.16**	-0.12*	-0.15**	0.41***	0.60***	0.62***	0.64***	0.08	0.55***	1

注：* 表示 $p < 0.05$，** 表示 $p < 0.01$，*** 表示 $p < 0.001$。

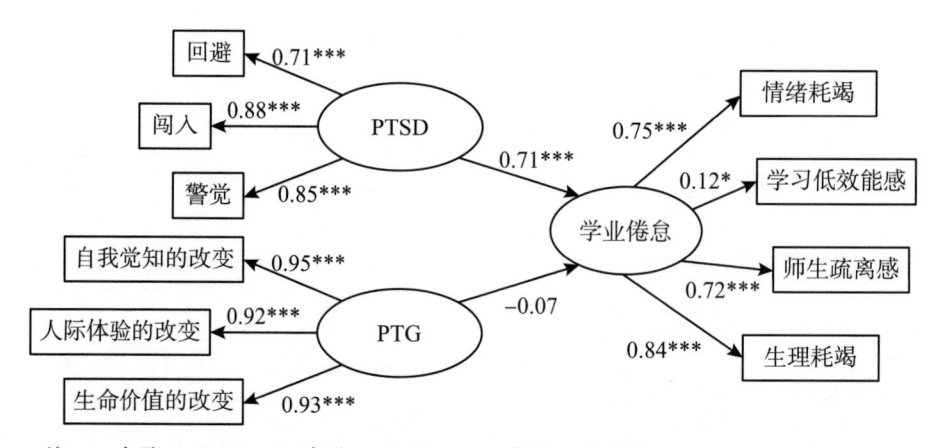

图 3-48　震后 2 年学业倦怠的影响因素：PTSD、PTG 的作用

图 3-48 的各项拟合指标如下：$\chi^2(31) = 4.51$，$RMSEA = 0.101$，$CFI = 0.951$，$TLI = 0.929$，$GFI = 0.934$，各项拟合指数处于临界可接受的水平，说明模型是基本可接受的。其中，PTSD 与学业倦怠（$\gamma = 0.71$，$p < 0.05$）之间的路径系数显著，说明 PTSD 对学业倦怠的直接预测作用显著，但 PTG 与学业倦怠（$\gamma = -0.07$，$p > 0.05$）之间的路径系数不显著，因此 PTG 对学业倦怠没有显著的预测作用。

（四）学业倦怠的影响因素模型（震后 2.5 年）：PTSD 和 PTG 的作用

对震后 2.5 年中小学生的 PTG 三个维度、PTSD 三个维度以及学业倦怠四个维度进行 pearson 相关分析，见表 3-40；然后基于假设和模型验证，建立 PTSD 和 PTG 对学业倦怠影响的模型图，见图 3-49。

表 3-40　　　　　　PTG、PTSD 与学业倦怠等变量的相关（T4）

	自我觉知	人际体验	生命价值	闯入	回避	警觉	情绪耗竭	学习低效	师生疏离	生理耗竭
自我觉知	1									
人际体验	0.89***	1								
生命价值	0.86***	0.83***	1							
闯入	0.16**	-0.16**	0.19***	1						
回避	-0.02	-0.01	0.03	0.62***	1					
警觉	0.05	-0.09	0.09	0.62***	0.69***	1				
情绪耗竭	-0.12	-0.04	-0.05	0.17***	0.39***	0.40***	1			
学习低效	-0.27***	-0.27***	-0.30***	-0.04	0.09	0.01	0.20***	1		
师生疏离	-0.05	0.04	-0.04	0.31***	0.47***	0.44***	0.58***	0.12	1	
生理耗竭	-0.18*	-0.15*	-0.14	0.47***	0.58***	0.61***	0.56***	0.10	0.49***	1

注：* 表示 $p < 0.05$，** 表示 $p < 0.01$，*** 表示 $p < 0.001$。

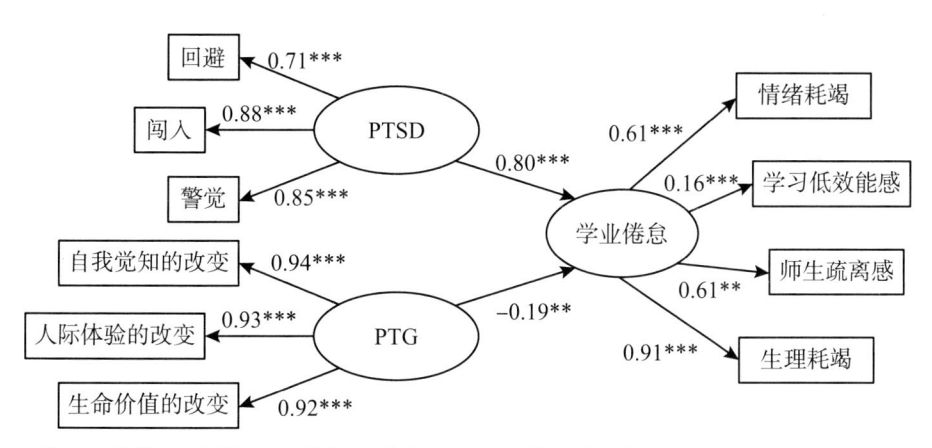

图 3-49 震后 2.5 年学业倦怠的影响因素：PTSD、PTG 的作用

注：* 表示 $p<0.05$，** 表示 $p<0.01$，*** 表示 $p<0.001$。

在图 3-49 的模型中，各项拟合指标良好（$\chi^2(30)=2.22$，$RMSEA=0.070$，$CFI=0.976$，$TLI=0.964$，$GFI=0.950$），说明模型与数据的拟合良好。其中，PTSD 与学业倦怠（$\gamma=0.80$，$p<0.05$）之间的路径系数显著，PTSD 对学业倦怠具有正向预测作用；PTG 与学业倦怠（$\gamma=-0.19$，$p<0.05$）之间的路径系数显著，PTG 对学业倦怠具有负向预测作用。

总之，综合上述结果，我们可以得到以下基本认识：

第一，在 4 个时间点上，PTSD 能正向预测个体的学业倦怠，即 PTSD 越高，个体学业倦怠越多。这说明创伤后的负性心理结果，如 PTSD 的症状，除了会影响个体出现更多的问题行为外，对于正处于学习阶段的学生，也更容易诱发学业倦怠。

第二，在前 3 个时间点上，PTG 对个体的学业倦怠没有显著的影响，但是在震后 2.5 年（T4）时，PTG 能显著负向预测个体的学业倦怠，即 PTG 水平越高，个体的学业倦怠越少。随着个体的创伤应对，个体逐渐在创伤历程中形成一些积极的改变，并且这种成长不仅体现在认知的改变，还可以从意义建构的认知转化到行为上。对处于学习阶段的学生而言，学习是一个重要的行为指标，体现了创伤后的真正成长。因此，真正表现出 PTG 的个体，会积极投入到学习行动之中，更少出现学业倦怠。

三、结论

第一，在震后 1 年（T1）、1.5 年（T2）、2 年（T3）和 2.5 年（T4）4 个时间点，PTSD 可以正向预测个体的学业倦怠，即 PTSD 程度越高的个体，越容易产生学业倦怠。

第二，在前3个时间段上，PTG对学业倦怠没有显著的预测作用，但在震后2.5年（T4）的时间点上，PTG可以负向预测个体的学业倦怠，即PTG程度越高的个体，越少出现学业倦怠的情况。

第七节　总体讨论与结论

在本章的第二节至第六节，我们系统探讨了创伤暴露程度、人格、应对方式、社会支持、复原力、控制感等因素对震后1年、1.5年、2年和2.5年等四个时间点个体的PTSD、抑郁、PTG、问题行为、学业倦怠等灾后心理健康指标的预测作用以及影响机制。在本章的最后一节，我们将在前文对灾后各个心理健康指标的影响机制进行分别探讨的基础上，对上述研究结果进行总结和归纳，比较同一影响因子对不同身心反应的作用，对比不同身心反应的影响机制，并在此基础上对灾后中小学生心理疏导体系的建构提出科学的建议。

一、灾难前因子、灾难当下因子和灾难后因子对心理健康状态的影响机制

基于"多变量危险因子模式"，我们将分别探讨灾难前因子（人格）、灾难当下因子（创伤暴露程度）、灾难后因子（应对方式、社会支持、复原力和控制感）对于心理健康状态的影响机制。

（一）灾难前因子对心理健康状态的影响

在本研究中，灾难前因子指人格。本研究发现，并非所有的人格维度都与PTG有关，其中宜人性和外向性与PTG无关。与PTG关系较为稳定的是谨慎性人格和开放性人格。具有谨慎性人格的个体，在追求目标实现的过程中更加坚韧、一丝不苟，并且更加自律（Costa & McCrae, 1985），从而可能更加有助于青少年对于创伤事件进行认知加工，并产生PTG；具有开放性人格的个体，富有想象力、敢于表达情绪，并有强烈的求知欲（Costa & McCrae, 1985），这样的青少年较容易接受外界的新观点、不压抑自己的情绪，从而也更加容易产生PTG；而情绪性与PTG的关系不稳定，情绪性的个体可能较容易感知到周围的创伤刺激，对于创伤的认知较容易受情绪影响，因此是否能产生成长不是很稳定。

总之，我们的研究发现，谨慎性和开放性是灾后 1~2.5 年中青少年身心反应稳定的成长性人格因素，而情绪性的作用可能因为外界因素的变化而不稳定。

（二）灾难当下因子对心理健康状态的影响

在本研究中，灾难当下因子是创伤暴露程度。创伤暴露程度是 PTSD 和抑郁的重要影响因子，暴露程度对 PTSD 和抑郁的正向预测作用在震后 1~2.5 年期间的大多数时间点都是显著的，因此我们认为创伤暴露程度是灾难后青少年 PTSD 和抑郁等负面情绪的稳定危险因子。而暴露程度对 PTG 的影响却不显著，即个体是否会产生积极的改变与创伤暴露程度无关。也就是说，灾难当下因子对于青少年的积极改变没有稳定的影响，个体是否会产生 PTG 更多取决于其人格特点，而非灾难的暴露程度。

而在创伤暴露程度与问题行为的模型建构中，基于理论假设，我们认为创伤暴露程度与问题行为之间的关系是通过 PTSD 和抑郁的中介效应而实现的。而结果显示创伤暴露程度在该模型中与 PTSD 和抑郁无关，因此我们推断创伤暴露程度与 PTSD 和抑郁之间的关系可能会受其他变量的影响。

（三）灾难后因子对心理健康状态的影响

为了更加清晰地分析灾难后因子对于心理健康状态的影响，我们将应对方式、复原力和控制感归为灾难后个体因子，将社会支持归为灾难后环境因子。

第一，不同类型的应对方式对身心反应的影响不同。总体上，逃避应对是 PTSD 和抑郁的危险因子，即个体的逃避应对应用越多，消极身心反应越严重，这种预测力更多地体现在震后的周年时，即震后 1 年和 2 年的时候。应对方式与 PTG 的关系较为稳定，即积极认知、寻求帮助等积极应对是青少年发生积极变化的成长因子，而逃避应对、负向发泄等消极应对却不会降低积极成长。也就是说，只有积极应对与 PTG 有关。而应对方式中对问题行为有显著预测作用的只有逃避应对，而这种作用是通过 PTSD 和抑郁的中介效应实现的。第二，复原力与消极身心反应的关系较为稳定。它既可以作为控制感与 PTSD、控制感与抑郁的中介因素，也可以直接负向作用于 PTSD 和抑郁这两类消极身心反应。可以说，复原力在震后 1 年、2 年的周年时是个体消极身心反应的保护因子。第三，控制感与消极身心反应的作用机制并不一致。控制感在预测 PTSD 的关系中，所起的作用好比一把"双刃剑"，即在震后 1 年、2 年既可以直接正向预测 PTSD，也可以通过复原力的中介作用负向预测 PTSD。然而，控制感在预测抑郁的关系中却比较单纯，即除了震后 1 年的时候有"双刃剑"的功能以外，在震后 1.5 年、2 年的时候都只是以复原力为中介负向作用于抑郁。由此可见，关于控制感在重大灾难后青少年的作用需要做更多的研究。总结个体变量的作用，我们发现个体变量中既有成长因子（谨慎性人格、开放性人格），也有危险因子（逃避应对），还有保护因子（复原力）和有"双刃剑"因子（控制感）。虽然都是个体自身的一些特质或者能力，但是它们在灾后不同时间内对于身心反应的作用却不尽相同，而逃避应对的作用大多出现在周年，控制感的作用也相对出现在震后早期，只有复原力的作用最为持续和稳定。

而灾难后环境因子——社会支持，作为较为传统的压力与心理健康之间关系的调节因素被很多研究者探讨过。那么在灾难情境中，社会支持对于青少年身心反应的作用怎样呢？本研究发现，社会支持在早期尤其是震后1年内对消极身心反应的保护作用是显著的，即个体获得的社会支持越高，抑郁水平越低，但是这种支持作用随着时间的变化而逐渐消退。另外，在PTSD和抑郁中介于社会支持与问题行为之间关系的模型结果中，我们又发现社会支持对PTSD和抑郁没有预测作用。因此，究竟什么样的社会支持是真正有利于个体的身心发展的？今后的研究需要通过细化社会支持的性质来深入考察。

二、不同心理健康状态的影响机制：对比的视角

（一）PTSD和PTG的影响机制对比

首先，我们从对比的视角来看对于PTSD和PTG的不同影响机制。从结果的性质来看，PTG更多地强调创伤事件之后个体的积极改变，不论是把它看作结果，还是看作应对策略，其初始的概念是偏认知的。相反，PTSD更多地强调创伤事件之后的压力症状，是偏情绪和行为的。

由本章的研究结果可知，PTSD更多受到当下灾难因子（创伤暴露程度）的影响，而当下灾难因子对PTG的影响则是非常微弱的。这和相关的理论认识也是比较符合的。根据PTSD的认知理论（Ehlers & Clark, 2000），个体之所以出现压力症状的适应不良，是因为对于创伤材料的加工不成熟导致的。因为这种不成熟，创伤材料无法整合入个体已有的图式之中。当下灾难因子主要是指灾难发生时的主观和客观的暴露程度，这种刺激一般会引起因灾难而产生的情绪，因此会影响PTSD。根据PTG的产生过程理论（Calhoun & Tedeschi, 2004），之所以能出现成长，是理性面对创伤事件的结果，不论是情绪的管理或者是反刍，都是在用理性的方式接纳所发生的事件，并最终纳入个体原有的认知图式。因此，当下灾难因子对于PTG只是一个启动因素，是否能最终到达成长的终点，还需要一系列理性的过程。当下灾难因子（创伤暴露程度）对PTSD而言是近变量，对

PTG 而言是远变量。PTSD 带有不自觉的、本能的反应的性质，而 PTG 则是理性认知、有效应对的结果。

另外，三类因素在横断水平上均能对 PTSD 产生影响，这说明 PTSD 的易感因素是更多的，有很多的因素可以引发 PTSD 症状；而在不同时间点上，唯有后灾难因子（积极应对）可以持续对 PTG 产生重要的影响，由此我们可以看出 PTG 的产生需要特定的条件，尤其是个体的积极认知、寻求帮助等应对方式。

综合分析上述有关 PTSD 和 PTG 的影响机制比较，可以发现积极的因素和 PTG 的关系更为密切和强烈，例如社会支持和积极认知均能稳定而正向的预测 PTG；消极的因素和 PTSD 的关系更为密切和强烈，例如逃避应对在灾后 1 年、2 年的周年时都可以对 PTSD 有显著的预测作用。

（二）PTSD 和抑郁的影响机制对比

以往有研究者认为，在不同的创伤事件（诸如交通事故、战争和人身伤害）中，抑郁与 PTSD 的共病（comorbidity）率都非常高。但是，其影响机制是否也相似呢？为此，我们也从对比的视角来考察 PTSD 和抑郁的影响机制。

总体而言，PTSD 和抑郁的影响机制类似。当下灾难因子创伤暴露程度对于两者的影响作用都比较大，其效应随着时间的变化有所变化，暴露程度对于震后 1 年、2 年两个时间点的 PTSD 的预测作用显著，而暴露程度对于抑郁的预测作用相对稳定，在震后 1 年、2 年、2.5 年都有显著的作用。我们认为，暴露程度之所以在震后 1 年和 2 年对二者都有稳定的显著预测作用，这是由于"周年"这个时间点的原因。震后的周年期间，学校都会组织一系列纪念活动，这种情绪宣泄的活动有利于舒解学生的身心状况，但是从某种角度来说，也是对于创伤的重新激活，从而引发应激和抑郁的情绪状态。另外，许多灾难后因子与 PTSD 的关系同与抑郁的关系如出一辙。例如，在震后 1 年时的逃避应对都显著地影响 PTSD 和抑郁，即逃避应对越高，PTSD 和抑郁水平都越高。随着时间的推移，震后 1.5 年、2 年和 2.5 年的时候，逃避的应对方式对 PTSD 和抑郁的预测作用都不显著。复原力对 PTSD 的预测作用在震后 1 年、2 年的周年纪念时显著，而复原力对抑郁的前三次预测作用显著。类似地，社会支持对于 PTSD 和抑郁的预测作用都随着时间的变化不显著，即我们发现社会支持对两者的预测作用在震后 1 年的时候都很显著，其余三个时间点都不显著。然而，两者与控制感的关系却不太相同。如上文所述，控制感在预测 PTSD 的关系中，所起的作用好比一把"双刃剑"，即在震后 1 年、2 年既可以直接正向预测 PTSD，也可以通过复原力的中介作用负向预测 PTSD。本研究中控制感分为四个维度，分别属于初级控制和二级控制。初级控制是指个体相信可以通过影响外部世界（如他人、环境和事件）

使之满足自身的需要和愿望，以提高和改善自身的幸福程度。与初级控制相对的是二级控制，即个体通过调整自身的认知、情绪和行为以适应外部世界及外界对自身的影响（辛自强等，2008）。初级控制对于应对一般的生活事件带来的压力可能有积极的效果，但是面临巨大的自然灾难，初级控制感较强的人反而可能会受到种种挫败，从而愈发感到自己的渺小和脆弱；而二级控制指向内部世界，通过调整自身的认知、情绪和行为的控制可能有更好的压力调节作用。因此，我们认为控制感在对 PTSD 的预测作用，既有初级控制的"消极作用"，也有二级控制的"积极作用"。然而，控制感在预测抑郁的关系中却比较单纯，即除了震后 1 年的时候有"双刃剑"的功能以外，在震后 1.5 年、2 年的时候都只是以复原力为中介作用于抑郁。由此我们可以推断，灾后的应激情绪例如 PTSD 与控制感的关系比较复杂，今后的研究需要细化，对控制感分成初级控制和二级控制来讨论。

总之，通过对 PTSD 和抑郁的影响机制进行比较，发现相同点大于差异。两者的发生、发展都由灾难当下因子创伤暴露程度、逃避应对、复原力预测，而社会支持对两者的关系除了震后 1 年的时间点以外，在震后更长的时间里，社会支持都无法起到直接预测或者缓解作用，由此我们推断在处理灾后消极的症状和情绪上，外界的支持对于内心消极情绪的症状缓解会随着时间的变化而淡化，而这种情绪的舒缓需要靠个体内在的能力和应对。而控制感在预测 PTSD 和抑郁两者的关系上存在差异，我们发现无论是控制感的内涵如何，控制感都可以通过提升复原力来降低抑郁。因为对于青少年而言，他们往往缺乏处理生活事件的能力，缺乏生活经验和应对问题的技能，如果无法控制创伤带来的不安全感和不确定感，很可能对将来的生活也感到无法控制或感到无望以致抑郁。然而，控制感的类别却可以从不同的角度去影响 PTSD。这也提示我们两者虽然都是灾后的特定身心反应，但是区分两者身心反应背后的原因和给出不同的心理干预措施是非常必要的。（赵国秋、汪永光，2009）。

（三）问题行为和学业倦怠的影响机制对比

本章根据学生群体的特殊性，将"学业倦怠"和"问题行为"作为衡量灾后中小学生心理健康的指标。下面我们也从对比的视角来看待问题行为和学业倦怠的影响机制。

在本研究中，我们发现：学生的灾后不良行为是由逃避的应对方式通过 PTSD 的中介发生的。也就是说，不良行为的直接原因是逃避灾难后的危机事件以及日常生活学习压力带来的，而这个作用发生的深层次原因是 PTSD 的中介作用。由此可知：问题行为的发生关键是灾后的消极应激反应，逃避的应对引发了个体消极的身心反应，从而在外显行为上表现出不良行为的增多。而学业倦怠的影响变量也是与 PTSD 有关，PTSD 在震后两年内的四个时间点对学业倦怠的预测作用都很显著，可以看到，消极的身心反应的确在中小学生灾后的日常学习努力程度上起到了重要作用。由此可知，对于灾难的内心化解和情绪处理在一定程度上，并且在较长时间内对于学生的生活与学习产生了稳定的影响。而两者不同的是，问题行为与抑郁有更多的联系，而学业倦怠在后期与 PTG 相关。

总之，通过对问题行为与学业倦怠的影响机制比较可以发现，两者都是灾后青少年的特殊行为反应和情绪问题，相同点是都与 PTSD 紧密相关，即个体的 PTSD 越高，问题行为越多，学业倦怠也越多；而不同的是，问题行为可能会由抑郁情绪引发，换句话说，灾难事件是一种特殊类型的生活事件并且带来巨大损失，因其超出个体应对能力而触发了个体对生活的无望感，个体可能会因为不知所措而产生一些例如酗酒、网络成瘾、睡眠不足等问题行为。而学业倦怠在震后2.5 年（即较长时间内）会被 PTG 所影响，即个体如果在震后较长的时间里，建构对世界、人际和自我的新看法，积极看待灾难，可能会更加愿意学习，而降低对学业的厌烦倦怠情绪。

三、研究结果对心理疏导体系构建的启发

灾难的本质是巨大的压力事件，一方面会造成资源的严重流失，另一方面也会导致个人与社会在应对灾难和解决困难方面的资源不足。本研究探讨了灾后多种身心反应的发生机制以及人格、应对方式和社会支持等变量的作用机制，对于灾后青少年的心理干预具有重要启示。

（一）对于创伤事件后个体的 PTSD、抑郁要给予适时的关注

PTSD 和抑郁存在较高的共病率，而且两者的影响机制也有较多的类似之处。在创伤早期，逃避应对方式能够提高 PTSD 和抑郁水平，而社会支持能够降低 PTSD 和抑郁，也能够在逃避和 PTSD/抑郁之间起到调节作用。对于痛苦，我们倾向于逃避和躲藏，暂时的逃避可以让我们重获面对的力量，具有一定的积极作用，然而持久的逃避并不能获得内心的安宁。面对需要勇气，积极认知更需要力量。在没有力量面对时，社会支持的作用则显得很重要，良好的社会支持能够增加面对的勇气，从而增加减轻痛苦的可能。因此，当学生暂时不能面对，而想要逃避时，要给予其一定的空间和时间去积蓄力量，此时实务工作者可以提供社会支持、陪伴、关心学生，等待学生自我发展面对的能力，经过面对和逃避的摇摆后而康复。此外，控制感对于 PTSD 和抑郁也有一定影响作用，在创伤早期，直

接的控制感能增加 PTSD 和抑郁水平，但是控制感通过提升复原力的中介作用后，却能降低 PTSD 和抑郁。在创伤初期时，面对如此突发和不可控的灾难，个体显得渺小和脆弱，此时若直接控制感很强，希望通过努力来掌控创伤后的局面，则通常感到很无力，这时心理健康工作者更需要协助个体学会接纳这种不可控的事实，接纳自身的脆弱，从而对自身、对生活获得一种新的控制，发展一种新的角度看待自己的力量，在创伤中保持乐观的态度，坚强而不被打倒，从而降低 PTSD 和抑郁。同时，PTSD 和抑郁也存在一些差异，相较抑郁，个体的 PTSD 更多受到当下灾难因子（创伤暴露程度）的影响，因此，对于创伤暴露程度高的个体，心理健康工作者也需要给予适时的关注。

（二）要把减轻 PTSD 症状和提升 PTG 水平放在同样重要的位置

PTSD 和 PTG 虽然都是创伤后的两种常见反应，但两者无论从其本身的性质或是其影响机制来看，都存在很大差异，并不是一种此消彼长的关系。我们不能简单地认为学生 PTSD 症状的减轻就能带来相应的成长；也不能因为学生表现出了一些比较积极的转变就放松对学生其他症状的观察和评估。PTSD 的易感因素主要为当下灾难因子（创伤暴露程度）和灾难后的消极应对方式，尤其是逃避应对方式；而对于 PTG，当下灾难因子只是一个启动因素，其更主要受到灾后的积极应对方式的影响。因此，个体能否在创伤历程中最终达到成长，更需要个体面对创伤事件，用理性的方式思考，从积极的角度去看待创伤事件和创伤历程，理解和接纳创伤事件的意义，并整合到个人的生命故事中。因此，在创伤后的辅导中，心理健康工作者要注重从两个角度同时进行，一方面，对于创伤暴露程度高的个体，注重在创伤早期的协助和关心，切实地协助个体重建创伤后的生活，学习有效的技能，解决生活的难题，也要在情感上给予个体以支持、陪伴、倾听个体的感受，让个体因创伤的冲击而引起的强烈情感反应可以得到舒缓、释放，鼓励个体勇敢地面对创伤，不忽视，不逃避；另一方面，注重培养个体的积极应对方式，在面对创伤后不要逃避，不要一味地负向发泄，而是更多地主动面对创伤，了解自己的感受和想法，思考自己在创伤中的改变，尝试换个角度理解事件的意义，对于问题寻找解决办法，如果有需要的话也可以向他人寻求支持，这种积极的应对方式，对于个体接纳创伤事件、形成创伤后成长有重要作用。

（三）关注学生的问题行为和学业倦怠的现象

问题行为和学业倦怠作为两个行为层面的指标，和学生的心理健康水平有很明显的关系。PTSD、抑郁水平越高，问题行为越多；类似地，PTSD 越高，学业倦怠也越高；但是随着距离创伤的时间发展，PTG 越高，个体的学业倦怠也会变低。因此，在教育和心理健康辅导中，一方面要注意观察较多问题行为和出现学习倦怠的学生，这些学生的不良行为和学习缺乏动力的背后可能更多的是一种灾后身心反应的外在行为表现，及时了解灾后学生的负性心理状况，了解问题行为和学业倦怠是否是灾后负性心理症状影响的结果，注重对负性心理症状的疏导；另一方面，应促进学生的创伤后成长。这既要有意识地引导学生思考人和世界的关系，根据学生的不同人格特点，给予其不同的指导；同时，教师和辅导者需要引导学生把体验到的成长转化为实际的行动，而不是仅仅停留在体验的层面，从而促使其更加珍惜当下的生活、更积极地投入到学习过程之中。

第四章

灾后教师心理健康状态及其影响机制

大量研究表明,地震所带来的巨大人员伤亡和财物损失以及今后生活的不确定性,极有可能给震区人们带来巨大的心理压力和心理创伤。在"5·12"汶川特大地震中,中小学校的受灾情况普遍比较严重。因此,灾区中小学生和教师的心理健康状况尤其值得关注。灾区中小学生心理健康状况的研究已在第二、第三章详细阐述,本章主要介绍灾后教师心理健康的问题。

第一节 测量指标与研究框架

教师是人类灵魂的工程师,教师对学生身心的影响是深远的。当地震发生后,灾区的儿童和青少年受到巨大的身心创伤,而伴随他们成长的教师出于职业道德和对学生的保护,可能貌似坚强,但其内心可能承受着更为巨大的压力。虽然教师的数量远远少于中小学生,但是为了缓解学生群体的创伤反应,帮助他们在创伤中获得成长,在对中小学生的心理健康状况进行研究的同时,有必要对教师心理健康问题进行研究。

一、灾后教师心理健康的测量指标

教师群体隶属于普通成人群体,普通民众在地震后可能出现的多种心理反应也会在教师群体中出现。因此，在探讨灾后教师诸多心理健康问题时，我们首先考察了震后幸存者最常出现的创伤后应激障碍（PTSD）和抑郁的总体水平及其发展趋势，同时考察了地震这一巨大灾难可能给个体的心理健康带来积极的一面，即创伤后成长（PTG）的总体水平和发展趋势。

另外，我们考虑到教师的心理健康问题有其职业特殊性，也力图考察地震灾难对灾后教师的工作满意度和职业倦怠的影响。一般认为，教师是一种面对人的、为人提供服务的职业，其工作包含大量的情绪劳动。所谓情绪劳动，是工作人员在工作环境中调整和管理自己的情绪所需要付出的努力（Hochschild, 1983）。情绪劳动会导致更多的工作压力、职业倦怠以及心理不真实感，对员工的心理健康有一定损害（Leidner, 1993; Pierce, 1995）。地震发生后，身心发展还不成熟的中小学生受到严重的心理创伤，为了使这些中小学生能正常完成学业，教师的情绪劳动无疑会增加；加上教师本身也在经历地震灾害的过程中受到了很大的心理创伤，因此他们很有可能出现职业倦怠。在本研究中，我们亦考察了震后幸存的教师的工作满意度和职业倦怠的总体状况。所谓教师职业倦怠，是指教师不能适应对工作压力时的一种极端反应，是教师在长期压力体验下所产生的情绪、态度和行为的衰竭状态，典型的状态是工作满意度降低，工作热情和兴趣的丧失以及情感的疏离和冷漠。

二、灾后教师心理健康的影响因素

对灾后教师心理健康的总体状况进行考察后，我们还需要了解有哪些因素影响了灾后教师的心理健康状况。

如前文所述，本课题在佛莱迪、肖、杰雷尔和马斯特斯（1992）提出的"多变量危险因子模式"（multivariate risk factor model）的基础上，结合我国台湾学者吴英璋、洪福建等（1999）提出的影响灾后心理反应的因素以及此次灾难的现实特点，将影响中小学生灾难后身心反应的因素分为灾难前因素、灾难当下因素和灾难后因素三大类。我们对灾后教师心理健康影响因素的研究也采用该模型作为框架，只是这三类因素所包含的具体变量有所变化。具体而言，灾难前因素包括性别、年龄、教龄、是否班主任、婚姻状况、学历情况、创伤经历；灾难当下因素包括灾难暴露程度及对灾难的主观感受；灾难后因素包括应对方式、社会支持、复原力和控制感。

三、灾后教师心理健康的影响机制

灾难发生后，各种外部和内部资源都会对灾后教师的心理健康产生影响，而且这种影响往往是复杂的。为了厘清这些资源或者说这些影响因素之间是如何相互作用，并最终导致各种心理健康问题或者产生积极的成长，我们需要对灾后教师心理健康的影响机制进行探讨。大部分关于灾难后创伤反应的研究都认为社会支持是影响灾后人们心理健康的重要外部资源和保护性因素，不仅能削弱 PTSD 的影响，而且能提升 PTG 的水平。那么，社会支持是如何对灾后人们的心理健康产生作用的？从理论上说，外因只有通过内因才能起作用，社会支持作为一种外在的支持或者个体所感受到的主观支持，只有通过个体的实际努力，付诸行动，才能最终促进个体的身心健康。因此，我们还要关注容易受社会支持这一外部资源影响的内部资源，比如应对方式。谢弗和穆斯（Schaefer & Moos，1998）通过文献的归纳发现，那些得到更多社会支持的个体，更倾向于采用积极的应对方式，进而倾向于更好地调节压力，从而获得更好地适应。西诺尔-杜拉克和艾瓦斯克（Senol-Durak & Ayvasik，2010）也发现，知觉到的社会支持会通过应对方式对 PTG 产生显著的积极影响。这些研究结果提示我们，应对方式似乎在二者的关系中架起了桥梁，起到了一定的中介作用。

在本研究中，为了探讨灾后教师心理健康的影响机制，我们将聚焦应对方式在社会支持和灾后各项心理健康指标之间的中介作用。

四、灾后教师心理健康研究的框架

为了有序地展开上述的研究主题，本章将分三部分来进行阐述。第一部分探讨灾后教师心理健康的总体水平和变化趋势；第二部分探讨灾后教师心理健康的影响因素，包括前灾难因子、当下灾难因子和后灾难因子；第三部分探讨灾后教师心理健康的影响机制。

本研究收集资料的方法为问卷法。由于探讨的影响因素比较多，因此问卷分为 A 版和 B 版，将关系较为密切的变量放置在同一版中。两个版本的问卷所涉及的具体变量见表 4-1。

表 4-1　　　　　　　教师 A 版和 B 版问卷涉及的变量

A 版	B 版
1. PTSD	1. PTSD
2. 抑郁	2. 抑郁
3. PTG	3. PTG
4. 工作满意度	4. 职业倦怠
5. 应对方式	5. 控制感
6. 社会支持	6. 复原力
7. 人口统计学变量	7. 人口统计学变量
8. 创伤暴露程度	8. 创伤暴露程度

第二节　灾后教师心理健康的总体水平与变化趋势

考察地震后教师心理健康的总体水平和发展趋势，是我们由浅入深地探究灾后教师心理健康问题，进而对教师提供帮助和干预的第一步。我们所选择的灾后教师心理健康的指标既包含消极的指标（如 PTSD、抑郁、职业倦怠），也包含积极的指标（如 PTG、工作满意度）。我们希望通过消极和积极指标的对比描述，更加全面地描述灾后教师心理健康状况的全貌。

一、研究目的

首先，对汶川地震灾区教师的 PTSD、抑郁、PTG、工作满意度和职业倦怠的总体水平和发展趋势进行调查和分析。

其次，我们考虑到在不同的创伤事件（诸如交通事故、战争和人身伤害）中，抑郁与 PTSD 的共病（comorbidity）率都非常高。但是，对于 PTSD 和抑郁之间的高共病率，有的研究者认为是 PTSD 导致抑郁，PTSD 是抑郁产生的一个风险因子；另外一些研究者则认为是抑郁导致 PTSD，PTSD 是抑郁症状的一个结果。面对这种争议，本研究将通过追踪数据对汶川地震后教师 PTSD 和抑郁做交叉滞后分析，试图为澄清两者之间的关系提供有价值的研究证据。

最后，近年来有很多研究者通过横断研究或追踪研究考察了 PTSD 和 PTG 之间的关系，但并没有得出一致的研究结果。虽然有追踪研究（McMillen, Smith & Fisher, 1997; Zollner, & Maercker, 2006; Barton, 2005）发现了第一个时间点测量的 PTG 可以预测第二个时间点的 PTSD 症状的减少；然而大多数横断研究并没有发现二者之间的这种系统的负向预测关系。本研究也将通过追踪数据对汶川地震后教师 PTSD 和 PTG 做交叉滞后分析，试图为澄清两者之间的关系提供有价值的研究证据。

二、研究方法

（一）研究对象

样本取自汶川地震极重灾区汶川县和茂县。同一批被试进行了间隔半年的两次测量，分别在地震后 12 个月和 18 个月后进行测量。采用分层整群抽样的方法，第一次测量时问卷 A 版调查了 120 名被试，B 版调查了 121 名被试。第二次测量时问卷 A 版追踪到 78 名被试，另外又新调查了 217 名被试；B 版追踪到 62 名被试，另外又新调查了 183 名被试。

由于问卷 A 版和 B 版均测量了 PTSD、抑郁和 PTG，因此，在分析 PTSD、抑郁和 PTG 这三个变量的总体水平和发展趋势时，我们将参与问卷 A 版和 B 版测查的被试进行了整合，然后将两个时间点的测量结果进行整合，去除各种无效被试（未完成问卷、任意作答等）后，共获得有效被试 131 名。

在分析工作满意度和职业倦怠的总体水平和发展趋势时，我们将问卷 A 版（含工作满意度问卷）两次测量的结果进行整合，删除各种无效被试后，共获得有效被试 71 名；将问卷 B 版（含教师职业倦怠问卷）两次测量的结果进行整合，删除各种无效被试后，共获得有效被试 59 名。

（二）研究工具

1. 事件冲击量表—修订版

对 PTSD 的测量采用事件冲击量表—修订版（Impact of Event Scale – Revised，IES – R）。IES 最早由美国心理学家 Horowitz、Wilner 和 Alvarez 在 1979 年编制，后由 Weiss 和 Marmar 在 1997 年修订。该量表包括侵入症状、回避症状、警觉增高症状 3 个维度，共 22 个项目，采用 0～5 的 6 级计分。IES – R 在我国使用时的效度和信度得到了比较严格的检验（黄国平等，2004；郭素然等，2007；吴坎坎等，2010）。尤其是吴坎坎等人的研究（2010），在汶川地震幸存者中验证了该量表结构的有效性。

在本研究中，该量表侵入症状、回避症状、警觉增高症状维度两次测量的内部一致性系数分别为 0.89、0.80 和 0.87（T1）；0.89、0.83 和 0.88（T2）。量表总的内部一致性系数为 0.93（T1）和 0.95（T2）。

2. 抑郁量表

对抑郁的测量采用由美国国家心理健康中心（NIMH）的 Radloff（1977）编制的流调中心抑郁量表（CES-D）。该量表不用于临床目的，不用于对治疗过程中抑郁严重程度变化的监测，而主要用于评定抑郁心境和体验，包括 20 个项目，采用 0~3 的 4 级计分。施测时要求被试对最近一段时间出现的抑郁感受的频度进行评价，得分越高，表明抑郁程度越高。CES-D 与贝克抑郁量表（BDI）和 SDS 相关显著，但更适用于一般人群的调查而不是病人，因为该量表主要用来评价抑郁心情而不是整个抑郁症候群，条目反映抑郁状态的 6 个侧面：抑郁心情、罪恶感和无价值感、无助与无望感、精神运动性迟滞、食欲丧失、睡眠障碍。该量表对抑郁的判定标准为：总分<16 分为不抑郁，总分在 16~19 分之间为有可能抑郁，总分>20 分为肯定有一定程度的抑郁。在本研究中，两次测量量表总的内部一致性系数为 0.88（T1）和 0.90（T2）。

3. 创伤后成长问卷成人版

创伤后成长的测量工具采用由臧伟伟修订的创伤后成长问卷（posttraumatic growth inventory，PTGI）的中文版（臧伟伟，2010）。PTGI 是 Tedeschi 和 Calhoun 于 1996 年编制的，此后得到广泛使用，是测量创伤后成长最常用的问卷之一。该问卷与青少年 PTG 问卷项目一致，但是不同年龄段的人群经历创伤性事件之后的成长，可能具有不同的内部结构。有研究者认为，成年人在经历了创伤事件后，对事件的认知加工会更加精细化、有深度，对创伤的理解以及创伤后的积极变化的内容会更丰富和细致。因此，本研究假设成年人的 PTG 包含个人力量、新的可能、他人关联、生命欣赏与灵性变化五个维度，并对这五维的结构进行了验证性因素分析，各拟合指标良好：$\chi^2/df = 10.21$，RMSEA = 0.080，NNFI = 0.94，CFI = 0.95。

其中，个人力量和新的可能主要涉及自我觉知的改变，他人关联体现的是和他人关系体验的改变，生命欣赏和灵性变化则指生命哲学观的改变。该问卷共包含 22 个项目。量表为 6 点计分，"0"代表没有变化，"5"代表变化很大。各维度内部一致性系数在 0.64~0.85 之间，总的内部一致性系数为 0.93。在本研究中，T1 时 PTG 各维度的内部一致性系数在 0.69~0.89 之间，总的内部一致性系数是 0.94；T2 时 PTG 各维度的内部一致性系数在 0.74~0.88 之间，总的内部一致性系数是 0.93。

4. 工作满意度问卷

工作满意度的通用量表，共 6 个题目，测量员工对工作整体的情感和认知评价，内部一致性系数为 0.89（Pond & Geyer, 1991）。整体计分，分数越高，满意度越高。在本研究中，该问卷的内部一致性系数为 0.90。

5. 教师职业倦怠问卷

本问卷是根据马斯拉奇的职业倦怠三维度理论，并结合我国中小学教师的访谈结果所修编而成的。马斯拉奇（1981）提出的职业倦怠的三维度为：情绪衰竭（Emotional Exhaustion），表现为个体的情绪情感处于极度的疲劳状态，工作热情完全丧失，是倦怠的个体压力维度；非人性化（Depersonalization），表现为个体以一种消极、否定、麻木不仁的态度来对待自己的同事和服务对象，是倦怠的人际关系维度；低个人成就感（Reduced Personal Accomplishment），表现为个体倾向于对自己工作的意义和价值产生消极的评价，自我效能感丧失，是倦怠的自我评价维度。马斯拉奇（Maslach）根据其三维度理论编制了职业倦怠问卷（Maslach Burnout Inventory，MBI），实证研究表明该问卷具有跨文化和跨行业的稳定性，在世界范围内得到了广泛的认可。本研究所用问卷即是主要基于 MBI 进行修编的，采用情绪衰竭、非人性化和低成就感三个维度。量表采用 7 点 Likert 计分，要求被试按出现每种症状的频次进行评定，从 0～6 表示出现症状的频次依次增加。已有研究表明，该量表具有良好的信度和效度（王国香等，2003；王国香等，2006）。

（三）研究程序

由经过培训的心理学专业硕士或博士担任主试。在被试签署了知情同意书后进行施测，测试后立即回收问卷。在指导语中向被试说明本次调查的意义和目的，说明所有问题的答案均无对错之分，并承诺对他们的作答绝对保密，请被试认真、如实地回答每一个问题。我们进行了两次施测。第一次测量于地震后 12 个月实施，第二次测量于地震后 18 个月实施。

（四）数据处理

采用 SPSS17.0 对数据进行录入，采用 SPSS17.0 进行 T 检验、方差分析和相关分析，采用 Amos17.0 进行路径分析。

三、结果与分析

（一）教师 PTSD 和抑郁的总体水平及变化趋势

计算 PTSD 各个维度、总分以及抑郁总分在前后两次测量的得分，运用配对样本 T 检验的方法计算前后两次测量的变化。PTSD 和抑郁的追踪样本有 131 个，结果如表 4-2 所示。

表 4-2　　　　PTSD 各个维度和抑郁前后两次测量的得分

	侵入症状	回避症状	警觉增高	PTSD 总分	抑郁
T1 M (SD)	1.50 (0.91)	1.33 (0.77)	1.46 (0.90)	1.43 (0.77)	0.87 (0.46)
T2 M (SD)	1.47 (0.84)	1.34 (0.72)	1.43 (0.84)	1.41 (0.74)	0.97 (0.50)
T	0.31	0.16	0.39	0.19	2.29*

注：* 表示 $p<0.05$，** 表示 $p<0.01$，*** 表示 $p<0.001$。

表 4-2 表明，第一次测量时（震后 12 个月，下同）被试的 PTSD 总分为 1.43，第二次测量时（震后 18 个月，下同）总分为 1.41。PTSD 量表为 5 点计分（0~4），均值为 2。这一结果说明，地震过后一年和一年半时，被试总的 PTSD 水平均较低。对两次测量的结果进行对比，PTSD 的两次测量得分没有显著变化。

第一次测量时被试的抑郁总分为 0.87，第二次测量时总分为 0.97，CES-D 为 4 点计分（0~3）。根据该量表的判定标准，均值小于 0.8 为不抑郁，均值在 0.8~0.95 之间为有可能抑郁，均值大于 1 分为肯定有一定程度的抑郁。这一结果说明，地震过后一年以及一年半时，被试都可能有一定程度的抑郁。对两次测量的结果进行对比，第二次测量时抑郁的得分显著高于第一次测量的得分。

（二）教师 PTG 的总体水平及变化趋势

计算 PTG 各个维度及总分在前后两次测量的得分，运用配对样本 T 检验的方法计算前后两次测量的变化。PTG 的追踪样本有 131 个，结果如表 4-3 所示。

表 4-3　　　　PTG 各个维度前后两次测量的得分

	个人力量	新的可能	他人关联	生命欣赏	灵性变化	总分
T1 M (SD)	2.83 (1.17)	2.65 (1.10)	2.92 (1.14)	3.34 (1.21)	1.95 (1.26)	2.77 (1.00)
T2 M (SD)	2.88 (1.06)	2.75 (1.08)	2.90 (1.01)	3.18 (1.23)	2.24 (1.22)	2.81 (0.96)
T	0.52	0.90	0.23	1.35	2.28*	0.45

注：* 表示 $p<0.05$，** 表示 $p<0.01$，*** 表示 $p<0.001$。

首先，对于震后一年的第一次测量，被试总的 PTG 的得分为 2.77。创伤后成长问卷为 6 点计分，问卷的全距为 5，均值为 2.5。这一结果说明，汶川地震一年后，教师总的 PTG 得分处于中等偏上的水平，表现出了一定的成长。在成长的 5 个维度中，又以生命欣赏得分最高，显著高于其他 4 个维度（$p<0.001$），

而灵性变化得分显著低于其他四个维度（$p<0.001$）。

其次，地震一年半之后，被试总的 PTG 的得分为 2.81，也超过了均值。在 PTG 的 5 个维度中，依然是生命欣赏得分最高，显著高于其他 4 个维度（$p<0.001$），而灵性变化得分显著低于其他 4 个维度（$p<0.001$）。

最后，对两次的数据进行比较，由表 4-3 可知，在前后两次测量中，灵性变化维度的得分呈现显著的上升，PTG 的其他维度的得分没有显著变化。

（三）教师工作满意度和职业倦怠的总体水平及变化趋势

计算工作满意度和职业倦怠在前后两次测量的得分，运用配对样本 T 检验的方法计算前后两次测量的变化。结果如表 4-4 所示。

表 4-4　教师工作满意度和职业倦怠问卷各维度前后两次测量的得分

		工作满意度	情绪衰竭	非人性化	个人成就感
T1	M（SD）	2.64（1.05）	2.79（1.35）	1.37（0.82）	2.13（0.88）
T2	M（SD）	2.61（1.20）	2.94（1.40）	2.03（0.97）	1.34（0.86）
	T	0.24	-0.91	-4.14***	5.64***

注：* 表示 $p<0.05$，** 表示 $p<0.01$，*** 表示 $p<0.001$。

工作满意度问卷为 5 点计分，最低分为 1 分，最高分为 5 分，均值为 3 分。工作满意度第一次测量和第二次测量的得分均低于 3 分，可见教师的工作满意度偏低。统计检验表明，两次测量的得分没有显著差异。

教师职业倦怠问卷为 7 点计分，最低分为 0 分，最高分为 6 分，均值为 3 分。情绪衰竭和非人性化这两个维度第一次测量和第二次测量的得分均低于 3 分，可见灾后教师这两种倦怠症状较轻；个人成就感维度在两个时间点的得分也低于 3 分，可见教师的成就感也较低。对于非人性化维度和个人成就感维度，两次测量的得分有显著差异。第一个时间点的非人性化得分显著低于第二个时间点的得分，说明随着时间的推移，灾后教师以一种消极、否定、麻木不仁的态度来对待自己学生的现象明显增多了。第一个时间点的个人成就感得分显著高于第二个时间点的得分，说明随着时间的推移，灾后教师的自我效能感降低了，更多地对自己工作意义的价值做出消极的评价。

（四）前测和后测的 PTSD 与抑郁的交叉滞后分析

先对第一次观测和第二次观测的 PTSD 和抑郁进行相关分析，结果如表 4-5 所示。

表 4-5　　　　　　两次测得的 PTSD 和抑郁的相关表

	侵入 T1	回避 T1	警觉 T1	抑郁 T1	侵入 T2	回避 T2	警觉 T2	抑郁 T2
侵入 T1	1							
回避 T1	0.65***	1						
警觉 T1	0.85***	0.60***	1					
抑郁 T1	0.62***	0.39***	0.72***	1				
侵入 T2	0.56***	0.37***	0.57***	0.47***	1			
回避 T2	0.37***	0.42***	0.42***	0.36***	0.79***	1		
警觉 T2	0.49***	0.37***	0.55***	0.46***	0.86***	0.79***	1	
抑郁 T2	0.42***	0.28***	0.50***	0.47***	0.69***	0.61***	0.74***	1

注：* 表示 $p<0.05$，** 表示 $p<0.01$，*** 表示 $p<0.001$。

从表 4-5 中可以看出，第一次和第二次测得的 PTSD 的各个维度和抑郁的相关均达到显著水平。

在表 4-5 相关分析的基础上，进一步采用交叉滞后设计来探讨 PTSD 和抑郁的因果关系，可以得到如图 4-1 所示的模型结果，该模型拟合的各项指标较好。$\chi^2(16) = 1.71$，GFI = 0.951，AGFI = 0.889，CFI = 0.986，IFI = 0.986，TLI = 0.976，NFI = 0.968，RMSEA = 0.070。

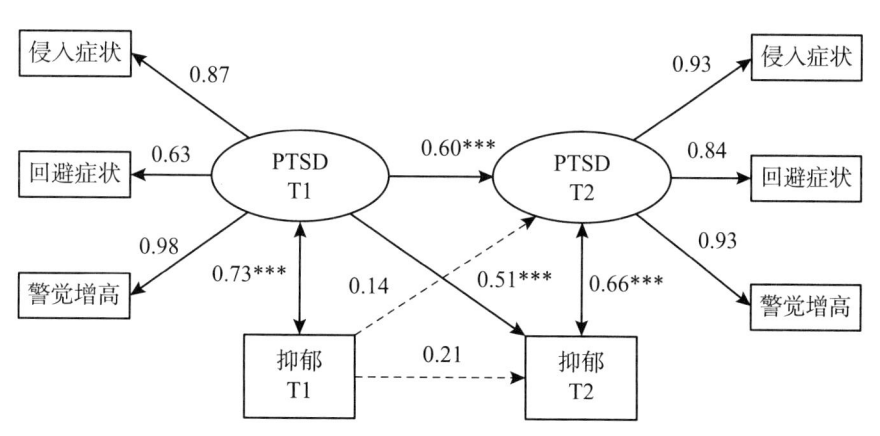

注：* 表示 $p<0.05$，** 表示 $p<0.01$，*** 表示 $p<0.001$。

图 4-1　PTSD 和抑郁的交叉滞后分析

根据图 4-1，我们可以得到以下结果：（1）不管是前测还是后测，PTSD 和抑郁的同时性相关都很显著。（2）前测的 PTSD 对后测的 PTSD 有显著的预测作用，但前测的抑郁对后测的抑郁没有显著的预测作用。（3）在控制了 PTSD 和抑郁的前后测相关之后，前测的 PTSD 对后测的抑郁仍然有显著的预测作用，但前测的抑郁对后测的 PTSD 没有显著的预测作用。由此可见，在 PTSD 和抑郁的关系中，在一定程度上 PTSD 起到了原因的作用，而抑郁是结果。也就是说，PTSD 的严重程度会影响到抑郁的严重程度。

（五）前测和后测的 PTSD 与 PTG 的交叉滞后分析

先对第一次观测和第二次观测的 PTSD 和 PTG 做相关分析，结果如表 4-6 所示。

在表 4-6 相关分析的基础上，进一步采用交叉滞后设计来探讨 PTSD 和 PTG 的因果关系，得到如图 4-2 所示的模型结果，该模型拟合的各项指标较好。$\chi^2(90) = 1.19$，GFI = 0.913，AGFI = 0.869，CFI = 0.990，IFI = 0.990，TLI = 0.987，NFI = 0.943，RMSEA = 0.038。

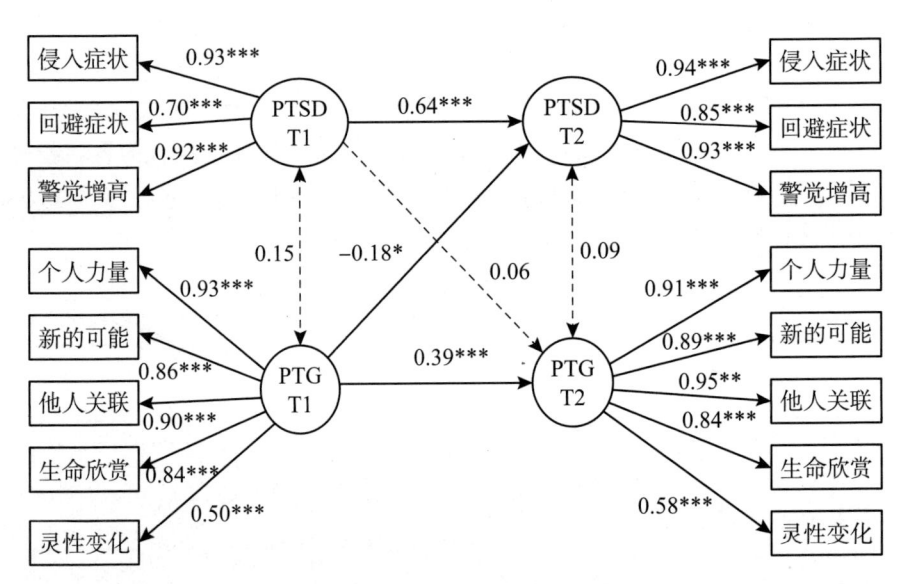

注：* 表示 $p < 0.05$，** 表示 $p < 0.01$，*** 表示 $p < 0.001$。

图 4-2 PTSD 和 PTG 的交叉滞后分析

根据图 4-2，我们可以得到以下结果：（1）不管是前测还是后测，PTSD 与 PTG 的同时性相关都不显著。（2）前测的 PTSD 对后测的 PTSD 有显著的预测作用，前测的 PTG 对后测的 PTG 也有显著的预测作用。（3）在控制了 PTSD 和 PTG 的前后测相关之后，前测的 PTSD 对后测的 PTG 没有显著的预测作用，但前测的 PTG 对后测的 PTSD 有显著的负向预测作用。由此可见，在 PTSD 和 PTG 的关系中，第一个时间点的 PTG 可以预测第二个时间点 PTSD 的减少。

表 4-6　两次测量的 PTSD 和 PTG 的相关表

	A	B	C	D	E	F	G	H	I	J	K	L	M	N	O
B	0.65***														
C	0.85***	0.60***													
D	0.15	0.13	0.07												
E	0.22*	0.25**	0.09	0.74***											
F	0.12	0.13	0.05	0.86***	0.80***										
G	0.15	0.13	0.08	0.83***	0.69***	0.76***									
H	0.24**	0.12	0.20*	0.46***	0.44***	0.46***	0.30***								
I	0.56***	0.37***	0.56***	−0.07	−0.10	−0.15	−0.06	0.09							
J	0.37***	0.42***	0.42***	−0.08	−0.05	−0.11	−0.06	0.10	0.79***						
K	0.49***	0.37***	0.55***	−0.10	−0.08	−0.15	−0.04	0.01	0.86***	0.79***					
L	0.11	0.17	0.02	0.39***	0.34***	0.38***	0.37***	0.17	0.05	0.14	0.00				
M	0.18*	0.28**	0.09	0.33***	0.31***	0.32***	0.29***	0.06	0.08	0.18*	0.03	0.79***			
N	0.09	0.20*	0.04	0.35***	0.29***	0.33***	0.31***	0.13	0.01	0.17	−0.02	0.87***	0.85***		
O	0.11	0.12	0.03	0.34***	0.25***	0.30***	0.38***	0.02	0.03	0.05	−0.04	0.79***	0.76***	0.78***	
P	0.11	0.19*	0.12	0.15	0.12	0.16	0.09	0.32***	0.20*	0.32***	0.16	0.49***	0.54***	0.54***	0.29***

注：A：侵入 T1；B：回避 T1；C：警觉 T1；D：个人力量 T1；E：新的可能 T1；F：他人联系 T1；G：欣赏 T1；H：灵性 T1；I：侵入 T2；J：回避 T2；K：警觉 T2；L：个人力量 T2；M：新的可能 T2；N：他人联系 T2；O：欣赏 T2；P：灵性 T2。

注：* 表示 $p < 0.05$，** 表示 $p < 0.01$，*** 表示 $p < 0.001$。

四、讨论

（一）灾后教师心理健康状况正向衡量指标的总体水平及变化趋势

在本研究中，衡量灾后教师心理健康随着时间推移变化的正向指标包括PTG、工作满意度以及职业倦怠的子维度成就感。从研究结果可以看出，PTG总分在前后两次测量中没有显著性变化，也就是说，灾后随着时间的推移，教师的创伤后成长并没有出现预期的增加趋势，而是保持不变。我们知道，创伤性事件初期，人们往往可能处于震惊或者麻木的状态，因而，创伤后成长更可能出现在创伤性事件过后的一段时间。关于PTG随着时间的变化趋势一直没有确切结论（臧伟伟，2010），一方面危机事件过去的时间越长，所报告的PTG应该越多；另一方面，时间和PTG之间也许没有关系。而本研究的结果则更支持后者，对于教师心理健康来说，这并非好现象。创伤后成长是同主要的生活危机斗争后所体验到的一种积极心理改变，教师在灾后一方面需要快速振作，化悲痛为力量，做好知识传承工作；另一方面仍需要承受丧失自己的学生、家人这样的事实所带来的压力。因此，这种积极心理改变难免会打折扣。

同样，前后两次测验的工作满意度得分均低于均值3分，且两次测量的得分没有显著差异。也就是说，教师的工作满意度在前后半年的时间内并没有得到任何提高，甚至从绝对分看，还出现了些微下降。这一方面是由教师本身的工作性质决定的，日复一日的重复性劳动很容易降低工作满意度；另一方面灾后人们会对自己的力量出现很大的怀疑和动摇，也就是说面对大自然的威力，人们会觉得自己的力量微乎其微；而教师一直是人类灵魂的工程师，在潜意识中也会对自己的无形力量具有很强的觉知。然而，在面对这场大灾难的时候，却很难显现自己的价值，因此容易出现自我否定，进而否定自己的职业，从而出现更加低的工作满意度。

此外，本研究结果还发现教师职业倦怠的子维度成就感在两次测量间出现了明显的下降。教育作为一种特殊的服务性行业，已有研究指出教师作为从事教育的专业工作者，在其生涯发展的一定阶段往往会表现出明显的职业倦怠。对于灾后教师而言，不仅受到艰巨的教学工作的影响，还会受到灾后创伤抚平的影响，因此容易出现在教学上的时间和心理投入相对减少的现象，从而可能会影响教学质量，进而造成教师的个人成就感降低。本研究发现灾后教师越来越体会到成就感的下降，这种不良趋势极大地影响着教师的心理健康。

（二）灾后教师心理健康状况负向衡量指标的总体水平及变化趋势

在本研究中，衡量灾后教师心理健康随着时间推移变化的负向指标包括PTSD、抑郁以及职业倦怠的子维度情绪衰竭和非人性化。从研究结果可以看出，灾后教师两次测量的PTSD总分分别为1.43和1.41，虽然都小于均值2，但两次测量的结果并没有显著差异，也就是说，灾后随着时间的推移，教师的PTSD并没有得到显著降低，呈现出几乎不变的趋势。而在PTSD的研究中，大多数研究发现了PTSD的发生率随着时间逐渐下降的趋势（Norris et al., 2002）。我国台湾研究者认为，整体而言，灾民的心理症状在灾后一年时达到高峰，之后就开始递减，但仍有少数灾民处在困难之中（吴英璋、许文耀，2004）。据此假说，教师则属于仍处于困难之中的那些少数灾民。

同时，本研究还发现在震后一年和一年半的两个时间点，灾后教师的抑郁程度不仅没有减弱反而出现了显著增长。我们知道，PTSD是由异常威胁性或灾难性心理创伤导致出现和长期持续的精神障碍，其特征性的症状为病理性重现创伤体验、持续性警觉性增高、持续性回避、对创伤性经历的选择性遗忘以及对未来失去信心等，PTSD和抑郁之间存在显著的正相关（Roussos et al., 2005）。PTSD可能会导致抑郁症状的加重，抑郁又可能会导致PTSD症状的恶化，两者很有可能是一起出现的（Wickrama & Wickrama, 2008），这可以从某种程度上解释本研究的结果。

此外，关于职业倦怠子维度情绪衰竭和非个性化的研究结果，表明灾后教师的情绪衰竭没有显著性减弱，而非人性化则出现显著性增强。教师的情绪衰竭程度较高且稳定，比较好理解，因为教师的劳动主要是情绪劳动，长期的付出总会劳顿；而非人性化的显著增强，除了与教师职业本身的特点有关之外，也与当前的学生群体有很大的关系。灾后教师除了面临自身压力之外，还要面临学生及学生家长的压力，灾难使得家长对自己孩子在学校的关注程度和倾注的心血也比以前大大增加，这导致家长对学校和老师的期望大大增加，这些期望会直接或间接地增加教师的工作负荷，进而转变为教师所面对的压力。在这种双重压力之下，教师不仅感受不到工作所带来的成就感，反而更容易非人性化地对待学生，表现出更多的职业倦怠。

（三）灾后教师整体心理健康的现状及发展不容乐观

从前文的数据分析可以看出，无论是灾后教师心理健康状况正向衡量指标，还是灾后教师心理健康状况负向衡量指标，灾后教师心理健康的总体情况及其未来发展趋势都不容乐观,急需社会的广泛关注。为此,对教师进行心理健康的干预和疏导是非常必要的,以此才能促使其在灾后身心健康地投入工作,为国家教书育人的伟大工程做出更多贡献。

第三节 灾后教师心理健康的影响因素

根据前人的研究以及本课题的关注点,本研究把影响灾后教师心理健康的变量分为灾难前因素、灾难当下因素以及灾难后因素三类。本研究的灾难前因素主要包括性别、年龄、教龄、学历、婚姻状况、是否班主任和创伤经历。灾难当下的因素包括客观暴露程度和主观暴露程度两大类。其中,客观暴露程度包括被试是否被困、是否受伤、是否有亲人被困、受伤或死亡、是否有学生被困、受伤或死亡,房屋的毁损程度(包括自家以及学校);主观暴露程度指地震发生时被试的害怕程度。灾难后的因素主要指社会支持、应对方式、控制感与复原力。

一、研究目的

本节将在描述教师心理健康现状及其变化趋势的基础上,探讨灾难前因素、灾难当下因素以及灾难后因素对灾后教师心理健康的影响,以及随着时间的推移这种影响的变化规律。

首先,通过追踪研究探讨灾难前因素、灾难当下因素对 PTSD、抑郁和 PTG 的影响,以及这两类影响因素在不同的时间点对 PTSD、抑郁和 PTG 影响的变化。追踪研究部分之所以没有涉及灾难后因素,是因为应对方式和社会支持这两种灾难后因素只在问卷 A 版中进行了测量,复原力和控制感这两个灾难后因素只在问卷 B 版中进行了测量;而我们的追踪研究为了获得更多有效的被试量,将 A 版和 B 版进行了合并。如果对参与 A 版和 B 版测量的被试分别进行追踪的话,所能获得的有效被试较少。

其次,通过横断研究探讨灾难后因素对 PTSD、抑郁和 PTG 的影响。

最后,通过横断研究探讨灾难前因素、灾难当下因素和灾难后因素对工作满意度和职业倦怠的影响。

二、研究方法

（一）研究对象

同研究一。在本研究的追踪研究部分，将两次测量进行整合后，删除各种无效被试，共获得有效被试117名。

（二）研究工具

有关PTSD、抑郁、PTG、工作满意度、职业倦怠等教师心理健康的测量工具同研究一，这里不再赘述。下面仅就相关影响因素的问卷做一说明。

1. 自编创伤暴露程度调查表

在国内外相关研究（Vernberg, LaGreca, Sliverman, 1996；萧丽玲，2001；臧伟伟，2010）的基础上，本研究通过以下几个指标来考察创伤暴露程度：（1）地震时自己是否受困以及是否受伤。回答"是"计1分，回答"否"计0分。（2）地震发生时被试对亲人受困、受伤或死亡情况的了解。采用三级计分，被试回答"亲眼目睹"亲人受困、受伤或死亡，计为2分；回答"事后得知"计为1分，回答"无此情况"计为0分。（3）地震发生时被试对学生受困、受伤或死亡情况的了解。采用三级计分，被试回答"亲眼目睹"学生受困、受伤或死亡，计2分；回答"事后得知"计1分，回答"无此情况"计为0分。（4）地震发生时被试的主观害怕程度，共包含8道题，包含诸如"我害怕自己会受伤"、"我害怕学生死亡"、"我害怕父母会死亡"等项目。（5）房屋毁损程度，共包含2道题，分别考察了自家房屋的受损程度以及校舍受损程度，按照严重程度分为四个水平：未受损、轻微受损、破损严重以及完全受损。

2. 应对方式问卷

采用阿米尔汗（Amirkhan）的应对方式问卷（The Coping Strategy Indicator, CSI）（Amirkhan, 1990），共有33个项目，包括三个维度，分别为寻求社会支持、问题解决和逃避。寻求社会支持指向他人寻求支持、安慰和建议，反映了人类最基本的与他人联结的需求；问题解决指通过各种方法或借助各种工具来解决问题，是一种积极应对压力源的策略；逃避指面对压力时出现身体或心理上的退缩、疏离、幻想。该量表的信效度在不同的情境和人群当中均得到了验证（Ager, & MacLachlan, 1998; Bijttebier, & Vertommen, 1997; Clark et al., 1995; Soriana, 1994）。该问卷为三点量表，分数由低到高分别表示某种应对策略的使用频率。

在本研究中，该问卷各维度的内部一致性系数在 0.79～0.90 之间，总问卷的内部一致性系数为 0.92。

3. 社会支持问卷

采用诺里斯（Kaniasty & Norris）编制的社会支持问卷（Kaniasty & Norris，1995；2000），测量灾后被试所接受的社会支持，共 12 个项目。接受的社会支持分三个维度：（1）情感支持，包括 3 个项目；（2）信息支持，即是否得到如何做某事、理解周围环境的建议和信息，包括 3 个项目；（3）实质性支持，即接受的钱、食物、暂时的住处、家庭用品等，包括 6 个项目。问卷采用四点计分，由低到高表示接收到的帮助的频次。以往研究表明，该量表的内部一致性系数在 0.80 以上（Kaniasty，2003；Kaniasty & Norris，2000；Norris，Murphy，Kaniasty，Perilla，& Ortis，2001）。在本研究中，3 个分量表的内部一致性系数在 0.90～0.94 之间，量表总的内部一致性系数是 0.97。

4. 控制感问卷

采用辛自强等人（2008）根据 Chang 等 1997 年编制的初级控制和二级控制量表（Primary and Secondary Control Scale，PSCS）中文版改编而成。该量表共 30 个项目，含有初级控制（15 个项目）和二级控制（15 个项目）两个分量表，其中初级控制含有直接控制（11 个项目）和间接控制（4 个项目）两个维度，二级控制含有认知控制（8 个项目）和情感控制（7 个项目）两个维度。该量表采用 5 级评分，其中 1 表示"从不如此"，5 表示"总是如此"。经验证性因素分析，量表有较好的效度和信度。

5. 复原力问卷

该问卷是张建新等人在国外 Conner – Davidson 复原力量表（Conner & Davidson，2003）的基础上，根据我国人群的特点修订而成的。正式施测问卷共包含 24 个项目，分为 3 个维度：坚韧性（tenacity）、力量（strength）和乐观（optimistic），如"即使有障碍，我也相信我能够实现我的目标"、"当压力或危机来到时，我知道在哪里可以获得帮助"、"不管在人生路途上遇到任何障碍，我都会努力达到我的目标"等。采用 5 点记分，0 代表"从不"，1 代表"很少"，2 代表"有时"，3 代表"经常"，4 代表"几乎总是"。问卷总的内部一致性系数为 0.92，3 个维度的内部一致性系数分别为 0.85、0.63、0.83。利用 Amos7.0 对问卷的结构效度进行考察，结果显示，问卷的结构效度良好（CFI = 0.84；RMSEA = 0.08）。

（三）研究程序

追踪研究和横断研究均采用团体施测的方式进行，主试均为经过培训的心理学研究生。两个时间点施测的程序和步骤同研究一。追踪研究所要考察的变量包括PTSD、抑郁、PTG、灾难前影响因素、灾难当下影响因素。横断研究所要考察的变量包括PTSD、抑郁、PTG、工作满意度、职业倦怠、灾难前影响因素、灾难当下影响因素和灾难后影响因素。因此，横断研究可以完整地考察三类影响因素对灾后教师心理健康的影响，但却无法考察这种影响随时间发生的变化。

（四）数据处理

采用SPSS17.0对数据进行录入，采用SPSS17.0对数据进行相关分析以及回归分析。

三、结果与分析

（一）部分灾难前因素对灾后教师心理健康的影响

在灾难前因素中，某些变量是分类变量，包括性别、学历和婚姻状况，其他变量则是连续变量，包括年龄、教龄和创伤经历。对于分类变量，我们采用T检验或方差分析来考察它们对灾后教师心理健康的影响；对于连续变量，我们将它们与灾难当下因素和灾难后因素放在一起，采用逐步回归的方法来分析它们对灾后教师心理健康的影响。本部分呈现的结果只是灾难前因素中的分类变量对灾后教师心理健康的影响。

1. 性别对灾后教师心理健康的影响

（1）教师PTSD和抑郁的性别差异。

以PTSD的各个维度、总分及抑郁为因变量，以性别为自变量进行独立样本T检验，结果如表4-7所示。在PTSD的各个维度以及抑郁得分上，男教师（N=59）和女教师（N=71）都没有显著差异。

表4-7　　　　　　　创伤后应激障碍和抑郁的性别差异（T1）

		侵入症状	回避症状	警觉增高	PTSD总分	抑郁
男	M (SD)	1.42 (0.90)	1.23 (0.79)	1.35 (0.92)	1.33 (0.80)	0.84 (0.48)
女	M (SD)	1.53 (0.91)	1.43 (0.75)	1.53 (0.86)	1.49 (0.73)	0.89 (0.44)
	T	0.72	1.43	1.17	1.22	0.53

(2) 教师 PTG 的性别差异。

以 PTG 的各个维度为因变量，以性别为自变量进行独立样本 T 检验，结果如表 4-8 所示。除了灵性变化维度的差异不显著外，在其他四个维度上，女教师（N=71）的得分均显著高于男教师（N=59），这说明女教师比男教师获得了更好的创伤后成长。

表 4-8　　　　　　　　PTG 的性别差异（T1）

		个人力量	新的可能	他人关联	生命欣赏	灵性变化	PTG 总分
男	M（SD）	2.56（1.22）	2.41（1.15）	2.58（1.19）	3.00（1.26）	1.84（1.30）	2.49（1.07）
女	M（SD）	3.06（1.09）	2.86（1.03）	3.21（1.01）	3.63（1.11）	2.03（1.23）	3.00（0.89）
	T	2.49*	2.33*	3.29***	3.00**	0.82	2.94**

注：* 表示 $p<0.05$，** 表示 $p<0.01$，*** 表示 $p<0.001$。

(3) 教师工作满意度和职业倦怠的性别差异。

以工作满意度和职业倦怠各维度为因变量，以性别为自变量进行独立样本 T 检验，结果如表 4-9 所示。男女教师的工作满意度得分均低于均值，女教师的工作满意度得分与男教师没有显著差异；女教师的情绪衰竭水平与个人成就感水平与男教师没有显著差异，但女教师的非人性化水平显著低于男教师。

表 4-9　　　　工作满意度和职业倦怠的性别差异（T1）

		工作满意度	情绪衰竭	非人性化	个人成就感
男	M（SD）	2.49（1.04）	2.80（1.47）	1.71（1.12）	2.34（1.12）
女	M（SD）	2.68（1.02）	2.96（1.25）	1.38（0.70）	2.13（0.81）
	T	-0.98	0.61	2.13*	1.25

注：* 表示 $p<0.05$，** 表示 $p<0.01$，*** 表示 $p<0.001$。

2. 学历对灾后教师心理健康的影响

(1) 教师 PTSD 和抑郁的学历差异。

将被试的学历划分为大专以下、大专、本科。以被试的学历为自变量，PTSD 和抑郁为因变量进行单因素方差分析，结果如表 4-10 所示，发现在 PTSD 的各个维度和抑郁上，不同学历的教师得分没有显著差异。

表4-10　　　　　　PTSD和抑郁的学历差异（T1）

		侵入症状	回避症状	警觉增高	PTSD总分	抑郁
大专以下	M (SD)	2.07 (1.05)	1.47 (0.43)	2.02 (0.91)	1.84 (0.72)	1.00 (0.51)
大专	M (SD)	1.37 (0.88)	1.30 (0.72)	1.40 (0.89)	1.36 (0.72)	0.86 (0.48)
本科	M (SD)	1.60 (0.92)	1.37 (0.86)	1.49 (0.89)	1.48 (0.81)	0.87 (0.45)
	F	2.20	0.23	1.36	1.30	0.27

（2）教师PTG的学历差异。

以被试的学历为自变量，PTG为因变量进行单因素方差分析，结果如表4-11所示，发现在PTG的各个维度上，不同学历的教师得分没有显著差异。

表4-11　　　　　　创伤后成长的学历差异（T1）

		个人力量	新的可能	他人关联	生命欣赏	灵性变化	PTG总分
大专以下	M (SD)	2.67 (1.11)	1.90 (1.18)	2.90 (1.52)	3.44 (1.22)	1.00 (0.60)	2.45 (1.13)
大专	M (SD)	2.94 (1.14)	2.71 (1.06)	3.00 (1.07)	3.48 (1.14)	1.95 (1.22)	2.84 (0.94)
本科	M (SD)	2.73 (1.22)	2.66 (1.14)	2.84 (1.19)	3.19 (1.28)	2.05 (1.34)	2.72 (1.07)
	F	0.55	1.51	0.29	0.92	1.90	0.57

（3）教师工作满意度和职业倦怠的学历差异。

以被试的学历为自变量，工作满意度和职业倦怠为因变量进行单因素方差分析，结果如表4-12所示，发现学历对教师工作满意度和职业倦怠没有显著影响。

表4-12　　　　工作满意度和职业倦怠的学历差异（T1）

		工作满意度	情绪衰竭	非人性化	个人成就感
大专以下	M (SD)	2.77 (1.05)	2.49 (1.32)	1.56 (0.82)	2.14 (0.88)
大专	M (SD)	2.68 (1.04)	3.07 (1.34)	1.52 (0.89)	2.27 (0.93)
本科	M (SD)	2.92 (0.35)	2.64 (1.38)	1.19 (0.56)	2.04 (0.73)
	F	0.18	1.34	0.57	0.18

3. 婚姻状况对灾后教师心理健康的影响

(1) 教师 PTSD 和抑郁的婚姻状况差异。

将被试分为未婚、已婚、离异或非地震原因丧偶、地震原因丧偶和再婚。然后以婚姻状况为自变量，PTSD 各个维度和抑郁为因变量进行单因素方差分析，结果如表 4-13 所示，表明婚姻状况对教师 PTSD 和抑郁的得分没有显著影响（由于被试中不存在地震原因丧偶或再婚的情况，所以婚姻状况实际只有三类，即未婚、已婚、离异或非地震原因丧偶）。

表 4-13　　创伤后应激障碍和抑郁的婚姻状况差异（T1）

		侵入症状	回避症状	警觉增高	PTSD 总分	抑郁
未婚	M (SD)	1.16 (0.86)	1.28 (0.96)	1.15 (0.89)	1.20 (0.79)	0.82 (0.38)
已婚	M (SD)	1.57 (0.87)	1.35 (0.72)	1.53 (0.86)	1.48 (0.74)	0.88 (0.47)
离异或非地震原因丧偶	M (SD)	1.91 (1.60)	1.35 (0.90)	1.80 (1.25)	1.67 (1.11)	0.86 (0.68)
	F	2.60	0.08	2.24	1.59	0.14

(2) 教师 PTG 的婚姻状况差异。

以婚姻状况为自变量，PTG 各个维度为因变量进行单因素方差分析，结果如表 4-14 所示，表明婚姻状况对教师 PTG 各个维度的得分没有显著影响。

表 4-14　　创伤后成长的婚姻状况差异（T1）

		个人力量	新的可能	他人关联	生命欣赏	灵性变化	PTG 总分
未婚	M (SD)	2.72 (1.33)	2.27 (1.18)	2.68 (1.31)	3.20 (1.28)	1.89 (1.34)	2.56 (1.14)
已婚	M (SD)	2.86 (1.14)	2.75 (1.06)	3.00 (1.09)	3.38 (1.19)	1.92 (1.27)	2.82 (0.97)
离异或非地震原因丧偶	M (SD)	2.85 (1.13)	2.56 (1.42)	2.74 (1.18)	3.53 (1.39)	2.80 (0.51)	2.84 (1.08)
	F	1.41	1.96	0.81	0.26	1.18	0.69

(3) 教师工作满意度和职业倦怠的婚姻状况差异。

以婚姻状况为自变量，工作满意度和职业倦怠为因变量进行单因素方差分析，结果如表 4-15 所示，表明婚姻状况对教师工作满意度和职业倦怠的得分没有显著影响。

表 4-15　　工作满意度和职业倦怠的婚姻状况差异（T1）

		工作满意度	情绪衰竭	非人性化	个人成就感
未婚	M (SD)	2.67 (1.05)	2.47 (1.32)	1.55 (0.82)	2.15 (0.88)
已婚	M (SD)	2.58 (1.04)	3.05 (1.34)	1.54 (0.89)	2.24 (0.93)
离异或非地震原因丧偶	M (SD)	2.92 (0.35)	2.66 (1.38)	1.10 (0.56)	2.05 (0.73)
	F	0.16	1.35	0.54	0.13

（二）追踪研究中灾难前因素和灾难当下因素对灾后教师心理健康的影响

1. 追踪研究中灾难前因素和灾难当下因素对教师 PTSD 和抑郁的影响

采用分层逐步回归的方法计算灾难前因素和灾难当下因素对不同时间点的 PTSD 和抑郁的解释力。共进行两次回归，得到两个回归方程。对于方程 1：以第一时间点的测量结果为因变量，灾难前因素、灾难当下因素分别以 enter 方式进入 Block1、Block2；对于方程 2：以第二时间点的测量结果为因变量，该变量第一时间点的测量结果进入 Block1（目的是控制 T1 的 PTSD 和抑郁对 T2 的 PTSD 和抑郁的影响），第一时间点的灾难前、灾难当下因素分别进入 Block2、Block3。两次回归的结果如表 4-16 所示。

首先，就 PTSD 的侵入症状而言，由表 4-16 中可以看出，在第一时间点，灾难前因素可以解释 8% 的变异。其中，创伤经历（$\beta = 0.29$）的影响作用达到了显著性水平，即地震之前有创伤经历的教师的侵入症状更高。灾难当下因素又能增加 32% 的变异。其中，自己被困（$\beta = 0.29$）和亲人死亡（$\beta = 0.36$）的影响达到了统计的显著性，即自己被困的被试和有亲人死亡的被试侵入症状更多。由此可以看出，在第一时间点，对于侵入症状，灾难当下因素的解释力高于灾难前的因素。

当控制了第一时间点的侵入症状之后，第一时间点的灾难前因素能解释第二时间点侵入症状 26% 的变异，灾难当下因素能增加 5% 的变异，其中学生被困（$\beta = -0.33$）和亲人受伤（$\beta = 0.24$）的影响达到显著水平。

其次，对于 PTSD 的回避症状，由表 4-16 中可以看出，在第一时间点，灾难前因素可以解释 1% 的变异，灾难当下因素又能增加 9% 的变异。两类因素对第一时间点的回避症状均没有显著影响。当控制了第一时间点的回避症状之后，第一时间点的灾难前因素能解释第二时间点回避症状的 4%，灾难当下因素对回避症状只能增加 5% 的变异，其中，学生被困（$\beta = -0.40$）的影响达到了显著水平。

表 4-16　灾难前和灾难当下因素对 PTSD 和抑郁的逐步回归分析（T1，T2）

影响因素 N=104	侵入 T1 β	侵入 T2 β	回避 T1 β	回避 T2 β	警觉 T1 β	警觉 T2 β	抑郁 T1 β	抑郁 T2 β
灾难前因素	$R^2=0.08$ $F=2.45^*$	$R^2=0.26$ $F=6.21^{***}$	$R^2=0.01$ $F=1.25$	$R^2=0.04$ $F=1.60$	$R^2=0.09$ $F=2.79^*$	$R^2=0.24$ $F=5.55^{***}$	$R^2=0.01$ $F=0.81$	$R^2=0.21$ $F=4.88^{***}$
年龄	0.21	-0.14	0.05	-0.14	0.28	0.05	0.09	-0.13
性别	-0.20	-0.02	-0.16	-0.01	-0.27*	0.00	-0.13	-0.02
是否班主任	0.07	0.04	0.11	-0.02	0.11	0.01	0.10	-0.09
教龄	-0.04	0.13	0.02	-0.15	-0.04	-0.11	-0.18	0.13
创伤经历	0.29**	-0.05	0.20	-0.02	0.18	-0.03	0.11	-0.06
灾难当下因素	$R^2=0.40$ $F=4.88^{***}$	$R^2=0.31$ $F=3.52^{***}$	$R^2=0.10$ $F=1.68$	$R^2=0.09$ $F=1.55$	$R^2=0.30$ $F=3.40^{***}$	$R^2=0.21$ $F=2.50^{**}$	$R^2=0.10$ $F=1.66$	$R^2=0.17$ $F=2.15^*$
自己被困	0.29**	-0.08	0.19	0.01	0.11	0.16	0.06	0.00
亲人被困	0.20	0.21	-0.16	0.19	-0.20	-0.01	-0.19	-0.03
学生被困	0.07	-0.33*	0.23	-0.40*	0.16	-0.32	0.15	-0.12
亲人受伤	0.10	0.24*	-0.06	0.15	0.02	0.07	0.10	-0.06
学生受伤	0.10	0.16	0.11	0.21	0.07	0.09	0.04	-0.13
亲人死亡	0.36***	-0.04	0.00	0.07	0.42***	0.08	0.30**	0.18
学生死亡	0.20	-0.21	0.17	-0.19	0.15	-0.07	0.17	0.13
主观害怕程度	0.12	0.19	0.01	0.23	0.19	0.13	0.17	0.11
房屋受损	0.18	0.11	0.09	0.18	0.16	-0.00	0.13	0.09
校舍受损	0.00	0.01	0.04	0.01	-0.05	0.07	-0.09	0.05

注：* 表示 $p<0.05$，** 表示 $p<0.01$，*** 表示 $p<0.001$。

再其次,对于警觉增高症状而言,由表 4-16 中可以看出,在第一时间点,灾难前因素可以解释 9% 的变异。其中,性别($\beta=-0.27$)的影响作用达到了显著性水平,即女教师的警觉增高症状比男教师更为严重。灾难当下因素能增加 21% 的变异。其中,亲人死亡($\beta=0.42$)的影响达到了统计的显著性,即有亲人死亡的被试警觉增高症状更多。当控制了第一时间点的警觉增高症状之后,第一时间点的灾难前因素能解释第二时间点警觉增高症状的 24%,灾难当下因素没有解释力。

最后,对于抑郁症状而言,由表 4-16 中可以看出,在第一时间点,灾难前因素可以解释 1% 的变异,灾难当下因素又能增加 9% 的变异。其中,亲人死亡($\beta=0.30$)的影响达到显著水平。由此可以看出,在第一时间点,灾难当下因素对于抑郁的解释力高于灾难前因素。在第二时间点,第一个时间点的灾难前因素能解释第二个时间点抑郁症状 21% 的变异,灾难当下因素没有解释力。

2. 追踪研究中灾难前因素和灾难当下因素对教师 PTG 的影响

采用分层逐步回归的方法计算灾难前因素和灾难当下因素对不同时间点的创伤后成长的解释力。共进行两次回归,得到两个回归方程。对于方程 1:以第一时间点的测量结果为因变量,灾难前因素、灾难当下因素分别以 enter 方式进入 Block1、Block2;对于方程 2:以第二时间点的测量结果为因变量,该变量第一时间点的测量结果进入 Block1(目的是控制 T1 的 PTG 对 T2 的 PTG 的影响),第一时间点的灾难前、灾难当下因素分别进入 Block2、Block3。两次回归的结果如表 4-17 所示。

第一,就个人力量而言,由表 4-17 可以看出,在第一时间点,灾难前因素可以解释 4% 的变异。其中,年龄($\beta=-0.39$)的预测作用达到了显著性水平,即年龄越大,个人力量得分越低。灾难当下因素能增加 14% 的变异。其中,自己被困($\beta=0.36$)、亲人死亡($\beta=0.26$)和自家房屋受损($\beta=-0.26$)对个人力量的预测力达到了显著性,即自己有被困经历、有亲人死亡或自家房屋没有受损的被试,个人力量得分更高。当控制了第一时间点的个人力量之后,第一时间点的灾难前因素能解释第二时间点个人力量的 9% 的变异,灾难当下因素没有解释力。

第二,就新的可能而言,由表 4-17 可以看出,在第一时间点,灾难前因素可以解释 7% 的变异。其中,年龄($\beta=-0.42$)的预测作用达到了显著,即年龄越大,在新的可能上得分越低。灾难当下因素能增加 20% 的变异。其中,自己被困($\beta=0.43$)、亲人死亡($\beta=0.25$)和房屋受损($\beta=-0.24$)对新的可能的预测力达到了显著性水平,即自己在地震中曾被困、有亲人死亡或自家房屋没有受损的个体,新的可能得分越高。当控制了第一时间点的新的可能之后,第

表 4-17 灾难前和灾难当下因素对 PTG 的逐步回归分析（T1，T2）

影响因素	个人力量 T1 β	个人力量 T2 β	新的可能 T1 β	新的可能 T2 β	他人关联 T1 β	他人关联 T2 β	生命欣赏 T1 β	生命欣赏 T2 β	灵性变化 T1 β	灵性变化 T2 β
灾难前因素	$R^2=0.04$ $F=1.82$	$R^2=0.09$ $F=2.40^*$	$R^2=0.07$ $F=2.23^*$	$R^2=0.04$ $F=1.58$	$R^2=0.10$ $F=3.00^*$	$R^2=0.01$ $F=0.16$	$R^2=0.04$ $F=1.77$	$R^2=0.10$ $F=2.67^*$	$R^2=0.01$ $F=0.82$	$R^2=0.07$ $F=2.13$
年龄	-0.39^*	-0.21	-0.42^*	-0.19	-0.35	-0.16	-0.33	-0.19	-0.24	0.18
性别	-0.15	-0.13	-0.11	-0.16	-0.20	-0.13	-0.20	-0.18	0.02	-0.03
是否班主任	0.03	-0.05	0.04	0.03	0.09	-0.02	0.02	0.03	-0.06	-0.11
教龄	0.30	-0.24	0.34	0.11	0.25	0.19	0.20	0.17	0.24	-0.04
创伤经历	0.15	0.06	0.22	0.08	0.26^*	-0.08	0.08	0.06	0.15	-0.08
灾难当下因素	$R^2=0.18$ $F=2.31^{**}$	$R^2=0.08$ $F=1.47$	$R^2=0.27$ $F=3.16^{**}$	$R^2=0.08$ $F=1.51$	$R^2=0.32$ $F=3.75^{***}$	$R^2=0.01$ $F=1.05$	$R^2=0.30$ $F=3.60^{***}$	$R^2=0.16$ $F=2.02^*$	$R^2=0.00$ $F=1.01$	$R^2=0.03$ $F=1.16$
自己被困	0.36^{**}	-0.05	0.43^{***}	0.06	0.36^{**}	0.01	0.45^{**}	-0.12	0.07	0.09
亲人被困	-0.17	0.31	-0.19	0.45^*	-0.24	0.27	0.00	0.23	-0.31	0.18
学生被伤	-0.14	-0.18	-0.03	-0.25	-0.07	-0.09	-0.26	-0.04	0.29	-0.08
学生受伤	-0.13	0.09	-0.07	0.15	-0.09	0.00	-0.16	0.34^*	-0.18	0.14
亲人死亡	0.09	0.15	0.17	0.21	0.13	0.11	0.19	-0.17	0.08	0.17
亲人死亡	0.26^*	-0.19	0.25^*	-0.12	0.23^*	-0.02	0.27^*	-0.16	0.24	-0.08
学生死亡	0.01	-0.23	0.00	-0.15	-0.04	-0.22	0.02	-0.11	-0.08	-0.14
主观害怕程度	0.18	-0.14	0.19	-0.10	0.22^*	-0.21	0.24^*	-0.17	0.12	-0.10
房屋受损	-0.26^*	-0.02	-0.24^*	0.05	-0.33^{**}	-0.06	-0.23^*	0.03	-0.04	0.01
校舍受损	-0.07	-0.07	-0.10	-0.10	-0.09	-0.06	-0.15	-0.11	-0.07	-0.11

注：* 表示 $p<0.05$，** 表示 $p<0.01$，*** 表示 $p<0.001$。

一时间点的灾难前因素能解释新的可能 4% 的变异，灾难当下因素能增加 4% 的变异。其中，亲人被困（$\beta = 0.45$）对于新的可能有显著的正向预测作用。

第三，对于他人关联而言，从表 4-17 可以看出，在第一时间点，灾难前因素能解释 10% 的变异。其中，创伤经历（$\beta = 0.26$）对和他人的关联的预测力达到了显著性水平，即有创伤经历的个体，他人关联的得分更高。灾难当下因素能增加 22% 的变异。其中，自己被困（$\beta = 0.36$）、亲人死亡（$\beta = 0.23$）、主观害怕程度（$\beta = 0.22$）和自家房屋受损程度（$\beta = -0.33$）对和他人的关联的影响达到显著水平，即自己在地震时有被困经历、有亲人死亡、主观害怕程度较高或自家房屋受损程度较轻的个体，在他人关联上得分较高。在第二个时间点，当控制了第一时间点的他人关联之后，第一时间点的两类因素对他人关联没有解释力。

第四，就生命欣赏而言，从表 4-17 可以看出，在第一个时间点，灾难前因素解释了 4% 的变异，灾难当下因素又解释了 26% 的变异。其中，自己被困（$\beta = 0.45$）、亲人死亡（$\beta = 0.27$）、主观害怕程度（$\beta = 0.24$）和自家房屋受损程度（$\beta = -0.23$）对生命欣赏的影响达到显著水平，即自己在地震时有被困经历、有亲人死亡、主观害怕程度较高或自家房屋受损程度较轻的个体，在生命欣赏上得分较高。在第二个时间点，当控制了第一时间点的生命欣赏之后，第一时间点的灾难前因素能解释 10% 的变异，灾难当下因素能增加 6% 的变异。其中，亲人受伤（$=0.34$）对生命欣赏的解释力达到显著性水平，说明有亲人受伤的个体，生命欣赏的得分较高。

第五，就灵性变化而言，由表 4-17 可以看出，在第一时间点，灾难前因素只解释了 1% 的变异，灾难当下因素没有解释力。在第二时间点，当控制了第一时间点的灵性变化之后，第一时间点的灾难前因素对于第二时间的灵性变化能解释 7% 的变异，灾难当下因素无解释力。

（三）横断研究中灾难后因素对灾后教师心理健康的影响

1. 横断研究中灾难后因素对教师 PTSD 和抑郁的影响

（1）横断研究中应对方式和社会支持对教师 PTSD 和抑郁的影响。

采用分层逐步回归的方法计算应对方式和社会支持对 PTSD 和抑郁的解释力。回归分三步进行：第一步让灾难前因素进入；第二步让灾难当下因素进入；第三步让应对方式和社会支持进入。回归分析的结果如表 4-18 所示。

表 4-18　应对方式和社会支持对 PTSD 和抑郁的回归分析

影响因素	侵入症状	回避症状	警觉增高	抑郁
N = 147	β	β	β	β
灾难前因素	$R^2 = 0.04$	$R^2 = 0.00$	$R^2 = 0.04$	$R^2 = 0.01$
	$F = 2.22$	$F = 1.06$	$F = 2.32^*$	$F = 1.31$
灾难当下因素	$R^2 = 0.06$	$R^2 = 0.04$	$R^2 = 0.05$	$R^2 = 0.04$
	$F = 1.60$	$F = 0.64$	$F = 1.54$	$F = 0.59$
灾难后因素	$R^2 = 0.25$	$R^2 = 0.22$	$R^2 = 0.34$	$R^2 = 0.24$
	$F = 3.33^{***}$	$F = 2.93^{***}$	$F = 4.63^{***}$	$F = 3.17^{***}$
应对方式				
寻求社会支持	0.12	0.07	0.02	0.04
问题解决	-0.11	-0.16	-0.15	0.02
逃避	0.41***	0.51***	0.59***	0.53***
社会支持				
情感支持	0.32*	0.23	0.43***	0.26
信息支持	-0.14	0.08	-0.16	-0.31*
实质性支持	-0.09	-0.16	-0.23	0.02

注：* 表示 $p < 0.05$，** 表示 $p < 0.01$，*** 表示 $p < 0.001$。

首先，就侵入症状而言，灾难前因素和灾难当下因素一共能解释 6% 的变异。在控制了这两类因素的影响后，灾难后因素能解释 19% 的变异。其中，逃避的应对方式（$\beta = 0.41$）和获得的情感支持（$\beta = 0.32$）对侵入症状有显著的影响。也就是说，在身体或心理上退缩、疏离、幻想的个体或获得情感支持较多的个体，侵入症状的得分更高。

其次，就回避症状而言，灾难前因素和灾难当下因素一共能解释 4% 的变异。在控制了这两类因素的影响后，灾难后因素能解释 18% 的变异。其中，逃避的应对方式（$\beta = 0.51$）对回避症状有显著的影响。也就是说，在身体或心理上退缩、疏离、幻想的个体，回避症状的得分更高。

再其次，就警觉增高而言，灾难前因素和灾难当下因素一共能解释 5% 的变异。在控制了这两类因素的影响后，灾难后因素能解释 29% 的变异。其中，逃避的应对方式（$\beta = 0.59$）和获得的情感支持（$\beta = 0.43$）对警觉增高有显著的影响。也就是说，在身体或心理上退缩、疏离、幻想的个体或获得情感支持较多的个体，警觉增高的得分更高。

最后，就抑郁症状而言，灾难前因素和灾难当下因素一共能解释 4% 的变异。在控制了这两类因素的影响后,灾难后因素能解释 20% 的变异。其中,逃避的应对方式 ($\beta = 0.53$) 和获得的信息支持 ($\beta = -0.31$) 对抑郁有显著的影响。也就是说,在身体或心理上退缩、疏离、幻想的个体或获得的信息支持更少的个体,抑郁的得分更高。

(2) 横断研究中控制感和复原力对教师 PTSD 和抑郁的影响。

采用分层逐步回归的方法计算控制感和复原力对 PTSD 和抑郁的解释力。回归分三步进行:第一步让灾难前因素进入;第二步让灾难当下因素进入;第三步让控制感和复原力进入。回归分析的结果如表 4 - 19 所示。

表 4 - 19 控制感和复原力对 PTSD 和抑郁的回归分析

影响因素	侵入症状	回避症状	警觉增高	抑郁
	β	β	β	β
灾难前因素	$R^2 = 0.10$	$R^2 = 0.07$	$R^2 = 0.11$	$R^2 = 0.03$
	$F = 3.49^{**}$	$F = 2.61^*$	$F = 3.68^{**}$	$F = 1.65$
灾难当下因素	$R^2 = 0.09$	$R^2 = 0.09$	$R^2 = 0.12$	$R^2 = 0.01$
	$F = 1.71$	$F = 1.66$	$F = 1.93^*$	$F = 0.96$
灾难后因素	$R^2 = 0.14$	$R^2 = 0.14$	$R^2 = 0.14$	$R^2 = 0.02$
	$F = 1.80^*$	$F = 1.80^*$	$F = 1.80^*$	$F = 0.93$
控制感				
直接控制	-0.27	-0.09	-0.27	-0.27
间接控制	0.15	0.28^*	0.11	0.10
情感控制	0.05	0.00	0.02	0.07
认知控制	-0.15	-0.22	-0.13	0.07
复原力				
力量	-0.28	-0.28	-0.18	0.17
乐观	0.32^*	0.24	0.22	0.15
韧性	0.30	0.21	0.14	-0.25

注:* 表示 $p < 0.05$,** 表示 $p < 0.01$,*** 表示 $p < 0.001$。

首先,灾难前因素和灾难当下因素一共能解释侵入症状 9% 的变异。在控制了这两类因素的影响后,控制感和复原力能解释 5% 的变异。其中,复原力中的乐观维度 ($\beta = 0.32$) 对侵入症状有显著的影响。也就是说,更为乐观的个体,侵入症状的得分更高。

其次,灾难前因素和灾难当下因素一共能解释回避症状 9% 的变异。在控制了这两类因素的影响后,控制感和复原力能解释 5% 的变异。其中,间接控制 ($\beta = 0.28$) 对回避症状有显著的影响。也就是说,间接控制越高,回避症状的得分越高。

再其次,灾难前因素和灾难当下因素一共能解释警觉增高 12% 的变异。在控制了这两类因素的影响后,控制感和复原力能解释 2% 的变异。控制感各个维度和复原力各个维度对警觉增高均无显著的影响。

最后,灾难前因素、灾难当下因素和灾难后因素对抑郁均无显著影响。

2. 横断研究中灾难后因素对教师 PTG 的影响

(1) 横断研究中应对方式和社会支持对 PTG 的影响。

采用分层逐步回归的方法计算应对方式和社会支持对 PTG 的解释力。回归分三步进行：第一步让灾难前因素进入；第二步让灾难当下因素进入；第三步让应对方式和社会支持进入。回归的结果如表 4-20 所示。

表 4-20　　　　　应对方式和社会支持对 PTG 的回归分析

影响因素	个人力量	新的可能	他人关联	生命欣赏	灵性变化
	β	β	β	β	β
灾难前因素	$R^2 = 0.03$	$R^2 = 0.00$	$R^2 = 0.03$	$R^2 = 0.08$	$R^2 = 0.00$
	$F = 1.98$	$F = 1.02$	$F = 1.86$	$F = 3.48^{**}$	$F = 1.12$
灾难当下因素	$R^2 = 0.07$	$R^2 = 0.03$	$R^2 = 0.03$	$R^2 = 0.15$	$R^2 = 0.03$
	$F = 1.77^*$	$F = 1.26$	$F = 1.35$	$F = 2.73^{**}$	$F = 0.68$
灾难后因素	$R^2 = 0.16$	$R^2 = 0.18$	$R^2 = 0.20$	$R^2 = 0.24$	$R^2 = 0.07$
	$F = 2.28^{**}$	$F = 2.50^{***}$	$F = 2.77^{***}$	$F = 3.16^{***}$	$F = 1.52$
应对方式					
寻求社会支持	0.06	0.10	0.10	0.13	-0.11
问题解决	0.07	0.07	0.13	0.16	-0.01
逃避	0.06	0.01	-0.01	0.01	0.17
社会支持					
情感支持	0.18	0.14	0.23	0.11	-0.00
信息支持	0.23	0.28	0.19	0.12	0.34^*
实质性支持	-0.20	-0.08	-0.09	-0.14	0.04

注：* 表示 $p < 0.05$，** 表示 $p < 0.01$，*** 表示 $p < 0.001$。

第一,就个人力量而言,由表 4-20 可以看出,灾难前因素和灾难当下因素一共能解释 7% 的变异,应对方式和社会支持这两个灾难后因素能解释 9% 的变异,但应对方式各个维度和社会支持各个维度对个人力量均无显著的影响。

第二,就新的可能而言,灾难前因素和灾难当下因素一共能解释 3% 的变异,应对方式和社会支持两个灾难后因素能解释15%的变异,但应对方式各个维度和社会支持各个维度对新的可能均无显著的影响。

第三,就他人关联而言,灾难前因素和灾难当下因素一共可以解释3%的变异,应对方式和社会支持两个灾难后因素能增加17%的变异,但应对方式各个维度和社会支持各个维度对他人关联均无显著的影响。

第四,就生命欣赏而言,灾难前因素和灾难当下因素一共能解释15%的变异,应对方式和社会支持这两个灾难后因素能解释9%的变异,但应对方式各个维度和社会支持各个维度对生命欣赏均无显著的影响。

第五,就灵性变化而言,灾难前因素和灾难当下因素一共能解释3%的变异,应对方式和社会支持这两个灾难后因素能增加4%的变异,其中信息支持($\beta=0.34$)对灵性变化有显著影响。也就是说,获得的信息支持越多,灵性变化就越显著。

(2) 横断研究中控制感和复原力对PTG的影响。

采用分层逐步回归的方法计算控制感和复原力对PTG的解释力。回归分三步进行:第一步让灾难前因素进入;第二步让灾难当下因素进入;第三步让控制感和复原力进入。回归的结果如表4-21所示。

表4-21　　　　　　　　控制感和复原力对PTG的回归分析

影响因素	个人力量	新的可能	他人关联	生命欣赏	灵性变化
	β	β	β	β	β
灾难前因素	$R^2=0.01$	$R^2=0.03$	$R^2=0.02$	$R^2=0.08$	$R^2=0.00$
	$F=1.14$	$F=1.76$	$F=1.51$	$F=2.95^*$	$F=0.93$
灾难当下因素	$R^2=0.03$	$R^2=0.01$	$R^2=0.02$	$R^2=0.05$	$R^2=0.02$
	$F=0.82$	$F=0.92$	$F=0.86$	$F=1.34$	$F=1.17$
灾难后因素	$R^2=0.25$	$R^2=0.28$	$R^2=0.25$	$R^2=0.38$	$R^2=0.09$
	$F=2.66^{***}$	$F=2.94^{***}$	$F=2.58^{***}$	$F=3.94^{***}$	$F=1.46$
控制感					
直接控制	0.13	0.16	0.17	0.03	-0.06
间接控制	-0.05	-0.04	-0.03	-0.15	0.02
情感控制	0.05	0.05	0.09	0.15	-0.03
认知控制	-0.09	0.14	-0.10	0.07	0.19
复原力					
力量	0.03	-0.27	-0.11	-0.07	-0.53^*
乐观	0.37^{**}	0.30^*	0.33^*	0.29^*	0.36^*
韧性	0.21	0.36^*	0.32	0.37^*	0.38

注:* 表示 $p<0.05$,** 表示 $p<0.01$,*** 表示 $p<0.001$。

第一，由表4-21可以看出，灾难前因素和灾难当下因素一共能解释个人力量3%的变异，控制感和复原力这两个灾难后因素能增加22%的变异，其中乐观（$\beta = 0.37$）对个人力量有显著影响。

第二，灾难前因素能解释新的可能3%的变异，灾难当下因素没有解释力。控制感和复原力两个灾难后因素能增加25%的变异，其中乐观（$\beta = 0.30$）与韧性（$\beta = 0.36$）对新的可能有显著影响。

第三，灾难前因素可以解释他人关联2%的变异，灾难当下因素没有解释力。控制感和复原力两个灾难后因素能增加23%的变异，其中乐观（$\beta = 0.33$）对他人关联有显著的影响。

第四，对于生命欣赏，灾难前因素可以解释8%的变异，灾难当下因素没有解释力。控制感和复原力这两个灾难后因素能增加30%的变异，其中乐观（$\beta = 0.29$）与韧性（$\beta = 0.37$）对生命欣赏有显著影响。

第五，对于灵性变化，灾难前因素没有解释力，灾难当下因素能解释2%的变异。控制感和复原力这两个灾难后因素能增加7%的变异，其中力量（$\beta = -0.54$）与乐观（$\beta = 0.36$）对灵性变化有显著影响。

3. 横断研究中应对方式和社会支持对工作满意度的影响

采用分层逐步回归的方法计算应对方式和社会支持对工作满意度的解释力。回归分三步进行：第一步让灾难前因素进入；第二步让灾难当下因素进入；第三步让应对方式和社会支持进入。回归的结果如表4-22所示。

表4-22 灾难前因素、灾难当下因素和灾难后因素对工作满意度的影响

影响因素		β	影响因素		β
灾难前因素	性别	-0.01	**灾难当下因素**	自己被困	-0.04
$R^2 = 0.00$	年龄	-0.06	$R^2 = 0.05$	自己受伤	0.06
$F = 0.90$	教龄	0.07	$F = 0.56$	亲人被困	0.13
	亲历创伤	0.03		学生被困	-0.12
	目睹创伤	-0.03		亲人受伤	-0.06
灾难后因素	**应对方式**			学生受伤	0.05
$R^2 = 0.09$	寻求社会支持	-0.05		亲人死亡	-0.08
$F = 1.61$	问题解决	0.07		学生死亡	-0.08
	逃避	-0.38***		主观害怕程度	-0.19*
	社会支持			自家房屋受损	-0.01
	情感支持	0.03		校舍受损	0.16
	信息支持	0.08			
	实质性支持	0.23			

注：* 表示 $p < 0.05$，** 表示 $p < 0.01$，*** 表示 $p < 0.001$。

如表 4-22 所示，对于工作满意度，灾难前因素对工作满意度没有解释力。灾难当下因素能解释 5% 的变异，其中，被试的主观害怕程度（$\beta = -0.19$）对工作满意度的影响达到显著水平，也就是说，在地震时主观害怕程度越高的教师，工作的满意度越低。灾难后因素能解释 4% 的变异，其中逃避（$\beta = -0.38$）的应对方式对工作满意度的影响达到显著水平，即在身体或心理上退缩、疏离、幻想的教师，对工作的满意度较低。

4. 横断研究中控制感和复原力对职业倦怠的影响

采用分层逐步回归的方法计算控制感和复原力对职业倦怠的解释力。回归分三步进行：第一步让灾难前因素进入；第二步让灾难当下因素进入；第三步让控制感和复原力进入。回归的结果如表 4-23 所示。

表 4-23　灾难前因素、灾难当下因素和灾难后因素对职业倦怠的影响

影响因素	情绪衰竭	非人性化	个人成就感
N = 120	β	β	β
灾难前因素	$R^2 = 0.00$	$R^2 = 0.02$	$R^2 = 0.06$
	$F = 1.16$	$F = 1.37$	$F = 2.30^*$
年龄	0.11	0.02	0.01
性别	-0.02	0.01	-0.16
教龄	0.09	-0.13	0.16
亲身经历创伤	0.20	0.27^*	0.17
亲眼目睹创伤	-0.08	-0.21	-0.19
灾难当下因素	$R^2 = 0.02$	$R^2 = 0.11$	$R^2 = 0.07$
	$F = 1.16$	$F = 1.82^*$	$F = 1.04$
自己被困	-0.14	-0.25^*	0.06
自己受伤	0.03	0.02	-0.09
亲人被困	0.10	-0.15	0.23
学生被困	0.11	0.39^*	-0.16
亲人受伤	0.01	0.09	0.04
学生受伤	0.15	0.25^*	0.10
亲人死亡	0.08	0.20	0.20^*
学生死亡	-0.17	-0.26^{**}	0.02
主观害怕程度	0.21^*	0.17	-0.02
自家房屋受损	0.05	-0.06	-0.12
校舍受损	-0.24	-0.28^*	0.02

续表

影响因素	情绪衰竭	非人性化	个人成就感
灾难后因素	$R^2 = 0.07$	$R^2 = 0.20$	$R^2 = 0.35$
	$F = 1.38$	$F = 2.24^{**}$	$F = 3.66^{***}$
控制感			
直接控制	-0.00	-0.32*	0.22
间接控制	0.13	0.16	0.05
情感控制	0.11	0.18	-0.09
认知控制	-0.28	-0.00	0.13
复原力			
力量	0.23	-0.25	0.30
乐观	0.14	0.21	0.01
韧性	-0.15	-0.01	-0.10

注：*表示 $p < 0.05$，**表示 $p < 0.01$，***表示 $p < 0.001$。

首先，就情绪衰竭而言，由表4-23可以看出，灾难前因素没有解释力，灾难当下因素能解释2%的变异，其中主观害怕程度（$\beta = 0.21$）对情绪衰竭有显著影响。控制感和复原力这两个灾难后因素能增加5%的变异，但各具体维度的影响不显著。

其次，就非人性化而言，灾难前因素能解释2%的变异，其中亲身经历创伤（$\beta = 0.27$）对非人性化有显著影响。灾难当下因素能解释9%的变异，其中自己被困（$\beta = -0.25$）、学生被困（$\beta = 0.39$）、学生受伤（$\beta = 0.25$）、学生死亡（$\beta = -0.26$）和校舍受损（$\beta = -0.28$）对非人性化有显著影响。控制感和复原力两个灾难后因素能增加9%的变异，其中直接控制（$\beta = -0.32$）对非人性化有显著影响。

最后，就个人成就感而言，灾难前因素可以解释6%的变异，灾难当下因素增加1%的解释。控制感和复原力两个灾难后因素能增加28%的变异，但各具体维度的影响不显著。

四、讨论

本研究分析了灾难前因素、灾难当下因素和灾难后因素对灾后教师心理健康的影响。

（一）灾难前因素的影响

首先，本研究发现，男教师和女教师在 PTSD 和抑郁这两个消极指标上没有显著差异。这和前人的大多数研究（Norris et al., 2002）并不一致。这可能和测量的时间点有关。有一项关于飓风引发创伤反应的研究发现，在 PTSD 上的性别差异仅在飓风后 1.5 个月时显著，而 8 个月后就没有差异了。也就是说，时间因素对 PTSD 的性别差异可能起到调节作用。由于本研究第一次测量在地震一年后实施，因此，在 PTSD 上没有发现性别差异这一结果与过去的研究证据也是符合的。另外，抑郁本来就与 PTSD 有很高的共病率，所以抑郁的性别差异状况应该与 PTSD 的情况是一致的。在 PTG 这一积极指标上，除了灵性变化维度，在个人力量、新的可能、他人关联和生命欣赏这几个维度上，女教师都比男教师获得了更好地成长。目前，关于 PTG 的性别差异的研究比较少，仅有的研究（Park et al., 1996；Tedeschi & Calhoun, 1996）大多数也证实了女性会经历到更多的成长，国内有少量的研究也发现了类似的结论（安媛媛、臧伟伟、伍新春等，2010）。之所以在性别差异上有这样的结果，可能与女性的情绪易感性比男性强有关系，当然更多的原因还需要未来的研究做出进一步的探索。在与职业相关的心理健康指标上，男女教师的工作满意度均偏低，且没有显著差异。在职业倦怠上，男女教师的情绪衰竭和非人性化均偏低，说明这两种症状较轻，但是个人成就感也偏低，说明地震发生后教师的自我效能感比较低。另外，男教师非人性化得分显著高于女教师，这可能与生物学和文化原因有关，毕竟从生物学角度看，女性往往比男性更容易共情；从社会期许上看，女性也比男性更有同情心和怜悯心。

关于其他灾难前因素，本研究发现，学历和婚姻状况对灾后教师的心理健康没有影响。创伤经历对 PTSD、职业倦怠和 PTG 都有一定的影响。具体而言，地震之前经历过其他创伤经历的教师 PTSD 的侵入症状更明显，职业倦怠的非人性化水平高于其他教师，PTG 的他人关联的得分也更高，也就是说，有过创伤经历的教师比没有创伤经历的教师更能体验到人际关系的积极改变。加里森等人（Garrison et al., 1993）的研究发现，早期有过创伤经验或不愉快的生活事件的个体，日后面对重大灾难时，比较容易出现 PTSD。吴英璋、许文耀（2004）整理了 PTSD 的影响因子后，认为先前的创伤经验是创伤后压力反应的风险因子。而洪福建（2003）的研究也发现，先前有创伤经历的个体再度经历创伤时，比较容易表现出高压力症状。之所以出现这种状况，研究者（Dyregrov, Kristoffersen & Gjestad, 1996）认为可能是先前的身心状态或创伤经验使个体再度面对创伤事件时的脆弱性（vulnerability）增强所致，这类似我们常说的"一朝被蛇咬，十年怕井绳"。对于先前的创伤经历对 PTG 的影响，相关的研究比较少。我们推测，有过创伤经历的教师的创伤后成长水平之所以高于没有创伤经历的教师，可能是一种观察学习的结果，消极事件的发生会引发个体进行深入的思考，从而在再次经历同样的事情时，会有成长的反应，这就是所谓的"吃一堑，长一智"。从我们的现实生活中，我们也常常可以观察到，"一朝被蛇咬，十年怕井绳"和"吃一堑，长一智"的现象往往是同时存在的。也就是说，创伤经历对于个体而言，积极和消极的影响是同时并存的。

（二）灾难当下因素的影响

从本研究的结果可以看出，灾难当下因素对第一时间点的 PTSD 和抑郁的影响比第二个时间的影响更为明显。比如，亲人死亡因素在第一个时间点对侵入症状、警觉增高和抑郁均有显著的影响，也就是说，在地震发生一年后，在地震灾难中遭遇亲人死亡的教师比没有丧亲的教师 PTSD 和抑郁症状更严重。然而，在第二个时间点，也就是地震发生一年半后，亲人死亡因素对教师 PTSD 和抑郁的影响就不再显著了。这一结果说明时间是缓解创伤反应的重要因素。灾难当下因素对第一时间点的 PTG 的影响也比第二个时间的影响更为明显。比如，在地震中自己被困的经历和遭遇亲人死亡，对该教师第一个时间点的个人力量、新的可能、他人关联和生命欣赏有显著的影响，这说明自己有被困经历和遭遇丧亲的教师在地震一年后在自我觉知、和他人关系的体验以及个人一般生命哲学观上，获得了更多的积极成长。然而，在地震发生一年半以后，被困经历和丧亲的这种积极影响不再显著。另外，主观害怕程度对第一个时间点的他人关联和生命欣赏起到显著的正向影响；自家房屋损毁程度却对第一个时间点的个人力量、新的可能、他人关系和生命欣赏起到显著的负向预测作用。总的来说，从灾难当下因素对 PTSD、抑郁、PTG 的影响中也可以看出，地震发生时教师的灾难暴露程度对其自身的积极影响和消极影响是并存的。

另外，本研究发现，灾难当下因素对于教师的工作满意度没有影响，但对职业倦怠有较为明显的影响。具体而言，地震发生时的主观害怕程度较高的教师，情绪衰竭症状更为严重；自己在地震中有被困经历、遭遇学生死亡和校舍受损较严重的教师，非人性化水平较低，但有学生被困经历的教师，非人性化水平较高；在地震后遭遇亲人死亡的教师，个人成就感较低。关于灾难当下因素对教师工作满意度和职业倦怠的影响，由于无法取得地震之前的工作满意度和职业倦怠的基线水平，所以无法对灾难当下因素对这两个心理健康指标的影响做出准确的推测，还需大量的后续研究提供有价值的研究证据。另外，由于数据收集工作中面临的现实局限性，我们是在横断研究中考察灾难当下因素对工作满意度和职业倦怠的影响的，因此无法探究时间因素对这种影响的调节作用，这也有待进一步的研究加以澄清。

（三）灾难后因素的影响

从应对方式的影响来看，逃避这种消极的应对方式对 PTSD、抑郁和工作满意度有显著的影响，即地震发生后在身体或心理上陷入退缩、疏离、幻想的个体表现出更为严重的 PTSD 和抑郁症状以及更低的工作满意度。这与以往的研究结果基本一致。

社会支持对灾后教师心理健康的影响比较复杂。获得较多信息支持的教师抑郁症状较轻，有更多的灵性变化；但是获得情感支持较多的教师却表现为警觉增高症状更为严重。这说明对灾后教师提供的支持和帮助不一定都会起到积极的作用。关于助人行为的研究早就发现，对他人提供帮助不一定使对方产生良好的心理感觉，有时反而使对方自尊降低，感觉自己软弱无能。因此，我们在为灾后教师提供帮助和支持的同时，必须考虑帮助的方式和形式问题，尽可能使帮助产生积极的效果。比如，我们可能需要增加一些自治取向的、能促使灾后教师自我恢复的帮助方式，减少一些依赖取向的、会使对方感觉自己更加脆弱的帮助形式。

从复原力的影响来看，本研究中复原力对 PTSD 和 PTG 均产生了显著的影响。更为乐观的教师侵入症状更严重，同时也获得了更多的创伤后成长；更具有坚韧性的个体也获得了更多的创伤后成长。关于乐观对灾后创伤反应的影响，前人的研究的确存在不一致的情况。沃建中（2009）发现，受灾个体镇定、乐观人格特征越突出，其不良身心反应比如 PTSD 的程度就会越低；然而，也有学者认为在逆境中高复原的个体并非一定具有积极乐观的特征（毛淑芳，2007）。安媛媛（2010）认为，对于乐观这个特质是否可以调节逆境中的消极身心反应或者复原水平，需要看个体在乐观的特质中采取的应对策略以及获取的社会支持。乐观这种积极的态度也许可以缓解人们在灾难后初期的一种绝望和悲痛的情绪，然而随着时间的推移，各种现实的困难与挑战放在眼前，是否可以渡过难关，完成心理复原，恐怕不能依靠单纯的积极情绪，而要靠沉静与镇定的心态，甚至是一些略显深沉与悲观的"反刍思考"，也就是"逆命，搏运，反思而后进取"。总之，关于复原力对灾后教师心理健康的影响还需进一步深入考察，也许将复原力与其他影响因素诸如时间、社会支持、应对方式等结合起来进行考察，更有助于揭示其中的真相。

从控制感的影响来看，实施了更多初级控制的教师回避症状更严重，但是非人性化症状却相对较轻。初级控制是指个体相信可以通过影响外部世界（如他人、环境和事件）使之满足自身的需要和愿望，以提高和改善自身的幸福程度。

与初级控制相对的是二级控制，即个体通过调整自身的认知、情绪和行为以适应外部世界及外界对自身的影响（辛自强等，2008）。初级控制对于应对一般的生活事件带来的压力可能有积极的效果，但是面临巨大的自然灾难，初级控制感较强的人反而可能会受到种种挫败，从而愈发感到自己的渺小和脆弱；而二级控制指向内部世界，通过调整自身的认知、情绪和行为的控制可能有更好的压力调节作用。当然，这些推论还需要进一步的研究加以验证。

第四节 灾后教师心理健康的影响机制

为了澄清各种因素在影响灾后教师心理健康时是如何相互作用，并最终导致消极的心理反应或者获得积极的成长的，我们需要对灾后教师心理健康的影响机制进行考察。在本节中，我们主要考察社会支持与应对方式之间如何相互作用来影响灾后教师的心理健康。总结以往关于灾难后创伤反应的研究，我们发现，灾难发生之后，应对方式在社会支持和心理健康之间起到桥梁的作用，得到更多社会支持的个体，更倾向于采用积极的应对方式，进而又倾向于更好地调节压力，从而获得更好地适应。这符合外因通过内因起作用的理论思路。

一、研究目的

在本研究中，我们将在横断研究中考察应对方式在社会支持和灾后各项心理健康指标之间的中介作用。具体而言：（1）探讨应对方式在社会支持与 PTSD 之间的中介作用；（2）探讨应对方式在社会支持与抑郁之间的中介作用；（3）探讨应对方式在社会支持与 PTG 之间的中介作用；（4）探讨应对方式在社会支持与工作满意度之间的中介作用。

二、研究方法

（一）研究对象

在汶川地震极重灾区汶川县和茂县进行第二次测量时，采用分层整群抽样的方法，用问卷 A 版调查了 120 名被试。

（二）研究工具

同研究一（第二节）和研究二（第三节）。

（三）研究程序

同研究一（第二节）。

（四）数据处理

采用 SPSS17.0 对数据进行录入，采用 SPSS17.0 进行从相关分析，采用 Amos17.0 进行路径分析。

三、结果与分析

（一）社会支持、应对方式和教师心理健康各指标的相关

先对社会支持各维度（包括情感支持、信息支持和实质性支持）、应对方式各维度（寻求社会支持、问题解决和逃避）以及不同的教师心理健康指标（包括 PTSD、抑郁、PTG 和工作满意度）进行相关分析，结果如表 4-24 所示；在相关分析的基础上，再分别探讨应对方式在社会支持与各项心理健康指标之间的中介作用。

（二）应对方式在社会支持与各项心理健康指标之间的中介作用

1. 应对方式在社会支持和 PTSD 之间的中介作用

建立应对方式在社会支持和 PTSD 之间的中介作用模型图，如图 4-3 所示。该模型的各项拟合指标较好。$\chi^2(23) = 2.24$，$GFI = 0.952$，$AGFI = 0.906$，$CFI = 0.972$，$IFI = 0.972$，$TLI = 0.956$，$NFI = 0.949$，$RMSEA = 0.079$。

从图 4-3 可知，社会支持对寻求社会支持（$\beta = 0.53$）、问题解决（$\beta = 0.46$）和逃避（$\beta = 0.20$）这三种应对方式的直接效应达到显著水平。逃避对 PTSD 的直接效应达到显著水平（$\beta = 0.48$），寻求社会支持（$\beta = 0.07$）和问题解决（$\beta = -0.08$）对 PTSD 的直接效应均未达显著水平。经过中介效应的计算，发现社会支持对 PTSD 的直接效应未达显著水平（$\beta = 0.09$）。可见，社会支持是通过逃避这种应对方式对 PTSD 产生影响的，其间接效应为 10%。

表4-24　社会支持、应对方式和教师心理健康各指标的相关关系表

变量	1	2	3	4	5	6	7	8	9	10	11	12	13	14	15	16
1 情感支持	1															
2 信息支持	0.80**	1														
3 实质支持	0.73**	0.77**	1													
4 寻求社会支持	0.40**	0.50**	0.47**	1												
5 问题解决	0.37**	0.47**	0.31**	0.52**	1											
6 逃避	0.10	0.19**	0.24**	0.50**	0.35**	1										
7 侵入症状	0.04	0.04	0.07	0.22**	0.10	0.37**	1									
8 回避症状	0.12	0.14	0.11	0.24**	0.12	0.41**	0.69**	1								
9 警觉增高	0.05	0.02	0.01	0.24**	0.09	0.49**	0.81**	0.63**	1							
10 抑郁	0.00	−0.02	0.02	0.23**	0.09	0.49**	0.59**	0.43**	0.72*	1						
11 工作满意度	0.13	0.16*	0.10	−0.05	0.01	−0.22**	−0.20**	−0.08	−0.19*	−0.30*	1					
12 个人力量	0.26**	0.31**	0.25**	0.31**	0.25**	0.17*	0.11	0.15	0.02	−0.04	0.12	1				
13 新的可能	0.34**	0.42**	0.33**	0.35**	0.31**	0.16*	0.18	0.28*	0.09	0.13	0.07	0.79*	1			
14 他人关联	0.37**	0.41**	0.34**	0.37**	0.29**	0.14	0.08	0.15	0.05	0.06	0.14	0.89*	0.84*	1		
15 生命欣赏	0.22**	0.28**	0.24**	0.33**	0.34**	0.17*	0.19*	0.23*	0.13	0.02	0.08	0.85*	0.75*	0.80*	1	
16 灵性变化	0.16*	0.27**	0.24**	0.17**	0.11	0.17*	0.16	0.11	0.14	0.13	−0.03	0.52*	0.54*	0.53*	0.37*	1

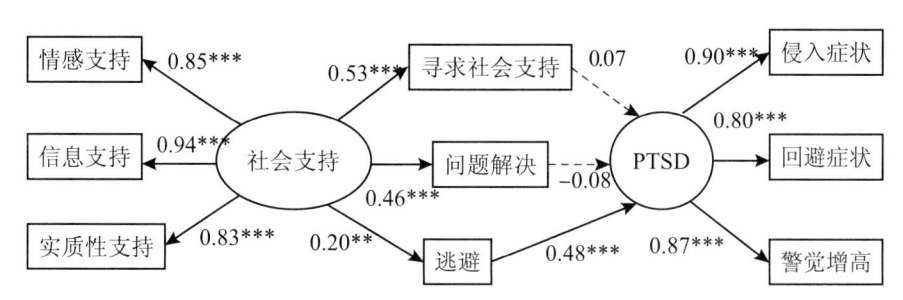

注：* 表示 $p<0.05$，** 表示 $p<0.01$，*** 表示 $p<0.001$。

图 4-3　应对方式在社会支持和 PTSD 之间的中介作用模型

2. 应对方式在社会支持和抑郁之间的中介作用

建立应对方式在社会支持和抑郁之间的中介作用模型图，如图 4-4 所示。该模型的各项拟合指标较好。$\chi^2(10) = 1.48$，$GFI = 0.979$，$AGFI = 0.940$，$CFI = 0.992$，$IFI = 0.992$，$TLI = 0.983$，$NFI = 0.976$，$RMSEA = 0.051$。

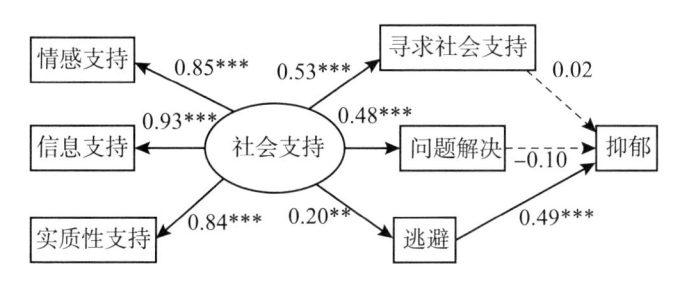

注：* 表示 $p<0.05$，** 表示 $p<0.01$，*** 表示 $p<0.001$。

图 4-4　应对方式在社会支持与抑郁之间的中介作用模型

从图 4-4 可知，社会支持对寻求社会支持（$\beta=0.53$）、问题解决（$\beta=0.48$）和逃避（$\beta=0.20$）这三种应对方式的直接效应达到显著水平。逃避对抑郁的直接效应达到显著水平（$\beta=0.49$），寻求社会支持（$\beta=0.02$）和问题解决（$\beta=-0.10$）对抑郁的直接效应均未达显著水平。经过中介效应的计算，社会支持对抑郁的直接效应未达显著水平（$\beta=-0.11$）。可见，社会支持是通过逃避这种应对方式对抑郁产生影响的，其间接效应为 10%。

3. 应对方式在社会支持和 PTG 之间的中介作用

建立应对方式在社会支持和 PTG 之间的中介作用模型图，如图 4-5 所示。该模型的各项拟合指标较好。$\chi^2(37) = 1.54$，$GFI = 0.946$，$AGFI = 0.904$，$CFI = 0.986$，$IFI = 0.986$，$TLI = 0.979$，$NFI = 0.962$，$RMSEA = 0.054$。

从图 4-8 可知，社会支持对寻求社会支持（$\beta=0.53$）、问题解决（$\beta=0.51$）和逃避（$\beta=0.20$）这三种应对方式的直接效应达到显著水平。寻求社会支持对 PTG 的直接效应（$\beta = 0.21$）达到显著水平，问题解决（$\beta = 0.09$）和逃避（$\beta = -0.01$）对 PTG 的直接效应均未达显著水平。社会支持对 PTG 的直接效应达到显著水平（$\beta = 0.30$）。可见，社会支持不仅对 PTG 有直接效应，同时也通过寻求社会支持这一应对方式对 PTG 产生影响的，其间接效应为 11%。

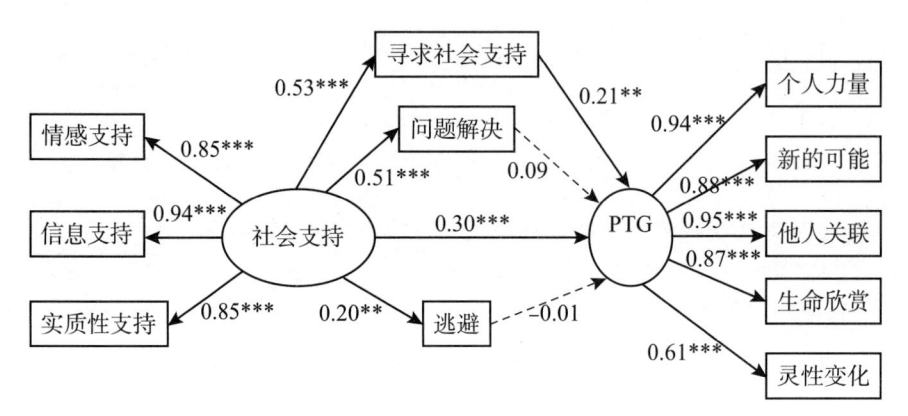

注：* 表示 $p < 0.05$，** 表示 $p < 0.01$，*** 表示 $p < 0.001$。

图 4-5 应对方式在社会支持与 PTG 之间的中介作用模型

4. 应对方式在社会支持和工作满意度之间的中介作用

建立应对方式在社会支持和工作满意度之间的中介作用模型图，如图 4-6。该模型的各项拟合指标较好。$\chi^2(10) = 1.89$，$GFI = 0.973$，$AGFI = 0.923$，$CFI = 0.984$，$IFI = 0.984$，$TLI = 0.967$，$NFI = 0.967$，$RMSEA = 0.070$。

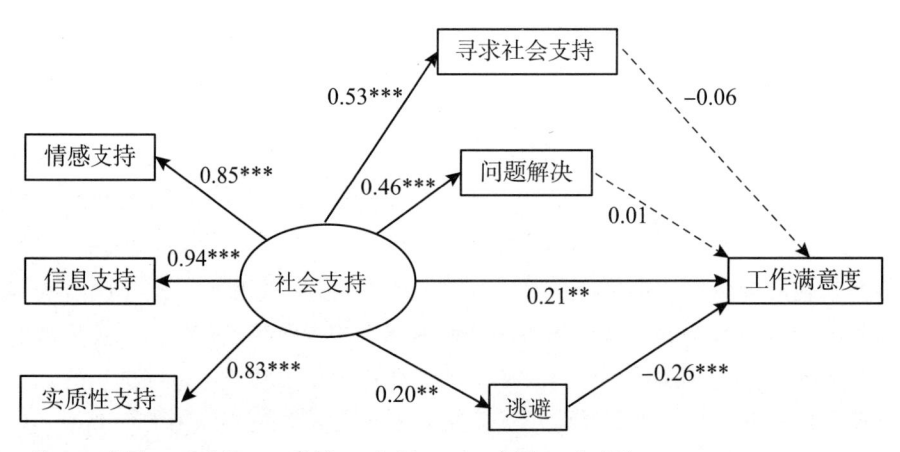

注：* 表示 $p < 0.05$，** 表示 $p < 0.01$，*** 表示 $p < 0.001$。

图 4-6 应对方式在社会支持与工作满意度之间的中介作用模型

从图 4-6 可知，社会支持对寻求社会支持（$\beta = 0.53$）、问题解决（$\beta = $

0.46）和逃避（$\beta = 0.20$）这三种应对方式的直接效应达到显著水平。逃避对工作满意度的直接效应（$\beta = -0.26$）达到显著水平，寻求社会支持（$\beta = -0.06$）和问题解决（$\beta = 0.01$）对工作满意度的直接效应未达到显著水平。社会支持对工作满意度的直接效应达到显著水平（$\beta = 0.21$）。可见，社会支持不仅对工作满意度有直接效应，同时也通过逃避这一应对方式对工作满意度产生影响的，其间接效应为5%。

四、讨论

从本研究结果可以看出，应对方式确实在灾后教师获得的社会支持和心理健康之间起到中介作用。对于PTSD、抑郁和工作满意度这几个心理健康指标，社会支持是通过逃避这种消极的应对方式间接起作用的；对于PTG，社会支持则是通过寻求社会支持这一积极的应对方式间接起作用的。

诚如前述，社会支持对灾后教师心理健康的影响是复杂的，这种影响可能是积极的，也可能是消极的。关于亲社会行为的研究与分析为此提供了依据，即对他人提供帮助不一定使对方产生良好的心理感觉，有时反而使对方自尊降低，感觉自己软弱无能。在本研究中，我们清楚地看到社会支持会引起灾后教师更多的消极退缩的行为，进而加重了PTSD和抑郁症状，以及工作满意度的降低。同时，我们也看到社会支持会促进灾后教师采用寻求社会支持这一积极的应对方式，进而获得更多的创伤后成长。这样的结果提醒我们，我们不仅要对灾后教师提供大量的社会支持，而且要思考如何提供社会支持这个问题。根据以往的研究，向他人提供依赖取向的帮助，更容易使对方产生不良的心理感受，也不利于对方的积极成长；而采用自治取向的帮助，则有利于对方增强自尊，获得积极成长。

因此，我们建议，在地震发生后的初期，我们可以向灾后教师提供较多依赖取向的帮助，此时这种帮助最直接，往往也最有效；而随着时间的推移，我们应该逐渐转换帮助的方式，更多地采用自治取向的帮助，也就是有利于灾后教师重建自信、自尊，增强自我恢复能力的帮助方式。外援终究是暂时的，灾后教师最终要依靠自身的力量重建信心，重建家园。我们提供支持，其最终的目的是增强灾后教师内心的力量，增强他们化悲痛为成长的力量。在接下来的章节中，我们就将详细阐述我们是如何通过"授之以渔"而不是"授之以鱼"的方式来帮助教师实现成长的。

第五章

灾后心理疏导教师培训体系的建构

"5·12"汶川特大地震不仅导致个体生命财产的损失，也给个体带来了严重的心理创伤。中小学生由于处在身心发展的关键时期，面对地震这一严重的创伤事件，更容易体验到内心的冲突和不适，如果这种心理创伤持续存在势必会影响他们身心的健康成长。虽然震后大量的心理工作者奔赴灾区为灾区群众提供心理上的帮助，但是这种干预具有暂时性、应急性。随着灾后重建的开展，灾后生活秩序的恢复，当外部的心理援助队伍撤离后，如何为当地中小学生提供长期有效的心理辅导是我们需要思考的问题。基于灾后学校工作的现实情况，我们认为有必要将教师作为开展学生心理辅导工作的主要力量，以促进教师心理疏导能力为核心目标，建立一套完整的灾后心理疏导的教师培训体系，力求通过培训教师，使教师获得成长，并以此来带动和促进学生创伤后的积极变化。

第一节 灾后心理疏导教师培训体系的提出

"5·12"汶川特大地震后，大量的中小学生存在着心理健康问题。尽管社会向他们提供了不少的心理援助，但是却忽视了对当地学校内部力量的培育。鉴于此，本课题组在调查了灾区中小学生心理健康现状、现有的心理干预模式和心理干预现状之后，提出以促进教师心理疏导能力来带动中小学生心理健康水平提升的灾后教师培训体系。

一、灾后中小学生心理健康的现状

国内外学者对地震后儿童青少年的心理状况进行了系统研究。其中，创伤后应激障碍（PTSD）和抑郁得到了广泛的关注。例如，美国尼亚（Niya）地震发生1年后，231名儿童（8～16岁）的PTSD发生率为69%（Pynoos et al.，1993）。1999年希腊雅典地震（震级为6.9级）后6个月2 037名儿童（9～17岁）中，直接暴露组的PTSD发生率为35.7%，间接暴露组的PTSD发生率为20.1%（Giannopoulou et al.，2006）。2005年巴基斯坦克什米尔（Kashmir）地区地震后18个月，儿童PTSD的发生率为64.8%（Ayub et al.，2012）。在伊斯坦布尔7.4级地震后的1～2个月间，受灾的160名儿童青少年（9～18岁）PTSD发生率高达60%（Eksi & Bruan，2009）。1999年土耳其里氏7.4级地震后，震后6～20周120名儿童青少年地震幸存者（平均年龄14.43岁）中，抑郁的发生率为31%（Eksi et al.，2007）。1999年希腊依玛（Parnitha）地震后3个月511名青少年幸存者（$M = 15.6$，$SD = 1.7$）中，抑郁的发生率为13.6%（Goenjian et al.，2011）。

PTSD是个体创伤后最常出现的一种心理症状。汶川地震后许多研究者对当地中小学生中PTSD发生率进行了调查。结果显示，在震后3个月，绵竹地区中学生PTSD的发生率为4.3%（辛玖岭等，2010）；震后4个月，1 960名学生的PTSD发生率为78.3%（向莹君等，2010），其中反复创伤性体验的发生率最高（68.9%），而情感麻木与回避最低（21.6%）；女生检出率为27.9%，男生为19.9%；震后5个月1 253名中学生的PTSD发生率为10.21%（曹日芳等，2010）；震后8个月绵竹地区儿童PTSD的发生率为23.4%，宝鸡地区儿童PTSD的发生率为16.7%（贺婕等，2011）；震后13个月，外迁学生（$M = 15.16$，$SD = 11.76$）的PTSD发生率为14.79%（臧伟伟等，2009）。

抑郁也是汶川地震后中小学生中普遍存在的一种心理症状。例如，有研究者采用儿童抑郁量表（CDI）对汶川地震灾区897名3～6年级小学生进行调查，结果显示，抑郁症状发生率为26.5%，其中男生为29.5%，女生为23.2%（陈高尚，2010）；张毅等（2009）对采用自评的儿童抑郁障碍自评量表（DSRSC），对1 923名地震灾区儿童青少年的情绪状况进行了调查，结果显示，1 923名儿童青少年中有抑郁症的为572人（29.7%）。汪向东等人（Wang et al.，2012）对1 841名地震灾区初中学生的调查显示，抑郁的发生率为19.5%，其中女性和男性的抑郁发生率分别为24.0%和14.7%。喻玉兰（2010）在汶川地震1年后对中学生抑郁状况的调查显示，抑郁的发生率为76.86%。应柳华（Ying et al.，

2012）采用儿童抑郁问卷（CES-DC）对汶川地震后中学生进行了调查，结果发现，震后12个、18个和24个月青少年幸存者抑郁的发生率分别为82.5%、85.6%和89.9%。

除了PTSD和抑郁这两种主要的心理症状之外，灾后中小学生中还存在一些其他症状。例如，胡丽和赵玉芳（2010）对地震7个月后的中学生进行的调查显示，有56.4%的中学生存在各种轻度的不良反应，38.8%的中学生存在各种明显的心理健康问题，其心理问题主要表现为强迫症状、人际关系敏感、敌对、抑郁和焦虑；张春芳等（2009）的研究结果同样发现，震区中学生在强迫症状和抑郁因子上的得分显著高于常模，而在偏执因子上显著低于常模，其中强迫症状的检出率达到了44.6%。陈允恩等（2009）对193名灾区中学生采用SCL-90量表的调查显示，相对于男生，女生在人际敏感、抑郁、敌对、恐怖等因子上的得分更高。

除了中小学生的心理健康状况之外，研究者们还关注影响中小学生心理健康水平的各种因素。大量的研究发现，灾难前因素、灾难当下因素和灾难后因素都会影响其心理健康，但这三种因素的具体影响随着时间、关注指标的不同而不同。比如，洪福建（2003）及许文耀与曾幼涵（2004）的研究表明，随着灾后时间的推移，当下灾难因素的影响逐渐减弱，后灾难因素对PTSD的影响逐渐增强，而诺里斯等人（1999）的研究发现，PTSD的侵入症状最易受当下灾难因素的影响，而逃避和高警觉症状则易受后灾难因素的影响。

除了系统考察已有文献对灾后中小学生的心理健康状况及其影响因素的研究成果外，本课题组在培训体系提出之前和实施过程中，对汶川地震极重灾区的学生和教师的身心状况及其影响因素进行了深入的调查，发现他们在灾后既可能表现出PTSD、抑郁等消极特征，也可能出现PTG等积极结果。我们的研究还发现，这些结果受到个体的人格特点、应对方式、控制感、复原力和所感受到的社会支持等因素的影响，并且这种影响随着灾后时间的推进而有所变化。具体结果，我们已经在第二至第四章详细展示，这里不再赘述。总之，这一系统调查的结果，一方面让我们感到问题的严重，另一方面也让我们认识到这些问题是可以化解的，通过教师的合理支持和适当教育，是可以有效疏导学生的心理问题的。这为我们干预研究奠定了理论或认识基础。

二、灾后中小学生学校心理干预的模式

学校是灾后对中小学生进行心理干预的重要场所和载体。之所以强调学校在学生心理干预中的作用，主要有以下几方面的原因（Margolin, Michelle,

Ramos, & Guran, 2010; Wolmer, Laor, Dedeoglu, Siev, & Yazgan, 2005）：（1）除家庭之外，学校是学生获得社会支持的一个重要来源；（2）便于组织实施，可以将心理干预整合到现有课程中，提高对学生进行干预的可能性；（3）许多个体认为向外部机构寻求心理帮助是可耻和软弱的表现，在学校进行心理干预能减少这种寻求帮助的阻力；（4）在学校中，原有良好的师生关系为心理干预的顺利进行提供了基础；（5）相对来说，学校也可能是灾后较早恢复正常秩序的一个机构；而且，儿童青少年的许多心理症状是和学校的学习生活密切相关的，以学校为基础的干预便于及时发现问题，提供干预。总的来说，国内外以学校为基础的心理干预主要包括以下三种途径，值得我们借鉴。

第一种途径是心理学工作者作为主要力量进入学校对学生进行干预。例如，斯坦等人（Stein et al.，2003）提出的以学校为基础的创伤后认知行为干预（Cognitive Behavioral Intervention for Trauma in Schools，简称 CBITS）。斯坦等（2003）认为干预的对象为遭受暴力创伤的学龄儿童，干预的具体内容是：由学校心理健康工作者通过 10 次团体咨询和 1~3 次的个别咨询，对儿童进行心理教育、学习放松技巧和社会问题解决技能。研究结果显示，这种多阶段的认知行为团体干预可以显著减少创伤儿童的 PTSD 和抑郁症状。另外，也有研究发现，创伤事件后对有 PTSD 症状的儿童进行认知行为干预，可以显著降低儿童的 PTSD 症状，改善他们的心理社会功能，并且有着良好的治疗保持率（Perrin，2000；Giannopoulou，2006）。对灾后患有 PTSD 的儿童进行个别干预和团体干预进行对比发现，两种干预方法没有明显差异（Chemtob，2002；Alison，2008）。国内也有学者（王爽等，2009）提出在药物治疗的基础上，使用应激免疫训练和认知行为疗法或是使用团体训练的方式来进行心理干预，例如采用放松训练、积极的自我对话、游戏、绘画等技术帮助儿童从 PTSD 恢复，使灾区的儿童能顺利地渡过灾后应激状态。

第二种途径是结合已有的学校课程，通过培训教师来对学生进行预防性的辅导（La Greca, Vernberg, Silverman, Vogel, & Prinstein, 1994; Wolmer, Laor, & Yazgan, 2003; Wolmer et al., 2005）。重大灾难发生后，对儿童青少年进行危机干预的过程中，面临的一个重要的问题是缺乏专业人员，无法给更多的人提供心理援助（Laor et al.，2003）。而学校教师由于具备相应的职业技能，与儿童建立了良好的社会关系，是儿童获得社会支持的重要来源，因此他们可以成为对儿童进行灾后心理干预的"中介者（Mediators）"（Wolmer et al.，2003）。例如，沃尔默等人（Wolmer et al.，2003）采用教师为"媒介"的方法对 1999 年土耳其地震中儿童青少年幸存者进行了干预。具体做法是：在干预之前事先取得教师和校领导的认同和支持，也就是要让他们接受在课堂上对儿童进行干预这种做法，同时对教师进行恰当的培训。之后，在课堂上由教师实施对儿童的心理干预，专家团队对整个过程予以督导；通过8次每次2小时的团体辅导，以帮助儿童面对创伤后的心理反应；团体辅导的内容包括：重构创伤经历，应对闯入性回忆，了解地震知识，学习逃生技能，控制身体知觉，学习面对丧失、死亡和内心的罪恶感，获得生命的意义等。研究结果显示，干预显著减少了儿童的创伤后应激症状，但是增加了悲痛感；3年后的追踪研究显示，接受干预的儿童有着更好的社会适应、学业成绩和行为表现（Wolmer et al., 2005）。

除此之外，布洛布（1998）提出了"教室危机干预模式（Classroom Crisis Intervention，简称CCI）"。其宗旨是在课堂上帮助经历共同危机的学生，对其进行心理急救；具体包括六个步骤：介绍、提供事实、分享事件的感受、分享危机反应、获得力量（Empowerment）和结束；在整个过程中始终强调教师的作用，教师作为促进者积极主动地参加到危机干预计划的制定和实施中。

第三种途径是借助社会资源为学校危机干预提供支持。主要的做法是：通过加强社会支持体系建设，构建社区联合体，把社区共享支持体系和资源作为帮助儿童实现心理康复的重要基础。例如，国外有研究者提出以学校、社区为基础，培训当地教师或社区志愿者，通过他们为学生和教师提供心理服务。该方案涵盖了灾难发生前的预防、灾难中的应对与评估以及灾后的干预，系统地整合了学校各方面的资源，有很好的借鉴意义。这种干预策略已应用到各类灾难后的干预体系中，被证实有较好的效果（Hutchison，2005）。例如，诺斯等人（North et al.，2000）提出的教育、支持和训练的社区资源模型（Community Resources for Education，Support，and Training，CREST）。该项目在研究中发现，相对于外来的专家，灾民更信赖当地社区组织机构的工作人员。基于此，研究团队开发了基于社区组织的心理危机干预方案。具体做法是：首先，通过电话、信件从当地社区组织招募参与者，如警察局、红十字会、妇女自助组织、学校心理健康中心等；接下来，专家团队为这些参与者提供培训服务，如支持性的应对技巧、灾难应对策略以及其他治疗类策略。培训的方式有两种：一种是现场面对面的培训、讲座；另一种是通过电话咨询。这种方法被证明是行之有效的，特别是在专业工作人员匮乏的情况下，通过这种途径可以为当地灾民提供初步的危机干预和情感宣泄。此外，也有研究者以员工帮助计划（Employee Assistance Program）为蓝本，建立学生帮助计划（Student Assistance Program）；具体策略是将对学生的心理干预"外包"给校外的服务机构，由他们为学生提供远程心理疏导服务（Veeser & Blakemore，2008）。

三、灾后中小学生心理干预的不足

汶川地震后虽然不同的灾后心理援助工作为学生的心理康复起到了一定的支持和帮助作用，但由于缺乏统一的领导、各组织部门之间彼此独立、援助单位和个人杂乱无序等因素，也导致了心理援助过程中出现了若干问题（陈秋燕，2008），主要表现在：

（一）资源分配不均、浪费严重

由于受灾情况、地理位置、交通条件及媒体宣传等因素的影响，一些交通比较方便、媒体关注比较多的学校接收到的物资捐助和心理、教育援助也相对较多。具体而言，德阳、绵阳、都江堰和北川地区由于交通便利或受到领导关注，得到的援助资源相对多于交通不便的汶川。另外，由于心理援助队伍分属的机构、部门各不相同，相互之间缺乏一定的沟通协调，这些资源混合到一起，由于分工不明确，导致了援助工作混乱、资源浪费的现象。

（二）外部资源的持续性及长效性不足

众所周知，心理创伤的恢复是一个漫长而又复杂的过程，因此心理援助也应当是一项长期持续的工作。反观灾后的心理疏导工作，在灾后不到 2 周的时间内，共有 50 多支不同的心理援助队伍，总计约 1 000 余人，以惊人的速度和规模快速奔赴灾区进行救援，他们表现出了巨大的热情（李辉、舒姝、李红，2009），这在一定程度上给予了灾后人民以温暖和支持。然而，还不到 1 个月的时间，这 50 支队伍中有 30 多支队伍撤出了灾区，心理援助没有能持续进行下去。这些短时的心理安抚，不仅无法使灾区人们感受到长期关系的建立，甚至会使得灾区人群经历情感分离，以致产生无助感和丧失感。

（三）未能充分利用当地资源

地震之后，许多老师和学生遭受了心理创伤，其症状表现形式相当复杂。仅仅依靠外援实施短时间的心理援助，难以缓解这些症状。然而，在心理援助过程中，志愿者们并没有意识到本土力量的重要性，习惯性地把身边所有灾民都看作有问题的人，都需要心理疏导。事实上，并非所有的群众都需要通过心理疏导的方式来摆脱创伤；而且即使本身受到心理创伤的群众，也不代表他不能成为一个助人者。尤其在中国这样一个关注家庭和人情的社会文化背景下，身边的父母、教师、亲人、同学、朋友等都可能成为非常优越的心理援助资源，而这些力量是不可或缺的。

（四）心理援助队伍水平参差不齐

据相关统计，震后一个月内，有大量的心理援助组织共计千余人进入灾区，这些组织和人员包括了医院系统的心理干预人员、各高校心理相关专业人员、心理学会及研究机构人员、国内外基金会和慈善机构、社会心理咨询师、各类心理志愿者等（陈丽，2009）。虽然心理志愿者的队伍庞大，但水平却参差不齐。灾难发生后，受灾人群确实需要心理援助，但他们真正需要的是有经验、有技能的专业心理疏导。不具备专业能力的心理干预，不但起不到心理疏导的效果，反而会"雪上加霜"，造成二次心理伤害，加剧受灾群众的心理创伤程度。

（五）心理援助的工作方法问题

灾后心理援助主要是通过心理疏导、心理辅导、心理治疗等方式进行的，但此次空前规模的心理援助由于队伍的多元性，不仅运用了心理疗法，还加入了多种医学疗法，这其中包括本土文化疗法、阅读疗法、个体咨询、团体辅导、美术疗法、音乐疗法、箱庭疗法、叙事疗法、体育游戏治疗、中医调适等在内的近20种心理和医学治疗方法（张莹、张舟，2010）。这些技术和方法有的是通用的，具有一般性；有的却需要特定背景才能适用，具有特殊性，运用不当可能会适得其反。正如李辉（2009）所说："地震刚发生后几天，在还不到处理创伤性应激障碍时间和未建立良好治疗关系的情况下，某心理专家就对灾民采用重组记忆和眼动系统脱敏暴露疗法（EMDR）进行心理干预，结果造成灾民的反感。"

四、灾后心理疏导教师培训体系的提出

通过回顾已有的研究文献和分析心理援助的现状，我们可以将汶川地震后灾区的心理干预类型归纳为以下三种：

第一，以志愿者为主的心理援助。此种援助主要是志愿者直接对学校中的教师、学生进行的。这种模式的心理干预覆盖范围大，有一定影响力。

第二，以国家各部委为后援组织的心理援助，提供援助的人多为专业人员，如卫生部、民政部、共青团中央、全国妇联、教育部等。这些专业人员的工作主要是培训当地人员，包括医疗卫生人员、共青团干部、妇联干部、社区工作人员、教师等。这些培训多为短期，对当地相关人员专业知识的增长、解燃眉之急

起到一定作用。

第三，以基金会为依托，借助专业机构或者相关单位的专业人员，对灾区进行长期的干预。这种形式持续时间长，覆盖面大，有一定的资金支持，也有后续计划。

客观地说，以上三种干预方式各有利弊。第一种方式在地震初期也许有一定效果，但是干预的时机及方法是否妥当，目前尚有很多争议。另外，该方式虽然覆盖面大，但是效果甚微。第二种方式提供的支持相对专业，但干预时间较短，人员流动性太大，通常效果难以持久。第三种方式虽然借助了专业力量，但是由于基金会强调覆盖面，因此长期的效果难以得到保证。加之没有政府参与，在具体实施过程中，可能会遭遇各种想象不到的阻力。

虽然上述三种方式各有利弊，但它们有一个共同的特点，那就是它们的关注点主要落在中小学生身上，而且干预都是直接面对中小学生，针对教师进行的干预很少。这意味着与中小学生朝夕相处的教师群体，在这些心理干预体系中几乎被忽视。事实上，教师自身的心理健康问题是不容忽视的！一方面，教师这一职业自身的特点以及教师所承担的社会责任，容易使教师处于各种压力的包围中，从而造成各种心理行为问题；另一方面，教师的心理行为问题会以一种显性或隐性的方式，对学生的心理行为造成巨大的影响，其影响层面的深度和广度是其他人员所不能比拟的。为此，教师的心理健康状况应该引起社会的高度关注。尤其是此次地震后，教师不仅要承担起重建家庭的责任，而且还是重建校园、安抚学生的不安情绪和恢复学校正常教学秩序的主要力量。他们的心理健康状况如何，将直接影响灾后学校的重建和学生心理健康状况。

由此可见，教师是灾后学校重建和学生心理健康维护的主要力量，提升教师的心理健康和心理健康教育能力，促进灾区教师的自我成长，使他们自身的素质得到提高，有助于带动一批又一批的中小学生健康成长。因此，我们认为有必要建立一种以教师为中心的培训体系。这一培训体系不仅可以对教师心理进行干预，促进教师的身心发展；而且还能通过教师影响学生，促使学生的心理健康。其对学生的影响广度、深度和持久性，是以往以学生为主要对象的心理干预所无法比拟的。

第二节 灾后心理疏导教师培训体系的形成

为了建立一个能满足灾区学校实际需求的教师培训体系，我们首先对灾后学校心理教师的基本状况、心理教师工作的困境和对培训的期望进行实地调研；然后，在分析调研结果的基础上，对如何为灾区教师提供有效的心理援助进行了认真的思考；最后，在调研和思考的基础上，选择了教师作为治疗师（简称 TAT）和学生帮助计划（简称 SAP）的干预理论，并结合灾区的实际情况，建立了督导式的灾后心理疏导教师培训体系。

一、灾区实地调研与分析

虽然"5·12"地震后，课题组成员陆续进入不同震灾区的不同学校开展了一些工作，大致了解了地震后重灾区的一些基本情况，然而，为了更准确地了解灾区教师的心理健康状况以及教师在一线工作中所面临的实际问题和具体需求，我们课题组在培训实施之前的 2008 年年底对茂县、汶川、都江堰等地的教育行政领导、中小学校长和一线教师、外来的心理援助教师等进行了深入访谈，并抽取了汶川县 23 所中小学的心理教师进行调查，施测问卷为《四川省中小学心理健康教育工作现状调查》，回收有效问卷 36 份。通过实地访谈和问卷调研，我们对于心理教师的基本状况、心理教师在工作开展中存在的困难和对培训的期望有了比较明确的认识，为我们更好地帮助灾区教师和学生适应灾后生活、获得心理成长，使心理疏导工作走向更深入、更持久的道路打下了良好的基础。

（一）灾后中小学心理教师的基本状况

1. 心理健康教师的基本资质

申继亮等人（2005）认为，教师资格可以分为"教师学历、受教育水平及经历的要求和对教师个人各种能力、素质的要求两大部分"。我们前期的实地调研主要针对心理教师资格的硬性认定内容，包括教育背景、工作经验和专业培训三个部分。

（1）教育背景。

对于心理教师来讲，其教育背景包括学历、专业背景以及获得心理咨询师证书的情况。由表 5-1 可以看到，接受调查的 36 名汶川县心理教师中，本科学历以上者有 24 人，占总体的 64.9%；心理学专业毕业的教师有 16 人，占总体的 43.2%。然而，这其中拥有心理咨询资格证的仅有 8 人，占总人数的 21.6%。

表 5-1　　　　　　　　心理教师教育背景情况

		人数	所占比例/%
学历	专科	12	32.4
	本科	23	62.2
	研究生	1	2.7
专业	心理学	16	43.2
	教育学	7	18.9
	医学	13	35.1
是否拥有资格证书	有	8	21.6
	没有	28	75.7

（2）工作经验。

所谓工作经验，大致包括心理教师的职称（一般工作资历）和从事心理健康教育工作的时间两个方面。通过调研发现（见表 5-2），当地心理教师的职称多为初级职称或没有职称（占总人数的 67.5%），而从事相关工作的时间方面，只有不到 20% 的心理教师超过 3 年，大多数心理教师都是刚刚参加工作不久的年轻教师。

通过进一步的访谈了解到，此次调研中具有心理学专业背景的心理教师，均为 2009 年 8 月汶川县在全国一次性招录并分配到各个学校之中的。这说明一方面汶川县心理教师具有良好的基础，在学历与专业上占有一定的优势；但另一方面这些老师还比较缺乏工作经验，心理健康教育的实践经验不足，因此有必要进一步对其加强专业培训和业务指导。

表 5-2　　　　　　　　心理教师工作经验情况

		人数	所占比例/%
职称	未评职称	11	29.7
	初级职称（含小学高级以下或中学二级以下）	14	37.8
	中级职称（小学高级或中学一级）	10	27.0
	高级职称（中学高级及以上）	1	2.7
从事心理健康教育工作时间	三年以下	29	78.4
	三年至五年	6	16.2
	八年以上	1	2.7

(3) 专业培训。

在"5·12"地震后,政府及社会各界对于地震灾区群众心理状况给予了高度关注,除了有一些心理援助单位进驻到灾区学校对教师进行各种培训,也有不少单位邀请灾区教师到异地接受心理培训。因此,汶川县中小学心理教师参加相关培训与教研活动的机会比较多。表5-3说明了汶川县中小学心理教师参加专业培训的情况。其中,43.2%的中小学心理教师参加过3次及其以上培训,40.5%的中小学心理教师参加过2次培训,这说明汶川县中小学心理教师参加培训的人员比较集中,对培养专业人才有好处。相比较而言,当地心理教师参加的内部教研活动较少,只有54%的教师参加了2次和3次以上的教研活动。

表5-3　　　　　　　　　心理教师培训情况

		人数	所占比例/%
参加培训次数	从未参加	1	2.7
	参加过一次	4	10.8
	参加过两次	15	40.5
	参加过三次	7	18.9
	参加过三次以上	9	24.3
参与教研活动次数	零次	9	24.3
	一次	6	16.2
	两次	10	27.0
	三次	6	16.2
	四次及以上	4	10.8

2. 心理教师队伍中存在的问题

(1) 中小学心理教师数量不足。

"5·12"地震之后,为科学、有序、持续地进行心理辅导与心理健康教育,按照《教育部关于地震灾区中小学开展心理辅导与心理健康教育的通知》的要求,四川省将心理健康教育全面纳入了课程体系。另外,《四川省教育厅关于进一步加强灾后中小学生心理辅导与心理健康教育工作的实施意见》指出,要面向全体学生开设灾后心理健康教育活动课或专题讲座,心理健康教育活动课的课时要根据现行的地方课程和校本课程来进行统筹安排。随后,将四川省义务教育地方教材《生活·生命·安全》纳入课程体系,但是多数灾区学校反映没有相应的授课教师。有调查发现四川省普通中小学的心理教师数量严重不足,平均每8.5所学校才有1名心理教师,师生比高达1∶6 711,按照师生比配置要求1∶1 500,四川省的心理教师配置率只达到 22.3%。而汶川县的情况则更为严峻,地震之前全县几乎没有专职的心理教师,地震后虽有各方心理专家和教师的援助,但相对于受灾的师生人数,能够进行危机干预和心理辅导的教师数量仍远远不足。

(2) 中小学心理教师分布不均衡。

由于地区、学校、受援情况的不同,汶川县各个学校的心理教师情况各异,有些学校受灾情况严重、受关注也较多,加之心理健康教育工作的开展受到学校领导重视和支持,因此心理教师相对较多。在我们的调查中发现,有的学校有七八个心理健康教育教师(包括兼职教师在内),但有些学校只有一个兼职心理教师,由于他们平时还有其他课程教学和学生管理工作,因此几乎没有太多的时间、精力去从事心理健康教育工作。究其原因,这些学校有的是因为地区偏远,未受关注;有的是因为物资、心理支援较少,难以增加心理教师;有的是因为学校领导不够重视,使得心理健康教育难以开展。总之,多种原因导致汶川县各学校之间的心理教师队伍呈现出不均衡的特点。

(二) 灾后中小学心理教师工作的困境

通过对心理教师的工作现状进行调研,我们发现在进行心理健康教育工作中,心理教师面临的困境主要体现在以下几个方面:

1. 教师不良的自我感觉

通过调研发现,汶川县中小学心理教师开展工作所存在的困难集中表现在个人方面,从表 5-4 中可以看出,45.9% 的教师感到"时间和精力不够"。在组织层面上,有 5.4% 的教师认为"领导重视不够、支持不足",有 8.1% 的教师感到"缺少经费",有 5.4% 的教师感到"学生家长理解和支持不够"。这说明了绝大多数学校的领导是重视心理健康教育工作的,且能给予一定经费的支持;同时,学生和家长也能够理解和支持心理健康教育工作。因此,在学校体制中保证心理健康教育工作的内容和时间,对长期有效地开展心理疏导工作非常关键。

表 5-4　　　　　　　　　心理教师开展工作存在的困难

		人数	所占比例/%
开展心理健康工作存在的困难	个人专业或组织能力不足	12	32.4
	时间和精力不够	17	45.9
	领导重视不够、支持不足	2	5.4
	缺少经费	3	8.1
	学生家长理解和支持不够	2	5.4

调研结果还显示，32.4%的教师认为"个人专业或组织能力不足"。地震之前汶川地区很少有专职心理教师，此次调研中的心理教师大多数也是地震后公招的心理学本科毕业生，还有一部分是其他学科接受短期培训后承担学校心理健康工作的教师，因此他们的专业水平和工作能力相对有限，纷纷表示在从事心理健康教育工作时感到力不从心。地震后许多教师接受了不同层次的心理培训，但这些"蜻蜓点水"式的慰问与支持的作用只是"水过地皮湿"；部分教师异地培训对于缓解教师压力有一定的益处，但培训内容的深度和连续性往往不尽如人意；一些外地单位在汶川县学校派驻小分队的做法可以解燃眉之急，却经常会因外来人员撤离带来"釜底抽薪"般的影响。因此，只有长期的、理论与实践相结合的、非"越俎代庖"式的培训，才可能切实提升当地心理教师的素质。

2. 教师自身心理状况堪忧

我们在调查中发现，教师灾后承担了比以前更加繁重的工作，他们存在的问题比学生的问题更多、更复杂，这些问题主要集中在以下几个方面：

（1）地震对教师冲击大。

教师在地震中也是受灾群众，同样存在着因地震而引起的情绪问题，比如对地震的恐惧。有教师报告说，他们一段时间不敢进房间，听到汽车响就会以为是地震，听到临时板房任何一点声响也会赶快跑出来。此外，教师们的情绪状态不稳定，时常显得烦躁。更为严重的是，教师们的价值观也受到地震的冲击，变得更为关注当下的享乐，对前途感到迷茫；反映在工作中，就表现为对目前工作的积极性不高，工作效率的降低等。值得注意的是，由于教师自身工作的忙碌以及助人者往往只关注学生等原因，教师的心理问题没有得到及时有效的疏导，极度缺乏安抚和支持，以至于在各项工作进入正轨后，一些震后心理应激症状才逐步表现出来。

（2）工作中的压力。

复课之后，教师们很快重新开始了教学工作，正常的教学任务并未减少，而且一些教师因为家庭变故或身体健康等原因请假，部分教师的教学任务还会加重。除了教学之外，教师还担负了其他事务，比如安抚学生，照顾学生的衣食住行（提供三餐、管理宿舍等）；有些教师甚至要负责学校的重建，客串着木工、泥水工等角色。此外，很多教师还要花时间接受相关培训、参加心理辅导活动。这些繁重的工作任务，几乎耗尽了教师们的精力，很多教师反映说"一直都没有休息过"。除此之外，工作条件的恶劣也是影响很多教师的一个症结所在。地震后，教师的办公和住宿都在板房里进行，空间狭小、声音嘈杂等问题严重影响了教师的工作情绪和工作效率。

（3）现实生活压力。

除了工作压力外，教师们还存在来自现实生活的压力。比如，很多教师自己家庭也遭受了很大损失，甚至是亲人的丧失。家庭的剧变需要他们花费大量的时间和精力重新安置自己的家庭，但是繁重的工作使他们几乎没有时间进行家庭的重建。有些教师说，他们在地震之后从废墟中抢出来的衣物都存放在不同的亲戚家，当他们冬天需要衣物的时候，却完全忘记了当初到底是存放在哪里了。

（4）家长和教师之间的矛盾带来的压力。

地震之后，家长们把自己的孩子看得更重，而将责任全都推给了教师和学校，例如，有的教师提到，"孩子学习好了，觉得是孩子聪明；孩子有问题，就是教师的问题。人家是望子成龙，教师再付出，都觉得你是应该的。""家长可以随便骂教师，对教师指手画脚。"这种现象在地震之后表现得更明显。另外一个突出的问题是，地震后家长对孩子产生了溺爱心理，降低了对其的要求和期望，尤其是对孩子学习方面的关注程度有所降低，这些也给教师对学生的管理带来了很大的压力。

（5）不公平感。

不公平感是教师们提得最多的问题之一，这种不公平感主要来自于与其他受灾人员的比较。比如，社会各方面都更为关注孩子，救灾物资很少送给有需要的教师；心理援助也大多围绕孩子进行，给教师提供的心理援助主要是来自教育行政部门，而且能够参与的教师不多。另外，与其他职业（如公务员）相比，教师的待遇相对较低，但做的事情可能更多。整个教育系统处于被忽视的状态，这些忽视让教师们觉得自己的工作没有得到肯定和认可，缺乏职业成就感和荣誉感。

这五方面的问题并非单独出现在每个教师身上，而是常常相伴相随同时出现，产生叠加效应后大量地消耗着教师们的体力、精力和时间，使他们深感疲惫。

3. 学生心理问题对教师形成的挑战

关于学生心理健康的现状方面，教师们反映，在震后初期学生们的情绪问题比较突出。但是随着时间流逝，大部分学生对地震的应激反应逐渐减退，恐惧等情绪问题不再是最主要的问题，学习方面（学习成绩、学习态度等）和人际交往方面的问题却成为主要的问题。例如，有相当一部分学生表现出学习主动性明显下降的情况，出现了无法集中注意力、不能坚持完成作业、"忘乎所以地玩而把学习放到一边"等现象。这给教师对学生的管理提出了较大的挑战，因此教师需要加强相关培训。此外，教师们反映，不正规的心理辅导对孩子们造成了伤害，有些教师说"孩子们在不断地被关爱，同时也在不断地被伤害"；志愿者的工作既不系统，也没有连续性，孩子们常常被当成志愿者献爱心的"实验对象"，并因此影响了他们的正常学习。同时，志愿者对学生没有什么硬性要求，每次到学校都是带孩子做游戏,结果使得教师对学生提出的正常要求也有可能被学生抗拒。因此,他们认为这样的志愿者的出现,实质上不利于发展良好的师生关系,并加大了教师的工作难度。

4. 心理援助资源分布不均

地震后,不同受灾地区因与省会城市的距离以及交通状况不同,接受的心理援助的情况也不同,即接受心理援助的数量并不是与受灾程度成正比,而是与距离省会城市的远近和交通状况的好坏成正比。例如,虽然茂县是极重灾区,但是距离成都太远,交通不便,很少有提供心理援助的人到达。而距离成都比较近、交通较为方便的都江堰市,却得到了很多支援。心理援助资源的分布不均,使一些学校心理教师在开展工作中得到了很大的帮助,而另一些学校的心理教师的工作开展则得到支持相对较少,由此会从整体上制约整个灾区心理教师的工作开展。

(三) 心理教师对培训的期望

1. 心理健康教育专职教师从事心理健康教育工作的愿望

对地震灾区心理健康教育专职教师(下面简称"心理教师")从事心理健康教育工作的愿望进行调查,结果发现虽然当地心理教师的工作经验较少、对自身的能力不自信,但是多数心理教师对于其工作有着强烈的兴趣,并愿意继续从事有关心理健康教育工作。表5-5反映了心理教师从事心理健康教育工作的愿望,94.6%的心理教师都喜欢并希望从事心理健康教育工作,将近90%的心理教师希望接受更多的专业培训,只有8.1%的心理教师认为需要培训但是自身不想学习。这说明绝大多数心理教师期望提升其专业能力,他们有强烈的学习动机和愿望。这些在心理教师身上展现的积极、正向的力量,成为有效开展教师培训工作的必要前提。

表5-5 心理教师从事相关工作的愿望

		人数	所占比例/%
继续从事心理健康工作的愿望	想	35	94.6
	不想	1	2.7
是否喜欢心理健康工作	喜欢	35	94.6
	不喜欢	1	2.7
是否需要更多的相关培训	需要,而且机会较多	22	59.5
	需要但没有机会	11	29.7
	需要但是不想学习了	3	8.1

2. 心理教师对培训的期望

课题组在调研的时候还就教师对培训的需求进行了了解，教师们在对课题组的培训项目表示欢迎的同时，也对培训提出了一些期望和建议，主要包括：

（1）希望不占用更多的额外时间。

教师的工作任务繁重是他们所面临的一个严重问题，因此许多教师希望培训不占用其休息的时间。

（2）希望培训一定要固定和连续。

所谓固定，指的是培训要有一个设计良好的模式和系统，而且事后能建立一个固定的体制，以便可以长期发挥作用；所谓连续，指的是培训要循序渐进，阶段性地长期进行，而不是短期的集中式辅导。

（3）希望增加对教师的重视。

当地教师普遍期望能从外界得到更多的支持与理解。一方面他们希望加大宣传力度，切实提高教师的待遇和福利，肯定教师的工作；另一方面，他们也希望关注教师的心理状况，有针对性地进行一些心理辅导，以解决他们的心理问题，或是开展一些活动，帮助他们放松和减压。

（4）希望培训能同时提高教师的心理健康教育能力和教学能力。

在培训内容方面，教师希望培训可以传授一些心理辅导的技巧，让教师们也成为心理教师，通过他们影响学生，影响家长。另外，除了心理方面的内容外，也要适当关注教学上的问题，要能将培训结果和实际工作有所结合。

（四）第二次访谈的信息

如前所述，我们在茂县、汶川、都江堰等地的实地考察和调研的结果给了课题组很大的启发，课题组成员感到需要把灾后心理干预的目标设为"教师"这个重要但是未受到足够重视的群体身上。为获得更为翔实的资料，课题组在2009年年初再次对多个学校的校长、一线教师和学生进行了访谈，调研的学校包括从四川外迁到山西长治的漩口中学（目前更名为七一映秀中学）、在本地复学的映秀小学等学校。

此次调查发现，学生中普遍存在着的"及时行乐"的灾后心理，这本质上是一种"逃避"的心理。它反映到学习上，即无法集中精力学习、麻木对待学习和升学、对学习缺乏热情、主要精力放在游玩上；反映到生活上，即对未来比较消极，表示不愿思考未来。这些情况说明，地震后的学生并没有真正恢复到正常状态。另一个突出的问题与学生的管理有关。地震之后，由于各种原因，使学生管理政策发生了变化，学生安全成了学校的第一要务，降低了对教学和学习的关注度。学校对学生的管理策略更加严格和硬性，比如禁止学生外出、安排极少的活动时间等，这对于处于青春期前后的中小学生来说，"关"在一个狭小的空间中，情绪没有宣泄的出口，导致校内学生出现更多问题行为（脾气暴躁、打架、与教师争吵）。

关于教师方面的问题，这次调查又有了一些新的发现，教师们反映：（1）缺乏社会支持。这些支持既包括物质上的（如救援物资、后备支援教师等），也包括精神上的支持（如亲朋好友之间的关心、上级领导的重视和慰问等），许多教师表示，物质上的困难都可以暂时克服，但是精神上孤军奋战的情绪却不易排解；（2）学校各方对心理辅导的重要性认识不够。学校并没有非常重视心理辅导工作，对教师表现出来的心理问题没有给予足够重视，只是一味地强调教师灾后的工作责任，因此教师会出现不能自控的情况，并经常会引发与学生、家长、同事之间以及与学校领导之间的矛盾。

关于培训的具体内容和形式，在此次调研中，教师们对我们的培训计划也提出了更多、更具体的期望：第一，希望能够在培训中教给他们对学生进行辅导的方法；第二，再次强调要对教师进行心理教育和辅导，帮助他们解决自身的心理问题；第三，教师们希望培训能提高自己的心理学知识和技能水平，提供专业上的支持，让教师自己成为一个合格的助人者。此外，还要求课题组能帮助学校建立完善的心理咨询体制，包括专业的心理辅导室、固定的心理辅导活动、专家督导等，从而发挥更长效、更广泛的作用；第四，教师们强调一定要以工作中的实际问题和需要为导向，而不是以课题的要求为导向。为了让培训能更加有效，教师们愿意花时间进行长期的合作与磨合。

二、关于灾后心理援助的思考

通过调研，课题组对灾区学校的具体问题有了深入了解。在此基础上，课题组在甄选实验地点、实施干预内容和干预方式等方面进行了深入思考，并对灾后心理疏导的教师培训体系的建设和推进等进行了具体的规划，并最终确定将汶川县作为我们此次培训体系的研究和试点基地。

（一）关于灾后心理援助的地点

1. 汶川县中小学校基本情况

地震前汶川县共有各级各类学校87所。其中高等院校2所（阿坝高等师范专科学校、阿坝电视大学），中等师范学校1所（威州民族师范学校），基础教育学校83所（高中3所，初级中学3所，九年一贯制学校1所，特殊教育学校1所，中心小学校17所，村小56所，公办幼儿园2所），汶川县教育研究培训中心 1 所。基础教育学校有学生 16 393 人（高中 3 015 人、初中 4 843 人、小学 8 103 人、入园幼儿 432 人），教职工 1 447 人。

地震后，汶川县教育局按照《汶川县学校灾后恢复重建布局调整方案》，遵行"整合教育资源，合理调整布局"原则，撤销所有村小，扩大义务教育阶段寄宿制学校办学规模，实施寄宿制学校标准化建设，各中心小学校附设幼儿园，小学实行一乡（镇）一校。截至 2011 年 3 月，全县共有学校 23 所，其中完全中学 3 所，初级中学 2 所，特殊教育学校 1 所，中心小学校 14 所，公办幼儿园 3 所。

2. 选择汶川县作为援助地点的原因

本课题组之所以最终选择汶川县作为项目的实施基地，主要基于以下原因：

第一，汶川是"5·12"地震的震中，道路破坏严重，因交通不便，汶川学校接受心理援助资源少于都江堰、北川等交通便利的地区。更为重要的是，汶川县作为受灾最为严重的震中地区，没有任何一支长期心理援助的队伍驻扎。因此，从资源整合和服务灾区的角度，我们选择了汶川县作为我们课题研究与实践的合作伙伴。

此外，汶川距离成都相对较近，便于课题组深入灾区一线进行工作，同时也可以把成都作为大后方，汶川的教师可以定时到成都吸收"给养"。

第二，外迁是地震之后普遍采取的措施，汶川县的学校在地震之后几乎全部外迁，而外迁给教师、学生、学生家庭、学校管理带来的诸多问题是灾后比较典型的问题，这些问题的解决有助于为未来此类事件后的心理援助提供借鉴。

第三，政府主导和行政支持。汶川县委、县政府高度重视灾后中小学生的心理健康教育工作，下发了一系列文件并调拨资金，在全县范围内开展了一系列心理健康教育活动，推进了灾后心理健康教育工作的开展。汶川县教育局更是把本课题作为他们工作的主要内容，并责成汶川县教师进修学校全面负责课题的管理和协调工作。政府的支持是课题组各项工作在 3 年内得以顺利完成的行政保障。

第四，学校主动参与。本课题研究为期 3 年，计划在汶川所有的普通中小学校连续培训 60 名专业心理教师（每校 2~4 人）和 20 位中小学校长，并在汶川一中、汶川一小、映秀小学、映秀中学建立 4 个灾后心理健康教育基地，以提高汶川县中小学心理健康教育总体水平。为此，课题组和汶川县教育局、参与培训的全体教师签订了研究协议，共同承诺在为期 3 年的课题培训过程中，彼此都要积极参与，努力实践。这种方式有效地促进了学校和 60 名汶川心理骨干教师的全程参与，降低流失率，同时也使得参与培训的教师能够相互扶持、共同进步。

（二）关于灾后心理援助的力量

课题组经过深入调研和思考之后，决定把直接干预对象定位于教师群体，而

不直接面对学生,主要的理由如下:

　　第一,学校是一个系统,任何外来成员的进入都会对学校系统产生影响。如果外来成员不能融入这个系统,那么对整个系统的影响力就不够,不能让系统产生显著的变化;而一旦进入系统,对系统的影响力足够之后,又要考虑到离开系统的时候,可能会使系统发生不稳定。从现实角度看,课题组成员不可能长期工作在现存的学校系统中,短期的进入极有可能破坏学校系统的内稳态,不一定是灾后心理援助的最佳选择。

　　第二,灾后很多志愿者进入学校,直接对学生进行心理疏导,这一定程度上对缓解学生心理问题有着积极的效果。但这种模式也存在以下两个方面的问题:一方面导致学生对教师产生不满情绪,这是因为教师需要关心学生,也需要要求学生,而志愿者只需要关心学生即可,因此教师对待学生的态度没有志愿者那么和善;另一方面也导致教师们对志愿者的心理救援工作产生不良的印象,正如一位教师所述:"志愿者来了,然后就走了,结果却让我们教师变成了恶人。"针对上述两点问题,课题组最终决定不直接进入学校,而是为当地教师提供支持,让他们逐渐变成灾后学校心理疏导的中坚力量。

　　第三,只有教师参与是远远不够的,学校领导的重视程度对灾后心理疏导的效果影响很大。因此,课题组决定,虽然不直接干预学生,但是要真正影响校长,所以校长也成为课题研究的培训对象之一。

(三) 关于灾后心理援助的内容

　　课题组在调研中发现,教师和学生的问题有些是由地震直接引发的,例如再安置带来的适应问题、板房的教学管理问题等;但有些是长期存在的问题,地震只是起到了加剧作用,例如中小学教师的社会地位和待遇问题、教师和家长的冲突问题、学生管理问题、教师职业倦怠问题等。所以,对教师的干预不仅要重视危机之后的心理疏导,而且要从教学管理、教师压力管理、教师职业规划、学生人际交往、学生动机激发等多个方面入手,全面促进学校师生的心理重建。

(四) 关于灾后心理援助的形式

　　汶川地震后,大量的心理援助工作者进入灾区学校,对学生进行直接的干预,这种直接干预学生的心理援助形式在短时间内对学生的心理疏导起到了一定的积极作用。但是,从长期影响来看,这种直接干预模式存在着如下几方面的缺点:首先,心理援助直接干预学生,忽视了教师心理疏导,从而使教师心理问题凸显,以致影响其日常教学工作和学校心理重建工作的进行;其次,这些心理援助形式多为暂时性的援助,它随着心理援助工作者的离开而终止,致使学生们再次经历离别之痛。鉴于此，有必要培训学校自己的内部力量；而在学校，教师作为学生的重要他人，其对学生的发展有着重要的影响，因此心理援助的形式应该通过援助教师，继而由教师促进学生心理的健康发展，使有时限的心理援助工作能长长久久地发挥建设性的作用。

三、灾后教师培训体系的理论基础

（一）国外灾后心理干预的经验

在重大灾难面前，各国政府都采取相应的措施和方案为受灾的人群服务。比如美国"9·11"事件后，由五角大楼家庭支持中心（PFAC）建立起的当地家庭支持体系，能够让信息得到有效传递，从而整合各方面的资源以提供有效的心理健康、财政、精神以及信息方面的服务（William，2002）。除此之外，美国学者还提出了支持性资源的整合模式——教育、支持和训练的社区资源模型（CREST：Community Resources for Education，Support and Training）。

针对学校的危机干预，美国政府也颁布了一些法律，例如《不让一个孩子掉队》（No Child Left Behind）法案就明确规定学校要投入到危机的预防和干预中，并提出以学校、社区为基础的介入途径，培训当地教师或社区志愿者，为学生和教师提供服务。该法案涵盖了灾难发生前的预防、灾难中的应对与评估以及灾后的干预等多个方面，系统地整合了学校各方面的资源。

（二）教师作为治疗师的干预理论

依据相关文献和实地调查的结果，本课题组最终决定以教师作为治疗师的干预理论（Teacher As Therapist，简称 TAT）和学生帮助计划（Student Assistance Plan，简称"SAP"）为理论基础，将二者有机融合，并结合当地实际情况，逐步形成以教师为中心的综合培训和干预理念（林崇德等，2009）。

1. TAT 干预理念

（1）TAT 的目标和内容。

教师作为治疗师的干预理念提倡把教师培养成一个提供支持的资源，以帮助部分有特殊需要的学生。这些学生通常有严重的情绪问题和行为障碍，而这些情绪和行为障碍又会进一步导致他们出现一系列的学业问题、适应问题以及其他问题。因此，教师作为治疗师的最终目标是在学校里创造一个健康的环境，促进学生的心理健康发展，帮助学生取得进步。

教师作为治疗师的基本方法是通过干预教师来间接地干预学生,它具有许多优越性。首先,教师是除家长之外的重要他人。在中国文化中,"一日为师,终身为父"的师生关系,决定了教师对学生特别是中小学生有着重要影响。因此,这种强烈的情感联系和强大的影响力,可以显著地提高教师帮助学生的效力。其次,对于学生来说,教师是他们观察学习的榜样。教师作为治疗师,他们可以在教学过程通过自身的行为表现,给学生起到良好的示范作用,可使干预更加有效、持久。再次,教师与学生的相处时间较长,他们之间彼此十分熟悉。长期相处之下,教师有更多机会全面了解学生,因此可以在干预过程中节约大量的磨合、试探等程序所需要的时间,可以直接围绕核心问题开展工作。最后,教师与学生同处一个生态系统,教师更容易了解学生问题产生的背景以及可能发生改变的条件。因此,通过培训教师,使教师成为促进学生成长的咨询师,对灾后心理重建的作用大于外来咨询师直接干预学生的效果。

(2) TAT 的实施效果。

TAT 的实施具有很强的灵活性,适用于不同文化背景下的学校,而且这一理念目前在西方逐渐得到普遍的认可和应用。例如,以色列的学校就设有专门的支持性质的心理治疗课程(therapeutic class),用以帮助有情绪问题的学生。在治疗课程中,担任治疗师的教师要为学生提供心理健康方面的服务,通过提高其心理健康水平促进其学业表现。而课程设计的框架则主要借鉴了心理动力学中的人际关系行为模式以及社会情境理论,让教师注重改善学生的人际关系,同时关注学生的情绪及其表达方式。通过这种模式,教师可以为学生营造一个健康的学习环境,从而可以更好地帮助有情绪问题的学生。美国学者法利和曼宁(Farley & Manning, 2005)也根据教师作为治疗师的理念发展了一套干预项目,让心理咨询师和学校教师通过合作来共同帮助学生,该方案主要是通过干预教师来干预学生,即让教师、家长和咨询师合作,共同帮助有行为问题的学生。

2. SAP 的主要理念

(1) SAP 的目标和内容。

SAP 是学生帮助计划的简称,其目标和结构是以 20 世纪 50 年代出现的员工帮助计划(Employee Assistance Program)为蓝本发展而来。该计划是由学校部门提供的服务,最初是为有酗酒、物质滥用等行为问题的学生提供支持和咨询。而后该计划经过进一步完善,发展成为用于减少学生的风险因素、促进保护性因素的支持性项目,以增强学生的内外资源,从而避免问题行为影响其学业表现。研究证明,该计划在有限的时间内能更好地对学生进行行为干预以及心理治疗,并处理学生的各种行为健康问题。

目前,美国很多州的学校都设置了这一服务项目,针对不同的对象,每个州的内容不尽相同。一般来讲，完整的 SAP 包括 9 个部分，第一部分是校委会制定政策以明确学校在提供安全、健康环境方面的职责，以及澄清学生的学业表现与药物、酒精滥用、暴力事件以及其他高风险行为的关系；第二部分是学校工作人员的专业发展，即为学校所有的工作人员提供必要的 SAP 知识，如教授其降低学生风险、促进学生复原力的基本态度和技巧；第三部分是项目意识，主要是让学生、家长和有关机构了解学校对于物质滥用、暴力行为等问题的政策以及有关 SAP 服务的信息；第四部分是内部转介过程，用于识别存在学业和社交问题的学生，并将其转介到问题解决和个案管理小组；第五部分则是问题解决小组和个案管理，用来研究学校如何通过焦点解决策略为学生解决学业以及社交方面的问题；第六部分是有关 SAP 的评估，用于确保 SAP 的质量不断提高；第七部分是建立学生支持小组，该部分的主要内容是为存在学业或社交问题的学生提供信息、支持和问题解决的技巧；第八部分则是与社区机构和其他资源部门的合作，通过转介和分享个案管理的经验，在学校、家长和社区机构之间架起桥梁；第九部分则是将 SAP 与校内其他计划进行整合，以更好地帮助学生，提高其学业表现和复原力，降低学生吸烟、酗酒和其他问题行为的风险。

（2）SAP 的实施效果。

SAP 于 1984 年首先在宾夕法尼亚州的中学生群体中应用，并取得了良好的效果。4 年后，又在宾夕法尼亚州的小学生群体中实施，在实施过程中，他们选取了 5 个学区作为试点，每个试点学区派一支核心团队去接受培训。核心团队的成员包括 1 名地方官员（特设职位，保证 SAP 计划在当地能顺利开展）、1 名负责 SAP 计划实施的行政人员（常驻代表，负责实施该计划）、相关教师、咨询师、护士以及地方上负责问题行为（吸烟、酗酒等问题）的官员。培训结束后，这些团队回到自己的学校开展 SAP 工作。这一计划实施 5 年后，有研究者对其效果进行了评估，评估的结果一致认为 SAP 的理念值得进一步推广。随后，宾州教育部门对该计划进行了完善和改良，提出了 SAP 的升级版——教学支持小组（Instructional Support Team，IST）计划，并在全州推广。从 1995 年开始，宾州所有的学校开始执行 IST 计划。

IST 计划的核心团队成员包括学校领导、负责培训的心理咨询师、教学支持小组教师、班主任以及学生家长。对团队成员培训的内容包括五部分：如何进行合作磋商，以课程为基础的评估，教学适应，行为管理和学生援助。IST 计划的步骤包括：评估学生的行为和学业表现，设定目标并选择达到目标的策略，执行策略，效果评价。其中，家长在整个团队中发挥积极主动的作用，他们帮助小组了解可能影响孩子的压力源，协助教师和心理咨询师开展工作。

3. TAT 与 SAP 的比较

TAT 和 SAP 这两种心理援助模式从不同的角度切入，为学生提供心理健康服务。二者既有差异，也有共同点。

就其差异而言，TAT（教师作为治疗师）更多的是一种干预理念，即通过干预教师来干预学生，从而起到事半功倍的效果。与外来的心理咨询师相比，教师是学生的重要他人，尤其是对于中小学生而言，教师对其的重要影响更是不言而喻。对于大多数学生来说，教师是他们学习的榜样。在教学过程中，教师言行一致的表达和对所教内容的身体力行，能够给学生很好的示范，让学生从中受益。该理念的灵活性很强，不同文化背景的学校可以结合自身情况运用这一理念。

相比之下，SAP（学生帮助计划）更多的是从宏观上规划如何为学生提供更加全面的心理服务。其中包括对学校领导、学校心理咨询师内部力量的整合以及利用外部资源，如社区资源以及家长的力量，或是某些有实力的公司，协助学校一起做好学生的心理健康工作。其中，对实施 SAP 的人员也有比较严格的选拔和培训，并会对整个计划进行评估，以提高 SAP 的质量。简言之，SAP 的系统性更强。

但是，TAT 和 SAP 这两种模式也存在一些共同点：首先，TAT 和 SAP 的出发点和落脚点都是学生，都是为了解决学生心理健康方面的问题，进而提高其在学业方面的表现，帮助学生在健康的氛围中获得更大的成长。

其次，TAT 和 SAP 都强调从教师入手，对学生进行帮助。在传统观念里，教师只是传授知识、进行传统课堂的教学。但在这两种模式中，教师不仅需要促进学生的学业表现，更要关注学生的心理问题。教师是学校原有系统中的一部分，让他们对学生做工作，会比外来的心理学工作者容易得多。而从心理学的规律来看，学生对熟悉的、朝夕相处的教师更容易接近和接受，让教师按照专业的要求做心理援助，效果会更好。

最后，TAT 和 SAP 都比较强调培养学校内部的力量，让自己的教师为自己的学生提供更加全面的服务，为学生的心理健康负责。

四、灾后教师培训体系——督导式教师培训体系的主要内容

（一）培训体系设计

根据对国外 TAT 和 SAP 相关资料的分析，结合灾区特点，课题组提出了"以教师作为治疗师的理念为核心，以培育学校内部力量、完善学校心理健康教育体系为根本落脚点，以家长为辅助"的干预模式。由于教师是学生重要的影响力量，也是学生最为熟悉的资源之一，如果能把教师培育成一名介于普通任课

教师和专业咨询师之间的"准专业心理咨询师",那么这批教师将会在学生的心理健康成长方面扮演一个不可替代的重要角色。同时,由于灾区教师自身的心理健康问题得不到应有的重视,在进行教师培训体系的设计时,必须充分考虑到教师自身的需要,舒缓教师自身的生活压力和精神压力。因此,为教师量身定做专门课程,首先需要帮助教师成为自己的咨询师,学习自助和求助的技巧;之后再提供相关训练,帮助教师成为学生的咨询师。其中,如何给众多教师提供灾后心理支持,让他们感受到认可和关爱,同时在有困难的时候及时求助,成为课题组考虑的主要问题。

基于前期调研的结果,鉴于灾区支持性资源缺乏的状况,考虑到课题组成员所担负的任务,设计了专家组与教练组相结合的方式,希望能够最大限度地从专业上对教师给予支持,使培训体系有助于教师提升自我心理健康水平和实施心理健康教育的能力,从而直接影响学生,使学生成为最终获益者。我们将这一专家组和教练组相结合、把教师作为培训的主要对象的培训体系,称为督导式的教师培训系统,其具体组成见图5-1。

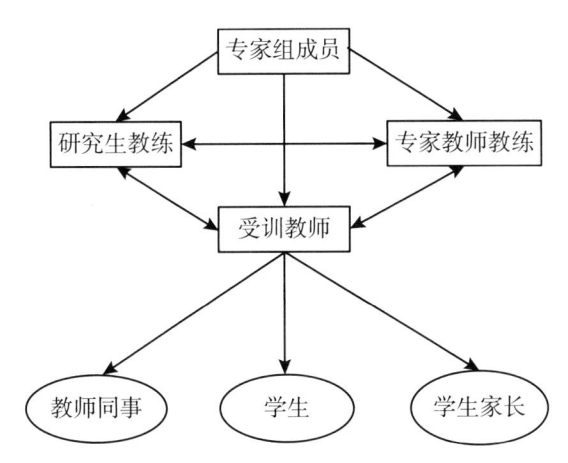

图5-1 督导式教师培训体系的结构

(二) 培训体系的流程

整个培训的具体工作分成以下几个层面:(1) 教师培训:由专家组成员对教师和教练组成员定期进行培训,同时教练组成员和结对的教师进行经验分享。(2) 教练支持:由教练组成员对教师的工作进行督导,并为其提供工作和情感的支持。(3) 教师工作:教师将所学的知识和技能运用于所在学校的教育、教学中。教师的工作对象包括三部分人群:学生、学校中的同事、学生家人(家长或监护人)。同时,为了推动整个学校系统的改变,可将校长作为后备支援力量纳入培训体系，目的是让校领导认识和理解培训的理念，从而给予学校心理健康工作足够的重视。

为此，课题组聘请了相关领域的学者成立专家组，担任授课专家，其授课的内容主要包括心理健康教育、职业发展、教师教学等内容。专家组成员的任务是根据课题组的要求，亲赴现场对教师进行专业培训，给教师全面的、系统的教育和指导，同时收集教师的反馈信息，将信息向课题组传递，帮助课题组与专家组共同讨论修改培训计划。

然而由于专家人数较少，精力和时间也十分有限，即使培训和指导是连续的，但很难长期地存在下去，且无法给教师"一对一"的指导。鉴于灾后的教师在一段时间内需要持续的支持，甚至是"一对一"的长期支持，因此具有丰富心理辅导经验的专家型教师可以充当教练的角色，为教师提供长期的、"一对一"的指导。

教练（coach）项目是课题培训的主要组成部分之一。教练项目的主要工作是通过教练组与灾区教师的"一对一"长期联系，协助四川灾区的中小学教师更好地进行学生心理辅导工作，提高教师的心理健康教育水平。教练组由两部分成员组成：一部分是心理学专业的博士研究生和高年级的硕士研究生；另一部分是在四川成都的有实际经验的心理教师。教练组的工作主要是通过电话或者网络等远程方式给接受培训的教师提供指导和支持，所涉及的问题包括教师可能碰到的一切困难，比如心理健康活动开展过程中的困难和困惑、教学中遇到的问题、教师自己的情绪问题和压力、教师的个人成长、教师的适应问题等等。教练组本身并不亲临其境，但是他们保持与教师的实时交流，在专业方面可以给教师出谋划策，而且更重要的是，教练组可以从情感和个人成长方面为教师提供长期而稳定的支持，这种支持所能起到的作用甚至不亚于专家组所提供的专业培训。

教练组除了与受训教师建立"一对一"的联系外，专家组与教练组之间也有着固定的互动模式。专家组定期给教练组提供督导，帮助他们解决无法处理的问题；教练组如果发现教师们存在的某些共有的问题，也会及时反馈给专家组，从而为持续培训提供第一手的宝贵资料。通过这种方式，最终的培训体系就形成了以专家的"一点"带动教练的"一线"，继而带动教师的"一面"的联动模式，并能最终在这一以点带面的层层协助下，切实提升学生"一体"的心理健康水平。

（三）培训体系的内容

有了培训体系的组织架构，培训应该覆盖哪些内容是课题组考虑的另一个问题。也就是说，如何将教师培养成为一名"准心理专业人员"，如何通过次数有限的培训和督导，让他们在某些方面发挥心理专业人员的作用，从而使学生发生积极的改变，这是培训体系的关键和核心。考虑到灾后教师与学生存在的心理问题，于是我们把课题目标确定为：用 3 年时间，为汶川县中小学校培养一批较为专业的心理教师，使他们能够独立完成学校心理健康教育工作，全面提高汶川县中小学的心理健康教育水平。与此同时，也要为汶川的中小学培养一批懂得心理健康知识的班主任教师。在这个目标前提下，课题组制定了两个具体的目标，即（1）促进教师的自身发展和心理健康，让教师成为学生身心健康的榜样。（2）促进学生的身心发展和心理健康，使教师成为学生身心健康的促进者，家长成为学生身心健康的支持者。

在这样的基本目标前提下，课题组决定以意识唤醒、技能发展、知识应用等三个方面作为培训的出发点，构建了 15 个知识与技能领域作为培训内容。这 15 个知识技能领域分别是：震后环境适应、教师个人成长、教师倦怠预防、情绪管理方法、学校心理健康教育方法、问题解决取向、焦点解决短程咨询、教学心理、学业辅导、心理创伤治疗技术、心理咨询技巧、心理咨询过程、家庭治疗方法、团体咨询技巧、箱庭治疗技术。

五、督导式教师培训体系的主要特点

（一）TAT 与支架式教学相结合，促进教师专业能力提升

1. 提出支架式教学的背景

本课题组创建的灾后教师培训体系的主要目的是培养教师的心理健康教育能力。关于教师心理健康教育能力最初由申继亮和王凯荣（2001）提出，该概念对于素质教育的重要性已经在教育领域得到认可，他们认为，随着学生心理健康教育问题在学校教育中变得越来越重要，心理健康教育不仅仅是专业心理学家、心理学教师、心理咨询与辅导者的义务，也应是每一位任课教师的责任。为此，教师教育必须加强对教师心理健康教育能力的培养。教师心理健康教育能力的培养需以理论为指导，贯穿于教师与学生进行交往的互动过程之中，应以学生为中心，以教师对学生的了解为出发点，以教师的心理教育知识为基础，采取恰当的问题解决策略去指导和启发学生，从而促进学生健康和全面的发展。关于培养教师心理健康教育能力的前瞻性观点，是我们建立教师培训体系的基点。然而，在这个基点上，如何建立一套完整的教师培训体系，以提高教师心理健康能力，在国内几乎没有什么经验可以借鉴，国外的经验也不一定适合我们的国情。尤其是"5·12"汶川特大地震发生后，中小学生面临巨大的心理危机，在这种情况下，教师心理健康能力的培养和提升就更加迫在眉睫。如何创建一套既适合灾区的实

际情况，能够为灾区解燃眉之急；又能够带来长远效果，促进师生发展良性循环的教师培训体系，成为课题组的巨大挑战。

面对这一挑战，如前所述，课题组首先赴灾区对中小学校进行全面的调研，深入了解学校师生面临的主要困难和心理健康现状，尤其是一线教师和学校领导对于教师培训的真实需求。然后，将调研中发现的各种实际问题与我们查阅的理论文献相结合，进行创造性思考。最后，通过课题组成员的群策群力，形成了一套旨在培养教师心理健康教育能力，以 TAT 和支架教学相结合的教师培训体系。

2. 支架式教学的基本思路

支架式教学指的是外来的专家首先为当地教师提供必要的支持和指导，也就是所谓的提供"支架"，使他们在自主探索的基础上，能初步了解和学会心理健康方面的知识和技能。进而，随着教师们对这些知识和技能的逐渐熟悉，专家们会逐步地减少对教师的直接帮助，改为间接地指导教师去运用所学的知识解决具体的问题，直到教师们能够完全学会并很好地运用这些知识和技能为止，也就是教师们可以完全脱离专家们的支架而自行行动。具体来说，支架式教学可分为以下三个环节：

第一个环节是判断教师现有的发展水平，为其搭建合适的支架。具体内容主要围绕教师要学习的主题，评估他们的实际发展水平以及现有发展水平与其所要学习的内容、希望达成的目标之间的关系。同时，还需要了解教师已有的培训经验以及兴趣、价值观、人格等个人特质的信息，然后从不同角度搭建水平和样式不同的脚手架。比如，对于学校的心理教师而言，他们已经具备了一定的心理健康知识和专业技能，现在主要缺乏的可能是哀伤辅导、情绪处理、生命教育等方面的知识和技能。因此，经过这样的评估后，专家组就可为他们在这些方面搭建相应的支架，明确其能达到的目标。而对于一般的教师而言，他们可能更需要学习的是一些助人的基本知识和技能，比如倾听、共情、无条件积极关注等。当然，如何调动起教师参加培训的积极性，也是在这一环节中培训者需要考虑的重要问题之一。首先，要考虑教师真正的心理需求是什么，并根据他们的需求制定培训内容；其次，要让教师觉得参加培训是有意义的，这就要求他们真正能将所学的东西用到自己的教育工作中，切实达到提升学生心理素质和学业表现的目的；最后，要让参加培训的教师感受到自己在培训过程有所成长，感受到培训内容对自己日后的生活也有积极影响。这样从需求、功效和成长体验三方面入手，才能真正激发他们投入到培训中来。

第二个环节是专家和教师共同解决问题，即实施支架式教学的过程。在这一过程中，教师要持续不断地、积极主动地进行自我探索和学习，而专家不仅需要提供教师探索和学习过程中需要的各种资源，还需给予必要的支持，从而有效地促进教师的主动学习。在支架式培训的整个过程中，专家们可以提供不同搭建"支架"的方法，比如具体讲解理论知识的背后含义、用启发式的提问方式引发教师思考、开放式讨论促进思考（比如头脑风暴）、体验式教学等以加深教师对学习内容的印象等方式，甚至是一些更细节的方式，包括对教师情感进行回应、将环境布置得清新宜人、增加兴趣、设置额外的鼓励等。以情感反应为例，在培训过程中，专家要敏锐地抓住教师的情绪情感状态，当教师有畏难情绪时，专家首先要对教师的这种状态表示接纳，并把这种接纳反馈给教师，表示对教师的理解；其次，鼓励教师表达这种情绪，并探索畏难情绪背后的原因。总的来说，在整个过程中，专家始终要抱着鼓励肯定和问题解决的积极态度，和教师共同探索、一起学习。

第三个环节是教师独立学习的过程，也就是撤出支架的过程。具体来说，就是在培训结束后，教师脱离专家的指导和帮助，独立将所学的知识和技能运用到日常教学和工作当中的过程。对于支架的撤出，它可以是一个漫长的过程，在教师运用知识和技能的过程中，课题组和教练组可以定期回访，或通过电话、网络沟通的方式为他们提供指导和帮助，并对他们的学习效果以及对知识和技能的使用效果进行一定的评定。随着教师能力的不断提高，专家组和教练组回访的频率应该逐渐减少，时间间隔也逐渐拉大，逐步地将控制权交回给教师，让他们自主、独立地开展心理辅导工作，从而达到"授人以渔"的最终目标，实现长期助人的可能性。

（二）TAT与朋辈咨询相结合，增强专业力量的合作

1. 朋辈咨询的提出背景

教师在对学生进行心理援助的过程中，可能随时会遇到各种匪夷所思的困难。此时，作为新手的教师治疗师（TAT）很可能会存在角色冲突，产生角色焦虑，因此需要即时的、现场的帮助。

基于此，一方面需要发挥专家的力量；另一方面更重要的是充分利用朋辈的力量，互相提供支持和帮助。由于专家力量毕竟是外援，要有持久的效果，朋辈力量就成为教师处理日常问题的一个重要支柱。这里的朋辈力量既包括教师自己的同事、培训团队中的同仁，也包括同为中小学一线教师的教练。

2. 朋辈咨询的基本理念

马歇尔夫（Mamarchev）认为，朋辈咨询是"非专业心理工作者经过选拔、培训和监督，向前来寻求帮助的年龄相当的受助者，提供具有心理咨询功能的人际帮助的过程"。这里所说的"朋辈"同时含有朋友和同辈的意思，其中的"同辈"是指"同年龄者或年龄相当者，他们通常拥有相似的价值观念、日常经验、

生活方式等特质，具有年龄相近、性别相同或者所关注的问题相同等特点"。朋辈支持可以让教师们在遇到困境时相互倾诉、安慰和关怀等，有助于帮助他们舒缓情绪，减轻压力。此外，朋辈也可以让同龄教师们相互提供积极的相关信息和行为示范，发现共同存在的问题并加以改进，从而实现互相学习、共同进步。

（三）整合各方力量，以保证教师培训计划顺利实施

在 TAT 的理念中，把教师当成学生心理干预的重要资源，这比求助于"够不着"的专家具有更大的现实性。但是，日常生活实践提示我们，仅有这些心理教师还是远远不够的，心理健康工作的顺利开展需要各方的配合。因此，如何整合外部的其他力量来促进心理健康教育，也是教师培训计划中的一个重要组成部分。如表 5-6 所示，本课题组整合了教师、专家、学校、地方政府、国内外民间组织的力量，使这几方面的力量协作配合，各司其职，从而保证了我们的教师培训计划顺利实施。这为今后开展灾后心理康复工作提供了可资借鉴的模式。

表 5-6   灾后心理疏导的援助力量

机构类型	代表性机构/个人
政府组织	教育部、卫生部、民政部、科技部、妇联等
非政府组织	中国红十字会、中国儿童基金会、中华慈善总会等
学会机构	中国心理学会、中国心理卫生协会、中国教育学会等
科研院校	中国科学院心理研究所、北京师范大学、北京大学、西南大学、华南师范大学和四川省各高校
国际组织	联合国儿童基金会、国际救灾机构、日本心理临床学会
民间机构	中国心理网、华夏心理网、健康863网等
个体	海内外的志愿者、自发者等

1. 专家力量

本次灾后心理疏导由北京师范大学、西南民族大学、四川师范大学和成都市18所中小学等多方长期合作，根据汶川县中小学建立长期心理健康教育力量的要求，针对汶川县20多所中小学校开展了系统的心理疏导工作。

具体来说，北京师范大学总体策划和构建了总课题的基本框架，并负责课题的整体协调和管理，北京师范大学雄厚的研究实力保障了课题的研究质量和水平；西南民族大学负责教师培训的安排和日常管理，即负责课题的具体实施工作，承担了汶川县心理教师培训和成都市心理教练培训的总体安排；四川师范大

学承担基础调研，先后4次到灾区中小学校进行问卷发放和回收工作，保证了课题组基础研究的进行。在成都市教育局组织下，成都市18所中小学校23位富有经验的心理骨干教师对汶川县60多个心理教师开展教练指导工作，心理教练定期接受课题组的督导培训；同时，他们与汶川教师联络和沟通，指导汶川教师解决心理疏导工作中遇到的困难和问题，保证其更好地开展工作，并对他们进行情感支持和联结。应该说，成都心理教练的指导为教师培训体系的实施起到了积极作用。

2. 学校力量

在学校系统中，心理辅导教师并不是学校的全部，有时候甚至不是学校的重点。因此，针对中小学校的心理培训要采取一整套上下一体的培训体系，即根据"校长—班主任—骨干教师—学生"的工作思路逐步渗透。校长作为学校的领导者，同时也处在教师与教育局之间的缓冲位置，灾后要承担的任务非常繁重。他们既要维护学生的安全，又要保证正常的教学秩序；既要执行上级部门的命令，又要照顾下级教师的情绪，其压力非常之大。因此，有必要从校长入手，对他们进行干预，舒缓他们的情绪，释放他们的压力，振奋他们的精神。此外，在对校长进行培训时，要让他们充分了解心理健康的重要性，特别是灾后对学生进行长期心理重建的必要性以及通过教师干预学生的有效性，从而促进他们在行政上为心理援助计划提供必要的支持，使教师培训计划能够得以顺利实施。而对班主任和骨干教师的培训则更多地着眼于以下几个方面：帮助他们消除灾后负面情绪、缓解自身心理压力；让他们了解心理干预的基本技术、实施原则和方法；使参加培训的教师掌握基本的学生辅导技能、丰富教师的心理保健知识、提高教师心理干预的能力。在分别进行相应培训的同时，还可以让校长与班主任、心理教师共同合作，为学校构建出一套完整的心理健康干预体系，从而系统、有效地为学生提供长久的心理健康方面的服务。

3. 家庭力量

家长在教师培训体系中的作用也是非常重要的。家长对于中小学生而言是重要他人，他们的影响是不容忽视的。教师培训计划如果能够有效地帮助学生提高其心理健康水平，必须要考虑到家长的独特作用。只有让家长和学校真诚合作，才能够最大限度地发挥心理援助的作用。课题组在对教师的培训中相应增加了如何与家长协同工作的内容，帮助教师发动家长的力量参与到学校的教育和教学活动之中。

4. 政府机构力量

汶川地震后，四川省政府高度重视灾后学校心理援助工作。为了指导和推动心理援助工作的开展和进行，四川省教育厅及政府办公厅发布了一系列相关文件：《四川省教育厅关于做好受灾学校灾后学生心理援助工作的通知》（2008年

5月21日)、《四川省教育厅关于进一步加强灾后中小学心理辅导与心理健康教育工作的实施意见》、《四川省人民政府办公厅关于进一步加强地震灾区干部群众和学校师生心理服务工作的通知》(2008年12月15日)、《四川省教育厅关于进一步加强地震灾区中小学教师心理辅导与心理健康教育工作的通知》、《四川省教育厅关于成立四川省地震灾区中小学心理健康教育工作领导协调小组和专家指导小组的通知》(2010年6月22日)等。这一系列文件都充分说明了四川省政府对灾后中小学心理援助的重视和支持,它不仅促进了四川省高校对口支援相关中小学校心理健康教育工作的开展,还鼓励并支持学校申报具有针对性和创新性的研究课题。同时,省政府和教育厅对灾后学校心理援助有科学、有序、系统的指导,能够根据每个援助阶段的特点和具体条件出台相关政策,因此从规范心理干预过程到建立长效援助机制,从处理受灾师生的心理创伤到促进灾区师生的心理健康,从依靠外援支持到加强内部队伍建设等等,无不体现政府机构对灾后心理援助工作的关注和支持。

除了四川省委、省教育厅高度重视灾后学校心理援助工作外,汶川县相关行政机构也高度关注灾后学校心理援助工作。例如,汶川县委办公室、汶川县人民政府办公室出台了《关于在全县开展灾后心理重建工作的通知》,指出灾后心理重建是灾后精神文化家园建设的一项重要内容,提出了心理重建工作的具体步骤,并将汶川县心理重建工作中心设在汶川县教育局,全面负责汶川县长期的心理重建任务,从而更加系统、科学地开展心理重建工作。

5. 海外力量

(1) 加拿大生命协会。

加拿大生命协会是借助课程开发、专题研讨、人员培训和夏令营等手段,为需要帮助的组织和个人提供经济资助的慈善机构。汶川地震后,加拿大生命协会向地震灾区中小学校和社区发放了15余吨物品、10万册心理书籍、24万只玩具熊,为3万多中小学生和大学生开展公益心理讲座。该协会在3年中不仅为课题组提供了大量资助,而且还联系了10多位海外专家参加课题的培训工作,给课题组带来了国际援助的合作精神和情感支持,鼓舞和推动了课题研究的顺利进行。

(2) 加拿大文化更新基金会。

加拿大文化更新基金会发起了"基础教育工程"和"大学生助学金项目",曾资助了3 000多名教师和学生学习和进修,设立了"紧急援助基金",给予受灾人群人道关怀和帮助。汶川地震后,文化更新基金会多次到四川灾区,为学校和社区提供物质支援,2009年他们更是大力资助了汶川教师的培训费用,支持课题组把培训工作持续开展下去。

（3）新加坡倍乐基金会。

新加坡倍乐基金会是为世界各地的贫困者提供帮助的慈善机构，主要服务方式是通过广泛筹集世界各地的经济、物质、人力和心理资源，把其配置到最能充分帮助贫困者的地方，它主要关注世界范围内突发性灾难事件的应对和当地贫困、饥饿、痛苦等问题的解决。汶川地震后，基金会多次到汶川县参与课题培训，为灾区中小学校提供文具和培训书籍。

（4）海外专家。

海外慈善机构不但为灾后心理疏导培训提供了经济上的支持，而且还派来了相关专家为灾后心理疏导培训提供经验和督导。例如，美国文化更新研究会主席黄伟康博士，从心理学家的专业角度带来了对创伤后心理的认识；美国的 Randy Gallaway 博士以他个人的奋斗经历激励青少年心理成长；美国加州丰采联合学区资深教师西卫（Torie）女士在培训中传授了课堂风范和课堂管理的相关知识；加拿大列治文市教育局副主席区泽光博士从社会学和心理学的临床角度带来了个案和小组辅导，为课题中的专业素质和临床实际操作给予了帮助；加拿大英属哥伦比亚大学李（Michael Lee）博士和新加坡倍加乐基金会总干事沃尔夫（James Wolf）夫妇，也从不同的方面给予培训大量的帮助。可见，参加课题组的海外专家不仅为课题的实践研究带来新鲜的血液和充足的活力，还为整个课题的进行提供丰富的技术和专业的资源。

第三节 灾后心理疏导教师培训体系的实施

灾后教师培训体系形成后，工作的重点就在于如何具体实施所确立的培训计划。首先我们根据灾区学校的实际情况和教师自身的条件，选拔了合适的参培教师和具有胜任力的教练，然后通过系统的课程培训和教练计划为教师提供了完整的培训服务。

一、灾后教师培训的前期准备

（一）参培教师选拔

如前文所述，我们在调研中发现地震灾区中小学校的心理援助状况具有如下特点：绝大多数极重灾区的中小学校没有心理教师，缺乏心理健康方面的资源；

能够长期进驻学校进行服务的心理学队伍有限,但需要帮助的学生数量庞大;对于学校内部的教师而言,有时外来专家的直接进驻给他们的工作带来一定的压力。而本课题组相对于四川地区的心理队伍来说,也是外来人员,因此我们给自己确立了合适的角色定位——外援系统。因此我们的任务更多的应该是提供支持,而不是直接面对一线工作。

正是出于这样的定位,在甄选受训教师时,首先考虑的是当我们离开灾区后,如何使学校的心理健康工作持续下去。由于课题持续3年,为了使培训的教师能够具有一定的影响和辐射作用,我们决定重点培养,持续进行,要求参与培训的教师相对固定,连续参加3年培训。因此课题组与汶川县教育局合作,由汶川县教师进修学校负责组织,汶川县所有中小学参与,每所中小学选派2~4名教师,并希望学校在选派教师时考虑教师的未来发展定位,同时要求教师对心理健康教育有热情。具体来说,在甄选参培教师时主要考虑了下列条件:(1)热爱心理学工作,有强烈的事业心和良好的敬业精神,以学校心理健康教育工作为事业发展方向;(2)自愿参加本项目培训,愿意投入学习,积极从事学校心理健康教育工作;(3)有充分的时间参加培训,家里负担相对较轻;(4)有较强的亲和力,语言表达流畅,有较好的沟通能力;(5)有一定的学习能力,受训后能在任教学校开展心理健康教育的培训工作。我们本着自愿参与、学校推荐的原则进行筛选,并与每位教师签订了同意参与培训的知情同意书。

(二) 教练计划前期准备

1. 招募教练

根据项目需要,在北京师范大学心理学院、四川师范大学心理系、西南民族大学心理系招募博士生和高年级硕士生参与教练项目。同时,与成都市教育局合作,在成都市招募有工作经验的心理健康教育教师作为教练组成员。在招募过程中,要求招募对象具有相关的实践经验,同时能够保证对本项目时间上的投入。作为回馈及对项目进展的保障,承诺招募对象免费获得2~3次项目组外请专家进行的心理干预培训,培训一年之后获得参与项目的实践证明;有机会赴四川灾区与中小学教师及学生见面。根据项目需求,经过简历筛查、面试,专家组对报名参加教练的人员进行了严格的筛选。另外,为了进一步保证教练成员对工作的胜任,在开始教练计划前,还了解了教练的基本情况、教育相关经验、咨询经历、效能感等方面的信息。

2. 培训教练

教练培训项目分别在北京和成都进行。北京组的教练主要是北京师范大学心理学院的硕博士研究生,他们大多数缺少从教的经验,但是都有过咨询心理学的专业训练和一定小时数的咨询经验。而成都的教练组既包括了研究生,也包括了成都的心理骨干教师。虽然培训项目在两地举行,但是培训内容基本一致,教员虽然有所不同,但是两地的培训师中每次都有1名培训师同时参与两地培训。在整个的培训过程中,我们强调教练—教师关系中的目标一致性、任务一致性及彼此之间的情感联结,内容涉及向教练介绍课题内容与实施过程、教练的角色、教练与教师的关系、教练过程中可能涉及的主题、教练进行过程中的挑战、教练技术等。

3. 形成专家—教练—教师支持系统

采用按姓氏笔画随机分配的方式形成了教练—教师"一对一"配对组合,同一个中学的教师形成一个教师小组,鼓励教师小组定期活动,以获得彼此的支持,同时探讨工作中遇到的问题。与教师配对的教练也形成相应的教练小组,即对应同一个学校教师的教练构成一个教练小组,教练小组每周进行同辈督导。而专家组成员则每周回答同辈督导过程中遇到的问题,且每月为全体教练提供一次研讨会,讨论和解答教练遇到的问题,同时根据每个教练小组提供的教师情况,对教师所在学校环境进行分析,为专家组培训教师提供素材,也为培训内容的调整提供依据。

4. 签订督导协议

为了保证教练项目有序、有效地进行,同时让教练们的利益得到保障,要求参与教练项目的教练与课题组签署协议,内容如下:(1)教练组成员保证每周与结对的灾区教师交流一次,并在每次交流结束后整理心得、填写有关记录表格并上交。(2)教练组成员之间需要围绕与汶川教师的交流情况进行讨论,并保证每月一次参加全体教练组的大讨论。(3)教练组成员应保证自签订本协议起,非特殊情况,至少持续一年参加本项目。如遇特殊情况确实需要退出,须提前一个月告知教练培训专家并推荐新的教练作为自己的接班人。(4)教练组成员服从课题组的统一管理。(5)课题组为教练提供免费培训和督导。(6)课题组将为教练提供与项目相关的书籍等物质支持。

二、灾后教师培训课程的基本设计

根据前述分析论证,课题组决定将学校心理健康教育工作技能作为培训的主要目标,系统地为汶川县培养一批心理骨干教师。为达到这一目标,培训采取了多种途径对参培教师进行训练。

（一）培训方式

1. 专家经验介绍

作为学校开展心理健康教育的核心力量，教师所得到的经验层面的指导对其工作的开展具有直接的促进作用。针对汶川县心理骨干教师经验相对缺乏的情况，课题组一方面邀请在开展心理健康教育指导工作方面经验较丰富的国内专家学者，就目前在学校体制下心理教师的自我定位以及心理健康教育工作的定位、学校常规心理健康工作的框架设置等具体的问题进行有针对性的指导，从而让当地教师对学校心理健康工作有较为直观的了解，可以"按图索骥"地逐步开展相关的工作；另一方面，利用与课题组合作的海外基金会力量，邀请在美国、加拿大等国家从事儿童青少年心理教育经验较为丰富的专家学者，从更为广阔的视角拓展当地教师在心理健康教育领域的视野，使其能够更具开创性地开展相关工作。

2. 外部参观学习

对于经验较少的当地教师而言，专家经验介绍给予的更多是宏观层面的指导，只有将更多的可供直接模仿的材料引入到培训之中，才能真正地带动起当地的心理健康教育工作的开展。因此，我们认为最好在汶川邻近的区域能找到一些心理健康工作开展较有成效的学校作为灾区教师学习的"榜样"，把其纳入培训之中。综合考虑距离、资金、人力等各方面因素，我们决定在成都中小学中各选取一所学校作为心理健康教育示范学校，由课题组组织汶川当地心理骨干教师参观学习。通过参观学习建立汶川学校与成都学校之间的结对支持关系，"以帮促带"地推动灾区心理工作的开展。

3. 内部说课讨论

外部学习的时间总是短暂的，如果没有内部发展机制的保障，其所起到的推动作用势必大打折扣。鉴于当地教师心理健康教育教研活动较少的现状，课题组经过讨论决定以"说课"、"示范课"等形式，促进汶川县中小学内部的教学研究进程。参培教师将所学应用于实践的成果与所得分享出来，一方面在与专家和同行的讨论中获益提升；另一方面也对同行的相关工作起到敦促作用。在专家指导下的内部讨论活动，可以培养当地教师"发现问题，解决问题"的能力，提升其团结合作的意识；而这种内部运作的机制，正是心理健康教育工作开展的重要资源。

4. 教练指导

在调研访谈中，许多教师反映"在参加培训时深深为专家的魅力所折服、所鼓舞，对从事心理咨询充满了信心。但回来后自己实践，发现效果完全不是那么回事，没有专家那种神奇的效果，于是就失掉了信心和兴趣……每次培训都像是'打气'一样，每种专家介绍的疗法都使用过，但没有一个坚持下来的"。这是培训初期比较普遍的问题，也恰恰反映了一般培训模式的漏洞——后期培训跟进的缺失。为了消除这种"培训泡沫"，切实促进培训效果的实现，课题组创造性地提出了"教练模式"，即安排从事心理健康教育经验较为丰富的外地（主要为成都）中小学教师和心理学知识扎实的硕博士生，为汶川当地教师的日常工作进行指导，一方面跟进培训中的教学内容；一方面解答受训教师在工作中遇到的问题。教练指导模式的引入，可以提升当地教师工作的效果以维持其成就感与自信心，推动当地心理健康教育工作长期、有效地开展。

（二）培训内容

按照课题组和汶川教育局拟订的培训计划，对所选拔的心理骨干教师进行了9期的心理健康教育能力培训，培训持续了2年多的时间。培训的时间安排和主要内容如表5-7所示：

表5-7　　　　　汶川县心理骨干教师9期培训概览
（2009年10月~2011年10月）

时间	培训主题
2009年10月	适应环境的问题解决 学校心理健康教育方法
2009年12月	教师个人成长 问题解决取向
2010年3月	焦点解决短程咨询 教师职业倦怠
2010年6月	教学心理 学业辅导
2010年10月	心理创伤干预技术
2010年12月	情绪管理方法 心理咨询技巧
2011年3月	家庭治疗 心理咨询的过程
2011年6月	团体辅导技巧
2011年10月	箱庭疗法培训

根据培训方案，专家组对培训内容进行解析，把培训的内容进行了归类。最终，将所有主题的内容分成3个大的方面：学校心理教育工作能力、咨询相关知识与技能、自我成长。"学校心理教育工作"是当前心理骨干教师的主要工作，为"心理辅导"与"教师自我成长"提供必要的平台；"咨询实务"能力一方面是教师开展心理教育工作能力的体现，另一方可以提升教师自身的心理健康水平；而"教师自我成长"则是开展学校心理健康与心理辅导工作的保障。因此，三个方面相辅相成、互相促进，三条主线贯穿于每次培训之中，如图 5-2 所示。

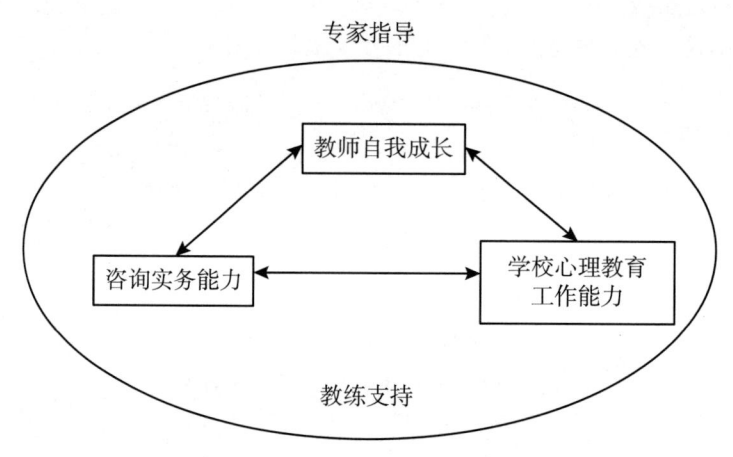

图 5-2 培训体系的三条主线

如何在培训过程中将三者有机融合，是专家组的一个重要任务。经过多次的讨论，专家组决定，将自我成长贯穿在咨询和教学相关知识与技能的培训中进行，以团体辅导和工作坊的方式进行教师培训。另外，也要注意根据培训后教练计划执行过程中反映的问题对培训内容进行及时调整。

在这三大块内容中，专家组认为最核心的部分应当是心理骨干教师自身的专业能力，即心理辅导的理论与实务水平，这是因为（1）此部分是专家组最擅长的部分，能为教师提供最强大的帮助；（2）心理辅导的理论与实务水平，是三大方面中的主要动力，既能促进心理教育工作能力的提升，又能帮助教师获得心理成长。因此，培训的重点也应当放在咨询实务上面。

当然，对于心理健康教育领域的"新手"，培训需要稳扎稳打、循序渐进地提升当地教师的专业技能。课题组以对心理咨询人员专业培训的基本程序为基础，结合灾后中小学师生的心理特点，对培训课程中的"心理咨询实务"部分进行精心的设计，主要涵盖了以下几个方面的内容。

1. 自我康复

教师一方面作为灾难的经历者，在灾后又经历了来自各方面的压力，其身心状况令人堪忧。我们采用《事件冲击量表修订版》对中小学教师的调查显示（见表5-8），汶川县中小学教师心理创伤的总平均分为32.62分，单个项目的平均分为2.28分，介于"有时出现"与"经常出现"之间。在闯入体验、逃避和高唤醒三个维度中，高唤醒症状（4.12）最严重，处于"经常出现"和"总是出现"之间；其次是闯入体验（1.55）和逃避（1.41），处于"偶尔出现"和"有时出现"之间。

表5-8 教师PTSD各维度分数情况

	闯入体验	逃避	高唤醒	PTSD总分	PTSD项目均分
PTSD各维度	1.55	1.41	4.12	32.62	2.28

我们采用《教师职业倦怠问卷》对当地教师职业倦怠状况的调查结果显示（见表5-9），汶川县中小学教师职业倦怠只有在"低个人成就"维度上极显著地高于全国常模，而"情绪衰竭"维度和"非人性化"维度上都显著地低于常模。这表明汶川中小学教师虽然热情高涨地投入到工作中去，但由于工作中缺乏个人成就感而产生了职业倦怠的情况，表明他们对教师工作的自我评价相对消极。这意味着作为学校心理健康教育工作主体的教师，其身心状态是培训要解决的首要问题。其自我康复能力的获得，既是解决自身问题的必须，也是成为一名合格的心理教师的必经之路。

表5-9 中小学教师职业倦怠的各维度情况及与常模的比较

	平均数±标准差	常模	T
情绪衰竭	3.06±1.55	3.44±1.36	-3.63[***]
非人性化	1.61±1.04	3.94±0.92	-32.88[***]
低个人成就感	3.71±1.14	1.54±0.95	28.03[***]

注：*表示$p<0.05$，**表示$p<0.01$，***表示$p<0.001$。

2. 自我觉察训练

心理咨询是咨询师与来访者之间的人际互动，咨询师的行为极大地影响着来访者，左右着咨询的进程。"从某种意义上讲，心理咨询不是一个咨询师教给来访者生存的技巧的过程，而是用生命影响生命的过程"（张日昇，2009）。因此，咨询师自己过去的经验、价值观等，很容易给心理咨询带来负面的影响。而咨询师对自己情绪的觉察与了解，恰恰可以在一定程度上减少这一影响。换句话说，当一个人经历了自我觉察的过程，可以更加真切地体验到自己的内心世界，感受到自己内心中的真实自我，才能有把握在心理咨询过程中有效地发挥心理咨询师的角色作用。一般而言，咨询师的自我觉察训练可以有这样三个步骤——生理感觉的觉察、情绪的觉察与体验、情绪处理模式的觉察。除具体的咨询理论与技术的学习以外，对于自身情绪和情感的觉察，是咨询师自我成长的必经途径。

3. 一般咨询技术与过程

心理咨询作为一个有始有终的专业助人过程，由一系列不同的活动组成，而这些活动又是围绕着一系列阶段性的任务组织的。因此，对咨询过程的把握能够有助于咨询师的工作定向，使咨询变得有结构、"有法可依"（江光荣，2005）。针对汶川心理教师的具体实际情况，心理咨询一般过程与技术的介绍，其作用显得尤为重要。本课题的培训以工作内容为维度，展开对于心理咨询一般过程的讲授，涉及心理咨询室的设置、心理咨询进入与定向阶段、问题的个人探索阶段、目标与方案讨论阶段、行动或转变阶段以及评估结束阶段等方面。在咨询过程的介绍中，穿插讲授咨询的一般会谈技术、创伤治疗技术、关系建立等方面的内容，力图使参培教师能在掌握一般咨询过程的基础上有所深入，而非简单的"照猫画虎"。

4. 灾后行之有效的咨询技术培训

在对基本咨询过程与技术有所了解与掌握的基础上，适当地引入一些在创伤后针对儿童青少年行之有效的心理咨询技术，这对汶川心理教师的心理辅导能力提升有着"画龙点睛"的作用。本课题培训中的具体技术流派的介绍与引入是在掌握一般咨询理论与过程的基础上进行的，这正是与过往心理援助培训的最大不同之一。在技术流派的选择与数量上，课题组同样经过了几番调研与慎重的考虑——鉴于灾后各种流派心理咨询技术的大量引入，当地教师已经不知所措，我们决定将流派介绍缩减，做到"少而精"。

焦点解决短期心理咨询（SFBT）受到后现代思想以及积极心理学思想的影响，不同于过去传统心理咨询的追根究底，能够"跳出思考的黑盒子"，其对问题的焦点不在探讨问题发生的分析与解决，而在于换个角度去思考如果不发生问题时有什么"好"。通过前期调研我们发现，灾区师生已经对外来的所谓"心理援助"心生排斥，许多教师反映"学生的悲伤被唤起，但是却没有处理，现在教师已经不允许学生参加这样的活动了"，"孩子们在不断地被关爱，但也在不断地被伤害。原来的伤口已经结疤了，但后来的心理援助者还想要看看到底好没好，可是打开之后，他们就走了，就不去管它了。"SFBT对发生问题的"因果论"的新看法，恰恰可以回避这方面的负面影响，从而避免给学生带来"二次创伤"；另一方面，儿童青少年"很少想知道造成问题的原因，他们不太用推论的方式思考，企图解释问题的原因……而是透过许多尝试与错误，试图解决问题"（伯格等，2005），这正符合SFBT的基本思想。因此，对灾区中小学心理教师进行 SFBT 的系统培训，势在必行。

箱庭疗法（或称沙盘游戏治疗）是分析心理学理论同游戏以及其他心理咨询理论结合起来的一种心理临床疗法，它通过创造的意想和场景来表达自己，直观显示内心世界，其本质在于唤醒个体潜意识与躯体感觉，碰撞出某种最本源的心理内容。作为国外一种成熟的心理治疗技术，目前箱庭疗法在我国中小学心理健康教育领域已广泛得到应用。地震后，创伤经历容易使学生产生消极的情绪，比如抑郁、焦虑等。在箱庭治疗过程中，分析师基本不干预游戏者的活动，学生可以非常自由地表达自我，宣泄不良情绪，并在深层修复受到创伤的人格结构。因此，在对中小学心理教师进行培训的过程中，有必要向其介绍此方法的理论和相关技巧。

5. 学业心理辅导

在当前学校体制下，学业成绩仍然是学校教师与家长关注的重点。在前期的访谈中，很多教师反映，"如果心理辅导对于孩子的学习成绩提高有帮助的话，其他教师和家长是会很乐意配合和支持的"。地震之后，由于受到创伤经历的影响，不少学生出现了"注意力不集中"、"胡思乱想"、"记忆力下降"等学习问题，另一方面受到家长期望降低的影响，很多学生在震后出现学业成绩大幅下降的现象。因此，提升学生的学业成绩成为灾后中小学教师的主要任务之一。在培训中引入学业心理辅导的内容，不仅可以解当地教师燃眉之急，还可以为心理疏导工作"铺路搭桥"，增加学校、教师、家长对心理健康教育工作的支持度。

学业心理辅导主要涵盖学习动机与学习策略两方面的主要内容。在当前情况下，教师如何引导学生的学习动机（通过人生目标的探索抑或教学形式及内容上的改革来激发学生的兴趣与积极性等）、如何协助学生完善学习策略（通过思维"狂想"抑或是"做中学、学中做"的模式加深记忆的程度等）成为摆在灾区教师面前的重要任务，而这也正是本课题培训的重要内容之一。

6. 家庭治疗

相较于传统的个体咨询，家庭治疗更为重视个人心理问题的家庭成因，认为家庭成员的心理行为问题和症状是由于家庭成员之间的不良交往模式或者不良的家庭结构引起、维持和发展的。通过前面的分析我们可以看到，教师与家长之间的矛盾成为教师的重要压力源之一，而且家长对教师的不理解以及家长在震后的价值观变化都会对孩子的学习与成长产生巨大的影响。因此，本课题的干预模式需要"纳入家长这支重要力量"，而家庭治疗的家庭系统观念的引入，正可以为当地教师利用家长资源开展心理健康教育提供必要的支持。

三、灾后教师培训的实施过程

如前所述，教师培训计划共分为 9 期（见表 5-7）。以下将分别介绍每次培训的过程和内容要点。

（一）第一期培训

此次培训以团队建设为基础，以适应环境的问题解决技能培训和学校心理健康教育方法培训为重点。首先，在团队建设方面，主要采取分组自我介绍和简单团体游戏的方式进行，目的在于调动参培教师参与的积极性，增加彼此之间的相互了解和支持，从而培养他们团队的认同、接纳和归属感。其次，在问题解决技能培训方面，以角色的转化为切入点，通过对角色转化的影响因素和之后可能出现的问题进行分析，着重对问题的解决策略进行讲解，即先界定问题，然后把问题分解成具体的小问题，逐步解决。此项培训的主要目的在于帮助灾区教师建立一种问题解决信念，即问题是有解的，不要回避问题，而要积极寻找有效的问题解决策略。最后，在学校心理健康教育方法培训方面，从传授学校心理健康教育的理念着手，明确心理健康教育老师的职责和工作范围，进而对学校心理健康测评系统的使用、心理咨询室的建设等内容进行了具体讲解。此项培训的目的在于帮助参培教师有效地开展学校心理健康教育工作。培训结束后，要求参培教师从目标、计划与实施、活动效果评估等三个方面尝试设计本校的心理健康教育活动。

（二）第二期培训

进行此次培训之前，首先对第一期培训后布置的任务完成效果进行反馈，之后把担任教练的成都中小学心理教师引荐给参培教师，目的在于帮助教练与教师结对，从而为以后的"一对一"的辅导奠定基础。而此次培训的重点在于教师自我成长、课堂管理和教学方法的培训。在教师自我成长培训方面，主要训练教师的自我觉察和自我提升能力，首先利用想象训练法等自我觉察练习的方式，帮助受训教师学会体验和觉察自己的身体、认知和情感，训练大家体会和区别积极事件和消极事件对自身的影响，同时还传授教师们进行身体、情感和认知自我调节的方法，帮助教师自我调适，促进自身的心理健康；在课堂管理和教学方法的培训方面，主要对如何激发学生的学习动机、如何管理课堂等多种方法作了详细的介绍，其中主要介绍了"插曲课堂"、"清晰奖惩"等方法。通过培训，让教师们树立问题解决的观念，不埋怨、不抱怨，聚焦于问题，探寻于解决之道。

（三）第三期培训

此次培训主要介绍系统理论、焦点解决短程咨询，着重培养参培教师的体验、表达和管理情绪的能力。首先，利用"穿鞋子"游戏的方式，帮助教师们了解系统理论，通过一个心理剧，展现了一个孩子的家庭问题给孩子带来的影响，让教师们明白学生的心理和行为等可能来自家庭系统的影响。其次，针对中国教师过分关注学生的失败和消极面的特点，以及学校辅导工作很难给学生提供长程咨询的特点，此次培训和教师们探讨了焦点解决短程咨询的方法，从介绍 SFBT 的概念以及产生背景出发，以中国传统的"八卦图"为例，帮助大家辩证地看待问题，关注问题的积极面，注重问题的解决策略。通过"小男孩画鲸鱼"的视频，帮助大家加深对此理论的理解。最后，本次培训的一个重点还在于帮助教师体验、表达和管理情绪，以达到预防职业倦怠的目的。这部分的培训首先通过实际的课堂经验、心理学家关于监狱犯人的情绪活动的调查等例子，向教师们讲述了情绪识别和管理的重要性，认识到情绪处理不当的后果。接着利用游戏活动，帮助教师们了解自己和他人的情绪，处理好自己的情绪，并对他人的情绪给予相应的回应。另外，由于此次培训是在汶川地震一周年前夕进行的，因此培训的过程中还加入了"周年仪式，学会纪念"这一主题活动，通过这一主题活动引出了"仪式"背后的意义，有助于人们表达情绪，对于创伤具有很大的缓解作用。

（四）第四期培训

此次培训伊始，先让参培教师去教练所在的中学之一——成都大邑中学进行观摩，身临其境感受和学习。然后进行专家组的培训——教学心理和学业辅导。在教学心理方面，培训从"學"、"習"、"教"、"育"这四个汉字入手，以解说繁体字的含义，向教师们传达了一系列教育理念。以"學"为例，其中的"爻"字在古代是占卜用的工具，意味着学习的工具（材料），其中的两只"手"，意味着孩子用双手在摆弄学习的工具（材料），这一方面表示为学习状态；另一方面也可表示为"做中学"。通过"學"的讲解向教师传递了学习状态是主动的，要让学生从做中学的教育理念，这要求教师们应当把学生当作整体，在情境教学中去培养和评价学生。之后，针对学生的学业倦怠问题，进行了学业辅导的培训。辅导从不同的学习动机理论谈起，以加深教师们对学生学习动机的理解，并利用不同的学习动机理论对学生的学业倦怠进行分析，帮助教师们正确地认识学生的学业倦怠，以采取适当的方式减少这种倦怠。

（五）第五期培训

培训至此，已历时一年。为了初步检验教师培训的成效，促进受训教师之间的交流，并让校长们感受到培训的价值，此次培训还邀请了汶川各中小学的校长参加。培训伊始，参培教师对近一年来的心理健康教育工作的开展情况做了汇报。通过参培教师的汇报，发现培训在心理教师和班主任身上起到了巨大的积极作用。为了进一步帮助教师开阔视野，了解国家的宏观战略与教师自身发展的关系，此次培训面向全体受训教师和校长组织了一场名为"从国家中长期教育改革和发展纲要看教师成长"的专家报告，然后对校长和教师们分别进行培训。

教师培训的主题为心理创伤干预技术。此主题的培训首先从危机的概念入手，对应激反应作了详细的阐释，帮助参培教师全面地掌握危机和应激反应的概念和相关内容。为了能够有效地帮助教师应对危机和应激反应带来的消极影响，此次培训从理论阐释、实际操练等方面重点介绍了危机管理简报会（CMB）、突发事件应激会谈（CISD）、心理康复技术 SPR、艺术减压团体等四种方法。校长培训的主题则主要涉及"学校管理"和"优化教师心理品质"等内容。

（六）第六期培训

经过几期培训，示范课已经成为本培训项目中学以致用、效果检验的一个必备项目。心理示范课的开展促进了教师们在"做"中学，大胆的使用，用心的改进，从而能在培训中不断强化和巩固心理健康教育的技巧。此次培训伊始，首先让参培教师展示心理示范课，之后进入此次培训的主题，即情绪管理和心理咨询技巧两个方面。对于情绪管理的培训，主要从情绪和情绪管理的理论入手，重点阐释情绪管理的技巧，帮助教师把学到的情绪管理理论及其技巧运用于实践，有效地管理自己和学生的情绪，要求教师们要学会表达积极情绪，建设性释放消极情绪，增加对情绪的控制感等。在心理咨询技巧的培训方面，主要涉及个体咨询技巧。培训首先邀请了两位教师进行心理咨询的角色扮演，并对扮演中出现的问题和其他教师提出的问题予以解答。之后，由培训专家带领参培教师讨论心理咨询的概念和基本理念，并传授和示范了八个咨询技巧：(1) 主动倾听；(2) 同感回应，学会站在学生的角度看问题；(3) 非语言表达；(4) 具体化；(5) 尊重；(6) 真诚；(7) 个人分享；(8) 对质。

（七）第七期培训

针对家长心理健康工作容易被忽视的现状，此次培训的重要内容之一是介绍家庭治疗的相关概念和技能。首先，培训从"恶心花儿"、精神病人的复发以及网络成瘾青少年的治疗等一系列现实生活中的真实案例入手，说明个体咨询可能遇到的问题与局限，引入家庭治疗的概念。而后从家庭成员之间的界线问题、家庭成员之间的结盟问题、家庭成员之间的权力分配问题、家庭成员之间的交往模式问题等四个方面，介绍了家庭治疗的分析角度，并对家庭治疗的特点作了详细的阐释。最后，介绍了再定义和积极化等家庭治疗的两个主要技巧。所谓再定义，即改变家庭成员看待问题的方法；所谓积极化，即寻找家庭成员的优点和长处。

为了帮助参培教师能够有效地开展心理咨询工作，此次培训的另一重点是对心理咨询的过程作了详细的阐释。此项培训以带领大家回忆人际沟通情景开始，并对人际沟通中出现的问题进行解释，之后引出心理咨询的过程以及每一步骤中的注意事项：第一步要耐心聆听学生的倾诉；第二步注意学生问题行为的原因；第三步帮助学生改变其问题行为；第四步则是巩固咨询效果、结束咨询。最后，培训专家现场征集一位参培教师充当来访者的角色，培训专家扮演咨询师的角色进行现场心理咨询模拟，通过此模拟帮助参培教师深刻理解心理咨询的过程。

（八）第八期培训

此次培训开始，先由参培教师展示其示范课，其内容涉及挫折教育、宽容待人、坚持不懈、同伴交往等多个主题，并使用了讲座、绘本、活动等多种形式。某位参培教师的示范课结束后，培训专家和其他的参培教师分别给予反馈，尤其是培训专家更是对每位示范课教师进行了细致入微的点评。在示范课展示完毕后，进入了此次培训的主题，即团体咨询技巧培训。培训首先让教师们随机组成团体，相互沟通和了解。之后，以教师们对相互沟通的反馈为引，阐释团体咨询技巧的课程，对团体的概念作了详细的解释，并对团体成员的选择的同质性原则和异质性原则作了阐述，然后讲解了开放式团体和封闭式团体两种类型。在讲解完团体的有关概念、成员选择原则和类别后，带领大家进行活动，体验团体的过程。在活动过程中，培训专家特别强调团体领导在化解团体内部矛盾、强化团体凝聚力、保持团体良性运作等方面发挥着重要的作用。最后，结合实际，为大家讲解如何去策划和准备一个团体活动，比如团体的结构、大小、成员的招募和征选、团体的地点等。这些实用性的知识，能有效地帮助教师们迅速地掌握团体技术，从而感受到学有所用。

（九）第九期培训

此次培训重点在于讲解箱庭疗法的理论和应用。培训首先介绍了箱庭治疗的定义，通过定义引出对治疗关系的探讨，帮助参培教师认识到咨询过程中最重要的在于信任关系的建立，要求参培教师从"信、敬、静、和"四个方面来建立信任关系，也就是说相信来访者、尊敬来访者、让来访者用平静的心态倾诉自己、帮助来访者达到平和的状态。之后，为帮助参培教师解决助人时的困难，培训专家提出了"三点心得，两点自觉和一点明确"，"三点心得"即"诸行无常，入静定心，适时而行"；"两点自觉"即"自觉意识到自身的局限性和助人的局限性"；"一点明确"即"明确问题的解决在于来访者"。在讲完这些理论知识后，培训专家邀请了参培教师先后体验个体箱庭制作和团体箱庭制作，并对箱庭制作过程中参培教师提出的各种疑问予以解答。最后，培训专家强调箱庭疗法的精髓是"人文关怀、明心见性、以心传心、无为而化"。箱庭是生活的投射，要从箱庭中看到实际的生活。

此次培训是最后一次培训，培训结束后，来自汶川的教师们分享了培训以来的成长和体会，他们一致认为，经过两年的培训，自我得到了成长，这些成长不仅体现在工作上，而且还体现在日常的生活之中。总之，他们对培训给予了高度的评价和肯定。

（十）培训总结

教师培训计划的实施基本上采用了专家上课、教师参与教学的方式，其目的是让参培教师亲身体验和感受新的培训方法，以便他们可以更好地学以致用。在这个过程中，我们虽然也重视传统的讲授方式，但是我们更希望教师可以通过观察学习获得更多的领悟。另外，我们还特别注意利用教师和教练的反馈对培训内容及培训方法进行及时调整，这样一方面可以更好地满足参训教师的需要；另一方面，也希望可以让参训教师看到，根据学生的需求调整内容、方法也是教师的基本功之一。此外，我们还利用了成都中小学教练的资源以及国外教育者的资源，让参培教师了解如何利用资源。在整个培训中，我们注意发挥教师的主动性和能动性，贯彻教师既是培训的参与者也是培训的设计者的理念，既依据原有的培训框架进行培训，又及时根据新情况、新要求进行培训方案的调整。最后，我们希望通过专家组成员的榜样作用，让教师切实感受到灵活性在应对危机事件和应对不确定性方面的作用。

四、教练计划的实施过程

（一）教练计划的内容

教练项目在具体实施过程中，分成两个阶段，第一阶段是尝试阶段；第二阶段为完善阶段。第一阶段的教练项目是为了对教练项目的实施进行试误，以便为第二阶段的改进和完善提供依据；第二阶段则把教练计划完善并贯彻执行。

教练项目的第一阶段主要对整个过程进行监控和评估，所使用的方法包括问卷调查、教练日志、教练同辈督导及专家督导等，其工作内容是教练通过电话和网络为灾区教师提供"一对一"的远程支持。通过第一阶段的工作，大量收集了教练项目开展所需的一手资料，包括教练—教师交流记录、教练个人反思、同辈督导小组讨论记录等。

教练项目的第二阶段是改进和完善阶段。根据第一阶段的试误，对教练工作进行了总结，并将一对一的远程支持计划修改完善为既有一对一的远程支持，也有面对面的团体支持的方案。也就是说，教练组成员与灾区教师除了进行每周的远程督导之外，还加入了教练组和灾区教师之间的面对面交流。

（二）教练计划的实施

1. 教练—教师沟通

在整个教练协助教师的过程中，教练需要对每一次交流的过程进行记录。基本的记录模板如图 5-3 所示。这些记录主要描述了灾后学生表现的常见问题以及教师们在对灾后学生开展心理教育和辅导过程中遇到的困难。

```
                        教练沟通笔记

教师姓名：_____        教练姓名：_____
面谈日期：___年___月___日         面谈时间：___年___月___日
录音：                           录音编号：_____
此次沟通中教师提出的问题（教师原话）：


整个过程中教师表达的重要议题（教师用的关键词）：


此次沟通过程的总括（可包括你所界定的主题、核心问题、目标等主要内容）：


此次沟通过程中对个人效能的评估：


其他：
```

图 5-3　教练—教师沟通记录模板

通过对这些互动记录进行整理发现，教师们反映最多的问题是学生的厌学现象，其主要表现在以下几方面：第一，上课听不进去，觉得无聊、学习没用，经常打架翻校门，晚上出去通宵上网；第二，年级越高厌学现象越严重；第三，地震作为外因加重了原来就存在的厌学现象；第四，初三厌学最严重，表现为上课很多人睡觉，不看书，期末考试感到完全没有压力；第五，地震之后学生带手机到学校，有时候上课会有手机铃声响。此外，年轻教师还反映在课堂管理方面有困难。

针对学生表现出来的这些问题，教练运用沟通技术，与教师一起探讨学生出现厌学的原因，结果发现，有些原因与地震有关，这主要包括四个方面：第一，因为地震后外迁过度，中间耽误了很多课程，复课后经常换教师；第二，有些学生在外地借读，环境转换导致不适应，从外地回来之后没有及时调整好状态；第三，地震之后接触的外界新鲜刺激较多，学生的心收不回来；第四，地震导致家长对学习的态度改变，很多家长认为，只要孩子活着、健康就可以了，不再高要求；家长观念的转换导致一些孩子产生学习无用论的思想观念。而另外一些原因则与地震没有直接关系，例如，本来就学习吃力、跟不上的同学，地震使他们更觉得有理由不学习；地震之后，教师首要关心学生的健康和安全，对学习的监管力度不如地震前，因此一些自觉性较差的学生表现出不爱学习。教练在与教师的沟通交流中发现，被教师认为有问题的学生数量很多，但地震之后学生的情绪恢复比较快，而厌学却比较严重，并在学生中形成一种蔓延趋势。教师因此表现出情绪上的焦虑，在与学生工作时倍感困难。教师们普遍反映，希望在培训中不仅讲解心理健康方面的知识和技能，最好也可以教授一些课堂教学的技能和课堂管理的技能。

针对教师所提出的厌学问题，教练与教师进行了探讨，并共同找到了一些解决办法。其中最重要的方面是帮助教师降低对学生的期望值，使其了解在发生重大生活事件后，人会产生一定的情绪问题，这些情绪会影响到工作绩效，反映在学生身上就表现为学业倦怠，反映在教师身上则表现出对工作的懈怠，这些问题是地震之后一段时间内的正常反应。而学生和教师的心理康复都需要一定的时间，在这段恢复的时间里，教师要认识到这一现象的出现并不是教师工作的失效，而是自然发生的。因此，教练组建议教师们组成支持小组，共同讨论应对学生的问题，也包括和学生家长沟通，让家长在保证了学生的安全之后，激发孩子的学习动机。

在教练与教师的沟通中，教练还发现教师们在工作中有比较多的消极情感体验。首先，面对学生日益增长的心理辅导需求，教师们不知如何有效开展工作以满足学生的需要，致使他们产生无力感；其次，由于学生、家长态度的转变以及相应加剧的厌学情绪，致使其对学生越来越没有耐心，加之地震后教师们所承担的教育任务加重，而家长们对孩子学习的态度转变使得教师们的工作得不到家长们的支持，致使教师们的工作热情降低；最后，教师参加培训，掌握了新知识、新技术，对自身的要求和期待增加了，但因运用培训知识和技术不熟练，无法实现其要求和期望，进而导致了畏难情绪的产生。针对教师的这些问题，教练运用倾听、共情的方法，向教师表达理解，同时帮助教师们降低对自己的要求、接纳自己现在的状态，并给教师在学校工作开展方面提供了一些具体的帮助。

2. 教练组的同辈督导

在同辈督导中，首先将教练组分成小组，每周在固定点时间、地点进行讨论。在每次讨论中，小组成员将首先介绍自己本周与教师沟通的情况，然后介绍教师们的问题和自己遇到的问题，其他成员给予相应的反馈或建议。在每个小组成员分享完后，组长带领大家对本周的教练活动进行总结，并整理每次同辈督导的资料。

另外，在同辈督导中，教练小组首先讨论如何解决教师提出的一些技术问题，每个教练根据自己的专业背景、工作经验，利用头脑风暴的方法对教师们提出的问题寻找解决方案。此外，教练在与教师的沟通中也发现，受训教师与学生关系的模式会反映在教练与教师的关系模式中，比如，受训教师通常都要求教练给出解决问题的方法而不是自己想方法，个别受训教师可能会对教练甚至培训表示不满，而这些正是学生可能对教师表达的情绪。

教练项目旨在协助汶川的中小学教师更好地进行学生心理辅导工作，提高教师的心理健康教育水平。教练们在这个过程中承载了为教师的工作提供帮助、同时帮助教师本身的双向任务。因此，在完成这些任务时，教练们自身也容易遇到困难、产生一些不良的情绪。在这样的情况下，同辈督导作为一个支持系统，一方面不仅可以使教练们作为一个团队来应对这项艰巨的任务；另一方面也能够及时地帮助教练们处理自己的情绪和问题。因此，可以说，同辈督导不仅仅促进了教练项目的顺利进行，也让教练们能够在参与项目的过程中获得更多的收获以及个人的成长。另外，定期进行的同辈督导还起到了整理、收集教练项目资料以及及时向专家组报告教师、教练情况的作用。

3. 专家督导

除了进行教练的同辈督导外，专家组成员还对教练进行定期的督导和培训，在督导和培训中，主要帮助处理教练在与教师沟通中出现的情绪问题、熟悉和练习教练技术、学习新的咨询技术等。

4. 反馈调整

在教师的系统培训进行 1 年后，根据教练—教师沟通的情况以及灾区教师的需要，课题组对教练计划进行了调整，原来由北京、成都两地的研究生和教师组成的教练队伍变成了仅由成都的教师教练担任。这种调整是在充分考虑了参训教师的意见后所形成的。这是因为参训教师希望与教练的沟通不仅仅是通过"电波"，他们更愿意与教练有面对面的沟通，而如果让北京的教练定期去灾区，经济成本太高。另外，教师们更希望他们的教练是有丰富教学经验的一线教师，这样他们可以分享更多共同的经历和体验。

（三）教练计划的效果

回顾、整理教练项目中的各类资料，我们能看到教师和教练的成长。对于教练计划，教师们的反馈很积极。教练计划作为专家授课的补充，一方面促进教师对专家上课内容的理解，有助于帮助他们熟练掌握并应用所学到的知识和技能；另一方面，教师通过教练计划获得了多种支持，既包括情感疏导，如减轻教师的心理压力，同时也包括实际问题的解决，如提供某些教学中具体存在问题的解决方法、提供专业书籍等。

与此同时，教练们也表示在整个计划中受益匪浅，主要表现在三个方面：第一，学会了怎样开展教练工作。从一开始有点"假"的嘘寒问暖，到通过聊生活细节和教师们建立关系，再到后来的分享资源、工作经验等，教练们成功地扮演了他们的角色；第二，技能的提高。教练从专家组中接受到的多次培训和督导，大大开阔了视野，丰富了经验，实实在在地提升了技能；第三，个人成长。在助人的过程中，从最初的被动到主动，从迷茫到自信，从游离到积极参与，从一个人变为一个团队的支持……教练从中收获了自信与成长。

总的来说，"教练—教师"的工作模式，作为一种新颖的辅助方式，在灾后学校重建过程中发挥了重要的作用。在教练项目中，教练—教师、教练—教练组督导、教练组—专家督导所构成的一个环环相扣、面面俱到的工作体系，使得教师和教练都能有所收获，同时能共同服务于灾区儿童的心理辅导，为灾区重建做出了独特的贡献。

第四节 灾后心理疏导教师培训体系的成效

在对灾区教师进行了长达两年累积十余次的系统培训后，我们通过访谈和问卷调查等方式，科学评估了培训体系的成效。有关培训成效的量化数据和深入的质性分析，将在第六章详细讨论，我们这里只从教师个人成长、教学行为改变和心理健康教育能力三个方面来对这一培训体系对教师发展的影响做一简要的说明。

一、灾后培训体系对教师发展的影响

（一）教师个人成长

汶川教师们在长达两年的培训中受益最多，其中最大的收获在于自我的成长，主要体现在以下几个方面：

1. 增强了对自己情绪觉察、理解和管理的能力

通过访谈发现，大多数教师在参加培训之后，对自己的情绪关注增多了。一方面，能够在对待不同的人和事情的时候，觉察出自己的情绪状态；另一方面，也对自己某些时刻情绪的产生、变化有了更深的了解。例如，一位教师对愤怒有了更多的认识，认为"愤怒背后表达的其实是自己的无力感。地震后再回到学校的教学中，自己的情绪的确是愤怒变得更多了，对学生也时常会感到无力"。

另外，通过培训，教师们认识到情绪管理的必要性，能够把培训中所学的知识运用于实际，逐渐开始培养自身的情绪管理能力，比如合理疏解消极情绪，主动表达积极情绪。一位教师在这方面的感受尤为深刻："我是一个很情绪化的人，不论好与坏的情绪，很容易一触即发。虽然以前也知道坏的情绪会带来非常不好的影响，但总是无法控制自己。通过这次学习之后，我对自己的情绪有了进一步的了解，也学习了一些管理情绪的方法。"另一位教师也说，"知道了情绪没有好坏之分，只要适时、适度即可；也学会了适当地表达自己对家人、学生的爱和感激之情。"还有一些教师对自己的情绪管理说得更加具体："在生活上，以前生气了，就直接回到家，什么都不说，以为过两天自己就好了。而现在，我会试着自己去努力调整或改变自己的情绪，比如我会试着将愤怒说出来，或者通过体育运动的方式来调控。"

在培训过程中，专家组通过对教师们的情绪觉察和管理方面的技巧培训，有效地促进了教师们对自身情绪的觉察和管理，使得教师们的负性情绪反应强度有所下降，积极情绪的表达增多，从而显著提高了他们的工作和生活质量。一位教师这样总结道："对自己情绪的管理更为有效，抱怨少了，心态更平和了，对人对事的态度也更好了。"

2. 促使了教师细致入微的观察生活

教师们在接受了培训后，转变了看待问题的视角，对生活观察得更细致入微。例如，一位教师在反馈中写道，"在生活中，我变得更会去观察别人的眼睛、表情、行为和着装。"另一位教师也说，"培训之后，我能更关注细微的小事，会思考其背后的事。"这是因为在培训中，教师们逐步理解和掌握了心理学的知识及其相关技能，能够从心理学的角度去审视问题，从而能从司空见惯的生活事件中发现很多原本被忽视的细节。这种对生活细节的重新发现以及对现象背后的心理学知识的获得，成为教师们最基本的改变之一。

3. 获取和理解了心理学知识

此次培训中，大多数专家组成员都从事心理学研究和教学工作，因此心理学知识的传播一直是培训中的重点。在培训过程中，专家们把心理学知识与实际紧密结合起来，以生动活泼的方式传授给教师们，激发了教师们对心理学的兴趣，帮助他们获得了相关的知识和机能，有很多教师表示"在培训中学到了很多有用的心理学知识和概念"。这些基础的心理学知识，使得他们的心理咨询理论基础变得更加扎实，为他们更好地与学生进行交流、举办心理健康活动或进行心理咨询打下了坚实的基础，同时也增强了他们在工作中的信心。一位教师反映"通过培训，在具体的工作中知道了'共情、接纳、具体化'等的运用，能更好地站在学生一方进行教育教学和处理问题。"另一位教师也称"学习到不少理论知识，在心理活动课上有了更有力的理论知识支持"。

4. 促进了人际关系的和谐

此次培训中，人际关系问题的培训并不是主要的内容。但令人欣喜的是，人际关系上的积极转变却成为教师们多次提到的一个重要收获，受训教师们反映他们的同事关系和家庭关系有了改善。比如一位教师说："在人际关系中，与同事的交往更顺畅，同事间的关系更融洽。"另一位教师反映"在跟老婆电话联系的时候，说话的态度和方法有了一定变化"。

深入探究人际关系积极转变的背后原因时，发现这种现象实质上是培训所带来的其他改变的综合作用的必然结果。第一，教师学会了情绪管理，能够以更平和的心态对待他人，更愿意倾听别人的心声。而心理咨询的知识告诉我们，倾听是促进关系的一个重要手段。比如一位教师就说道："通过培训后，我在对待家人和学生的态度上有所改变。"第二，教师们对细节的觉察能力明显提升，能够通过细微的眼神、动作等来体会对方的情绪，继而能从对方的视角去看待问题，从而能设身处地地站在对方立场上与对方进行交流。"在处理自己的问题上没有以前那么任性，明白应该更多地站在对方的立场上，更加包容。"另外一位教师也写道：一开始他总是给人布置特别严格的任务，还要求别人在周末完成，如果完成不了就会觉得别人不敬业，没有责任心。通过学习后，他站在别人的视角上想这个问题，发现自己周末通常都是空闲的，但是其他人的周末却有很多事情要做，不能像自己一样全部用来工作。想通了这一点之后，他调整了自己的做法，得到了更好的结果。第三，教师们在培训中了解到了沟通的重要性，同时也学习到有效的沟通技巧。比如，有一位教师说："之前很难去赞美别人，从去年参加培训后，每次都试着赞美别人，学会欣赏别人，所以也更能和他人相处。"另外，有些教师也开始逐渐重视与他人的沟通。例如一位教师这样说："能够去和自己很不喜欢的人交谈。"另一位教师这样写道："我在对待陌生人交流没有以前那样慌张，不知所措，现在如果需要，我会主动去与别人交流，性格上没有以前那么内向。"

人际关系的和谐对教师的工作和生活有着积极的促进作用。一方面，和谐的人际关系有助于教师们保持积极乐观的心态，这种积极乐观的心态反过来又能促进人际关系的和谐，从而形成了一种良性循环；另一方面，和谐的人际关系也可以提供给教师们更多、更有效的社会支持，从而提高他们应对挫折的能力。因此，人际关系的和谐对教师们有着十分重要的意义。

5. 端正了工作态度，工作热情显著提高

培训所带来的新知识积累、自我成长等变化，起到了"打气筒"的作用，为教师们日常生活和工作注入了新的养料，帮助他们重新点燃了生活的希望。例如，一位教师表示，"培训之后明白了对待生活的态度应该更加积极，更主动地去做事。""对自己的生活、工作总是充满热情。"另一位教师也称，"通过几次培训，特别是与专家的交流互动，让我掌握了一些教学和沟通技巧，在工作中很多事情开始处理起来得心应手了，工作态度也比较积极了，工作热情也高了。"

6. 提高了对培训团体本身的认同

通过数次的培训后，很多教师表示越来越喜欢参加培训。对他们而言，培训既是在他们面对充满压力的工作中的一段愉快经历，同时也是他们人生之中重要的一部分。比如一位教师这样定义培训的意义："寻找到了工作、生活的加油站，喜欢这个培训团队，愿意参与。"还有一位教师说道："我能在愉快的环境中，自觉自愿地学习和培训，对每次培训都很期待。"

从积极的角度看，对培训团体本身的认同提高，增加了教师们对培训的承诺，提升了他们在培训中的学习效率和对待培训后布置的各种作业、练习的认真程度。但从消极的角度看，过高的认同可能会导致教师们在培训结束时陷入消极的失落情绪中，同时在今后的工作中也可能无法用自己的力量前进。当然，这一点已经引起本课题组专家团队的高度重视，在系统的培训工作结束后，我们仍将继续深入到汶川的学校给予一线教师们适当的支持，所谓"扶上马送一程"。

7. 增加了自我的内省

培训中传递给教师们的各种知识和技能，首先被他们用来自我剖析，从而增加了对自我的认识。一位教师总结道："变得会常常反思自己的言行。"另一位教师的反省更为具体："常常在培训中及培训后反思自己的教学到底好不好，不断地发现自己的不足，不断提醒自己要改进。"而有些教师则产生了一定的后悔："本以为自己学了很多东西，可是最近两年培训让我真正认识到了以往只是思想上的认识，只是体会，没有在行动上有改变。"这些自省，经过专家组和教练组的引导，成为产生新的转变的动力之一，促进教师们去汲取更多知识、掌握更多技能，致力于成为一名出色的教师。

8. 唤醒了对知识的渴求

尽管专家组为教师们提供了极为充实的培训内容，但是对于长期处于"知识饥渴"状态下而显得麻木的教师们，这些丰富的培训内容更像是一根导火索，点燃了教师们对知识的渴求。因此，这些培训内容并不能完全满足他们的需要，而是更加剧了他们对知识的渴求状态。例如，许多教师反映说："比以前更喜欢读有关心理学方面的书，对自己感兴趣的知识更加关注"，或者说"现在会在空闲的时间看专业书籍，以前基本不看"、"每天都能看一点书"。还有的教师建议说，"推荐和提供一些有关心理辅导方面的理论书籍，这样我们就可以在需要时学习。"

保持对知识的渴求对教师们来说意义重大，对知识的渴求有助于教师们脱离专家组而独立地前进。因此，专家组在培训后期精心挑选了一些实用性、趣味性强的材料，陆续发放给受训教师，以此来满足他们对知识的寻求和渴望，保持他们的求知欲。

最后，我们可以通过一位教师所表达的改变和收获来看待教师培训计划对教师的个人成长所起到的巨大作用。我们有理由为自己做的事情而感到骄傲和自豪。

"从去年培训到现在，我的心态发生着重大改变，这一改变进而影响到我对工作、对生活的看法。去年的我，是一个不自信、有点自卑的人，对工作消极、被动，生活圈子小，朋友也很少，所以有时觉得身处他乡显得特别孤独。通过一年的培训，我结识了很多的朋友，对富有挑战性的工作也能去完成，我逐步看到了自己的价值，所以在以后的工作中都会迎难而上，不再自卑，心态也逐渐放平、放宽，遇事总会思考后再行动。随着朋友的增多，我对这里有了一种深深的依恋，也逐步有了一种归属感。这是我今年以来最大的感受。"

（二）教学行为改变

教师们在培训中学到的知识，不仅极大地促进了他们的个人成长和发展，而且还以外显或内隐的方式影响他们的教学，促进了他们教学行为的改变，从而对学生产生了积极的影响。这也正是教师培训计划的核心理念——TAT 理念的终极目的，即通过干预教师来干预学生。具体地看，教师的教学行为改变主要体现在以下几个方面：

1. 驾驭课堂的能力增强

通过培训，教师们在面对学生时能够更好地控制自己的情绪。一位教师说："以前，学生惹我生气时我直接就罚站，而现在是，生气的时候叫到'××'，然后缓和一下，说'你起来唱首歌'。"另一位教师也说，"面对调皮的学生，当自己很生气时，我会深呼吸，告诉自己，好动、顽皮是孩子的天性，我应理解。"有些教师还从培训的活动中，学会了如何去活跃课堂气氛，例如在课前通过一些小游戏和讲故事等方法来调动学生的积极性。

这些课堂行为的变化，一方面促进了课堂教学活动的正常进行，提高了教学活动的质量；另一方面采用合适的课堂管理方式，减少了教师对学生的伤害，因此对学生具有重要意义。

2. 对待学生的态度发生了变化

首先，教师对学生的关注和鼓励开始增加，比如有位教师提到"会持续关注学生听写生字的情况，真诚给予其鼓励"；另一位教师说，"我学会了要给学生一个信念，'我在某些方面很行'，让学生自己去尝试。"这些关注和鼓励是教师促进学生改变的第一步，学生再也不是教师眼中的"木头人"甚至"透明人"，而是一个活生生的个体。

其次，在面对学生时，教师们表现得也更加温柔和接纳，能更耐心地去倾听学生的需要、困难和请求，更多地关注学生的情绪反应，更能从学生的角度来看待问题。一位教师这样描述自己的变化："在管理学生的过程中，与他们谈话的语气、谈话的内容以及内容的深入程度等，都发生了改变，变得有点像咨询一样的谈话，比如'你愿意说的时候随时可以来找我'、'你觉得怎么样的选择让你感觉更好一点'。"对待学生态度的积极变化，一方面加深了教师对学生的理解，开启了因材施教的可能性；另一方面也改善了教师与学生之间的关系，促进了他们之间的相互交往。

再其次，当学生出现错误时，教师不再像以前一样一味地指责和批评，而是更多地去追问和帮助学生分析事情背后的原因，一方面引导他们学会换位思考，了解事情的可能后果，从而避免今后再发生同类事件；另一方面也更关注正向的引导，从负性问题中找出正向、积极的部分。一位教师用他自己的例子说明了这种变化："以前我总认为学生不完成作业，一定是偷懒。现在我会从不同的角度去想，也许是他没听懂，不会做；也许是他不舒服，不能坚持完成作业；也许昨晚他居住的片区停电了。然后我会把他叫到旁边，比较温和地询问原因，再根据具体情况做出处理。"

最后，教师对学生的期望也更加现实，不再像以前那样不切实际地要求学生达到某种超出其能力范围的目标，或是"一刀切"地要求所有学生都达到某一标准，而是尽量做到因材施教。

教师对学生态度的种种变化，是教师培训计划中最重要的成果之一。专家组通过设计培训课程，将"学生们是活生生的人"这样一个概念传递给教师们，引导他们去了解学生、关爱学生，全身心地促进学生的个人成长和学业发展，而不仅仅是要求学生去学习。这样，学生们才能从枯燥的、无休止的学习中抽身而出，才有可能实现自我的全面发展。

3. 同伴交流增多

通过培训，教师们增加了与其他教师的相互交流，学到了很多解决常见问题的巧妙方法，与这些同僚们共享了很多有用的资料和资源。一位教师报告说"通过培训，认识了更多的教师，也从与教师们平时的谈话中，了解到面对学生不做作业、上课讲小话等问题该如何处理"。另一位教师说，"在课堂教学中，遇到开小差的学生，有了更多更合理的方法去处理。"还有一位教师表示，"观摩了不少老师的课堂，听了专家的点评，对自己上课时发现问题的能力提供了标准。"

事实上，在调查研究的前期，课题组发现由于专家组的时间精力有限，大多数实际问题是专家组没有办法解决的。因此在培训的实施理念中，才有了"朋辈督导"的设计，而这一部分就是"朋辈督导"发挥作用的地方。其中教师们都极好地扮演了朋辈的角色，无私地为别人提供自己的经验和支持，从而形成了一个互助互动的良好氛围，对教师们解决实际工作中的问题具有极大帮助。

4. 课堂教学与心理健康教育的结合

课堂教学与心理健康教育相结合似乎是 TAT（教师作为咨询师）的一个非常特别的改变，因为参训教师既掌握了一些心理咨询和干预的技术，又从事着一线的教学工作，因此他们会自觉或不自觉地将二者融合在一起。比如一位教师说道："会在自己的班级管理中，融入心理健康教育的内容，会更积极地寻求帮助。比如，我发现班上有部分同学有学习困难的状态，就邀请同事和我一起做关于学习困难的团体辅导。"有一位教师更是非常有创意地将工作联盟和真实关系的概念融入到了课堂教学中："在教学中，我和学生建立一个工作联盟（用一些类似的经验去联结），让学生走近我，再把制定的本周或学期目标告诉他们，完成这些目标你需要做什么。""诚实，在教学中不戴面具，也不伪装。投入一个真正的关系中。"这种将实际教学与咨询、心理教育理念相结合的方法，一方面兼顾了教学任务；一方面潜移默化地向学生传递着心理健康方面的知识，既促进学习又促进心理教育，实在是一举两得的好方法。

（三）心理健康教育能力的增强

除了正常的教学外，依照 TAT 的培训理念，大部分参培教师还要承担治疗师的责任。因此，专家组特意安排了心理健康教育方面的培训，而教师们在这方面的收获也颇丰。

1. 深入理解了心理健康教育的内容

通过系统的培训，教师们对心理健康教育的理解更深入，了解了心理健康教育课的主要内容。一位教师说："听了几堂心理健康教育展示课，让我学到了活动仅仅是一种手段，它作为一种工具，更多的是调动学生的积极性，让他们更加积极地去体验自己的感受。"另一位教师表示，"对于课程设计有了新的见解，比如上课的内容一定要有可操作性，而非空、大，要具体而翔实。"还有一些教师反映"一些在书本上和同事中得不到答案的问题、困惑，通过培训得到了解决"。

2. 了解了更多的心理咨询技术

通过心理健康教育方面的培训，教师们对心理咨询的主要内容和基本形式有了初步的了解，学会了更多的咨询技巧，比如短期焦点解决、团体辅导等方法，更有信心运用这些咨询技巧解决学生的一些实际问题。一位教师这样说："从上次讲到过的短期焦点解决法到这次的咨询技术，我都觉得能够运用到我的咨询中，理论与实践的结合，提升了我的咨询水平。加上对理论的学习，让我在工作中的咨询更加有了专业的处理方法。比如情绪的宣泄，消极的情绪不一定就是不该形成的，而应该去处理，提升的应该是情绪处理的办法。"还有的教师表示，"知道了谈话咨询的一些技巧，不至于在谈话中伤害对方，使双方下不来台。尊重对方、理解对方、接纳对方，是咨询谈话技巧必不可少的部分。"

这一部分的效果也是教师培训计划的重要成果之一，因为从培训的最初设计开始，课题组就希望通过将教师们培养成为"准心理学专业者"，让他们能随时随地地解决学生们常见的心理问题。

3. 增加了学校心理健康体系建立方面的经验

学校心理健康体系的建立对于教师培训计划有着特别的意义，他不仅可以影响到学生的发展，而且还影响到学校心理健康教育工作的实施。通过培训，增加了教师们在建立学校心理健康教育体系方面的经验，不过有些经验仅停留在认识的水平上，比如一位教师表示，"参观是一种很好的学习方法，让我们很好地去获取直接经验。比如……等，都给了我很大的启发，让我能够结合学校实际去创新工作。"另一位教师说，"在平时的工作中，通过培训的学习，我才真正意识到学校心理健康教育工作应该怎样开展，包括心理咨询室的建立，心理健康知识的宣传等。"但是，有的教师已经有了行动上的收获："在学校中建立了心理咨询室，建立了学生心理档案，心理咨询有了预约卡制度，成立了心理健康委员，给学生与教师之间形成了联系的纽带。"然而，不论是认识水平上的经验还是行动上的收获，这些都对教师们开展学校心理健康教育工作起着积极的作用。

二、结论与反思

围绕灾后心理疏导教师培训体系所建立起来的督导式培训模式，经历了一个不断修正直至符合当地实际需求的过程，最终才发展为一个整合行政力量、融合专业队伍、吸纳海内外资源的立体工作模式。该心理疏导工作模式是开创性的，研究过程是探索式的，在建立这个模式的过程中，难免会出现一些困难和不足。对此，我们有如下的反思：

第一，服务于现实的应用课题需要与现实的不断磨合。没有一蹴而就的工作模式，拿来主义的东西不能直接用于本土文化，了解灾后居民的真正需求是灾后中小学生心理疏导工作开展的根本。

第二，心理疏导培训过程中，因为文化差异和专业水平因素，国外专家更适合培训成都教练，国内专家更适合汶川教师的培训。这说明不同的文化和专业水平的培训专家适合培训的对象不同，这说明在培训的过程中，语言、文化以及专业水平都是需要考虑的主要因素。

第三，教练组的指导效果需要将任务取向和情感取向进行融合。最初配对教练组由三所高校的研究生和成都教师们组成，在研究过程中，发现以成都中小学教师组成的心理教练的指导成效较好，而三所高校的教练指导效果不明显，这与高校教练不能为汶川教师解决实际工作问题有很大关系。虽然高校教练付出了非常大的努力，但由于缺少督导经历和经验，可能制约教练组的成效。这说明教练只有情感联结是不够的，需要情感支持和解决问题相结合，方能达到有效的指导和辅助的效果。

第六章

灾后心理疏导培训体系的效果评估

虽然如今心理治疗得到一定程度的发展，但是关于心理治疗效果的科学评定却很少。评定心理治疗的有效性是个相当艰巨的任务，许多医生和心理学家都相信心理治疗是有效的，但作为科学工作者，更重要的是要得到心理治疗有效性的证据（陈仲庚，1992）。而要获得有关心理治疗有效性的证据，通过对心理治疗的结果考察仅仅是一个方面，这是由于有关心理治疗有效性的很多信息都隐藏在心理治疗的过程之中。因此，要获得心理治疗效果的有效证据，有必要对心理治疗的过程和结果进行全面考察。鉴于此，本课题在培训效果评估理论的基础上采用了过程评估与成果评估相结合的方法，综合运用质性评估和量化评估、教师评估与学生评估、直接评估（参与者，如基金会）与间接评估（使用者，如教育局）、汶川教师评估与成都教练评估相结合的多元化、多角度的评估策略，以对灾后中小学生心理疏导的教师培训体系的效果进行全面的考察。

第一节 培训效果评估的理论模型与方法

在培训效果的评估理论中，以卡氏四级评估模型和 CIPP 评估模型理论为基础，根据灾后心理疏导培训体系的特点，本研究采取了过程评估与成果评估相结合的方法，多个评估主体对培训过程和影响效果进行了评价，检验了培训体系的实际效果。

一、培训效果评估的理论模型

效果是指由某种理论、做法或因素产生的结果。换言之，效果是指事物发展到一定阶段所达到的状态。效果评估即是确定或判断事物发展结果的程度（田玲，2002）。随着研究的深入，学者们提出了不同的评估培训效果的理论模型。

（一）Kirkpatrick 四级评估模型

培训效果的评估研究最早可以追溯到 1959 年柯克帕特里克（Donald L. Kirkpatrick）的博士论文，在这篇论文中他首次对培训效果评估方法进行了研究；之后他又发表了题为《培训项目评估技巧》的四篇系列文章，提出并详细阐述了"四级评估模型"：

首先是反应层次，即一级评估。该层次的评估主要利用问卷调查的形式，对受训者的情绪、注意力、兴趣等方面进行评估。

其次是学习层次，即二级评估。该层次的评估主要采用书面测试、操作测试、等级情景模拟测试等方法，对受训者参加培训后所学的知识和技能进行评估。

再其次是行为层次，即三级评估。该层次的评估主要依靠上下级、同事、客户等相关人员对受训者受训后知识、技能的应用能力进行评估。

最后是效益层次，即四级评估。该层次的评估主要通过事故率、产品合格率、产量、销售量等指标，对培训后受训者业绩的提高程度进行评估。

该评估模型中的前两个层次的评估主要是对培训的过程进行评估，而后两个层次的评估主要是对培训的结果进行评估。此模型开创了培训效果层级评估的先河，是最常用的培训效果评估模型，在许多国家的培训效果评估实践中得到应用。但该模型的缺点在于没有给出具体的评估方法，无法对培训效果进行定量评估。

（二）CIRO 评估模型

1970 年，沃尔、伯德和拉克姆（Warr, Bird and Rackham）设计了 CIRO 培训效果评估模型，CIRO 由背景评估（Context evaluation）、输入评估（Input evaluation）、反应评估（Reaction evaluation）和输出评估（Output evaluation）四个部分组成。

第一，背景评估的主旨在于确认培训的必要性，收集和分析有关人力资源开发的信息，并确定培训需求与目标。

第二，输入评估的主旨在于确定培训的可能性，收集和汇总可利用的培训资源信息，并评估和选择培训资源。

第三，反应评估的主旨在于提高培训的有效性，其关键任务是收集和分析受训人员的反馈信息，并改进人力资源培训的运作程序。

第四，输出评估的主旨在于检验培训的结果，收集和分析与培训结果相关的信息，并评价与确定培训的结果。

CIRO评估模型拓展了Kirkpatrick的四级评估模型的评估内涵和外延，指出评估活动不仅是培训活动的一个步骤，而且应该贯穿在整个培训过程之中。其不足之处体现在一方面未将评估与培训结合起来考虑；另一方面未能明确说明"反应性评估"和"输出型评估"对后续培训项目设计的影响。

（三）CIPP评估模型

20世纪60年代末、70年代初，斯塔弗尔比姆（Daniel Stufflebeam）及其同事提出了CIPP评估模型——背景评估（Context evaluation）、输入评估（Input evaluation）、过程评估（Processe valuation）和成果评估（Product evaluation）。

背景评估的任务是了解相关环境，诊断特殊问题，分析和确定培训需求，鉴别培训机会，制定培训目标。其中，确定培训需求和设定培训目标是其主要任务。

输入评估的任务在于收集培训资源信息，评估培训资源，确定现有资源的使用，确定项目规划和设计的总体策略。

过程评估的任务是为项目培训的负责人提供信息反馈，帮助他们及时地、不断地修正或改进培训项目的执行过程。

成果评估的任务是对培训活动所达到的目标进行衡量和解释，其中既包括对所达到的预定目标的衡量和解释，也包括对所达到的非预定目标的衡量和解释。需要注意的是，成果评估既可以在培训以后进行，也可以在培训之中进行。

在很长的时间内，CIPP模型主要包括了以上四种评估。然而，从21世纪初开始，斯塔弗尔比姆重新反思自己的评估实践后，对其做出了补充和完善，即将成果评估分解为影响（Impact）、成效（Effectiveness）、可迁移性（Transportability）、可持续性（Sustainability）评估等四个成分。其中影响的成果评估主要评估培训计划的最终目的实现情况；成效的成果评估主要评估培训计划的直接效用情况；可迁移性成果评估主要评估培训后参培者的知识和技能在实际应用方面的情况；可持续性成果评估主要评估培训计划对培训者及其工作的持久性影响情况。

CIPP 评估模型具有全程性、过程性和反馈性的特点。相对 CIRO 评估模型来说，是一次重大的修正，它将评估活动真正置于整个培训活动过程的核心环节——"执行培训"环节，提出了对培训项目的执行过程进行监控。可以说，CIPP 模式不仅提出"成果评估"，使其反馈意义更多地作用于后续的培训项目，同时还特别重视在培训之中进行"过程评估"，具有更广泛的适用性。

（四）培训效果评估的发展趋势

1. 评估手段多学科化

从理论的角度讲，灾后中小学生心理疏导培训体系的效果评估应该从心理学、教育学、经济学、社会学和行政管理学等多学科整合的角度出发，即培训体系的效果评估需要从被培训者和被疏导者的心理活动、参培教师的教育活动及社会活动、学校和政府相关部门的管理活动及经济活动的规律等方面进行综合考察。从多学科整合的角度出发进行评估，这是因为培训体系中有经济活动的性质，也有教育活动的性质，同时教育活动也会产生一系列的社会后果，还需要进行社会层面的分析（田玲，2002）。再者，培训涉及不同学校以及政府相关部门之间的关系，也需要从行政管理学角度进行考察。

2. 评估方法的综合化

现代培训效果评估手段由定量转为定量、定性相结合，即从推崇各种客观的、标准的测量，发展到提倡观察、交谈等定性分析，再进一步发展到广泛收集信息，进行解析论证，并做出价值判断的定量与定性相结合的方法。

国内学者对培训效果评估的研究，从定性、定量及定性定量结合等方面进行了总结，一致认为目标评估法、关键人物评估法、比较评估法和动态评估法属于定性评估法；问卷式评估法与收益评估法属于定量评估法；硬指标与软指标结合评估法、集体讨论评估法与绩效评估法等则属于定性定量结合法（边文娟，2011）。

3. 评估内容的全面化

现代培训效果评估已经发展到对培训活动的各个方面进行评估，评估的内容更为广泛和全面，它不仅注重培训后的评估，而且还关注事前评估、纵向与横向对比评估等方面。基于此，灾后中小学心理疏导培训体系在效果衡量指标上，应当结合培训的过程，对其结果进行评估，全面评估灾后中小学师生在培训前后心理健康状况，并对参培和非参培教师进行横向比较评估，从而有助于形成具体、有效的评估指标。

4. 评估主体的多元化

当前，评估主体趋于多元化，包括企业培训教师、学员、学员的上司、学员的下属、学员所在部门同事、企业高层管理人员、学员接触的客户、专业培训评估机构等（杜鹃，2009），可见评估的主体已涵盖整个培训过程所涉及的所有人员。鉴于此，根据灾后中小学生心理疏导培训体系在实施过程中具体涉及的人员，本课题的效果评估，将采用教师与学生、直接参与者与间接使用者、汶川教师与成都教练相结合的多元化、多角度的评估策略。

二、培训效果评估的 PAP 方法

灾后心理疏导培训体系在实际应用过程中，经历了不断地调整与完善，每一次调整和完善都是一个过程，同时也是一个结果。因此，在对灾后中小学生心理疏导培训体系的效果评估时，以斯塔弗尔比姆的 CIPP 评估模型为理论基础，提出了 PAP 评估方法（Process and Product），即采用过程评估（Process evaluation）和成果评估（Product evaluation）相结合的方法来评定培训体系的效果，在过程评估和成果评估中都采取了定性评估和定量评估方式。

（一）过程评估

过程评估是在灾后心理疏导培训体系的初期、中期和末期三个时间点上，采取问卷调查、访谈和自陈报告分析等方法，收集了汶川教师、成都教练以及相关人员对培训过程的反馈信息来评价培训体系效果，并根据评估的结果不断地调整培训内容，以进一步提高培训的效果。

1. 量化的过程评估

在灾后心理疏导培训体系培训过程中的初期、中期和后期，了解汶川教师和成都教练、汶川教育局、研究人员和合作单位对培训体系的评价。其中，采用自编"灾后中小学生心理疏导培训评估表（教师版和教练版）"问卷，对汶川教师和成都教练培训进行调查，了解他们对培训课程内容、培训教师的自我感受和投入、讲师风格方面和培训效果的满意度等方面情况。同时，采取自编"评估量表"对汶川教育局、研究参与者和合作单位相关人员进行调查，了解他们对培训效果整体评估、时间投入和物力投入评估、汶川教师投入程度等方面的评估情况。

2. 质性的过程评估

对参培的汶川教师、课题组工作成员、汶川教育局行政人员以及其他相关人员，采取访谈法和开放式问卷调查法，在培训过程的第一期、第四期和第八期三个时间点采集了相关数据来进行质性评估研究。

（二）成果评估

培训体系的目标是培养汶川县中小学教师的心理健康教育能力，以点带面，促进汶川县中小学校心理健康教育工作的顺利开展。因此，成果评估的任务是衡量和解释心理疏导培训体系所达到的目标。成果评估是从影响、成效、可持续性、可迁移性四个方面进行考查，主要包括培训目标的完成情况、参培教师开展心理健康教育工作情况、参培教师及其工作对学生的影响情况、参培教师的心理健康状况、成都教练对汶川教师的指导效果情况等内容。

1. 量化的成果评估

量化成果评估的对象有汶川教师、成都教练和汶川学生。对参加培训的汶川教师和成都教练的成果评估包括影响、成效、可迁移性和可持续性评价四个方面。

灾后心理疏导培训体系最根本的获益者是学生，灾后心理疏导培训的影响主要取决于学生的受益情况。因此，对参培教师所在班级以及对照班级（非参培教师所在班级）的学生进行身心指标的对比研究，从"创伤后应激障碍"、"抑郁"、"问题行为"、"学习倦怠"和"创伤后成长"五个方面进行比较，以此来评估心理疏导培训体系的影响效果。

由于灾后心理疏导培训体系的直接对象是教师，成效性成果评估主要评估教师的直接受益情况，对参培教师在参加培训前后的心理状况和职业倦怠等指标进行对比研究，以此评估心理疏导培训体系的成效。

可迁移性评估是评估参培教师在培训后知识和技能的实际应用情况，采取问卷调查方式了解汶川学校的领导、普通教师和学生对受训教师所做的心理健康教育工作的评价，以此评价心理疏导培训体系的可迁移性成果。

可持续性评估主要评估培训计划对培训者及其工作的持久性影响情况。通过问卷调查，从心理教师的专业训练情况、工作制度建设和存在的问题等方面来评估心理疏导培训体系的可持续性成果。

基于此，从学生身心健康指标评估培训体系的影响成果，从受训教师心理状况和职业倦怠方面来评估培训体系的成效成果，从受训教师开展的心理疏导工作来评估培训体系的可迁移性成果，从汶川中小学校心理健康教育发展情况来评估培训体系的可持续性成果。

2. 质性的成果评估

在经历了汶川地震重大灾难后，汶川教师经历了怎样的心路历程和成长变化，他们在参加培训后学到了哪些知识和技巧，这些问题很难用量化的方式进行评估。因此，对汶川教师和成都教练的个人成长报告进行质性分析，进一步了解培训体系的实际效果。

总之,灾后心理疏导培训体系的效果评估是采用PAP研究方法,通过过程评估与成果评估两个方面,应用量化评估与质性评估的方法,以教师与学生、汶川教师与成都教练为评估主体,对汶川中小学生身心的健康状况、受训教师的身心健康情况、受训教师的工作能力、他们开展的心理疏导工作情况以及学校心理健康教育发展情况等内容进行全面的评估。

第二节 灾后心理疏导培训体系的过程评估

在灾后心理疏导培训体系的实施过程中,采取量化与质性评估相结合的方法,对汶川教师、成都教练和相关人员等多个评价主体,使用问卷调查、质性访谈和自陈报告分析等方式,对培训课程内容、自我感受、培训讲师和满意度、培训组织的投入度以及受训教师的投入度等方面进行过程评估。

一、灾后心理疏导培训体系的量化过程评估

(一)汶川教师对培训过程的评估分析

为了从不同角度对灾后中小学生心理疏导培训体系的效果进行评估,课题组首先选择了受训的汶川教师作为评估对象,对培训过程的初期(第一期)、中期(第四期)和后期(第八期)三个时间段的培训过程进行量化分析。评估工具是自编的"灾后中小学生心理疏导汶川教师培训评估表",该问卷主要测量参培教师对培训项目的满意度(5点计分),具体包括三个维度:课程内容(3个项目)、自我感受与投入(9个项目)、讲师方面(5个项目)共17个项目。同时,还有对培训课程、教练、工作有效性等的总体满意度评估。

1. 汶川教师对培训初期的评估

在灾后心理疏导教师培训第一期结束后,发放了55份"灾后中小学生心理疏导汶川教师培训评估表"问卷,有效问卷是43份,有效率是78.18%。

(1)课程内容评估。

课程内容评估主要是参培教师们对课程内容的评价,有3个题目,以5点计分,分数越高,评价越高。利用SPSS17.0对评估数据处理分析后,参培教师对课程内容的分层次评价、人数在各层次分数段中所占比例,如表6-1所示

（注：以下评估表中的数据均为百分数形式）。

表 6-1　　　　　　　汶川教师初期课程内容评估

课程内容	1 分	2 分	3 分	4 分	5 分	均分
课程适合我的工作和个人发展需要	4.7	4.7	20.9	37.2	32.6	3.95
课程内容深度适中，易于理解	2.3	7.0	14.0	44.2	32.6	3.88
课程内容切合实际，便于应用	2.3	9.3	18.6	30.2	39.5	3.98

从表 6-1 可以看出，参培教师对培训过程中课程内容有较高的评价，中等以上的评价（3~5 分）占到参培人数的 85% 以上。另外，参培教师在课程评估中各维度的平均得分相差不大，课程内容评估 3 个题目的平均得分为 3.94 分。

（2）自我感受与投入评估。

自我感受与投入评估是针对各位参培教师在培训过程中的自我感受与体验以及个人在培训过程中的投入情况做出评价，有 9 个题目，以 5 点计分，分数越高，说明汶川教师在培训过程中的感受越好，投入越大。43 位参培教师在 9 个题目的评价分数比例情况以及各题项的平均得分情况，如表 6-2 所示。

表 6-2　　　　　　汶川教师初期自我感受与投入评估

自我感受与投入	1 分	2 分	3 分	4 分	5 分	均分
我觉得和这个团体的人都关系密切	2.3	7.0	32.6	39.5	18.6	3.65
我相信这个团体中的其他人	4.7	7.0	23.3	39.5	25.6	3.74
在这个团体中我觉得有成就感	11.6	9.3	32.6	32.6	14.0	3.28
团体中的每个人都互相帮助	4.7	4.7	20.9	44.2	25.6	3.81
我很愿意与团体中的人分享我的想法	4.7	9.3	23.3	44.2	18.6	3.63
我非常投入这次培训	2.3	4.7	18.6	46.5	27.9	3.93
能够参与这次培训我感到很开心	4.7	2.3	11.6	27.9	53.5	4.23
作为培训团体中的成员，我感到很满意	4.7	0	14.0	25.6	55.8	4.28
我对培训总体很满意	4.7	0	16.3	34.9	44.2	4.14

由表 6-2 可以看出，绝大多数参培教师（80% 以上）在培训过程的自我感受良好，投入程度较深，90% 以上的教师对能够参与这次培训感到非常开心，对能够作为这个培训团体中的成员感到很满意，对自我投入的评价很满意。

通过对初期评估中自我感受与投入各维度的平均得分进行分析，发现自我感受与投入的 9 个题目的平均得分在 3 分以上。其中，"在这个团体中我觉得有成就感"的得分最低（3.28 分），"能够作为这个培训团体中的成员我感到很满意"的得分最高（4.28 分），其他的介于两者之间。

(3) 讲师方面的评估。

讲师评估主要是让参培教师对培训的讲师进行评价，此项评估有 5 个题目。通过了解参培教师对讲师培训方面的评价来分析讲师对培训效果的影响，为改善培训、提高培训质量提供参考。具体结果如表 6-3 所示。

表 6-3　　　　　　　汶川教师初期对讲师方面的评估

讲师方面	1 分	2 分	3 分	4 分	5 分	均分
授课风格	0	4.7	7.0	30.2	58.1	4.42
表达和沟通能力	4.7	0	7.0	18.6	69.8	4.49
教学互动	2.3	2.3	11.6	16.3	67.4	4.44
课堂/小组气氛	2.3	2.3	14.0	27.9	53.5	4.28
课程时间安排	4.7	4.7	18.6	32.6	39.5	3.98

从表 6-3 来看，参培教师对培训讲师的评价在各个题目上都较好，人数分布所占比例最大的都位于评价最高的部分，50% 以上的参培教师对讲师的评估给予了最高评价，可见参培教师对培训教师的培训方式和能力等方面是肯定的。另外，在讲师方面的评估各题上的平均分方面，最低的是"课程时间安排"（3.98 分），最高的是对"表达和沟通能力"的评价（4.49 分），其余方面基本一致。讲师评估维度的平均得分为 4.32 分，这是在初期三个维度评估中得分最高的方面。

(4) 满意度评估。

在满意度评估中，参培教师对"课程的满意程度"是 88.4%；对"教练的满意程度"是 74.4%；参培教师认为培训"有效帮助程度"是 81.4%；参培教师对培训满意度的总评分（0~10 分计）是 8.7 分。这些说明汶川教师对培训效果是很肯定的。

2. 汶川教师对培训中期的评估

在灾后心理疏导教师培训第四期结束后，发放了 55 份"灾后中小学生心理疏导汶川教师培训评估表"问卷，有效问卷是 44 份，有效率是 80%。

(1) 课程内容评估。

参培教师在课程内容 3 个题目评价的人数比例及其平均得分，如表 6-4 所示。

表 6-4　　　　　　　　汶川教师中期课程内容评估

课程内容	1分	2分	3分	4分	5分	均分
课程适合我的工作和个人发展需要	4.5	2.3	20.5	43.2	29.5	3.91
课程内容深度适中，易于理解	4.5	2.3	22.7	36.4	34.1	3.93
课程内容切合实际，便于应用	4.5	6.8	18.2	40.9	29.5	3.84

如表 6-4 所示，在中期评估中，参培教师在课程内容方面的评价仍然较好，85% 以上教师给出了中等以上的评价分数（3 分以上），30% 左右的教师给予了最高评价。在课程内容各维度方面的平均得分最低的为"课程内容切合实际，便于应用"（3.84 分），"内容深度适中，易于理解"得分最高（3.93 分），课程内容维度的平均得分为 3.89 分。

（2）自我感受与投入评估。

参培教师在自我感受与投入评估的各维度评价中所占比例及其各维度的平均得分，如表 6-5 所示。

表 6-5　　　　　　　　汶川教师中期自我感受与投入评估

自我感受与投入	1分	2分	3分	4分	5分	均分
我觉得和这个团体的人都关系密切	4.5	2.3	25.0	38.6	29.5	3.86
我相信这个团体中的其他人	4.5	0	25.0	36.4	34.1	3.95
在这个团体中我觉得有成就感	4.5	9.1	27.3	29.5	29.5	3.70
团体中的每个人都互相帮助	4.5	2.3	20.5	45.5	27.3	3.89
我很愿意与团体中的人分享我的想法	4.5	2.3	31.8	38.6	22.7	3.73
我非常投入这次培训	2.3	2.3	18.2	36.4	40.9	4.11
能够参与这次培训我感到很开心	2.3	2.3	18.2	27.3	50.0	4.20
作为培训团体中的成员，我感到很满意	4.5	0	18.2	31.8	45.5	4.14
我对培训总体很满意	4.5	0	15.9	31.8	47.7	4.18

从表 6-5 可知，在中期的自我感受与投入评估中，除了"在这个团体中我觉得有成就感"这一维度以外，在其余各维度上，90% 以上的参培教师都是中等以上评价；从各题项的平均得分可以发现，最低评分是"在这个团体中我觉得有成就感"维度（3.70 分），其次是"我很愿意与团体中的人分享我的想法"（3.73 分），在"我非常投入这次培训"，"能够参与这次培训我感到很开心"，"能够作为这个培训团体中的成员，我感到很满意"，"我对培训总体很满意"几个维度上的评估较好，45% 左右都给予了最好评价，这 4 个二级维度的平均得分

较高，都在 4.1～4.2 分之间。自我感受与投入评估维度的平均得分为 3.97 分。

（3）讲师方面的评估。

参培教师在讲师方面评估的各维度评价中所占比例及其平均得分，如表 6-6 所示。

表 6-6　　　　　　　汶川教师中期对讲师方面的评估

讲师方面	1分	2分	3分	4分	5分	均分
授课风格	2.3	2.3	11.4	34.1	50.0	4.27
表达和沟通能力	4.5	0	6.8	18.2	70.5	4.50
教学互动	0	4.5	13.6	22.7	59.2	4.36
课堂/小组气氛	2.3	2.3	11.4	31.8	52.3	4.30
课程时间安排	2.3	2.3	20.5	34.1	40.9	4.09

由表 6-6 可以看出，讲师方面评估各维度的得分相对都比较高，50% 以上的参培教师在"授课风格"、"教学互动"、"课堂/小组气氛"上的评价最高（5 分），70.5% 的教师在"表达和沟通能力"上的评价最高（4.50 分），较低的是"课程时间安排"（4.09 分），总体上的平均得分为 4.30 分。

（4）满意度评估。

在满意度评估中，中期评估中参培教师对"课程的满意程度"是 84.1%；对"教练的满意程度"是 79.6%；参培教师认为培训"有效帮助程度"是 81.8%；参培教师对培训满意度总评分（0～10 分计）是 8.65 分。这些说明汶川教师对培训效果是很肯定的。

3. 汶川教师对培训后期的评估

在灾后心理疏导教师培训的第八期结束后，发放了 55 份"灾后中小学生心理疏导汶川教师培训评估表"问卷，有效问卷是 43 份，有效率是 78.18%。

（1）课程内容评估。

参培教师在课程内容评估的各维度评价中所占比例及其平均得分，如表 6-7 所示。

表 6-7　　　　　　　汶川教师后期课程内容评估

课程内容	1分	2分	3分	4分	5分	均分
课程适合我的工作和个人发展需要	4.7	0	18.6	44.2	32.6	4.00
课程内容深度适中，易于理解	2.3	2.3	18.6	39.5	37.2	4.07
课程内容切合实际，便于应用	4.7	2.3	18.6	48.8	25.6	3.88

由表 6-7 可以看出，后期课程评估中人数最多的评价集中在 4 分区，因此，此次评估的平均得分在前两个小维度上都高于 4 分，相比前期和中期都有所提高。"课程适合我的工作和个人发展需要"（4 分），"课程内容深度适中，易于理解"（4.07 分），后期课程评估维度的平均得分为 3.98 分。

（2）自我感受与投入评估。

参培教师在自我感受与投入评估的各维度评价中所占比例及其平均得分，如表 6-8 所示。

表 6-8　　　　　汶川教师后期自我感受与投入评估

自我感受与投入	1分	2分	3分	4分	5分	均分
我觉得和这个团体的人都关系密切	4.7	2.3	18.6	41.9	32.6	3.95
我相信这个团体中的其他人	4.7	0	11.6	46.5	37.2	4.12
在这个团体中我觉得有成就感	4.7	4.7	20.9	41.9	27.9	3.84
团体中的每个人都互相帮助	4.7	0	16.3	41.9	37.2	4.07
我很愿意与团体中的人分享我的想法	4.7	2.3	14.0	48.8	30.2	3.98
我非常投入这次培训	4.7	0	11.6	44.2	39.5	4.14
能够参与这次培训我感到很开心	4.7	0	18.6	25.6	51.4	4.19
作为培训团体中的成员，我感到很满意	4.7	0	18.6	27.9	48.8	4.16
我对培训总体很满意	2.3	2.3	11.6	39.5	44.2	4.21

由表 6-8 可以看出，在后期的评估中，评价最低的是"在这个团体中我觉得有成就感"（3.84 分），其次是"我觉得和这个团体的人都关系密切"（3.95 分），"我很愿意与团体中的人分享我的想法"（3.98 分），最高的是"我对培训总体很满意"（4.21 分），其余几个维度相差不大，都在 4.10 分左右。该维度的整体平均分为 4.07 分。

（3）讲师方面评估。

参培教师在讲师方面评估的各维度评价中所占比例及其平均得分，如表 6-9 所示。

表 6-9　　　　　汶川教师后期对讲师方面的评估

讲师方面	1分	2分	3分	4分	5分	均分
授课风格	2.3	2.3	11.6	30.2	53.5	4.30
表达和沟通能力	0	4.7	9.3	11.6	74.4	4.56
教学互动	2.3	2.3	14.0	23.3	58.1	4.33

续表

讲师方面	1分	2分	3分	4分	5分	均分
课堂/小组气氛	2.3	2.3	14.0	30.2	51.2	4.26
课程时间安排	4.7	7.0	11.6	41.9	34.9	3.95

由表6-9可以看出，后期讲师评估中评价最高的依然是"表达和沟通能力"（4.56分），74.4%的参培教师给予最高评价。在"授课风格"（4.3分）、"教学互动"（4.33分）、"课堂和小组气氛"（4.26分）上评价也较好，此次相对较差的评价是"课程时间安排"（3.95分）。总体而言，后期中讲师方面评估的平均得分，相对于其他两个维度而言，依然是平均得分最高的（4.28分）。

（4）培训效果满意度评估。

在满意度评估中，后期评估中参培教师对"课程的满意程度"是90.7%；对"教练的满意程度"是65.1%；参培教师认为培训"有效帮助程度"是81.4%；参培教师对培训满意度总评分（0~10分计）是8.68分。这些说明汶川教师对培训效果总体上是很肯定的。

4. 汶川教师对培训过程评估的比较分析

通过对教师培训三个时间段评估的纵向比较分析（见表6-10和图6-1）可以发现，无论是培训的初期、中期还是后期，汶川教师对培训过程的满意度较高，各维度均在4分左右，且无显著差异，即参培教师对课程内容评价较高、自我感受和投入情况满意、对讲师授课风格评价较高，对课程总体比较满意。

表6-10　　　　　　3个阶段评估的平均分和标准差

	课程内容评估 M±SD	自我感受与投入评估 M±SD	讲师方面评估 M±SD
初期（$N=43$）	3.94±0.99	3.86±0.87	4.32±0.89
中期（$N=44$）	3.90±1.01	3.97±0.93	4.30±0.88
后期（$N=43$）	3.98±0.93	4.07±0.90	4.28±0.90

由表6-10和图6-1可以看出，在三次评估的比较中，讲师评估的得分略有下降，但三次评估中每一次的评估都是讲师方面的评估得分最高。课程内容的评估是先降后升，中期评估稍低一点，后期评估相对最高。自我感受与投入维度的评估呈现逐渐上升的趋势，说明三次评估表现出参培教师的自我感受和参与投入度是愈来愈好、越来越深的。

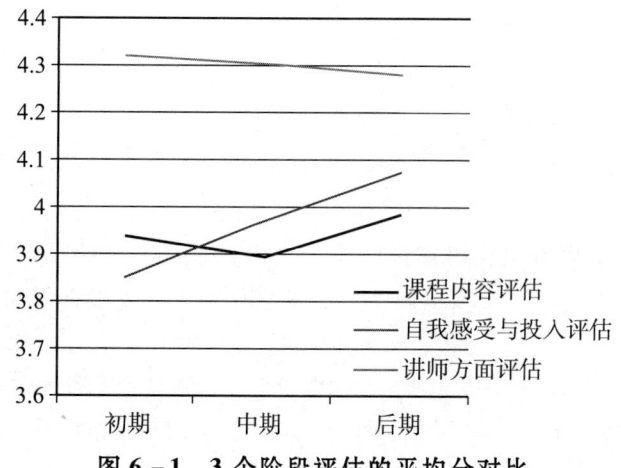

图 6-1 3 个阶段评估的平均分对比

另外，通过对培训的总体效果评估可以得出（见表 6-11），汶川教师对培训效果"满意"和"非常满意"的比例分别为初期 88.4%、中期 84.1%、后期 90.7%，呈现出前期较高、中期减低和后期最高的变化趋势。

表 6-11 对培训课程的总体满意度

	不满意		普通		满意		非常满意	
	人数	%	人数	%	人数	%	人数	%
初期（$N=43$）	0	0	5	11.6	26	60.5	12	27.9
中期（$N=44$）	0	0	7	15.9	23	52.3	14	31.8
后期（$N=43$）	0	0	4	9.3	30	69.8	9	20.9

5. 结论

从汶川教师对培训过程评估的纵向分析和比较分析来看，可以得出以下结论：

第一，灾后心理疏导教师培训体系的总体效果是优良的。汶川教师对培训的课程内容、自我感受和投入、培训讲师和培训效果等方面的满意度都是比较高的。

第二，培训课程内容比较符合教师工作和个人发展需要，具有较好的适用性和难易度；培训讲师良好的授课风格和人际沟通形成了互动性很强的团体氛围，受训教师在培训团体中有良好的自我感受，培训团体有较高的开放度、成就感和归属感，促进了教师对培训的积极投入和良好感受。

（二）成都教练对培训过程的评估分析

在灾后心理疏导培训体系的六期成都教练培训中，在培训过程中的初期（第一期）、中期（第三期）和后期（第五期），发放了23份自编的"'灾后中小学生心理疏导'教练培训评估表"，对教练进行了三次问卷施测，收回有效问卷分别是20份、21份和19份，有效率分别为86.9%、91.3%和82.6%，对这三个时间段分别进行比较分析。该评估表的内容与汶川教师的评估工具类似，包括课程内容（3个项目）、自我感受和投入情况（9个项目）、讲师风格（5个项目）等3个方面的内容，各题目均为5点评分，最低1分，最高5分。具体结果如表6-12所示。

表6-12　　　　　成都教练三次评估的平均分和标准差

	课程内容评估 M ± SD	自我感受与投入评估 M ± SD	讲师方面评估 M ± SD
初期（$N=20$）	4.35 ± 0.74	4.32 ± 0.73	4.38 ± 0.67
中期（$N=21$）	4.33 ± 0.79	4.36 ± 0.86	4.35 ± 0.82
后期（$N=19$）	4.44 ± 0.77	4.33 ± 0.83	4.32 ± 0.67

通过对三次评估中每个一级维度的平均分进行对比发现（见表6-12），成都教练对于培训的课程内容、自我感受与投入和讲师方面都给予了很高的评价，平均分都在4.3以上，且三个维度之间差异不大。

另外，通过成都教练对培训的满意度评估可以看出（见表6-13），成都教练对培训效果满意度（"认同"和"非常认同"）的比例分别为初期90%、中期85.7%、后期89.4%，三次培训的满意度都很高。虽然中期的满意度稍微降低了点，但这并不影响教练们对培训总体效果的肯定。

表6-13　　　　　　　　对培训效果的总体满意度

	非常不认同		较不认同		一般		认同		非常认同	
	人数	%	人数	%	人数	%	人数	%	人数	%
初期（$N=20$）	0	0	1	5.0	0	0	8	40.0	11	50.0
中期（$N=21$）	0	0	1	4.8	2	9.5	6	28.6	12	57.1
后期（$N=19$）	0	0	0	0	2	10.5	7	36.8	10	52.6

总之，通过对成都教练的培训过程的评估和比较分析，可以看到成都教练对灾后心理疏导教师培训体系的总体效果是肯定的，他们对培训的课程内容、自我

感受、讲师风格的满意度都是比较高的。

（三）相关人员的过程评估研究

相关人员由培训的组织者、培训的受益单位和支持单位构成，具体是课题组成员、汶川教育局成员和合作单位成员，他们的评估是衡量培训效果的一个重要方面。相关人员的过程评估包括培训整体效果、课题组的投入度、汶川教师的投入程度等三个部分。三个方面的评估均采用5点计分，其中"1"表示效果很明显或者投入度很高，"5"表示基本没有效果或者投入度很低，分值越低说明效果越好。

1. 汶川教育局的过程评估研究

汶川县教育局作为心理教师培训的使用单位，汶川县教师进修校3名行政人员自始至终参与了每一次培训。汶川县教育局成员作为培训的组织者、观察者和评估者，他们对培训过程的整体效果和投入度评估有着重要的发言权。

（1）培训的整体效果评估。汶川县教育局成员对培训整体效果的评分是2分，他们的评估结果高度一致，他们认为培训效果"达到预期目标"。

（2）课题组投入度的评估。为了验证整体评估的有效性，从课题组在"时间投入"和"物力投入"两个角度对培训的效果进行评估。汶川县教育局成员对课题组投入度的评价结果如图6-2所示。

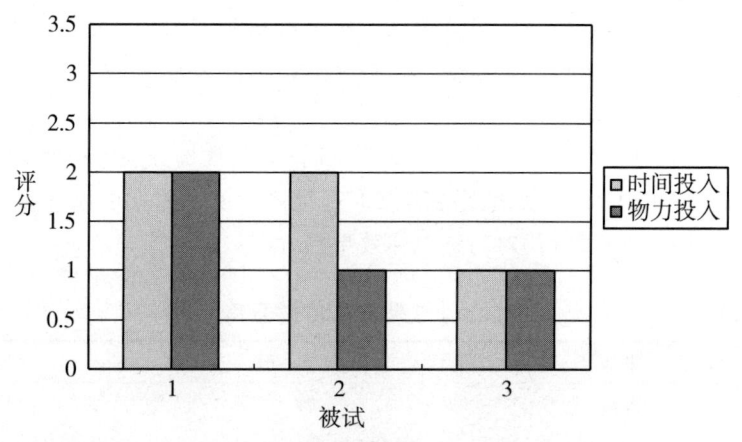

图6-2 课题组的投入度评估

从图6-2可以看出，教育局成员对课题组投入度的评分均集中在1~2分之间（分数越低，效果越明显），其中物力投入评分均值为1.67分，时间投入评分均值为1.33分。可见，汶川县教育局成员更多地认可课题组在培训时间的投入，也就是说长程的系统培训得到了教育局行政人员的认可。

（3）受训教师投入程度的评估。从图6-3可以看出，汶川教育局成员对于汶川教师参与培训中的投入程度评估处于中等偏上水平（分数越高表示投入程度越低），均值为2.33。他们认为大多数汶川教师在培训中表现得非常积极，但有少数教师稍微有些懈怠。课题组的投入度比受训教师的投入度要高一些，说明课题组的投入对受训教师的投入起到了促进的作用。

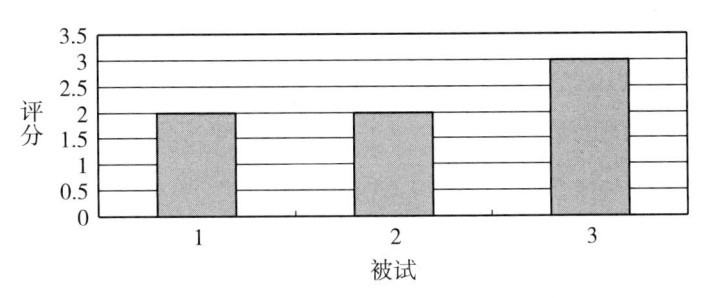

图6-3 汶川教师的投入程度评估

总之，汶川县教育局肯定了灾后心理疏导培训体系的整体效果，他们认为课题组在时间和物力上都有很好的投入，很认可连续性的培训体系；大多数汶川教师的投入度是比较高的，课题组对受训教师的投入起到了促进作用。

2. 课题组成员的过程评估研究

参加到本课题的人员还包括北京师范大学、四川师范大学和西南民族大学3所高校的部分研究生，他们在培训中主要承担组织与服务工作。于是，选取了全程参与工作的7名研究生进行评估。

（1）培训整体效果的评估。课题组成员对培训的整体效果评分均值为2（分值越低，效果越明显），但是不同被试的意见略有不一致，具体情况如图6-4所示。

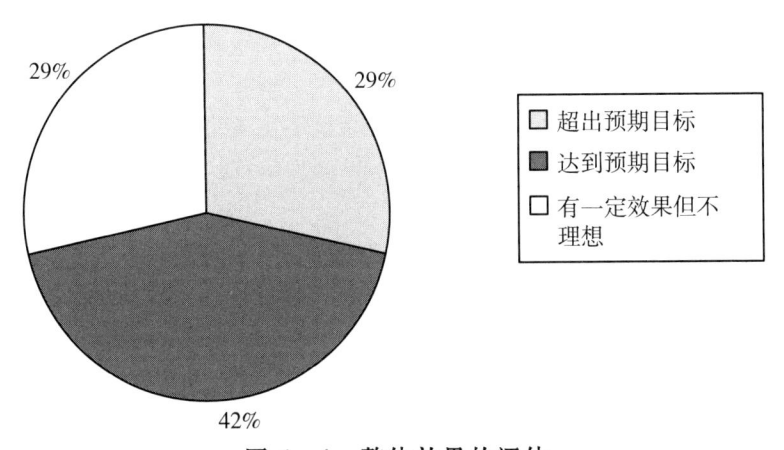

图6-4 整体效果的评估

从图 6-4 可以看到，课题组成员认为"超出目标"和"达到目标"的人数比例是 71%，29% 的认为培训"有一定效果但不理想"。他们比汶川县教育局成员对培训整体效果的评价有所不同。

（2）课题组投入度的评估。课题组成员对"时间投入"和"物力投入"两个方面的评价结果如图 6-5 所示。

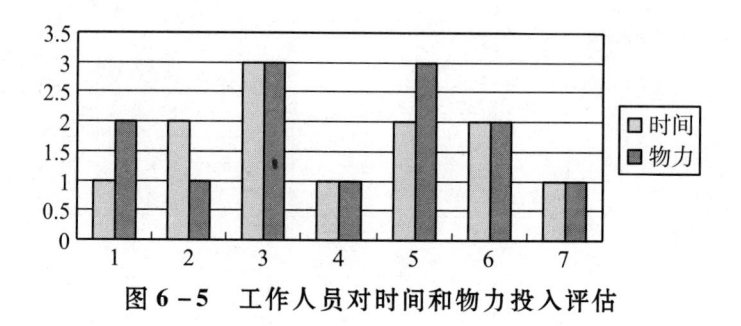

图 6-5　工作人员对时间和物力投入评估

从图 6-5 中可以看出，课题组成员对时间投入的评分均值为 1.71，物力投入评分均值为 1.86，说明课题组成员在"时间投入"和"物力投入"两个维度的评价没有很大的差异，肯定了课题组在物力和时间上的投入程度。同时，他们对课题组投入度的评分高于汶川教育局成员的评分，但没有显著差异，这反映出汶川县教育局成员对培训整体效果的评估高于课题组成员。

汶川教师投入程度的评估。课题组成员对汶川教师投入程度的评分均值为 1.43，汶川教育局成员的评分均值为 2.33，课题组成员对受训教师的投入程度的评价均分低于汶川教育局成员的评价得分，说明课题组成员比汶川县教育局更肯定受训教师的投入程度。

3. 合作单位的过程评估研究

灾后心理疏导培训体系得到了海外基金会的大力支持。从某种程度上，这些海外基金会的大量资金支持不仅保证了教师培训顺利、高效的开展，而且海外专家的全程参与如一股暖流般激起了课题组成员的力量，也赋予了汶川当地教师以希望与激情。于是，选取了 2 名全程参加培训的合作单位成员进行问卷调查。

（1）培训整体效果的评估。合作单位成员对培训整体效果的评分均为 2 分，他们一致认为"达到预期目标"，与汶川县教育局成员的评价是相同的。

（2）培训投入度的评估。合作单位成员对课题组投入度和受训教师的投入程度的评估结果，如图 6-6 所示。

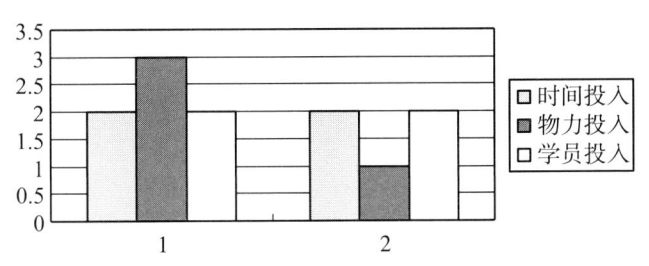

图 6-6　合作单位对时间和物力投入的评估

从图 6-6 可以看出，合作单位成员对课题组在时间投入、物力投入和汶川教师投入程度的评分均值均为 2 分，他们对投入度的评价分值低于汶川县教育局成员而高于课题组成员，这与他们对于培训效果的整体评估较为相符。

总之，相关人员对培训整体效果、课题组投入度和受训教师投入度的评价有所不同，汶川县教育局和合作单位成员对培训整体效果与课题组投入度的评价是一致的，他们的评价要高于课题组成员的评价，汶川县教育局与合作单位对受训教师投入程度的评价低于课题组成员，这种现象可能是受到被试社会身份的影响；在中国文化背景下，人们总是倾向于高评价对方的成绩而低评价自己一方的成绩，但总体上来看，三者对培训的整体效果和投入度的评价没有显著区别。相关人员对培训效果的整体评分均值为 2 分，即认为"达到预期目标"，这是对培训效果的肯定。不同人员在对于培训时间投入方面效果评估均值为 1.75 分，物力投入方面的评估均值为 1.83 分，在汶川教师投入程度方面的评估均值为 1.89 分，均处在 1~2 分之间，说明了无论培训的组织单位、受益单位和合作单位都肯定了培训的整体成效，并都认同课题组与受训教师的投入程度。

4. 结论

综合分析上述结果，可以得出以下结论：

第一，相关人员肯定了培训体系的整体效果。

第二，相关人员认可课题组在时间和物力的投入程度，课题组的投入促进了汶川教师的参与热情和学习效果。

二、灾后心理疏导培训体系的质性过程评估

灾后心理疏导培训体系持续了 2 年共 9 期的培训，每次培训结束时，受训教师都需要填写一份该项目的教师培训反馈表。选择了 17 位全部参与 9 次培训的老师，按照时间顺序先后选取了他们在第一期、第四期、第八期的反馈表进行质性评价。分析时仔细阅读每份反馈表的文字资料内容，将重要内容做出标注，并对文字材料进行归类，分类整理后形成类别，再进一步分析、解释和比较。

（一）汶川老师对培训过程的质性评估

在对汶川老师的反馈表进行分析时，我们发现可以把他们对培训的评估内容归纳为四个方面：心理健康理论与技能、参与培训的积极性和兴趣、工作和生活的态度、社会支持的力量。

1. 培训初期的评估结果

通过对培训初期的评估结果进行整理发现（见表6-14），在心理健康知识和专业技能方面，每次培训都有相应的主题，有助于汶川教师们的综合知识和专业技能的扩充，其中包括学习许多新的理念和方法。如第一次主要在于对灾区心理重建现状的深入全面了解，从而明白自身责任之重；另外，团体培训的方式让汶川教师们在体验中轻松成长，开拓了他们的眼界，增加了参与和应用的主动性、积极性。

表6-14　　第一次培训（2009年10月22日~25日）评估结果

	频次分布	典型表述
心理健康理论和技能	17	1. 培训形式多样丰富，新颖的团队建设对于我们既熟悉又陌生，这种方式给我们以后开展团队建设提供了丰富的素材。原来课堂可以很活泼、很新颖的方式开展，为我们将来进行团队建设提供出了一个发散思维的空间。 2. 较为深入直观地了解了灾后心理状况，对灾后重建工作中的心理健康支援有了一些全面认识。 3. 一件事的解决方法多种多样，要善于多动脑筋，从不同角度去思考，寻找解决问题的最佳方案。哪怕是竞争对手，也要在一定的范围内携手共进，达到双赢。 4. 获得了一些新的理念和方法，在小组活动中，知道了怎样愉悦地沟通和交流，也明白了相互信赖的重要性，并和大家建立了相互信赖的伙伴关系。团队活动让我深深感受到集体也可以带给你安全感，所以我们应该让我们的孩子也找到这样的感觉，向他们播撒我们的爱心。 5. 三天的培训虽然很累，但过得充实，不仅从培训的老师那里学到了很多知识和技巧，也从其他汶川教师那里学到了很多教学经验，使自己的理论素养和教学技巧有了很大的提升。 6. 学到了很多知识（如团队建设的重要性及如何组建团队，如何解决问题，如何在学校开展心理辅导，如何建立一个像模像样的心理咨询室等）。 7. 清楚了解了灾后中小学心理健康教育的重要性及其现状，明确了工作的目标。 8. 此次培训为我们现实的心理健康教育教学提供了方法上的指导，明确了多方面的注意事项，能够更好地开展本职工作。 ……

续表

频次分布		典型表述
积极性和兴趣	4	1. 培训收获很多，所有教师都很认真，很期待下一次培训的到来。 2. 三天的培训很短，有些意犹未尽，但是同时也明白三天延续出去还有很长很长，重要的是自己必须不断学习、不断应用、不断反思、不断探索，真正实现自己角色的转换，让"心理辅导教育"根植于内心深处，让自己的教学迈向一个新的阶梯。 ……
工作和生活的态度	8	1. 对自己所从事的心理健康工作有了另外一种看法，明白要正确、坚持地进行该项工作。 2. 通过培训，全面地认识自己所从事工作的重要性和意义所在，增强了信心和职业投入的决心。 3. 我们要从积极的方面看待问题，把所有的转换都看成是新的体验，同时要帮助别人树立活着的信心，激发他们其他方面活着的动机。 4. 在笑声中放松心情，在游戏中明白道理，让自己快乐地成长。 5. 用一种积极良好的心态去面对生活和学习，塑造健全的人格。 6. 收获了快乐。 ……
社会支持的力量	5	1. 见识了大师的风范，感受了授课老师的人格魅力和感染力，向有经验的老师学习。 2. 认识了许多新朋友，结下了深深的友谊。 3. 被培训老师的激情所感染，希望自己也可以感染、带动学生。

针对心理疏导培训体系，我们期望在培训过程中能不断调动他们参与的积极性和主动性。为此，培训首先根据教师的心理需求来确定培训内容，让受训教师感觉参与培训是有意义的，能够将所学知识及时用到自己的教育工作之中。从反馈结果可以发现，第一次培训的效果显著，很多老师反映培训很充实，开拓了他们的眼界，并感觉意犹未尽，期望着下次培训的到来。

教师培训明显地促进了参培教师的个人成长，这主要表现在两个方面：一方面是教师调整了工作和生活心态。培训过程中教师们体验到了学习的快乐，他们渴望将这种体验传播给学生；受训教师还明确了自己工作的重要意义，增强了职业投入的信心，从反馈表中可以发现老师们积极向上的情绪和高昂的斗志。另一方面是受训教师获得了社会支持力量。受训教师来自不同的学校，每个人的特质和特长都不一样，在培训过程中，大家相互学习、各取所长，在共同学习中结下了友谊，增加了支持系统的力量。另外，授课专家们的魅力和感染力给受训教师留下了直观而深刻的印象，这种榜样的力量具有很强的影响力。

2. 培训中期的评估结果

在第四次培训期间，受训教师参观了成都市三所中小学的心理健康教育工作，这给老师们留下了深刻的印象，他们认识到心理健康教育工作开展的多种方法，特别是把心理学知识和校园文化相融合。同时，他们通过观摩心理健康教育课，直接了解心理课程的方式和作用，让他们的培训学习提上了新的台阶，增强了他们对上好心理课的兴趣和信心。因此，参观学习很好地激发了老师们的学习动机和热情，参观模范特色学校的做法促进了受训教师的提高和进步。

培训中期阶段在心理健康知识和专业技能方面，受训教师的收获主要是如何在学校、班级开展心理健康教育工作，从点滴开始，从细节做起；在工作和生活的心态方面，受训教师有信心克服各种各样的困难，用心开展学校心理健康教育工作；在榜样的力量和友谊方面，老师们通过对比看到了差距，无论是学校层面还是个人层面的榜样，都给他们带来了希望和力量，他们有信心通过学习扬长补短，取得进步。详见表6-15。

表6-15 第四次培训（2010年6月13日~15日）评估结果

频次分布		典型表述
心理健康理论和技能	17	1. 知道了心理健康教育在中小学是怎么样去做的。但我们没有必要去羡慕别人，而是要将自己的特色突现出来。 2. 我校的心理健康教育工作的开展有了一个模板。虽然有很多的东西需要资金来支撑，但是这种理念却是可以学习的，全校性心理健康教育的宣传，由上而下的宣传，才能有良好的氛围。 3. 踏入清水河小学、草堂小学，我感慨万千，他们真的是从点滴细节入手，寻找各种切入点，抓心理教育。 4. 听了两节心理辅导课，说得太好了，太及时了。通过这两节课，我知道了以后在我的课堂上怎么渗透心理疏导的内容、方式、策略等。 5. 通过听了两节研讨课后，茅塞顿开，回去后就会在我的课堂教学中用这次培训学到的方法，尝试运用。 6. 感觉培训更加贴近我们的实际需要，完全是从我们的真实情况、从我们现实生活中遇到的困难出发，很感动老师们这么用心，很高兴能学到些实用的知识。 7. 回校后一定将所学知识运用到具体的教育教学中，特别要结合学科特点以及工作重点由简入繁找准切入点，进行心理学知识的运用。相信我校几个参加培训的老师，回校后一定会"以点带面"让更多的同事运用心理学来教育教学…… 8. 通过学习"谈学论教"、学习动机、学习策略等理论，在理论知识提高的同时，也发现了自己在教学中存在的一些问题与不足，对以后在学校更好地开展心理健康教育工作有很大的帮助。 ……

续表

频次分布		典型表述
工作和生活的态度	5	1. 争取回校后克服种种困难,将心理健康教育开展起来。 2. 虽然现在汶川的学校开展心理健康教育还有很多困难,一个人的力量很微薄,但是只要我们用心,我们拥有很好的硬件设施,坚持这项工作,我相信心理健康教育一定会在汶川发出光彩。坚信只有用心做事,才能把事做好。 3. 这次培训,让我受益匪浅,让我认识到,很多工作,很多细节,在任何时候都可以开展,比如心理学的学科渗透。在学校我上英语课,但是我也可以尝试把心理教育渗透到英语学习中去,很多东西其实都是融会贯通、相联系的。回到学校后,我想我可以进行更多的尝试。 4. 我们希望能将成都市学校的心理辅导室与学校文化建设运用到汶川县的学校心理重建工作。 5. 心理健康教育工作应该像吃饭一样自然,像空气一样重要。 ……
社会支持的力量	6	1. 第一天通过听课,特别是上午谢老师的课让人受益匪浅,展现了一个经验丰富又时刻站在学生的角度、以学生为中心的心理老师的风采及其效果。 2. 通过参观清水河小学、草堂小学以及大邑安仁镇学校,了解他们心理教育开展情况、方法及特点,找出了我们与他们在开展工作中存在的差距,为以后心理健康教育工作在学校的开展确定了目标与方向。 ……

3. 培训后期的评估结果

第八次培训的主题是团体心理辅导理论与应用,培训方式也是以团体辅导的形式进行的,可以说是体验式教学,参加培训的老师们对此印象深刻。对后期培训的评估结果整理发现(见表6-16),在心理健康理论知识和专业技能方面,参加培训的老师普遍反映深入了解了团体辅导的概念、团体成员与领导者、团体策划、团体动力、团体发展过程和团体辅导活动的相关理论知识,而体验式教学让他们亲身经历了团体辅导的开展过程,学会了相关技能和方法,从而全面地认识和了解了团体辅导。团体辅导内容丰富,过程有趣,很好地调动了老师们的积极性,他们还根据自己的经历提出疑问和困惑,进一步增加了参与培训的兴趣。

在个人成长层面,一方面这次培训大大丰富了老师们的知识和技能,他们反复提到"很想尝试",对返校开展团体辅导充满了期待并且信心满满。另一方面,中小学心理健康教育课给大家提供了良好的资源,团体辅导活动的组织安排也给大家树立了榜样。总之,这次培训也让各位老师受益匪浅。

表 6-16　　第八期培训（2011 年 6 月 16 日~19 日）评估结果

	频次分布	典型表述
心理健康知识和技能	17	1. 在实际体验中，我更深刻地理解了团体活动的目标、要点与发展过程。同时，也深切体会到了领导者在团体活动中的重要性。 2. 参加这次团体辅导的培训，使我知道团体的伦理道德很重要、契约很重要。 3. 了解到团体发展的阶段及发展历程，以后遇到冲突期不会束手无策了。 4. 我学会了一些团辅的技巧和方法。 ……
积极性和兴趣	4	1. 对本校教师能搞这样深入的团体辅导吗？老师之间能像今天这样开诚布公、坦然地讲述吗？这是我的困惑和疑问。 2. 团体辅导一直都是我比较感兴趣的内容，非常喜欢这次培训的氛围，以团体的方式来学习。 ……
工作和生活的心态	14	1. 回顾本次培训，我除了做到准时、认真参加每次小组活动、积极思考问题外，自己也有很多思考，包括对自己的生活、工作态度的自省，对团队成员的喜爱，以及团体辅导知识点的运用等。此外，我也有许多不足之处。 2. 团辅的学习，使我对今后的辅导工作更有信心了。 3. 学习了团体辅导的相关知识后，我发现自己在工作中忽略了许多问题，今后一定多加注意，争取把团辅做好。 4. 这次培训让我底气十足，也增加了很多信心。 ……
社会支持的力量	9	1. 几所学校所展示的心理健康课对我影响颇多，在看见各位老师的教学构思、教学技巧等方面的突出点外，更为我们今后如何上好心理健康课提供了良好资源。 2. 团体辅导的本次培训中，活动形式的多元性，让我眼前一亮，给了我们很多思考，真正的活动安排、组织等都给了很好的一个 model。 3. 这次培训对我返校后开展心理活动时调动大家积极性，或在任课时发掘同学们的闪光点都很有启发。 ……

4. 结论

通过对受训教师培训反馈表的质性分析，我们可以得出如下结论：

第一，灾后心理疏导培训体系有效地丰富了参培老师们在心理健康教育方面的知识，提高了他们的专业技能。

第二，灾后心理疏导培训体系在调动教师参与培训的积极性和兴趣方面效果显著，有效地保证了培训的持续开展。

第三，灾后心理疏导培训体系在一定程度上改变了教师工作和生活的态度及心态，增加了他们对未来的信心，有效地促进了教师的个人成长。

（二）相关人员对培训过程的质性评估

1. 汶川教育局成员对过程评估的质性研究

汶川县教育局 3 个行政人员与汶川教师接触得最多，他们能从多个层面了解汶川教师在培训后的各方面改变。通过对他们的多次访谈，了解了汶川县教育局成员对于培训体系成效的看法，主要体现在以下几个方面：

第一，心理健康意识。汶川县教育局成员在访谈中提到最多的是"心理健康意识"。受训教师意识的提升主要体现在两个方面：一方面加强了危机事件管理与日常心理教育工作。例如一位受访者提到，震后"第一次他们学校发生重大事件，他们没有意识到这些事与他们有关，更别说想办法解决问题；后来在学习培训的过程中，学校又一次发生事故，他们展开了一系列的心理危机干预，使学校不再陷入被动"。汶川教师能够以专业的技能来积极解决实际问题，说明了培训的有效性。另一方面，他们认为汶川教师"对于在教学中发生的事，也可以从心理角度给予分析，解决问题"。可见，无论是突发事件还是日常教学中，受训教师们能够有意识地去应用培训所学习到的知识和技能，体现了汶川教师在心理健康教育领域的意识提升。

第二，积极开展心理健康教育。汶川教师心理健康教育的工作意识带动了他们在学校开展心理健康教育工作。尤其是在文化类课程中应用心理学的元素，一方面增强了文化类课程的授课效果；另一方面也通过学科渗透的方式推广了学校心理健康教育。同时，汶川教师的心理学专业技能也在不断提升，受访者多次提到"心理团体辅导的方法与技巧有了很大的提高"。意识的增强、专业水平的提升使受训教师不断尝试在学校开展心理健康工作，并在工作中获得了成就感，这反过来又促进了汶川教师学习态度的转变。"汶川教师的态度也是从开始的有些抵触，到后来的接受，并融入其中，这与专业水平的提高都有极大的关系。"

第三，培训成效明显。为了进一步探讨培训效果产生的原因，我们分别就"课程设计"、"时间安排"、"专家师资"和"后续跟踪"等几个方面的问题与教育局成员进行了访谈。研究显示，他们对于前三个方面都给予了较高的评价，同时指出了"后续跟踪"方面的不足。教育局成员认为本次培训的"课程设计"

较为合理,做到了"理论与实践相结合","内容与汶川教师相结合","时间安排"比较符合汶川当地教师的实际情况,一方面培训"不影响教学工作",另一方面"给汶川教师留出了实践的时间,又在汶川教师准备放松的时候再次培训";"专家师资"全都是"行业内的精英","教学方法灵活多样;讲课深入浅出、通俗易懂;示范惟妙惟肖,让人身临其境;点评实在中肯,令人信服"。

2. 课题组成员的过程评估质性研究

在两年培训期间,课题组成员与汶川教师的住宿安排在一起,同吃同住的生活使他们的交往更为亲近,工作人员对汶川教师有较为深入的接触。通过访谈课题组成员,我们了解到工作人员对培训体系的效果的看法,主要体现在以下两个方面:

第一,工作认同。除了前面已经提到的"心理健康工作意识"与"心理健康工作技能"方面的提升外,工作人员还认为提升了汶川教师"心理健康工作理念"和"自身心理健康水平"。一些课题组成员指出,参加培训后"很多老师将心理健康教育当作自己的事业来做,增强了其责任感和使命感","具有了积极和迫切的工作意识";同时,汶川教师的"自我调节能力有了很大的提升,懂得如何缓解自身压力","能用更加积极、平和的心态去处理自身的身心问题","心态在每次学习交流中都有很大的提升","整个人更加乐观,愿意和人沟通","越来越积极向上,更有活力"。

第二,培训效果明显。关于培训课程的访谈结果显示,课题组成员都肯定了培训的"课程设计"、"时间安排"与"师资力量"等方面。对访谈资料进行分析发现,受访者认为培训课程的设计"能够融合中西教育理念",尤其是培训后半期"说课"与"示范课"的引入,使得汶川教师"受益匪浅";专家方面更是资源丰富,"既有国内的又有国外的,既有高校老师又有海外专家","既具有学术性又不乏实践性",这不但"拓宽了灾区老师的视野",又能"让国内外专家互补不足,取长补短"。但是,他们也发现了一些培训课程的不足,诸如"每期培训时间较短,学到的东西有限"、"培训间隔过长"、"缺少少数民族本土专家"等。同样地,一些课题组成员也指出了"后续跟踪"方面的不足。

3. 合作单位成员的过程评估质性研究

合作单位成员的观察与评价对了解培训体系的效果更为客观,值得我们去审视和分析。通过对合作单位的三位人员的多次访谈,我们了解到合作单位对培训体系的有效性的看法,主要有体现以下几个方面:

第一,改善了受训教师的精神面貌。对合作单位成员的访谈发现,他们观察到汶川教师的变化更多的是体现在"精神面貌"方面。如一位受访者提到"教师们的精神面貌有了很大程度的改观","他们已走出地震所带给他们不安、痛苦和疲劳，成为学生们的伙伴和专业的同学"。这里的"精神面貌"不仅仅是指个人的心理健康状态，还代表着当地教师的"工作状态"。一些合作单位成员观察到，"他们对心理健康工作产生了非同一般的态度，由一知半解到想方设法去开展这方面的工作"，"其主动性是有目共睹的"。说明了汶川教师在心理健康教育工作意识方面的提升。

第二，培训效果明显。在培训"课程设计"、"时间安排"和"专家师资"方面，合作单位成员均给予了较高的评价，给我们印象最深的是他们所提到的诸多"不容易"。受访者在访谈中提到，"为期两年的培训，所有的专家学者能够在教学、科研任务十分繁重的前提下，完全按照计划前往汶川开展培训，实属不容易"；"在课题组的协调之下，各方面人员，尤其是国内与国外专家的合作能够顺利、有效地开展，实属不容易"；"本次培训的耗资巨大，而课题组能够在有限的资金帮助下，坚持在每期培训时都负担大多数的食宿、交通费用和组织协调工作，实属不容易"。合作单位经常参加国内外的灾后重建工作，但大多数灾后重建的时间都是比较短暂的。对为期三年的灾后心理疏导培训体系，他们对从上到下、从外到内的教师培训模式给予了高度评价。

4. 结论

通过对相关人员的访谈研究，可以得出以下几点结论：

第一，培训提高了汶川教师心理教育的意识和技能，调动了汶川教师从事心理教育工作的积极性。

第二，培训体系的效果明显，相关人员对课程内容、时间安排和培训师资等方面给予了肯定评价，但对后续跟踪的评价相对较低。

第三，培训提升了汶川教师的精神面貌，帮助他们从灾后的心理创伤中恢复，提升了他们对工作和生活的信心；提高了汶川教师对心理教育工作的认同，促进了他们更好地开展心理教育工作。

总之，通过对汶川教师、成都教练和相关人员的量化研究与质性研究，我们可以看到，在灾后中小学生心理疏导培训体系的实施过程中，汶川教师和成都教练对培训课程内容、自我投入和感受、讲师风格和总体效果都是肯定的。培训体系提高了汶川教师的心理健康理论知识和技能，改变了他们的精神面貌，促进了他们对心理疏导工作的积极投入，达到了灾后心理疏导教师培训的目标。

第三节　灾后心理疏导培训体系的成果评估

灾后中小学生心理疏导培训体系的有效性检验，不仅体现在汶川教师和成都教练对培训内容、自我感受和投入、讲师风格和培训效果等方面的过程评价上，更为重要的是经过培训后的汶川教师和成都教练在工作和生活中的改变情况。所以，成果评估的对象有汶川教师、成都教练和汶川学生。对汶川教师和成都教练的成果评估包括了培训的影响、成效、可迁移性和可持续性等四个方面，通过量化研究和质性研究相结合的方式来考察培训体系对汶川教师、成都教练和汶川学生的成果情况。

一、灾后心理疏导培训体系的量化成果评估

(一) 汶川教师成果评估的量化研究

1. 影响的成果评估

为了评估培训体系的影响效果，在第七期培训结束后，对参与培训的教师所在的班级与没有参与培训的教师所在班级的学生进行抽样对比研究。前者为实验组，后者为对照组。通过对参培老师的学生在创伤后应激障碍（PTSD）、抑郁、问题行为、学业倦怠和创伤后成长（PTG）五个方面的考察，以此评估汶川老师参加培训学习后的影响成果。

(1) 研究对象。

被试按照学段，分为小学组和中学组。其中，小学组的实验组为 89 人，对照组为 90 人。中学组的实验组为 86 人，对照组为 92 人。

(2) 研究工具。

创伤后应激障碍（PTSD）、抑郁、问题行为、学业倦怠和创伤后成长（PTG）的研究工具，同本书第二章和第三章所使用的工具。本研究中，PTSD量表总的内部一致性信度系数为 0.89，量表三个维度的内部一致性系数分别为 0.89、0.91、0.90；抑郁量表总的内部一致性信度为 0.89；学业倦怠量表总的内部一致性信度系数为 0.84，情绪耗竭分量表、学习低效能感分量表、师生疏离分量表和生理耗竭分量表的内部一致性系数分别为 0.85、0.80、0.75、0.73，量表修订后的结构效度良好，验证性因素分析的拟合指数为：RMSEA = 0.073，NNFI = 0.93，CFI = 0.94；问题行为量表总的内部一致性信度系数为 0.91；PTG量表总的内部一致性信度系数为 0.92，三个维度的内部一致性信度系数在 0.80 ~ 0.86 之间，量表修订后的结构效度良好，验证性因素分析的拟合指数为：RMSEA = 0.07，NNFI = 0.89，CFI = 0.93。

(3) 研究结果。

根据先前的研究设计，在对小学生的身心反应进行调查时，主要从 PTSD、

抑郁和问题行为三个方面进行考察；对中学生的身心反应进行调查时，主要从 PTSD、抑郁、问题行为、学习倦怠和 PTG 五个方面进行考察。

汶川小学参培教师和非参培教师所教学生的身心反应调查结果显示，在接受专业培训后一年，参培教师与非参培教师所教的学生在 PTSD、抑郁、问题行为各维度上的描述统计和差异比较结果见表 6 – 17。

表 6 – 17　　　　　　教师参与培训对小学生的影响结果

		对照组 $M \pm SD$	实验组 $M \pm SD$	T
PTSD	闪回	3.38 ± 2.72	3.00 ± 2.42	0.97
	逃避	4.60 ± 3.86	4.20 ± 3.23	0.76
	高警觉	4.17 ± 3.06	3.92 ± 2.77	0.58
抑郁	抑郁	18.21 ± 9.88	17.97 ± 8.96	0.87
问题行为	暴力行为	2.09 ± 1.58	1.97 ± 1.58	0.52
	自杀行为意向	**2.06 ± 1.51**	**1.76 ± 1.36**	**1.42**
	饮食行为	2.84 ± 1.91	2.58 ± 1.80	0.96
	睡眠行为	2.39 ± 1.49	2.26 ± 1.43	0.59
	服药行为	0.71 ± 0.47	0.68 ± 0.46	0.43
	网络或手机使用	2.70 ± 1.74	2.73 ± 1.20	-0.13

由表 6 – 17 可知，参培教师与非参培教师所教的小学生在 PTSD 各维度以及抑郁上的得分不存在显著差异。但在问题行为的"自杀行为意向"维度上的得分差异显著，参培教师的学生自杀意向低于非参培教师的学生，在问题行为的其他维度方面，参培教师与非参培教师所教学生差异不显著。由此可见，对于参加培训的小学教师而言，其培训有助于帮助其学生减少自杀行为的意向。

汶川中学参培教师与非参培教师所教的学生在 PTSD、抑郁、学业倦怠、问题行为、PTG 各维度上的描述统计和差异比较结果见表 6 – 18。

表 6 – 18　　　　　　教师参与培训对中学生的影响结果

		实验组 $M \pm SD$	控制组 $M \pm SD$	T
PTSD	闪回	3.70 ± 2.40	3.52 ± 2.23	0.47
	逃避	**5.55 ± 3.50**	**4.82 ± 2.83**	**1.51**
	高警觉	4.49 ± 2.48	4.32 ± 2.79	0.43

续表

		实验组 $M \pm SD$	控制组 $M \pm SD$	T
抑郁	抑郁	18.99 ± 7.78	18.43 ± 7.94	0.48
学业倦怠	情绪耗竭	12.22 ± 6.41	12.33 ± 6.37	−0.11
	学习的低效能感	10.00 ± 3.49	9.84 ± 3.71	0.30
	师生疏离	5.36 ± 3.62	5.80 ± 3.39	−0.85
	生理耗竭	5.29 ± 3.69	5.50 ± 3.65	−0.38
问题行为	暴力行为	2.29 ± 1.04	2.27 ± 1.45	0.11
	自杀行为意向	2.57 ± 1.04	2.47 ± 1.17	0.61
	饮食行为	3.73 ± 1.31	3.54 ± 1.53	0.88
	睡眠行为	3.13 ± 1.24	3.07 ± 1.22	0.33
	服药行为	0.88 ± 0.31	0.81 ± 0.38	1.41
	网络或手机使用	3.66 ± 1.49	3.32 ± 1.43	0.19
PTG	自我觉知的改变	26.67 ± 8.50	24.62 ± 9.64	1.50
	人际体验的改变	21.20 ± 6.95	19.34 ± 7.93	1.65
	生命价值的改变	16.27 ± 6.02	15.84 ± 5.93	0.48

由表 6-18 可知，在 PTSD 的"逃避"维度上存在显著差异，即参培教师的学生高于非参培教师所教的学生，但在"闪回"和"高警觉"维度上不存在显著差异。在抑郁方面，参培教师与非参培教师所教的学生不存在显著差异；在学业倦怠各维度和问题行为各维度上的得分上，参培教师与非参培教师所教的学生不存在显著差异；在 PTG 的三个维度上，虽然参培教师的学生都高于非参培教师所教的学生，但差异也均不显著。我们分析，之所以出现这样的结果，是因为在课题培训中期，参培的教师会接受很多有关危机干预的知识，在课堂教学和平时管理中比非参培教师有更多的"心理反应"方面的知识，因此在与所教学生的互动中也会无意识的触碰到学生的心理创伤，所以参培教师所教学生与非参培教师所教学生在上述身心反应的消极指标上几乎没有差异，甚至有些指标还高于非参培教师所教学生。不过，参培教师所教学生在 PTG 的三个维度上都表现出高于非参培教师学生的趋势，值得进一步追踪探讨。

总之，通过对参培教师和非参培教师所教学生的身心反应进行调查可知，参培教师所带的学生在大部分消极和积极指标上与未参培教师所带的学生没有显著差异。结合第二节可以看到，虽然参培教师认为培训能提升自身的心理学专业知识和心理健康教育方面的专业技能，也更有热情和兴趣去从事心理健康教育工作，但是这种效果还没有及时地影响到学生。这提示要真正将培训学习到的知识、技术转化为实际的工作能力，并最终能够对学生带来积极的影响，可能还需要更多的转化，需要经历从培训学习到教育实践、从教育实践到反馈学习的多次循环过程。以上报告的结果只是课题中期的一个阶段性结果，可能培训的影响效果还需要时间去酝酿，这需要在课题结束之后进行追踪调查，以便充分评估教师对学生的影响。同时，在从培训学习转化到实际的过程中，教师也会遇到各种现实的问题，例如学校、制度等制约因素，因此要达成真正转化，还需要学校领导、制度、家长等多方面的持续支持。

2. 成效的成果评估

为考察本培训体系对参培教师带来的成效，在第七期培训后，对参培教师与非参培教师进行了焦虑水平、问题解决和教师职业倦怠水平的问卷调查，考察参培教师的个人受益和成长效果，以此评估培训体系的成效成果。

（1）研究对象。

课题组在第七期培训后在汶川县参加培训的每所学校中选择了参与培训的教师和未参与本课题培训的教师进行调查。收回有效问卷58份，其中参培教师32人，占55.20%，非参培教师26人，占44.80%；男教师23人，占39.70%，女教师35人，占60.30%；被试年龄在24~47岁之间，平均年龄31.67岁；被试教龄在1~29年之间，平均教龄为9.45年。

（2）研究工具。

状态—特质焦虑问卷（The State – Trait Anxiety Inventory，简称 STAI）由斯皮尔伯格（Spelberger）和高萨奇（Gorsueh）编制，经我国李文利、钱铭怡（1995）修订后，保留40个题项。其中，第1~20题为状态焦虑量表，主要反映即刻的或最近某一特定时间的恐惧、紧张、忧虑和神经质的体验或感受，可以用来评价应激情况下的焦虑水平。本研究采用的是状态焦虑量表，全量表进行1~4级评分（1. 完全没有，2. 有些，3. 中等程度，4. 非常明显），由受试根据自己的体验选择最合适的等级。计算出累加分值，最小值为20分，最大值为80分，得分越高，反映了受试者该方面的焦虑水平越高。本研究中，量表总的内部一致性信度系数为0.92。

问题解决问卷（Problem – Solving Inventory，PSI）作为应用最广泛的问题解决能力自我评价工具（Heppener & Baker, 1997），用于评价个体感知到的或自我评价的问题解决方式、能力和信心（Heppner, 1988），而不是实际的问题解决能力。问题解决问卷（PSI）中文版共35条目，分为问题解决信心、接近—回避风格、个人控制三个维度。评分按"非常同意"到"非常不同意"共6级，分数越低，表明自我感知或自我评价的解决问题能力越高（陈冲、杨思、崔梦侨，2010）。

职业倦怠问卷量表是根据马斯拉奇（1981）的职业倦怠三维度理论，并结合我国中小学教师的访谈结果所修编的，共 22 个题项，包括情绪衰竭、非人性化和低个人成就感等三个维度。本研究中，量表总的内部一致性信度系数为 0.79。量表修订后的结构效度良好，$\chi^2/df = 5.98$，RMSEA = 0.06，NNFI = 0.95，CFI = 0.96。

（3）参培与非参培教师心理健康状况差异比较。

在课题组进行专业培训一年半后，参培教师与非参培教师在焦虑水平、问题解决和教师职业倦怠各维度上的描述统计和差异比较结果，见表 6-19。

表 6-19　　　　　　　　教师参与培训的成效评估结果

		参培教师		非参培教师		t 检验
		M	SD	M	SD	
焦虑	状态焦虑	37.53	7.99	46.19	8.80	-3.92***
问题解决	问题解决信心	29.75	4.38	29.46	5.16	0.23
	回避—接近风格	45.44	7.02	44.92	8.29	0.26
	个人控制	17.16	3.75	18.54	3.47	-1.44
教师职业倦怠	情绪衰竭	13.66	4.86	17.46	7.06	-2.43*
	低个人成就感	20.16	4.83	22.96	6.12	-1.95
	非人性化	16.81	3.73	19.12	4.19	-2.21*

注：* 表示显著性水平为 0.05，*** 显著性水平为 0.001。

由表 6-19 可知，参培教师与非参培教师在状态焦虑问卷得分差异显著，参培教师明显低于非参培教师（t = -3.92，p < 0.001）。在问题解决的各维度上，参培教师与非参培教师差异不显著；在教师职业倦怠方面，参培教师与非参培教师差异显著，具体表现为，在情绪衰竭维度上参培教师显著低于非参培教师，在非人性化维度上参培教师也显著地低于非参培教师，在低个人成就感维度上差异处于边缘显著。可以说，参与培训有效地减少了教师的焦虑和职业倦怠。因为在培训的过程中，培训的内容涉及许多有关自我情绪调节、自我压力管理等方面的知识和技能，有助于教师用培训中所学的知识和技能进行自我的分析和调节，从而促进自身的身心发展。

3. 可迁移性的成果评估

汶川教师培训后，其开展心理健康教育工作的情况、校领导、教师和学生对学校心理健康教育的评估情况，这些都是可迁移性成果评估的主要内容。为了更深入地了解这些方面的情况，课题组采用自编问卷，于 2011 年 3 月对汶川 11 所中小学的 25 位校领导、191 位教师和 1 351 位学生进行了调查,从师资队伍、心理宣传活动、心理课程、心理咨询室、个体咨询、团体咨询、心理讲座、心理活动、心理培训、心理档案和学科渗透等 11 个方面来了解汶川教师开展心理健康教育工作的情况。

(1) 校领导对心理健康教育工作的评估。

采用频次分析的方法了解校领导对心理健康教育工作的评估情况,见表 6-20。

表 6-20　　校领导对本校心理健康教育工作的了解情况

排序	工作内容	有 人数	有 频次	不知道 人数	不知道 频次	没有 人数	没有 频次
1	心理健康专/兼职老师	25	100%				
2	心理健康宣传活动	25	100%				
3	心理咨询室	24	96%			1	4%
4	团体心理辅导	24	96%			1	4%
5	心理疏导讲座	24	96%			1	4%
6	心理疏导的学科渗透	24	96%	1	4%		
7	心理活动	24	96%	1	4%		
8	对非心理教师开展心理疏导培训	24	96%	1	4%		
9	个体心理咨询	22	88%	3	12%		
10	心理健康课程	14	56%			11	44%
11	学生心理档案建立	8	32%	8	32%	9	36%

由表 6-20 可见,所有的校领导了解学校的"专/兼职心理教师配备"和"心理健康宣传活动",说明心理健康宣传活动受到了校领导的关注,宣传效果得到了校领导的认同。96% 的校领导了解"心理咨询室的配备使用"、"团体心理辅导"、"心理疏导讲座"、"心理疏导的学科渗透"、"心理活动"和"对非心理教师开展心理疏导培训"等 6 个方面,说明这几类心理疏导工作效果较为显性,也得到了校领导的认同和关注。88% 的校领导了解"个体心理咨询"工作,56% 的校领导了解"心理健康课程"。但在是否了解"学生心理档案的建立"一题上,32% 的校领导表示了解,32% 的校领导则表示不了解。由此可见,汶川教师在培训后开展的心理健康教育工作中,绝大多数内容都得到了校领导的肯定评价,但是在"学生心理档案建立"方面工作尚未很好地开展。

(2) 非心理教师对本校心理健康教育工作的效果评估。

采用频次分析的方法了解非心理教师对本校心理健康教育工作的评估情况,

见表 6-21。

表 6-21 非受训教师对本校心理健康教育工作的了解情况

排序	工作内容	有 人数	有 频次	不知道 人数	不知道 频次	没有 人数	没有 频次
1	心理健康专/兼职教师	181	94.3%	6	3.1%	4	2.1%
2	心理咨询室	180	93.8%	9	1.0%	2	4.7%
3	心理疏导的学科渗透	170	88.5%	14	7.3%	7	3.6%
4	心理健康宣传活动	165	85.9%	21	10.9%	6	3.1%
5	心理疏导讲座	158	82.3%	20	10.4%	12	6.2%
6	心理活动	157	81.8%	28	14.6%	5	2.6%
7	对非心理教师开展心理疏导培训	156	81.2%	22	11.5%	9	4.7%
8	团体心理辅导	152	79.2%	26	13.5%	10	5.3%
9	个体心理咨询	145	75.5%	30	15.6%	12	6.2%
10	心理健康课程	123	64.1%	17	8.9%	51	26.6%
11	学生心理档案建立	83	43.2%	76	39.6%	30	15.6%

从表 6-21 可知，90% 以上的教师了解"心理健康专/兼职教师"和"心理咨询室"，对这两项的评价教师与校领导很接近。80% 以上的教师了解"心理疏导的学科渗透"、"心理健康宣传活动"、"心理疏导讲座"、"心理活动"、"对非心理教师开展心理疏导培训"等 5 个方面。"团体心理辅导"和"个体心理咨询"工作的被了解率分别是 79.2% 和 75.5%，中小学校非心理教师对团体心理辅导比个体心理辅导更熟悉。64.1% 的教师了解"心理健康课程"，了解率与校领导对心理健康课程的了解率（56%）差异不大。而问卷中涉及的 11 项心理疏导工作中，非心理教师最不熟悉的则是"学生心理档案的建立"，不了解率达（39.6%），这与校领导的调查结果（32%）相当，说明灾后学生心理档案建立的工作未能有效地开展。总体上看，汶川心理教师开展的心理工作得到了一般教师的肯定评价，普通教师对"心理健康课程"和"学生心理档案建立"两个方面评价较低，对其他 9 个方面的工作评价较高。

（3）中小学生对本校心理健康教育工作的效果评估。

采用频次分析的方法了解中小学生对本校心理健康教育工作的评估情况，见表 6-22。

表 6 – 22　　汶川中小学生对本校心理健康教育工作的了解情况

排序	工作内容	有 人数	有 频次	不知道 人数	不知道 频次	没有 人数	没有 频次
1	心理咨询室	1 142	84.5%	136	10.1%	73	5.4%
2	心理健康专/兼职老师	1 131	83.7%	160	11.8%	57	4.2%
3	心理健康宣传活动	963	71.3%	299	22.1%	87	6.4%
4	心理疏导讲座	944	69.9%	287	21.2%	115	8.5%
5	心理活动	922	68.2%	283	20.9%	140	10.4%
6	个体心理咨询	905	67.0%	329	24.4%	117	8.7%
7	团体心理辅导	900	66.6%	311	23.0%	137	10.1%
8	心理疏导的学科渗透	786	58.2%	464	34.3%	99	7.3%
9	心理健康课程	696	51.5%	192	14.2%	462	34.2%
10	对非心理教师开展心理疏导培训	352	26.1%	855	63.3%	115	8.5%
11	学生心理档案建立	342	25.3%	779	57.7%	228	16.9%
12	其他（请注明）	9	0.7%				

由表 6 – 22 可知，学生了解最多的是"心理咨询室"（84.5%），其次是心理教师（83.7%），这与校领导和教师的了解情况一致，第三是"心理健康宣传活动"（71.3%），之后了解率由多至少依次是"心理疏导讲座"（69.9%）、"心理活动"（68.2%）、"个体心理咨询"（67.0%）、"团体心理咨询"（66.6%）、"心理疏导的学科渗透"（58.2%）、"心理健康课程"（51.5%），但了解率最低的两个分别是"对非心理教师开展心理疏导培训"（26.1%）和"学生心理档案建立"（25.3%）。其中，在"心理健康课程"方面，有一半学生表示开设了相关课程，这与校领导和普通老师对心理健康课程的了解情况有所不同。在"对非心理教师开展心理疏导培训"上，学生比校领导与普通教师了解得少。在"学生心理档案建立"方面，学生相对校领导与教师的了解程度更差。

4. 可持续性的成果评估

2009 年 12 月课题组对 36 名受训教师调查了学校心理健康教育的开展情况，2011 年 6 月课题组又对 33 名受训教师进行了心理健康教育的第二次调研，将两次调研的结果进行纵向比较，可以考量培训体系的可持续性。调研主要从心理教师的教研活动情况、学校心理健康教育的工作制度情况、心理健康工作开展中的困难等三个方面进行。这是因为心理教师的教研活动是其后续发展的动力所在，学校心理健康教育工作的制度是心理教师开展工作的外在保障，而心理教师开展工作中的困难是制约心理教师工作开展的直接因素。

（1）教研活动情况。

对两个时间点的心理教师参与教研活动的情况进行调查，结果见图6-7。

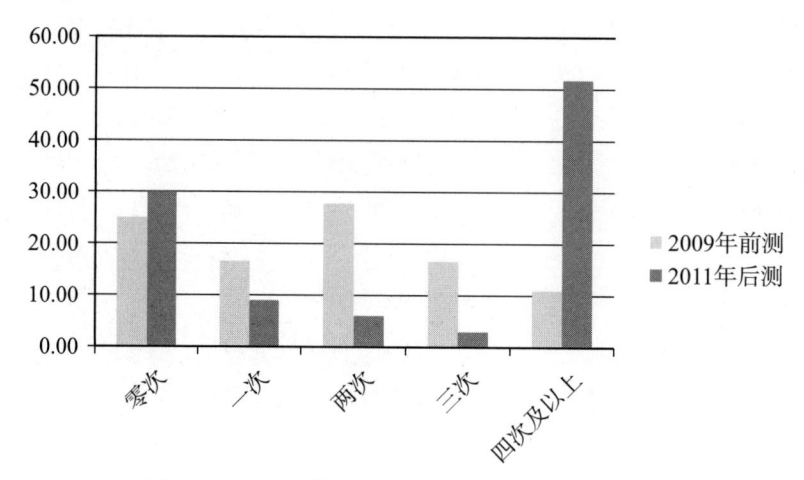

图6-7 心理健康教师参加教研活动的情况

由图6-7可知，在2009年时，心理健康教师参加教研活动明显偏少，只有57%的教师参加了两次及其以上的教研活动；而到2011年时，有60.6%的教师参加了两次及其以上的教研活动，其中超过50%的教师参加了四次及以上的教研活动。这说明，两年的系统培训增强了汶川县心理健康教师的科研兴趣，提高了心理教师的科研能力，强化了心理健康教师的教研活动，也促进了教师在工作中的交流和学习。

（2）学校心理健康教育的工作制度情况。

学校心理健康教育的工作岗位、机构、时间等方面的情况，反映了学校在心理健康教育工作的制度建设，对其调查也是可持续性成果评估的一部分，其调查的结果见图6-8～图6-10。

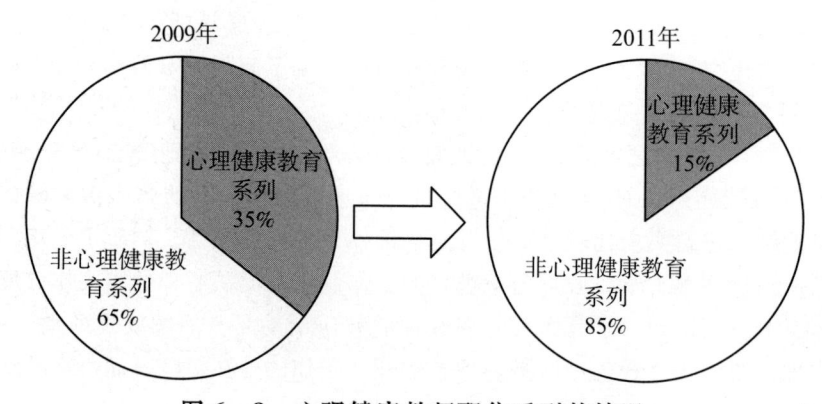

图6-8 心理健康教师职位系列的情况

由图6-8可知，在2009年，65%的教师不属于心理健康教育师资系列，但是到2011年时，已经有85%的教师不属于心理健康教育师资系列。这反映大多数学校在灾后非但没有设置心理健康教师的岗位，而且还减少了相关岗位，这在很大程度上限制了心理健康教育的发展。

图6-9表明，2009年汶川县66.70%的学校有心理机构或咨询室，即2/3的学校已有相应的机构了，还有33.30%的学校尚未设立相应的心理机构。至2011年，汶川县84.80%的学校有心理机构或咨询室，还有15.20%的学校尚未设立相应的心理机构。这反映了灾后两年来，汶川县中小学对学校心理健康教育的硬件投入开始加大。

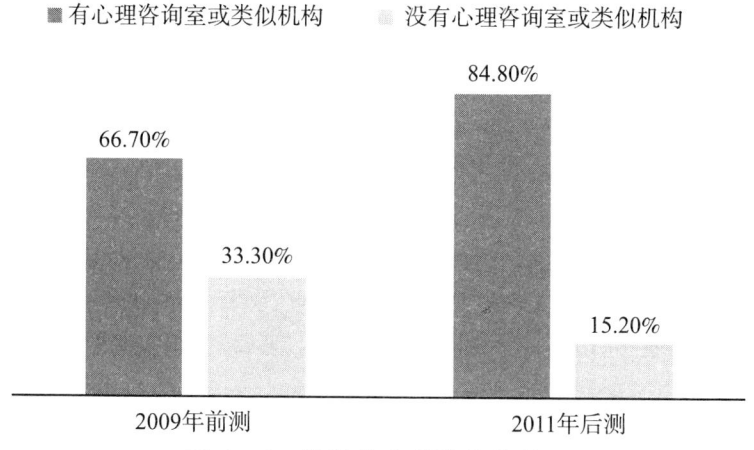

图6-9 学校的心理咨询室情况

从图6-10可知，2009年很少有教师（11.10%）的心理健康工作时间是在总体工作时间的30%以上；到2011年，该百分比也只增长到15.20%，专职心理教师多是身兼数职。在灾区，虽然有越来越多的中小学校（从2009年的66.70%到2011年的84.80%）配备了心理咨询室或类似机构，满足了灾后开展中小学心理疏导工作的硬件需求，但是从事心理健康教育工作的教师一方面在岗位上得不到认定；另一方面在工作时间上也得不到保障，这在很大程度上削弱了教师们的工作积极性，影响心理健康教育工作的实际效果。

（3）心理健康工作开展中的困难。

对教师开展心理健康工作的困难进行调查发现（见图6-11），2009年汶川县中小学心理教师开展工作所存在的困难主要在个人方面，47.20%的老师感到"时间和精力不够"，33.3%的心理教师认为"个人专业或组织能力不足"；在组织层面上，只有5.60%的心理教师认为"领导重视不够与支持不足"，8.30%的心理教师感到"缺少经费"，5.60%的心理教师感到"学生家长理解和支持不够"。

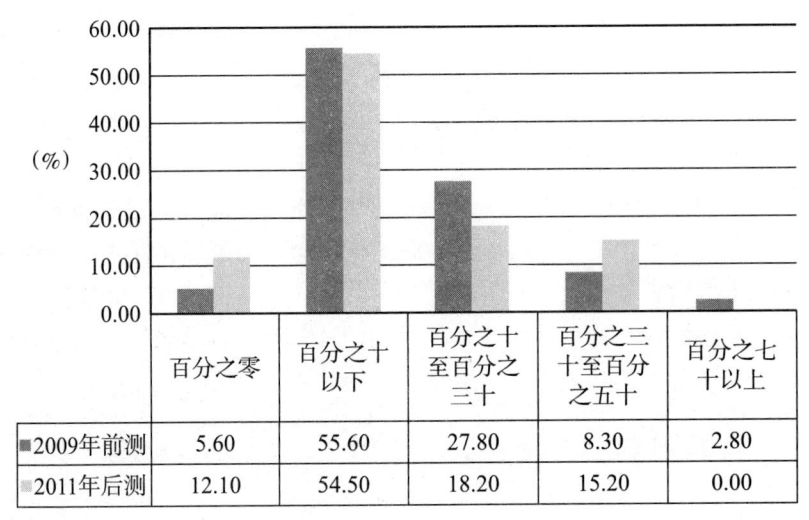

	百分之零	百分之十以下	百分之十至百分之三十	百分之三十至百分之五十	百分之七十以上
2009年前测	5.60	55.60	27.80	8.30	2.80
2011年后测	12.10	54.50	18.20	15.20	0.00

图6-10 心理教师的心理健康工作所占工作总时间的比例情况

而到2011年，汶川县中小学心理教师开展工作所存在的困难中，个人方面因素下降了，而"领导重视不够与支持不足"、"缺少经费"和"学生家长理解和支持不够"等方面的困难因素则增加了。这说明经过课题组两年多的培训，汶川县的心理教师在"个人专业或组织能力"方面已经有所进步和提高，并且也更善于分配时间和调节自身压力，所以才会在实际从事心理健康教育工作时间减少的情况下（见图6-10），反而没觉得"时间和精力不够"（从2009年的47.20%下降为2011年的36.4%）。

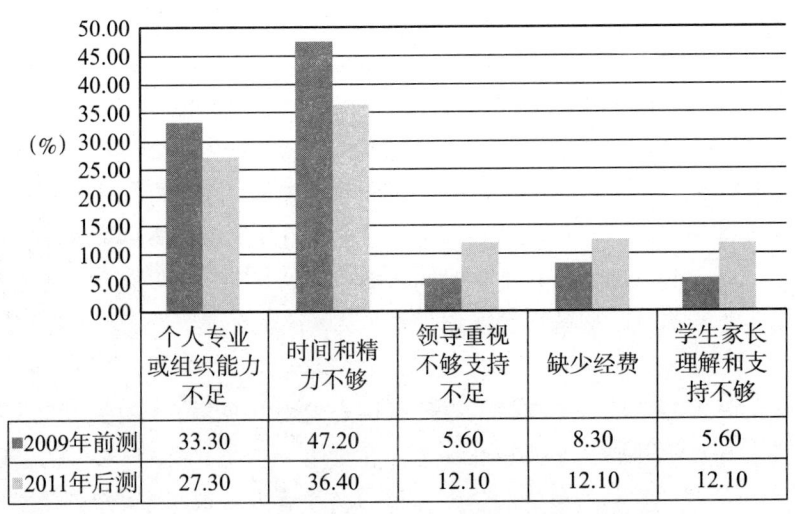

	个人专业或组织能力不足	时间和精力不够	领导重视不够支持不足	缺少经费	学生家长理解和支持不够
2009年前测	33.30	47.20	5.60	8.30	5.60
2011年后测	27.30	36.40	12.10	12.10	12.10

图6-11 心理健康教师开展工作存在的困难

通过可持续性的成果评估结果，可以发现大多数学校的领导是重视心理健康工作的，且能给予一定经费的支持；同时，学生和家长也能够理解和支持心理健康工作。因此，提高心理教师的专业能力，在学校体制中保证心理健康工作的内容和时间，对长期有效地开展心理健康教育工作非常关键。

5. 研究结论

通过对汶川中小学生、汶川教师开展心理疏导活动、参培教师心理健康状况和学校心理健康教育工作发展情况等四个方面的调查分析，在影响成果、成效成果、可迁移性成果和可持续性成果中，得出以下结论：

第一，在影响的成果评估中，参培教师与非参培教师相比较，在小学生的"自杀意向"上，参培教师的学生低于非参培教师的学生，说明参培教师对小学生的消极行为有积极的影响作用；在中学生上，参培教师的学生和非参培教师的学生在大部分指标上没有显著差异，这提示培训的效果要转化为实际的工作能力提升、能真正对学生有积极的影响，还需要教师更持续的练习和在实践中再学习，也需要学校、制度等多方面的持续支持。

第二，在成效的成果评估中，参培教师与非参培教师在状态焦虑问卷得分差异显著，参培教师明显低于非参培教师，表明经过这两年多培训的汶川心理教师的心理健康状况比未参加培训的教师更好。参培教师的职业倦怠水平低于非参培教师，说明培训体系对于参培教师维护心理健康、缓解和释放压力、提高工作热情和职业效能感等方面起到了促进作用。

第三，在可迁移性的成果评估中，校领导、教师和学生均肯定了"专/兼职心理教师"和"心理咨询室"两个方面，说明培训体系有助于促进中小学校建立心理健康教育师资队伍和工作设施。他们比较肯定"心理健康宣传活动"、"心理疏导的学科渗透"、"个别咨询"和"团体咨询"等工作，说明汶川心理教师能把培训中的知识和技能应用到学校心理教育的宣传教育、培训活动和心理咨询等方面。但他们对"心理健康课程"和"建立学生心理档案"两个方面评价较低，表明在课程建设和建立心理档案两个方面有待进一步加强。

第四，在可持续性的成果评估中，培训提高了心理教师的专业教育能力，加强了心理健康教师的教研活动，促进了教师在工作中的交流和学习。灾后心理疏导工作存在的困难中，心理教师个人方面的原因降低了，而学校体制建设中存在的问题凸显出来了，如心理教师岗位、领导重视程度、经费情况和家长理解等方面，在一定程度上限制了心理健康教育的发展。这说明了培训体系对汶川教师的专业发展起到了积极作用，但在制度建设方面仍然存在一些问题。

（二）成都教练成果评估的量化研究

如第五章所述，教练培训项目的主要目的在于通过提高成都教师的指导能力，以促进汶川教师的专业发展。成都教练经过培训后对汶川教师的专业发展促进作用如何，也是培训体系成果评估的重要组成部分。因此，课题组在培训的初期、中期和后期先后收集相关数据，对成都教练的培训成果也进行了评估。工具主要是成都教练自我评估表（见表6-23），该评估表有12题，以5点计分，分数越高，评价越好。

表6-23　　　　　　　成都教练自我评估表

教练计划的自我评估	从不(%)	很少(%)	有时(%)	经常(%)	总是(%)	均分
1. 我和教师就可以采取哪些措施来帮助他/她，达成了共识。						
2. 与汶川教师的对话让他/她以新的视角看待他面临的问题。						
3. 我相信他/她很喜欢我。						
4. 我不了解他/她在教练计划中试图达到的目标。						
5. 我相信自己有能力帮助他/她。						
6. 我和他/她正在向共同设定的目标努力。						
7. 我觉得我所联系的汶川教师很欣赏我。						
8. 我们在会谈中就什么对于他/她是重要的，看法一致。						
9. 我们彼此信任对方。						
10. 我们对于他/她的问题是什么，有不同的意见。						
11. 我们就会谈中发生什么样的变化对他/她有益，达成了很好的共识。						
12. 我相信我们对他/她的问题的处理方式是正确的。						

1. 影响的成果评估

教练计划的一个目标是帮助汶川教师形成自己的风格，在以后的心理健康教育工作中肩负一定的责任。因此本课题主要从教练对汶川教师成长的影响方面出发，对教练成果的影响进行评估。从成都教练的自我评估中可以发现"与汶川教师的对话让他/她以新的视角看待他/她面临的问题"一题，说明了教练通过教练计划对汶川老师产生的影响成果。

从三期教练的评估平均得分（见图6-12）可以发现，初期的得分最低

(3.16 分），中期的得分最高（3.67 分），而后期的得分（3.58 分）稍低于中期，但差异不显著。这说明教练计划的实施初期，由于教练们经验不足等原因导致教练对汶川老师的影响并不大；而随着课题的深入开展，教练对汶川老师产生的影响也越来越大，教练的督导作用也逐渐起效。正是因为这种互动形式的持续，使汶川老师的各方面能力和独立性得以提升，因此，在后期的时候教练对他们的影响趋于平稳。

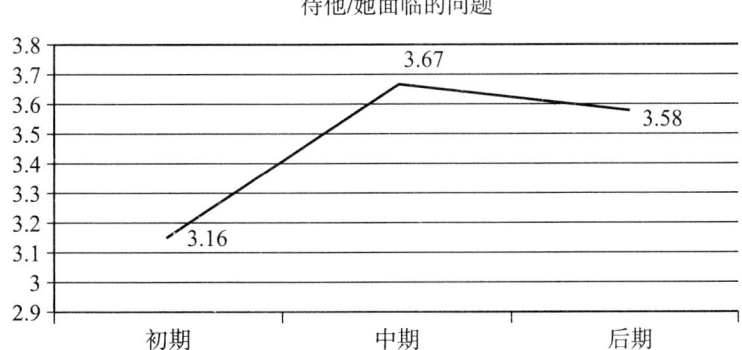

图 6-12 教练影响的成果评估

2. 成效的成果评估

对成都教练进行培训主要是为了提升教练组的指导质量，提高教练组的教练技术，从而协助汶川老师更好地开展学生心理辅导工作。在培训中，提升教练的沟通技巧、沟通能力，有助于提升其与配对教师互动的效果，因此本课题主要从教练与配对教师互动的效果方面来对教练成果的成效进行评估。

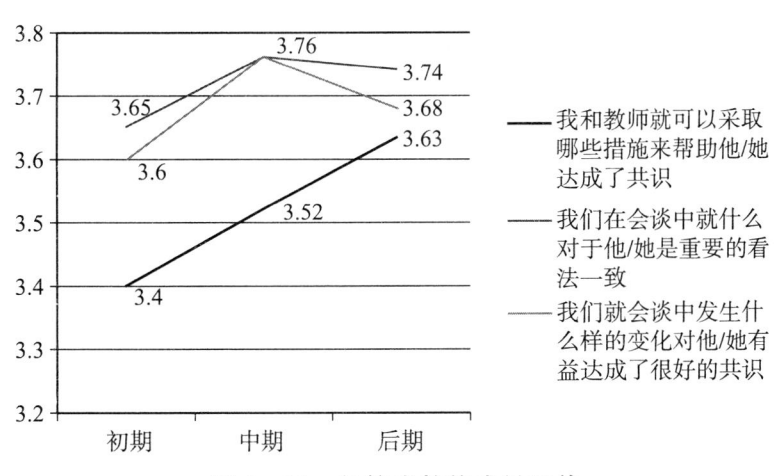

图 6-13 教练成效的成果评估

从图 6-13 中可以看到，在"我和教师就可以采取哪些措施来帮助他/她达成了共识"、"我们在会谈中就什么对于他/她是重要的看法一致"、"我们就会谈中发生什么样的变化对他/她有益达成了很好的共识"三个问题上都有所变化，基本上较之初期，中后期的培训成效要大些，尤其在"我和教师就可以采取哪些措施来帮助他/她达成了共识"这一项上，是持续的上升，一个原因可能在于教练采用了在培训中所学到的知识技能。

3. 可迁移性的成果评估

随着培训的开展，教练对自己指导教师的能力的信心是其培训成果的重要方面，所以对于教练的可迁移性成果主要评估教练对教师指导的自我效能感和能力。培训初期，许多教练有焦虑和担心，一方面是由于对自身专业能力的不自信；另一方面是出于缺乏相关教练经验的考虑。基于各种因素，教练们对于他们日后要开展的这项教练工作是存在忧虑的，从初期培训"我相信自己有能力帮助他/她"、"我相信我们对他/她的问题的处理方式是正确的"两项上的平均得分（均为3.7分）可以看到教练们的自信心不足，而随着培训的开展以及与汶川老师的互动，他们的教练效能感有所提升，然而后期，这种自信心又有所减少。

如图 6-14 所示，在"我相信自己有能力帮助他/她"一项上，从初期的3.7分到中期的3.9分再到后期的3.84分，能够看到教练的效能感是明显增强了的，即使是后期的评估中得分也比初期高，之所以会较之中期有所下降，可能是由于在教练工作开展过程中，面临着各种新问题，工作开展得越多，出现的问题就越多，不断出现的问题和困难也会引起教练一定程度上的挫败感，从而降低他们的自信心。在"我相信我们对他/她的问题的处理方式是正确的"一项上，后

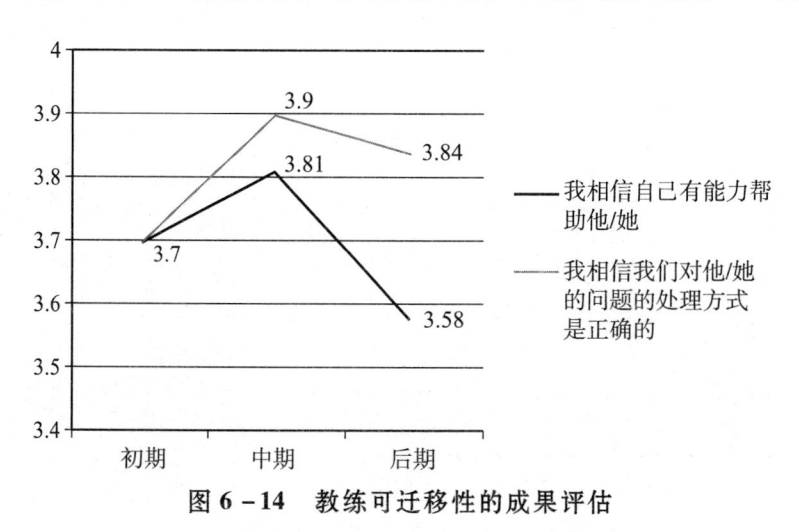

图 6-14 教练可迁移性的成果评估

期的评估比较低，这不仅是因为教练在工作开展中受到打击，还与汶川老师在参加培训后自身能力的提升以及成都教练"教然后知困"的自我认知有很大关系。所以，不能只看数据表面的一个状况，从整体上来说，培训对教练自身效能感的提高起到一定的作用，效果还是值得肯定的。

4. 研究结论

综合分析上述结果，可以发现对成都教练培训的成效主要体现在以下三方面：

第一，成都教练对汶川教师产生的影响随着时间的推移而越来越大，成都教练的督导作用也是逐渐起效的。

第二，成都教练的沟通技巧、专业能力等方面在与汶川教师互动中产生了积极效果。

第三，随着成都教练与汶川教师的互动加强，成都教练的效能感有所提升。

二、灾后心理疏导培训体系的质性成果评估

在灾后心理疏导教师培训系统的全部工作结束后，每一位参培教师都总结了自己两年来的培训心得，完成了个人成长报告。课题组从全程参加培训的汶川教师 50 人中随机抽取 10 份个人成长报告进行了质性分析。

（一）汶川教师成果评估的质性研究

1. 汶川教师个人成长报告的内容分析

根据中文特点，参照有关研究用"含义"和"词汇"作为分析单元的做法（张力为、符明秋，1999；陈建文、黄希庭，2001），用语段作为分析单元，即用有独立含义的一段文字作为分析单元。语段离开文本背景也能读懂，可以是句子、短语、词汇等。个别语段可能有多种含义重叠，参照有关研究的做法（郑涌、黄希庭，1997；夏凌翔、黄希庭，2004），根据含义分别登记，如"尽量把培训中学到的许多实用的方法与策略运用到教学生活中"，其中既包含"理论知识"又包含"教学实践"；又如"能轻松熟练地开展学校的教学工作"中既包含"情绪体验"又包含"心理健康教育实践"，类似这样的表述，编码为 2 个。最后统计各类要求出现的频次，并按降序排列，内容分析的结果见表 6-24。

表 6-24　　　　　　　汶川教师成长报告的内容分析表

大类目	小类目	核心意义词汇	频次	百分比
A 理论知识	专业知识和理论（21）	专业理论知识得到了进一步的提高；丰富的知识内涵；接触到了自己本学科以外的许多知识	41	20.71%
	心理咨询（13）	短期焦点治疗；个体咨询；家庭治疗；心理辅导；团体辅导；心理疏导的方法		
	思维方式（7）	思考问题能站在更高的境界；模糊的概念清晰化；强化多元的思维模式		
B 教育理念	教师心理健康（16）	认识到教师心理健康的重要性；教师完善的心理素质和人格是构成良好师生关系的基础；教师的心理健康还得由教师自己维护	34	17.17%
	心理健康教育理念（15）	认识到了学生心理健康的重要性和必要性；心理疏导相关知识的目的；（对学生心理健康）起到及时预防、发现作用		
	教师职能（3）	最好的和最直接的心理疏导者应该是教师		
C 个人成长	自我调节（14）	更能调整自己的心理状况；正视压力才是解决之道；更平和的心态；需要休息和放松；可以进行积极的心理暗示；勇敢面对压力	30	15.15%
	成长转变（10）	帮助我成长；成功地转变为合格的人民教师；通过学习才让我放下了包袱		
	自我了解（6）	更多地了解我自己；自我探索；帮助我自己更多地了解自己；情绪对自己的影响		
D 心理健康教育实践	积极开展（6）	心理健康教育纳入工作计划之中；积极开展心理健康教育的工作；心理健康工作在校顺利开展	21	10.60%
	启动心理健康课（5）	启动心理健康教育课程；让心理健康课走进班会课		
	心理咨询（5）	把所学的心理学知识和技巧应用到实际的心理咨询工作当中；更好地服务来访者；根据不同心理特点，进行心理疏导		
	其他形式（5）	心理健康宣传（3）；主题班会（2）		

续表

大类目	小类目	核心意义词汇	频次	百分比
E 教学实践	关注学生（11）	在教学中时常以心理学的角度去关注学生；需要关注的是学生学习的动态；尊重他们学习过程中的发展特点	20	10.10%
	自我监控（5）	在教学中调控好自己的情绪；避免说"你不行"、"你不是好孩子"这类刺激他的话语；用鼓励的语气去表扬他		
	促进工作（4）	能轻松熟练地开展学校的教学工作；解决工作中遇到的很多难题；帮助学生学得更好		
F 情绪体验	知后情绪（16）	更为坦然；给了我强烈的感染；重新看到了希望	20	10.10%
	行后情绪（4）	宽容的心态；接纳的心态；轻松熟练地开展学校的教学工作；很感动		
G 师生沟通	师生沟通	尊重；倾听；给予一定的鼓励和肯定	12	6.06%
H 生活实践	生活实践（7）	在自己的人际圈、朋友圈中运用和分享；提升自己的生活品质；影响我的生活	7	3.54%
I 反思	总结反思（7）	自习领悟；用心参与就肯定会有收获	7	3.54%
J 实践总结	实践总结（6）	学以致用；不断的实践总结	6	3.03%

由表6-24可知，汶川教师经过两年的培训后，在"理论知识"方面收获最多，占20.71%；然后由多至少依次为"教育理念"（17.17%）、"个人成长"（15.15%）、"心理健康教育实践"（10.60%）、"教学实践"（10.10%）和"情绪体验"（10.10%）、"师生沟通"（6.06%）、"生活实践"（3.54%）和"总结反思"（3.54%），最后是"实践总结"，占3.03%。

2. 质性分析的结果

（1）认识提高。

分析汶川参培教师们这两年来的收获，首先，许多教师表示"专业知识得到了提高"，非心理学专业的教师表示通过培训对心理健康教育的知识有所了解，"新观念促成我的新认知"，年轻教师表示"对没有的经验有了初步的了解"。在理论知识中，许多教师除了泛泛地提到专业知识外，还表示在心理咨询和学习后的反思方面都有所收获。

其次，教师们的心理健康教育理念得到强化。所有参培教师都理解了教师心理健康的重要性，如"教师完善的心理素质和人格，是构成良好师生关系的基础"，"每一位教师都应该从自身的心理健康的角度，完善自己的人格，提升自己的人格魅力"，"教师心理不健康就不能正确理解学生的行为"。不仅如此，参培教师们也越发意识到对自身心理健康的责任，如"教师的心理健康从根本上说还得由教师自己维护"，这有利于心理健康教师自发地关注自身心理健康，进行自我调节，维护身心平衡。除了自身心理健康外，参培教师们对心理健康教育的目的、方法、作用也有了更新更全面的认识，也明确了教师在中小学心理健康教育中的作用。

最后，教师们对所学的知识进行了思考，或者联系自己的生活和工作实际进行了反思，这些都有利于汶川中小学心理健康教师们讲所学理论知识运用于实践。

（2）行为改变。

系统的培训不仅提高了汶川教师的认识水平，也促进了他们的行为改变，具体表现在个人成长、心理健康教育实践、教学实践、师生沟通、生活实践等方面。

在个人成长方面，很多老师都表示参加培训对于自身的成长帮助很大，主要体现在加深了自我了解，促进了自我的成长和改变，学会了进行自我调节。

在心理健康教育实践方面，每一期培训结束后，参培教师都会回到所属学校开展工作，包括开心理健康课，组织学生和非心理教师进行团体活动，开主题班会，对学生进行个别咨询或团体辅导，开展全校讲座等宣传活动。

在教学实践方面，由于汶川中小学心理健康教师绝大部分都还兼有教学工作，所以参培教师们在教学上也自觉或不自觉地学以致用。比如，"在教学中时常以心理学的角度去关注学生"，帮助学生"放松学习的心理压力"；同时提高自我监控，"在教学中调控好自己的情绪……不以发怒的情绪去对待他们"；多用正面的表达和鼓励的话语，"避免说'你不行'、'你不是好孩子'这类刺激他的话语"。

最后，参培教师们还表示，在平时与学生沟通时，会"信任和尊重孩子们的身心发展特点"，主动"了解孩子的意愿，更多倾听他们的表达"，并且给予一定的鼓励和肯定。在生活中，教师们也能把培训所学"在自己的朋友圈中运用和分享"，或以此来"提高生活品质"。

（3）态度积极。

教师们在参加培训后普遍感到很受鼓舞，对于中小学心理健康教育工作更有信心了，对于在工作中将面临的困难和压力更有勇气去面对。在实践过后，对于学生们的反应也感到动容，并表示能够"轻松熟练地开展学校的教学工作"。

3. 研究结论

通过对汶川教师的报告分析，可以发现他们在以下三个方面取得了明显的成效：

第一，汶川教师对心理健康教育的认知水平有所提高，主要体现在理论知识和教育理念的改进。

第二，汶川教师把心理知识应用到实践工作的能力迈进了一大步，体现在个人成长、心理健康教育实践、教学实践、师生沟通、生活实践等方面。

第三，汶川教师在人生态度上有所改善，对待生活更加自信，对待他人更加宽容。

（二）成都教练成果评估的质性分析

在成都教练项目培训结束后，课题组也要求每位教练提供个人成长报告。我们通过对成都教练的个人成长报告分析，可以评估成都教练运用教练技术对汶川老师的督导和支持的效果。下面我们采用个案分析方法，对某个教练与其结对教师之间的协助和支持过程进行分析。

关于教练督导工作的效果，主要从两方面进行分析，一是成都教练对汶川教师成长的见证，二是汶川教师对教练及其工作的评价。由于各个配对组工作的开展有一定差异性，我们只选取成都周教练和汶川陈老师这一组进行分析探讨。

周教练是大邑安仁镇中学的副校长，从事学校心理健康教育工作多年，具有丰富的经验，参加课题组培训成为教练后，积极配合专家，与结对教师建立信任的关系，在心理教育援助的过程中，多次深入汶川直接指导，还多次把汶川老师邀请到他所在的学校进行实地考察学习。他的结对陈老师是卧龙特区中学的政治老师，兼职学校心理健康教育，陈老师有着教师特有的工作热情和爱心，对学生的教育工作很热忱，对学生的关心无微不至，接受课题组的培训后，不断将所学知识技能运用于实践，对于心理健康教育工作中遇到的问题及时向教练请教，虚心好学。周教练一直对陈老师给予情感支持和专业指导，经过近两年督导式培训，周教练也见证了陈老师的成长。

1. 陈老师的成长报告

第一，思想观念的转变。陈老师把课题培训比喻为一艘大船，参与课题就是朝向新的目标起航。她说"参与课题培训后，我收获了知识，收获了友谊，旧有的思想和观念经历着一次又一次的碰撞、洗礼，曾经消极、颓废的我重新燃起了热情，从一个观望者逐渐成长为一名舵手。一个原本活泼、开朗、热情的我又被重新找了回来"。

第二，教育理念的转变。对于如何对学生进行有效的教育，如何理解学生的心理和行为，如何理解教师的角色等等这些问题，陈老师都有了自己的思考和认识。在专家和教练的指导下，对教育的理解也有了自己的看法和观点，明白了心理健康教育的重要性，希望在今后的教育工作中践行。

第三，教学能力提高。在多次向教练咨询教学问题和专业技能后，陈老师不断地将教练的指导用于课堂教学和心理健康教育工作，极大地促进了课堂效率和学生学习效率。

2. 陈老师对周教练的评价

陈老师说周教练为她导航，她才有信心驾好这艘船，走得更远。"假期我认真读完周老师的《心晴之旅——初中心理健康教育实例》后，我有了想要尝试的冲动，我现在上初三的政治课和初一的生命与健康以及美术课，我每周可以试着在初一和初三各上一节心理健康教育活动课。当我把这个想法告诉周老师后，很快得到了他的大力支持，他把他这些年来用心血和汗水积累的教案给了我。凭借着这些教案，我开始了我的尝试，我想成为'心理健康教育'这艘大船的一名舵手。"

从陈老师的报告中可以看到，教练的工作不只在情感支持，还包括资源支持。周教练把多年来积累的实例提供给陈老师学习和借鉴，可以看到教练不仅在结对教师出现问题的时候进行指导，还主动出击，为他们提供资源条件，帮他们探索新的东西，真正做到"授人以渔"。

3. 研究结论

通过对成都教练的问卷调查和质性研究的分析，可以得出以下结论：成都教练对汶川教师的指导工作取得了良好的效果，成都教练为汶川教师提供稳定的情感支持和专业资源，达到了提高汶川教师心理健康水平、促进汶川教师自我成长和提高其开展心理健康教育能力的成效。

（三）灾后心理教练模式值得推广

当灾后心理援助从应急救援阶段逐步过渡到灾后重建阶段，学校教育教学秩序将逐步回归到常态，灾后心理干预和援助工作也要逐步过渡到常态的学校心理健康教育工作。此时，实施心理援助的主体也应该由外来志愿者逐步过渡到当地的教师。

本课题所创立的督导式教师培训模式，通过"专家培训教练——教练结对帮扶教师——教师指导学生心理教育"的层层推进，有力地促进了灾后心理疏导的长久开展。上述量化和质性的研究成果都证明心理教练模式是有效的，实现了心理专家、教练教师、灾区教师有效合作与共同成长的目的，是汶川地震后心理援助模式的一种创新。

第四节 对灾后心理疏导培训体系的反思

虽然通过系统的过程评估和结果评估，整个灾后中小学生心理疏导的教师培训体系取得了较好的成效，但在调研和访谈中，我们也发现培训体系存在某些问题，需要在今后进一步改进。

一、课程内容的整合问题

由于课题组在前期调研中发现汶川中小学教师存在较为严重的职业倦怠和心理创伤，因此，在培训初期主要是教师心理健康、自我保健和问题解决等主题，以促进教师的心理保健和自我康复，保障他们能够正常地生活和工作。但是，由于许多参培教师缺乏基本的心理学知识，他们在应用心理健康知识和技能时存在着"知其然不知其所以然"的情况。而那些具有心理学知识背景的汶川教师，又由于缺乏实际的工作经验和方法，对于在培训后如何应用心理健康教育的知识也存在问题。

随着培训的深入，参培教师对心理学知识的学习需要日益增加，课程内容出现了以工作需要为主还是以学习需要为主的矛盾。以工作需要为主，强调培训的实践性和当下性，培训需根据实践的需要不断调整；以学习需要为主，则重视培训的系统性和逻辑性。虽然课题组在培训过程中努力整合课程内容，但仍然有不如意的地方。因此，整体上看，汶川教师和成都教练对课程内容评估的满意度相对而言比较低，这说明了灾后心理培训确实存在一定的难度。

二、专业训练与实务应用的结合问题

在调研中汶川老师建议"如果还能请一些一线心理健康课教师给我们展示一些心理健康教育课，效果会更好一些"，"虽然每期培训都有效果反馈表，但没有充分利用反馈表进行课程调整"；汶川教育局对培训体系也提出了中肯的建议，如"培训教材最好能够编辑成册，以便于汶川教师以后阅读"，"教练与汶川教师的联系应制度化"；合作单位对培训体系的建议是"相对于课程设计预期

的效果，限于各方面的原因，我们只完成70%的任务"；各方面人员对"后续跟踪"效果不佳的评价是"主要受到经费、师资等方面的影响，后续跟踪前期还算可以，但是后半期就相当弱了"。

这些对培训体系的评价，反映了汶川教师不仅需要心理知识的专业训练，他们更加需要在实践应用中的具体指导，心理培训不仅要紧密结合学校工作需要，而且要有很强的操作性和连续性。另外，由于参加专业培训的中小学心理教师，其本身也是地震灾难的受害者，他们自身也有心理成长方面的问题，因此未来需要增加对心理老师的个人成长小组的内容。与此同时，对这些培养的专业人员长期性的职业生涯辅导和个人成长，也是需要考虑的一个重要问题，并应该尽量在培训初期就给予足够关注，进行必要的工作规划。

三、灾后中小学校心理培训本土化的问题

在我们创建的灾后中小学生心理疏导的教师培训体系中，不但拥有国内心理学最为强大的研究团队，而且还获得了海外力量的支持。因此，培训师资涵盖国内外从事心理学理论、实务研究方面的专家学者，这让汶川教师扩展了视野，获得最为前沿、权威的理论知识与实务技能。然而，这也带来了一些问题。例如，专家学者将先进教育理念不断地介绍给当地教师，但由于汶川教师较为薄弱的心理学专业背景，很难将这些新的理念与实际工作相结合。面对实际问题时，部分汶川教师虽然不像原来那样"墨守成规"，却也只能"照猫画虎"，也就是形式上的盲目模仿较多。所以，有些汶川教师说"为什么专家教授们在讲台上做起来那么轻松，那么有效，而我回去一试却发现远不是那么回事？"关于培训理念本土化的问题，课题组在培训过程中已经意识到，并采用了"成都教练模式"予以解决，但是要达到真正本土化仍有一段不短的距离。

四、成都教练模式有待完善的问题

"成都教练模式"是培训体系的一个创新，是开创性地对灾后培训的尝试性研究，也是我们期望解决"培训泡沫"的措施。在培训过程中，成都教练与汶川教师如何结对，教练与教师的互动模式如何展开，采用何种手段激励、督促教练模式的顺利开展，如何评估教练模式，这些问题是课题组需要解决和研究的问题。

在对成都教练模式评价中，汶川教师的建议有"汶川教师与教练的沟通不够及时、有效"，"没有提出具体的任务以帮助汶川教师去实践，致使部分汶川

教师在培训后不能自觉地投入相关工作之中"。同时，成都教练反映"教练培训中有部分内容并不符合教练的需要，需要运用的技术培训中没有涉及，且不是所有的内容都能运用到教练工作中，容易产生挫败感"；而成都教练的心理学水平参差不齐，部分教练在为汶川教师提供专业帮助和支持时显得力不从心。因此，成都教练建议"培训内容一定要结合教练的基础和需要，进行针对性的培训，不能单方面的理论灌输"。

在应用教练培训模式中，应将培训所得的知识技能运用于指导汶川教师心理健康教育工作中。有些成都教练表示指导汶川教师的效果有限，调研发现一方面是因为成都教练和汶川教师面对面地接触时间太少，交流时间太短，互动活动缺乏，很难深入地对汶川教师进行督导；另一方面是因为教练技术的运用不到位。因此，今后教练培训模式应考虑增加成都教练和汶川老师共同培训的环节，增加彼此的互动和深入了解，增进双方的感情联结，促使成都教练更好地对汶川教师进行有效的指导。

总之，尽管本课题在灾后心理疏导的教师培训中还有许多值得改进之处，但是瑕不掩瑜，本课题仍取得了宝贵的可资推广的经验，可供今后的相关项目参考。

第一，项目的实施。项目的各方资源联动，国内外心理学实力的联合，课题组专家、国外基金会专家、在读的心理学硕博士、成都地区一线有经验的教练等多支专业力量的合力，为本项目的顺利实施提供了专业力量上的保证。

第二，援助对象的选择。本项目考虑到灾区中小学生比较集中的特点，通过对学校心理老师和家长进行心理干预，从而把心理援助工作扩大到社区，形成点面结合，以点带面，逐步扩大的趋势。

第三，培训内容及方式的选择。本项目培训的课程设置具有渐进性和系统性。考虑到本项目的一个重要目的是为灾区培养长期从事心理健康教育工作的合格队伍，结合培训对象的实际情况，设计了有针对性的系统而渐进的培训内容，为灾区心理教师打下了坚实的专业基础。培训方式采用理论与操作结合、定期的督导、心理课实操等方式进行，具有良好的效果。

第四，培训师和教练的选择。本项目选择北京师范大学、四川师范大学、西南民族大学的心理咨询专业的专家、教授为本项目进行长期的服务；同时也有效利用灾区本地专业资源，利用成都一线经验丰富的心理教师对进入本项目的汶川心理老师进行定期的、专业的"一对一"的督导，提升他们的专业能力，进而提高本项目在灾区的心理援助质量，为灾区培养了一支可以长期从事心理健康教育工作的合格队伍。

第七章

灾后中小学生心理疏导的政策与管理

本课题在系统梳理国内外有关重大灾害对中小学生心理影响的研究文献，使用追踪的方法深入调查我国中小学师生心理发展特点的基础上，提出并实施了有利于灾后中小学生心理疏导的体系。本课题明确提出和落实了"以教师作为治疗师的理念为核心，以培育学校内部力量、完善学校心理健康教育体系为重点，同时纳入家长这支重要力量"的中小学生心理疏导总体思路，通过系统、专业、长期的教师培训来间接干预的工作方案，整合了国内外资源、政府与社会力量、本地与外来专业队伍，在三年多的时间里，做出了有益的工作。本课题的工作对于未来类似灾难发生后的中小学生心理疏导工作可以提供有意义的借鉴。在融合这些经验的基础上，结合四川灾区的实际情况，我们尝试对灾后中小学生心理援助工作的政策制定、人员配置、资源利用提出思考和建议，以期对灾后中小学生心理援助工作专业、有序、持续地开展提供指导与帮助。

第一节 应急期中小学生心理援助的政策与管理

地震发生后的两三个月为应急期。从第一章的文献综述中我们看到，在灾后的应急期，受灾中小学生的心理状况处于非常不稳定的状态，容易发生急性创伤后应激障碍，尤其是那些受到严重创伤的群体，急需适当、专业的心理救助，那些尽管未遭受严重创伤但长时间暴露在灾难面前的广大青少年，也需要适时、恰当的心理援助。正因如此，在2008年5月12日汶川地震发生后，全国各地的心理援助力量纷至沓来；然而，在积极开展工作的同时，也造成了一定的管理混乱和失序，从而对应急期心理援助的管理提出了新的挑战。

一、应急期政府部门的措施

政府作为灾后心理援助的中流砥柱，可以通过制定相应的法律和法规，将灾难心理援助列入国家紧急事务应急预案，从而在一定程度上减轻灾害带来的不良影响。不少发达国家的灾难心理援助体系已趋近成熟和完善，为其他国家提供了借鉴。美国政府成立了联邦应急管理局（Federal Emergency Management Agency，FEMA）处理紧急事务，该局资助了由美国心理卫生服务中心（Center for Mental Health Services，CMHS）紧急服务及灾难救援项目组（Emergency Services and Disaster Relief Branch，ESDRB）负责的灾难危机干预项目，为受灾者提供心理卫生服务（Jacobs，1995）。联邦应急管理局同卫生与公共服务部、国防部及退伍军人事务部四个政府部门联合组成了国家灾难医疗系统（National Disaster Medical System，NDMS），各部门下属的医疗卫生机构在灾难发生后共同协作，为受灾者提供心理和医疗服务（Bruce，et al.，1998）。而作为地震多发国的日本，早在1961年就出台了《灾害对策基本法》等法律法规，建立了较完备的现代化防灾减灾及灾后心理重建体制。阪神大地震后，日本对《灾害对策基本法》做了修订，对心理援助更为重视，规定由政府建立心理创伤治疗中心，并设置心理创伤治疗研究所，对心理创伤等进行调查研究（胡媛媛等，2012）。

（一）应急期教育部门的措施

在第五章中，我们已经明确提出，"行政资源"是"灾后中小学生心理疏导体系"中的重要组成部分。在课题开展的过程中我们发现：从整个心理援助工作的管理来看，教育主管部门在心理援助工作中起到了组织领导的关键作用。教育部和四川省教育厅在震后快速做出反应，除了帮助学校恢复重建工作外，对中小学生心理创伤的救助也十分重视。在地震后第二天、第三天，就分别发文（教育部，2008；四川省教育厅，2008）要求各地"采取各种措施帮助他们（灾区师生），使他们感受到党和政府的关怀，社会和学校的温暖，增强他们克服困难的信心和决心"，学校要"加强对学生的心理疏导，在一段时期内每周针对地震等灾害进行1~2次心理辅导，消除学生的紧张情绪"。如前所述，5月16日，时任教育部副部长陈小娅主持召开座谈会，就灾后中小学生心理援助工作进行研究部署。13位来自中小学心理健康教育专家指导委员会、学校卫生防疫工作专家组及相关机构的专家和教师就灾后中小学生心理援助的重要性、实施原则和方法提出了意见和建议，并明确提出当前要做好以下几项工作：第一，面向全体受灾中小学生，编写心理援助手册，尽快免费送到灾区学生手中；第二，着手组织专家对灾区中小学教师进行心理援助工作的培训；第三，录制心理健康教育优质资源光盘，供灾区中小学开学时使用；第四，教育部所属开设有心理学专业的高等院校开通心理咨询热线电话和开展网络咨询；第五，中国教育电视台和中国教育报要开辟专栏，邀请专家开设讲座、撰写文章，为灾区中小学生提供心理援助。

5月17日，由教育部中小学心理健康教育专家指导委员会成员组成的教育部"灾区中小学心理援助专家工作组"即赶赴灾区，专门负责灾区师生心理援助工作。工作组紧急组织专家编写了中小学生灾后心理自助手册和供地震灾区教师使用的学生灾后心理健康指导用书，并且在一周时间里，工作组进行了910人次的心理培训和专业督导，在绵阳市5个帐篷学校进行了多种形式的心理援助工作，对56个班级共2 780多个中小学学生进行了心理教育活动，对60多个师生进行了个别咨询和团体咨询，为灾区的心理援助工作做出了示范。

作为汶川大地震的主要受灾地区，四川省教育厅成立了由分管基础教育的厅领导担任组长、相关处室负责人参加的"四川省中小学心理健康教育工作领导小组"，明确了职责，针对全省受灾情况，拟订了工作规划和方案，组织协调、统筹开展师生心理援助工作。灾区各市（州）、县（区）教育行政主管部门，根据上级文件精神和要求，均成立了相关领导小组，对区域内中小学生心理辅导与心理健康教育做出了及时的安排。如成都市教育局制定了《"5·12"灾后成都市中小学生心理危机干预方案》，从心理危机干预的组织、目标、原则、方式等方面入手，对心理危机干预做出了全面具体的安排；绵阳市教育局在震后第一时间成立了"心理干预工作领导小组"，制订了《关于开展灾区学生心理援助工作的实施方案》，下发《关于加强灾后学生心理干预工作的通知》，统一部署和组织援助工作；德阳市教育局在地震当天下午迅速启动抗震救灾应急预案，成立抗震救灾指挥部，下设心理援助工作组，落实心理援助责任机构和责任人。此外，广元、阿坝、雅安等其他市州教育局也在第一时间启动了心理危机应急响应。

除了教育部和受灾地区的教育局组织的专家工作组外，社会各界力量也十分关注灾后心理重建和心理援助的实施，大量志愿者和专家团队涌入各个重灾区开展工作，形成了中国历史上最大规模的心理援助工作。大量的外来援助力量对缓解受灾群众的心理压力起到了重要作用，一定程度上满足了灾后心理援助工作的需求。然而由于缺乏灾难应对经验，在外来力量的协调管理上出现了一些问题。这些志愿者和专家有些单独前往灾区，有些以团队的形式开展工作，缺乏统一的协调管理，对灾区的情况也不够了解，相互之间合作存在一定困难，导致灾后心理援助工作一度出现混乱的局面，不同地区的资源分配不均，训练和咨询重复与浪费的现象严重，震后灾民甚至出现"防火、防盗、防心理援助"的抵触心理。

面对灾后心理援助工作出现的问题，教育部和四川省教育厅快速做出反应，并制定一系列政策文件以期对心理援助队伍的工作进行统一管理。四川省教育厅于5月21日颁布了《四川省教育厅关于作好受灾学校灾后学生心理援助工作的通知》（2008），针对心理援助工作逐渐增多的无序行为，提出了在心理援助的工作流程和从业资质等方面的规定。教育部于5月22日颁布了《教育部关于招募地震灾区中小学生心理援助志愿者的通知》，面向全国教育系统和卫生系统招募灾后中小学生心理援助志愿者，并对从事心理援助志愿者的资质，援助的工作对象、工作时间，志愿者的培训方法和报名方法等提出了明确的要求和规定。5月26日，教育部颁布了《教育系统做好灾区师生安置和恢复重建准备工作的方案》（2008），进一步强调了对进入灾区从事心理援助的组织和人员的从业资质的核准，及对心理援助队伍的组织协调与统一管理。各受灾市州根据教育部和四川省教育厅发布的通知和方案，结合本地实际，统筹协调心理援助的社会力量。在经历最初的混乱无序状态之后，教育局对进入学校的心理援助团队进行了统一管理和协调，要求所有进驻学校的团队必须首先与当地教育局联系，得到教育局的批准后才能进入学校开展心理援助工作。

当地教育局的把关在一定程度上缓解了最初出现的无序状态，然而他们在心理援助团队的资质核查和工作开展方面又遇到了新困难：由于缺乏深入了解心理辅导和心理健康教育的专业人员，他们一方面难以对外来团队的专业水平和从业资质进行鉴定，如有些受灾地区的教育局通过外来志愿者和团队的专业及其所在机构的声誉来判断，难以真正判断和核查外来力量的专业水平；另一方面难以监管外来力量心理援助工作的开展方式和内容。

2008年6月，教育部积极投入学校的恢复重建工作中，先后颁布了《教育部关于做好教育系统灾后重建对口支援工作的通知》（2008）和《教育部关于成立教育部汶川地震灾后学校恢复重建工作领导小组的通知》（2008），强调了学校的恢复重建和规划编制工作。然而不论是对口支援还是领导小组，均未明确提出中小学生心理援助的内容。在对口支援的文件中提到，教育系统对口支援工作除了学校的重建规划和复学复课外，还应包括对口支援双方协商的其他内容，这意味着学生的心理援助工作处于弹性考虑的范围，致使一些受灾地区和其对口支援的省市都没有意识到心理援助工作的重要性，自然难以开展相关工作。更为严重的是，由于心理援助的对口支援工作弹性过大，例如一位成都市负责灾后教师培训的工作者指出"支援一个月也是支援，支援一年也是支援"，并且心理援助的对口支援结果缺乏评估机制，导致心理援助的对口支援工作开展起来困难重重。

2008年7月，教育部开始对灾区心理疏导教师展开培训，其中包括教师心理援助的培训工作，颁布了《教育部关于贯彻落实中央会议精神进一步做好教育系统抗震救灾和教育改革发展工作的意见》（2008），要求实施援助灾区教师培训计划，做好灾区教师心理援助和专业培训工作；《教育部办公厅关于组织实施"援助地震灾区中小学教师培训计划"的通知》（2008），要求组织实施暑期灾区中小学教师心理康复教育国家级培训，并把支持灾区中小学教师培训纳入各地对口支援计划；《教育部关于地震灾区中小学开展心理辅导与心理健康教育的通知》（2008），要求根据教育部中小学心理健康专家指导委员会和学校公共卫生专家指导委员会制定的《地震灾区中小学心理辅导与心理健康教育指导纲要》和《地震灾区小学、初中、高中学生心理辅导课程目录》对教师进行培训，并在9月份复课后开展中小学生的心理健康教育课程活动。这一系列对教师培训工作的规定和要求，一方面为9月份复学复课后学生的心理健康教育做好了准备；另一方面对建立本地心理辅导专业团队和心理援助的长期机制也起到了重要的作用。地震给中小学生带来了较为长期的心理阴影和负面影响，即使在校舍重建后学生依然表现出对地震的恐惧，一位在学校一线工作的心理健康老师对此进行了描述，"学生搬进永久性教学楼，但是只要有些轻微的震颤，都会把孩子吓得冲出教室"。同时，教师观察发现，震后不少学生表现出厌学情绪，对什么事情都漠不关心，这说明地震带给很多学生的影响是长远的，短期内难以克服；学校面临着促进学生尽快进入正常学习状态的需求，暑期教师培训为复课后学生的心理健康教育提供了人力和专业保证。此外，外来援助力量最终会撤出灾区，因此建立本地的心理援助和心理辅导专业团队十分重要，是建立心理援助长期机制的重要保证。参加暑期心理健康培训的教师是本地心理援助专业团队的骨干力量，也是在灾区长期开展心理辅导工作的重要保证。

从震后教育部和四川省教育厅的系列文件和指导意见可以看出，教育系统从最初的对心理援助工作的紧急应对措施，到协调管理学校心理援助出现的无序和混乱状态，再到积极为震后学校心理健康教育进行准备，经历了从问题响应到积极解决问题的转变，在中小学生心理援助工作中扮演着举足轻重的角色，在震后的应急期起到了纲领性的指导作用。由于资源和客观条件的限制，部分政策在具体执行过程中遇到一些困难，例如由于缺乏具备相关知识和能力的人员进行筛选和核查，志愿者从业标准的规定难以实施。虽然应急期难以及时调配各种资源，但是相关政策为后续长期的心理援助工作指明了方向，并且应急期暴露出来的问题也为日后应对类似灾难提供了经验和教训。

（二）教育系统与卫生系统的合作

在三年的课题研究中，我们同样深深地体会到：应对重大灾难产生的需求往往远远超过单一组织或机构的负荷能力。因此，在应对重大灾难时，各类机构都必须分担工作并共享资源，改变过去独立的运作方式，学习自己平时并不熟悉的合作方式。"5·12"地震的破坏程度是空前的，在灾后中小学生的心理援助方面也没有现成的应对经验，因此在中小学生心理援助工作的需求超过了教育系统负荷能力的情况下，政府需要改变过去各部门独立运作的方式，要求教育部门、卫生部门和民政部门等通力合作，共同应对中小学生心理援助的任务。

卫生部于 2008 年 6 月 8 日发布了最新的《抗震救灾卫生防疫工作方案》，其中包括了修订后的心理危机干预方案，该方案对心理危机干预的基本原则、干预的工作内容、干预的目标人群、干预前的准备工作和现场工作流程均做出了相关规定。由于卫生部门的工作对象是震后受灾群众，并重点干预亲历灾难的幸存者，其中精神卫生服务也重点针对灾后创伤较为严重的个体，而大多数中小学生的心理反应只是面对过大压力时的正常反应，并不必需精神卫生方面的干预。中小学生的心理援助服务应主要通过学校来开展，只有发现个别创伤较为严重的个体时，才需要转介到卫生部门接受精神卫生服务。因此，教育部门和卫生部门之间如何进行转介就成为其合作的重点。

由于教育系统和卫生系统是两个相对独立的系统，在探索行政上如何合作以便更好地开展中小学生心理援助服务方面，不同地区摸索出了不同的合作模式。北川县的"北川县心理服务中心"就是灾后应对心理重建需要的组织创新和机制创新。"北川县心理服务中心"挂靠在县卫生局，全面负责北川县的心理援助和危机干预工作，心理服务中心探索并实践了将教育系统的心理健康教育和卫生系统的精神卫生干预相结合的方式，卫生系统的灾区心理服务要求培训乡村医生和精神科医生，教育系统则需要培训教师，中心作为行政机构可以通过与教育局或卫生局联合发文来让教师和医生参与培训。具体的整合机制和转介途径则是通过培训校医，让校医同时接受心理培训和精神卫生培训，并负责学生的心理健康教育和精神卫生监控的工作，遇到有问题的学生及时转介给卫生系统。

我们课题组协助汶川成立的"汶川心理服务中心"则挂靠在汶川县委宣传部，由它来沟通教育局和卫生局的工作，同样实现了很好的合作。事实证明，这一做法充分体现了教育系统与卫生系统的合作，合理利用了教育系统与卫生系统的合力，有力推动了灾后中小学生心理疏导工作的顺利进行。

二、应急期外来心理援助力量的管理

在本课题研究过程中，应急期外来志愿者的管理是屡屡被提起的重要内容。本书在第五章和第六章中对外来志愿者的工作成绩和问题都做了一定的梳理，本章将从政府管理角度上加以分析。

（一）灾后应急期心理援助力量的主要来源

地震灾后，在政府动员和媒体宣传的引导下，社会各界力量积极主动参与到灾后的心理救援当中。震后外来心理援助人力主要由志愿者和单位委派人员构成。志愿者是指志愿服务、不求取报酬的心理卫生从业人员，可能来自私人开业的专业人员或其他机构。单位委派人员则是来自于其他单位如高校心理学院系的专业人员，被工作单位分配到灾区从事自愿性的服务，在灾区服务期间其所属单位仍支付其薪水。

大量志愿者和委派人员的到来，形成了中国历史上最大规模的一次心理援助行动，及时缓解了中小学师生因地震灾难造成的恐慌、悲伤、抑郁和焦虑等情绪，对满足灾后心理援助的需求起到了重要的作用。然而随着外来力量的大量涌入，有些甚至可以说是潮水般、井喷式涌入灾区，导致了心理援助工作的开展出现了无序性、临时性和随意性等问题。

（二）灾后应急期心理援助出现的主要问题

本课题研究认为在震后心理援助工作中，外来心理援助在管理上存在着资源分配不均、资源浪费严重、外部资源的持续性及长效性不足、未能充分利用当地资源、心理援助队伍水平参差不齐、心理援助的工作方法不当等六个方面的问题。在这些问题和现象中，尤为严重的是资源分配不均和志愿者团队的专业和工作水平参差不齐。不同的外来援助力量各行其是，缺乏统一的规划和协调，导致有些地区资源浪费、有些地区资源匮乏以及部分受灾人群对心理援助的抵触情绪。有些地区的受灾群众甚至接受了不同团队反复的心理安抚工作，地震带来的创伤反复被揭开，且由于有些外来力量本身缺乏心理援助工作的资质，没有对受灾群众被揭开的创伤进行处理，反而给他们带来了更深的伤害，进而使得他们对心理援助产生反感和抵触的情绪。此外，一些外来力量打着心理援助的旗号，以助人者的高姿态来到灾区，不但没有提供帮助，反而干扰了正常的灾后恢复重建工作，甚至还有一些人完全不顾及灾区群众的心理状况，仅仅出于自己研究的需要在灾区收集数据和资料，不断要求受灾群众填写各种问卷，这些行为严重损害了心理援助的社会声誉。而且，很多外来的团队或个人志愿者缺乏对灾区情况的了解，甚至不懂灾区的语言，导致心理援助的工作难以有效开展或流于形式。类似地，中科院心理所研究员傅小兰（2009）也总结了灾后心理援助工作中存在的问题，主要包括心理援助行动的实施问题、援助队伍的素质水平问题、援助方法的问题、援助不当的后果以及援助经费的问题。

本课题关于教师灾后心理健康状况和中小学生心理健康状况的研究表明，大部分受灾者都是被灾难所暂时影响，他们在平常的环境下是能正常生活的，因此心理援助工作初始阶段主要是给予一些具体协助，满足他们一定的现实要求，例如提供对他们有用的资源、告知如何获取这些资源，或者直接处理一些问题等。只有少部分的人可能会经历较严重的心理反应，比如严重的忧郁、无动机，或以前的心理问题恶化。对于这些受灾者，心理援助人员的角色首先不是提供直接的治疗，而是了解他们的需求并且协助他们找到适合的治疗资源加以转介，以接受较为深入的心理咨询或干预治疗。

因此，在重大灾难发生后，需要对援助队伍进行整体的设计与管理，哪些人进入第一线做安抚、陪伴和转介工作，哪些人在专业的机构进行必要的干预、治疗，哪些人担负督导、领导角色，这是一项系统工程。灾后心理援助工作是一项具有挑战性的工作，并不适合每一个人，只有那些具有高度的专业水准、个性上有弹性、在社交上较外向的相关专业人员，才能真正胜任。灾后心理援助工作需要科学有序规范地展开，不能不加管理地让志愿者"一股脑儿地"凭借热情赶赴第一线，这不仅造成心理援助工作的混乱失序，还可能会带来新的伤害，未帮忙反添乱。因此，中小学生心理援助工作的主管部门必须充分考虑灾后心理援助团队和志愿者的筛选和培训以及协调管理的问题。

（三）应急期外来心理援助力量管理的建议

世界卫生组织对各国的灾难心理援助提出了指导意见，包括灾难前成立应急小组、设计援助计划、培训专门人才的准备，进行细致且广泛适用的评估，与当地政府或非政府组织进行合作，融入基层保健体系，提供广泛的服务，进行培训和督导，坚持长期工作，确定监督指标等（WHO，2003）。美国心理学会和美国红十字会均建立了灾难心理卫生专业人员数据库，形成了有关灾难及危机干预人员的组成、选拔和培训等的一整套管理制度（Bruce，et al.，1998；Morgan，1995）。

借鉴国际经验，并针对以上在应急期心理援助工作中存在的问题，心理援助主管部门应当从援助人员队伍的资质、进入灾区前的培训和准备、进入灾区的协调管理和工作结果的监管方面加以改进。

第一，明确受灾地区的教育局为中小学生心理援助工作的主管单位，对受灾中小学校实行封闭管理，统一协调和管理进入灾区的外来援助力量。当教育局面临灾难带来的繁重心理援助需要而原有的心理健康教育模式无法应对时，自然面临人员紧张、资源不足的难题，必然需要额外的人力、财力，需要社会各界的参与。但是，需要支援并不等于随意帮助，管理和整合的责任应当由当地教育部门完全承担起来。

汶川地震外来援助在一定时期内的混乱，是因为多头管理，缺乏组织。震后初期，来自不同高校的专业人员、私人开业的心理咨询师、民间组织的志愿者，甚至一些独自行动的志愿者，通过教育部门、团委、妇联、关工委、民政部门甚至擅自进入等多种途径，到学校里给学生开展心理援助，缺少统一的组织管理和协调，局面较为混乱。5月22日四川省教育厅发出"通知"后，情况有一定的改善，但某些地区的混乱依然存在。有些心理援助志愿者很有可能在未与灾难应急主管部门联系的情况下，自行出现在灾难发生地点。通常，这些志愿者纯粹是出于善意，但这种做法往往会带来一系列的问题和冲突，例如与当地已存在的心理援助团队的工作相冲突，或志愿者未能遵守心理援助机构计划中所规定的伦理守则规范。因此，主管部门应掌握一份志愿者名单，保证对外来的心理援助志愿者的指挥管辖。未来当重大灾难发生后，中小学校或中小学生的避难所应实行封闭管理，未得到教育部门许可的援助人员不得进入，以免造成不必要的伤害，带来不必要的混乱。

第二，应加强对外来援助力量资质和工作方案的审核。一般外来援助力量应以团队的形式开展工作，并提供持续一周以上的服务，因为分配任务时若能尽量保持团队的完整性，可以提高志愿者的协调度，并使工作人员之间形成一种伙伴关系，有助于彼此精神支持和压力调适。四川省教育厅发布的《四川省教育厅关于做好受灾学校灾后学生心理援助工作的通知》里提出"原则上一个心理援助队伍定点援助一个县或一所学校，在一个点的工作时间宜为7~15天，鼓励建立中长期工作目标，以保证援助效果"，这样的规定一方面能够避免志愿者团队走马观花式的援助，保证心理援助工作的有序开展；一方面也能避免增加志愿者协调者的工作负担。

心理援助专业或半专业团队成员的审核，首先是专业资质的审核。这需要在心理健康教育工作领域建立起比较严格的专业规范和职业资格制度；其次还应该考虑受灾地区的人口特性，包括种族和语言、团队成员的人格特质和社交技巧、在灾难的应对和恢复的努力中志愿者可能会扮演的角色等。对受灾地区人口特性的考虑，需要符合当地人口需要、能够对儿童和当地学校开展工作有专长的团队人员。另外，还需要考虑受灾地区人口的种族和语言。心理援助工作的所有层面必须对文化的议题有敏感度，心理援助队伍提供服务的方式，在文化上必须是合宜的。例如，阿坝州汶川县是少数民族聚集地，比如藏族、羌族等，他们有自己独特的民族风俗，心理援助队伍提供的服务必须符合他们的风俗。最好团队成员能够包括受灾区的当地人，或者能从其他社区机构或心理卫生辖区内，招募具有当地文化背景和语言能力的工作人员，能够熟练使用灾区的语言。例如，灾后应急期时，北川有当地了解心理相关知识的志愿者负责接洽外来心理援助力量，并为其工作的开展担任"翻译"，就取得了良好的效果。

此外，还需考虑团队人员的人格特质，即直接投入灾难心理援助工作的人必须具有保持专注和适当回应的能力。灾后心理援助团队必须在混乱环境中，依然能够运作良好。他们必须能适应不断改变的情景，在角色模糊、权责不清、缺乏结构的情况下，依然可以有效开展工作。对不同于他们自身价值系统和生命经验的部分，他们必须能敏感地察觉，并能够有效接纳这些差异。幸存者一般不会自愿前来寻求心理援助，所以心理援助的团队需要热心地主动接触、深入学校和社区，找寻需要帮助的人们，而非抱着等待和处理的态度。因此，进入灾区前的培训和经验是十分重要的。

美国国立创伤后应激障碍研究中心对灾难心理卫生工作者的资格提出了规定：持有心理卫生临床工作执照；在美国红十字会接受过灾害心理健康志愿者培训；接到通知后能马上提供10～14天的服务；有良好的身体素质及个人品质，包括能够承受恶劣的工作条件、有良好的组织能力、能与不同社会文化背景的人建立良好关系等（Bruce，et al.，1998）。这一经验，值得我们借鉴。

第三，依托本地力量建立培训小组，确保外来心理援助力量在进入灾区前都接受了完整的工作培训。在应急期心理援助工作人员的资格审查可能会遇到很多困难，而且即使是专业人士也可能没有灾难心理援助工作的经验；尤其重要的一点是，外来的力量对灾区的受灾情况和受灾群众的心理反应情况并不了解，所以在赶赴灾区前进行培训是十分必要的。提供培训的人员最好有灾难应对和危机干预经验，能够提供有针对性的灾难应对的心理卫生服务的培训。除了针对性的心理卫生服务培训外，在外来心理援助人员前往灾区前，主管人员还应该为他们提供灾区状况的信息：①灾区的基本情况，包括民族构成和语言，经济发展情况等；②灾区的现状，包括灾难造成损失的统计结果，已建立的灾难庇护所和相关部门已开展的工作等；③卫生和安全情况，包括食品和饮用水的安全，尤其是传染病的控制等情况，并介绍当地的医疗资源；④其他相关的资源，包括与灾难相关的服务和资源的介绍，相关负责人员的职责和工作的介绍等，使外来力量对可以提供帮助的资源有总体的了解，并能够明确到达灾区后如何与灾区相关人员进行接洽，以便快速有效地开展工作。此外，主管人员还应该为前往灾区的援助人员说明如何达到灾区，到达灾区后开展工作的方式和流程，工作时期的沟通方式和要求以及后勤保障情况。最后，也是很重要的一点是，应强调面对巨大的灾难可能对心理援助人员自身带来的强大的心理冲击，鼓励志愿者以团队的形式开展工作，运用伙伴来相互督导和管理压力等。

培训的重点是灾后心理援助工作计划，包括组织灾后应急小组、志愿者何时何地报到、心理援助服务的提供方式、地点、职责、责任归属、指挥流程等（陈锦宏等，2001），目的在于帮助外来援助力量快速了解灾区和救灾工作的开展情况，了解心理援助工作的开展流程和方式。这对规范和管理援助人员的工作具有重要的作用。同时，培训能够帮助外来力量了解其工作职责、服务方式以及信息沟通方式等内容，也为评估和监管心理援助工作的进展情况奠定了基础，是确保心理援助工作科学有序开展的重要条件。

第四，对外来援助力量的工作结果进行科学评估。对心理援助效果的评估能够避免和减少走马观花或流于形式的心理援助，评估的方式多种多样：可以是传统的评奖评优，也可以是举行研讨会的形式，可以是根据颁发的心理健康教育标准来检查是否达标，也可以通过追踪研究的方式。对外来心理援助力量的工作进行评估，一方面是对外来团队工作效果的监管，以保证心理援助工作的科学有效开展；另一方面是对不同团队开展的工作内容的统一管理，以保证不同团队工作之间的衔接，避免重复和浪费。

第五，建立心理人才储备库。在应急期紧急状况和缺乏相关知识、经验的情况下，主管部门会发现外来心理援助力量的筛选是一项艰巨的任务。因此，事前建立统一规范的心理辅导从业资格的职业标准和认证系统显得十分重要。此外，在平时建立一支心理援助应急队伍和志愿者库也是十分重要的。考察日本在每次灾后都能够迅速做出应急反应，科学有效地开展救援工作，以最快的速度恢复社会秩序，一个重要的原因就是政府在平时就已经拥有一套完整健全的灾后应急反应体系。一旦灾难发生，相关人员能够迅速就位、各司其职，保证救灾重建的有序展开。心理援助应急队伍可以减少很多灾难冲击时期的困难和压力，定期的在职训练和参与当地管辖范围内的救难演习，可以帮助积累经验，维持技能的熟练程度，遇到大型灾难时，应急队伍可以快速投入工作。志愿者库的建立对于灾后应急期志愿者的征集、派遣和管理有着重要的作用，例如一位成都市灾后一线心理援助工作者在谈到心理援助初期的混乱状态时提出，平时应该建立志愿者库，并且设有相关的注册制度，愿意注册成为志愿者的个体需要提供相关信息：具备哪些技能，可以提供哪些方面的服务，可以贡献的服务时间等等。如此，可以减少或缓解应急期志愿者资格审查和人员调度的困难和压力。

总结上述意见，我们建议由教育部牵头，在"教育部中小学生心理健康专家指导委员会"的指导下成立"中小学心理援助应急领导小组"，组织培训心理危机援助方面的人才，建立心理危机援助人才库。一旦任何地方出现大的自然灾害或其他危机事件时，可以迅速组织一支中小学心理援助的队伍，在教育部心理援助小组的领导下从事心理援助工作。人才库的主要人员可以来自高校、科研机构的专家学者和中小学教师、心理专业的从业人员和在心理学方面具备一定学历水平和实践经验的其他人员。这部分人员可以通过专业培训和考试获得教育部门的认证，平时从事自己的本职工作，一旦灾难发生，能够迅速地集结起来，凭执照进入灾区，按照分工开展工作。建立人才储备库的关键是要建立完善人才库人员的准入标准和分工，定期开展动态评估和管理，组织相关应急保障行动方案的演练，并实行动态更新和完善。为此，在本课题研究的基础上，我们目前正在协助教育部中小学生心理健康专家指导委员会制订《中小学校园应激和危机事件心理干预指导纲要》。

三、应急期学校的角色和责任

教育部颁布的《教育部关于地震灾区中小学开展心理辅导与心理健康教育的通知》指出，灾区中小学是心理辅导与心理健康教育工作的实施主体，而校长、分管校长、班主任、思想品德教师、体育卫生教师是灾区学校开展心理辅导与心理健康教育工作的重要力量，各级教育行政部门和对口支援的省级教育行政部门要加强和协助对他们的培训和指导。学校中和中小学生联系最紧密的当属教师，教师自身是灾难的受害者，也是当地开展灾后中小学生心理援助工作的骨干力量。根据本课题的研究经验，灾后教师培训是学校开展学生心理援助工作的重要前提和基础。

（一）应急期教师培训

四川省教育厅指出心理辅导工作需要领导重视，全体教师积极参与，每位教师就是学生最好的"心理医生"。本课题在构建教师培训体系的访谈中发现，震后外来心理援助力量在学校开展心理援助工作为中小学生的心理减压、减少灾难造成的心理伤害起到了重要作用，但是由于外来力量过多和部分无序开展工作，对灾区文化、语言以及学生不够了解，导致中小学生的心理援助工作效果参差不齐，不尽如人意。相比而言，学校的教师对学生熟悉，了解学生情况，更容易获得学生的信任。此外，外来援助力量最终会离开，而教师则可以持续为学生提供心理援助服务，因此教师应该成为在学校开展心理援助和心理辅导的骨干力量。

然而，由于大部分教师未接触过心理健康教育和心理辅导的相关知识，而且教师本身也是灾难的受害者，也需要心理疏导，因此为他们提供相应培训，提升教师自助和助人技能，是灾后学校心理援助工作的重要方面。

灾后应急期各级教育行政部门，如教育部、省教育厅和市（州）教育局，各类非政府组织和基金会，国内各心理学研究机构如北师大心理学院、北大心理系，还包括很多企业等，都为教师提供了大量资源和培训，包括国家级骨干教师培训、省级骨干教师培训等。在应急期，短期快速、覆盖面广的教师培训"从无到有这个角度，从普及知识的角度来讲是有效的"。然而应急期教师培训工作也存在一定的问题，这在本课题的调研中也有部分反映：

第一，教师培训缺乏针对性和实用性。有些老师反映外来专家团队提供的培训是"给出他们知道的"，但不是满足教师需要的。一位专家在培训后总结道："不是我们（外来专家团队）所有的东西都适合他们，一定要了解所在的学校地区他们需要的是什么，把他们需要的东西给他们，而不是给他们我们所有的东西。"

第二，教师培训缺乏系统性和持久性。由于外来专家团队之间缺乏沟通协调，往往出现好几个专家培训相同的内容，如有关情绪调节的培训等，而且不同专家提供的培训内容各成体系，相互之间缺乏关联，参加不同培训的教师了解了心理相关的不同层面的知识，却不了解不同层面知识之间的关联，导致培训缺乏系统性。此外，"因为培训都是一次性的居多，就是一些连续性的培训，中途都要换人，中途哪个学校的老师有空就去参加，反正学校就是想让更多的老师接受培训，但是这反而减少了培训的有效性"，这就导致教师培训缺乏持久性。

第三，教师工作开展缺乏督导。很多外来专家团队做完培训之后离开，参加培训的老师只是获得了知识上的准备，在实际工作开展过程中缺乏具体深入的指导，遇到具体问题缺乏寻求帮助的途径。例如，一位教师培训学校的负责人指出："我们这里专门招了一些专业的心理老师，虽然他在学校里学习了一些专业知识，但是还不知如何解决具体问题。于是，我们送他去参加了三天的培训。但是，回来后在工作中遇到一些具体问题的时候，他找谁来帮忙解决？没有人。"

应急期教师培训中出现的一些问题是不可避免的，比如说系统性和持久性的问题可能在短时间内难以解决。然而应急期内教师培训存在的多数问题，可以通过协调管理外来的援助力量来加以改善。如果外来专家团队能够科学合理分工，会大大提高应急期教师培训的针对性和系统性，从而避免资源的浪费。

（二）学校领导层的责任

教师是学校开展心理辅导和心理健康教育的直接执行者和主力军，而学校的领导层则是保证教师顺利开展工作的重要力量。学校负责心理健康教育的领导层主要是校长、分管德育的副校长，以及政教组、教务组和保卫组等。其中校长的作用尤为重要，例如德阳市一位教师培训的负责人介绍校长重视心理援助和心理健康工作的重要性时指出，"现在是校长负责制，校长说了算，每个人的观念是不一样的，他的观念可以左右一个学校"；有的人这样形容校长在心理援助工作中的角色："牧羊人，他往哪边赶，羊就往哪边跑。"因此，应急期中小学心理援助工作开展的一个重要前提就是，对校长和学校相关领导进行培训，提高他们对心理援助工作的重视程度。例如，本课题组在汶川除了培训老师外，对校长也进行了培训，"我们对校长做了一次培训，经过培训以后，他们对心理健康教育工作重视得多，他们了解了心理健康教育可以帮助学生做什么，可以为学校教育做什么，所以他们也重视。他们从不知道怎么去开展，通过培训（知道）怎么去开展一些，比如说督导呀，活动呀，训练呀，到现在遇到突发事件，他们基本知道如何面对突发事件，如何去开展课程，这在不同的学校都在开展。"

在震后学校心理健康教育课程和心理健康教师的编制问题上，校长也扮演着举足轻重的角色，例如，"现在的状况是校长重视呢，就安排心理健康课程，就让专业的老师来上课；如果不重视的话，他就随便让数学老师带两节，语文老师带两节，就没有专门的老师"；至于编制问题，"如果校长重视这块（心理健康教育工作），他就会挤出（编制）来"。

学校领导层主导着学校的各种资源的分配，包括课时、资金、编制等，领导层对心理健康教育工作的重视程度直接影响心理辅导相关工作的开展。因此，应当提高学校领导层对心理健康教育工作的重视，甚至不仅仅是学校领导层，也包括市县一级教育局的领导层对心理辅导工作的重视。同时，从事心理健康教育工作的教师也需要积极开展相关工作，以对学生切实的帮助和对学校的贡献为依托，争取学校领导层的支持。

（三）学校外迁对学生的影响

震后学校面临的首要问题是学生的复学复课问题，然而部分学校受灾情况过于严重，难以在本地较快恢复教学，所以有专家提出学校整体外迁，转移去外地过渡。学校外迁政策基本上是基于现实需要的角度，但同时需要考虑外迁给师生心理上带来的影响。一方面，师生转移到其他地区过渡，远离了受灾现场，有一定的积极作用，例如汶川县一位教师培训学校的负责人提到，外迁通过生活环境的变换，能够帮助师生较快地调整心态，因此外迁政策一定程度上缓解了地震带来的心理创伤和压力。另一方面，外迁也会带来其他的问题和心理压力，例如一位迁到山西的老师提到地震本身是很大的伤害，外迁到陌生的环境，学生离开了家长和熟悉的环境，容易造成二次伤害；即使是教师自己对长达一年的外地过渡也会不习惯，因此迁到一个语言、文化和生活环境等各方面都陌生的地区，会给外迁的师生带来文化适应等方面的问题和压力。

同时，学校外迁涉及的一系列问题都需要详加考虑，例如哪些地方应该转移，转移到什么地方，转移过去以后的配套支持措施有哪些等。学校外迁给师生带来心理上的影响既有积极正面的，也存在消极负面的。一般来讲，迁到语言、文化和生活习惯相近的地区更有利。例如，四川地震后有些学校迁到山西，有些学校迁到四川省其他县市。相比迁到山西而言，迁到四川省其他县市的学校相当于迁到一个文化、生活习性和语言都更相近的地区，在心理支持系统方面更有优势，事实上师生的心理调整情况和适应效果也更好。迁到和原居住地相近的地区，一方面可以缓解直接面临灾难带来的压力；另一方面也减少了文化适应等压力。因此，如果出于现实需要考虑学校整体外迁时，主管部门应认真考虑转移到什么地方和转移过去后应该提供什么样的配套支持等问题。

（四）对应急期学校管理工作的建议

灾难发生后，学校是开展中小学生心理援助工作的最佳场所，从校长、专（兼）职心理老师、班主任到任课老师，都要树立明确的维护学生心理健康的责任意识。

第一，校领导要高度重视学生灾后的心理健康状况。在灾难发生后，校领导要将心理健康的维护作为应急期的重要工作内容之一，指定专人负责，同时明确各班主任要尽可能地安抚学生的情绪，减少对灾难场面的暴露程度，减少创伤的发生。

第二，要最大程度地利用好外来援助力量。首先，应如实上报学生的心理健康状况，争取外来资源。同时，要与上级部门保持密切联系，保证每一支外来队伍都是经过主管部门审核过的具有资质的队伍，拒绝未得到允许的心理援助人员进入学校开展工作。外来援助力量开展工作前，要与其共同确定工作对象，制订工作方案。

第三，充分、有效地利用培训资源，培育本校力量。本课题的研究表明，灾后的培训资源层次丰富、种类多样，但在培训的人员安排中，各中小学校存在很大的随意性。为了避免培训资源的浪费，学校应对内选择对此工作有热情、有基础的老师参加，对外则要筛选那些长程、专业性强、有后续督导的培训；对于各种普及型培训，则按照先班主任、辅导员，然后任课老师的顺序进行。

第四，保证外迁过程中学生的心理健康。大的灾难尤其是地震发生后，外迁难以避免。在此过程中，学校要充分考虑到环境变化对师生心理健康带来的影响，尽量选择适应难度小的外迁环境。外迁后，要尽可能为师生创造一个有利的校外环境，比如和当地的学校联谊，让师生能建立新的支持系统和社会关系，请在当地工作的老乡帮忙带领学生认识新环境，开展"探索新环境、建设新校园"竞赛等，避免学生因为外迁产生新的问题。

四、媒体的管理——正面引导媒体

灾难事件必然是媒体关注的焦点。三年来，我们的课题组与中央电视台、光明日报、中国教育报等媒体联系极为密切，从中我们体会到，在面对诸如地震等公众事件的报道时，媒体传播产生的效果跟媒体的宣传有很大关系。研究表明，关于灾难传达肯定、正面的信息，会增加灾难幸存者的生存动力；传递乐观精神，有助于疏导灾难带来的负性情感。但是媒体不恰当的报道方式和角度，其造成的负面效果就可能被放大。比如，过于真实地报道和呈现灾难现场满地瓦砾、尸体遍横的惨烈景象，很可能对没有到过现场的人也造成心理创伤。

（一）灾后媒体的表现与存在的问题

客观地说，"5·12"地震后，媒体在心理援助的工作开展上起到了积极的推动作用。媒体对受灾群众情绪状态的报道，向外界传达出灾区心理辅导和心理干预的需求，由此引起了社会各界力量的关注，并成功吸引了大量专家团队和志愿者前往灾区开展心理援助服务，极大地缓解了受灾群众的心理压力。同时，媒体传播应对灾难的常识，也是扩大心理援助广度的重要途径。然而，媒体过多的报道血淋淋的场面和渲染灾区的沉重气氛，容易对受灾人群造成二次伤害，也容易对没有到过现场的人形造成心理创伤。另外，媒体对少数重灾区的过度关注，容易导致"明星灾区"的现象出现，大量志愿者涌入明星灾区导致资源的浪费，同时其他的受灾地区却得不到应有的关注。例如，在北川工作的一位志愿者，在谈到自己的经历时指出："为什么我会在地震后去当志愿者？地震后'众志成城'的宣传语，让我很激动，就想着自己该做些什么，于是就来北川了。应该说，对于激发民众参与，这种宣传是有用的，但血淋淋的宣传是没用的。媒体不应该只关注明星灾区，还需要关注其他灾区，应该均衡一些。"除了均衡关注受灾学校外，媒体还可以通过宣传心理援助工作的流程，例如在什么地方报到、需要哪些手续等，协助应急期外来心理援助力量的调配和管理。

在应急期媒体的作用是显著的，政府应该充分利用媒体的力量，协助灾后中小学生心理援助工作的科学有序开展。另外，媒体从业人员应掌握相关的心理学常识，深入事发现场的记者也应该接受心理干预应急培训。这一方面能保护他们自身不受伤，另一方面通过他们有技巧的报道，也能尽早传递社会对灾民的关心。但是，目前随着网络媒体的兴起，其信息量大、覆盖率高、影响面广、冲击力强等特点，打破了受众被动接受信息的局限，QQ、MSN、博客、短信等，使每个受众都成为信息传播的主体，更难避免一些网站为谋求点击率的攀升而采取的庸俗化商业逐利行为。这些现象对政府引导和控制媒体的能力形成新的挑战，如何应对网络媒体的无孔不入，是新时期政府引导舆论宣传上面临的新课题。

（二）对灾后媒体管理的建议

对比2011年3月11日日本大地震后日本媒体的表现，我们更能够看到我国媒体在灾难报道中的特点。我们建议，政府以及媒体行业应当对灾难报道逐步形成一些基本的准则。

第一，保持理性，坚持真实原则。四川地震发生后，有一条内容为"亲爱的宝贝，如果你能活着，一定要记住我爱你"的短信，经过包括中央媒体在内的各大媒体传播开来，被称为"母爱短信"。事后发现，这是一条没有来源的信息，却让所有人都体验到亲情丧失的痛苦。在四川地震的报道中，媒体人员奋不顾身，不顾辛劳和危险将灾情传播给大众，让公众了解到真实的灾情，可谓功不可没，但类似的假消息，却可能在一定程度上给人们带来更大的心理创伤。

第二，严守伦理，坚持"伤害最小化"原则。所谓伤害最小化原则，是指记者要谨慎处理儿童和未成年人的新闻，尽量避免使用陷于悲痛和失去理智的人的照片，禁止向公众呈现血腥、残忍的场面，以免对当事人或公众造成心理伤害。一家电视台记者在儿童收容中心采访时，问地震中与父母失散的孩子们想不想爸爸妈妈，在得到肯定的答复后，竟然转身对着镜头说"这些孩子可能永远见不到他们的爸爸妈妈了"。本来就惊恐不已的孩子们听后大哭。这种渲染悲情、以煽情为目的的报道，不仅对这些幸存者有直接的创伤，对电视机前的广大观众尤其是青少年，也会带来潜在的伤害。

第二节 重建期心理援助的组织管理与队伍建设

从震后两三个月到震后三年为重建期。教育部明确要求，在重建期要将中小学生心理辅导与心理健康教育纳入正常的教学环节。我们在2008年第四季度承担本课题时，绝大部分的外来志愿者已经走了，只剩下少数志愿者和某些单位派来的工作人员，中小学校的老师毫无疑问地成了学生心理援助的工作主体。面对震前几乎一片空白的心理健康教育基础和中小学生广泛而深刻的心理援助需求，政策制定、队伍建设以及条件保障都需要精心的设计、扎实的落实和适时的调整。

一、重建期政府部门的组织管理

（一）各级政府的相关政策

2008年7月28日，教育部下发了《关于地震灾区中小学开展心理辅导与心理健康教育的通知》（以下简称教育部《通知》），《通知》明确指出："目前，对灾区中小学生的心理干预已经度过了应急期，大部分心理援助志愿者也开始陆续撤出灾区，灾区中小学9月将如期开学，地震灾区中小学心理辅导与心理健康教育将纳入正常的教育教学环节，科学、有序、持续地进行。"这个通知不仅明确了应急期与重建期的划分，清楚地定义了重建期工作的性质，还部署了下一步开展工作的组织管理要求，随文还下发了"关于地震灾区中小学开展心理辅导与心理健康教育的指导纲要"以及"地震灾区小学、初中、高中学生心理辅导课程目录"，对灾后中小学生的心理援助工作产生了重要的指导意义。

随后，四川省教育厅根据教育部文件的精神，于2008年8月下发了《关于进一步加强灾后中小学生心理辅导与心理健康教育工作的实施意见》（以下简称《实施意见》），指出要高度重视灾区中小学生心理辅导与心理健康教育工作，遵循科学性、面向全体学生、分阶段开展、分人群开展的原则，通过普及心理健康和创伤心理学的基本知识，帮助学生以正常、接纳的眼光看待自己灾后出现的各种心理行为问题；感受并获取周围环境中的社会支持，学习有效的沟通技巧，学会感恩，重建人际关系；正确认识并调整灾后出现的各种负面情绪，积极地看待灾难和各种挫折，并初步掌握心理保健的一些常识等。

同年12月，四川省人民政府办公厅下发了《关于进一步加强地震灾区干部群众和学校师生心理服务工作的通知》（以下简称省政府办公厅《通知》）。几个月之后，四川省教育厅于2009年3月下发了《关于进一步加强地震灾区中小学教师心理辅导与心理健康教育工作的通知》（以下简称省教育厅《通知》）。

在中央和四川省政府教育部门的指导下，灾区各市县也相继出台了相关的政策。汶川县委、县政府下发了"关于在全县开展灾后心理重建工作的通知"，对全县的心理重建工作尤其是中小学生的心理疏导和心理教师的培训做出了较为具体的工作要求；北川县委、县政府制定了"北川羌族自治县心理服务工作实施方案"，要求"教育部门负责配备专职工作人员，具体负责各校师生心理服务工作，开展中小学校长和教师心理服务培训工作；督促各学校成立师生心理服务教研组或配备长期稳定的心理健康教育教师，开展师生心理健康教育和心理辅导工作。"

可以说，各级政府对于灾后中小学心理健康教育工作均十分重视，针对重建中遇到的各种问题及时地制定政策，并进行了针对性的指导，通过一系列的文件对灾后中小学生心理辅导与心理健康教育工作的各项内容提出了工作标准和要求，保障了心理援助工作的有效开展。

正如教育部文件所指出的，从应急期进入重建期，需要把短期工作逐渐长期化、正规化，逐步建立长效机制，使心理健康教育逐步变成教育部门和学校的日常工作，成为基础教育的有机组成部分。各级政府下发的文件内容，对中小学生心理援助工作起到了重要的作用，也充分体现了政府的关键作用。但由于我国各地的状况千差万别，其中的政策表述普遍较为笼统、模糊，多强调指导精神，实施细则不够清晰，因而不利于工作的切实开展与考核。在未来的相关文件中应逐步将各项工作细化，明确到具体指标上，使工作的推行更加有据可依，便于评估与考核的开展。

（二）成立相关的组织机构

面对巨大的灾难，需要多元主体协同参与，形成党委领导、政府领导、社会各方面力量充分支持的集体行动体系。为了保证灾后中小学生心理健康教育的顺利开展，保证各项政策文件按时推进并落到实处，各级政府成立了多个专门机构来推动此项工作。

四川省政府办公厅的《通知》从"加强领导，明确职责；整合资源，加强指导；配备人员，分类服务；畅通信息，搞好宣传"四个方面对灾区心理服务提出了要求，为此省政府成立了"地震灾区干部群众和学校师生心理服务协调小组"，负责全省心理服务的协调工作。由省委常委、常务副省长魏宏为组长，相关副省长为副组长，省级教育、民政、卫生、公会、团委、妇联、红十字会等方面负责人为成员。协调小组下设办公室和 6 个指导小组，办公室负责全省心理服务的日常服务工作，6 个指导小组（从省有关部门抽调人力建立）对应有关市（州）加强指导、检查工作。

四川省教育厅成立了四川省地震灾区中小学心理健康教育领导协调小组和专家指导小组，领导协调小组由省教育厅副厅长何绍勇担任组长，主要职责包括：制定心理健康教育工作规划、政策和措施，协调相关成员单位共同推进心理健康教育等。专家指导小组由四川省教科所德育与心理健康教育研究室主任、研究员曾宁波担任组长，主要职责包括：为教育行政部门制定心理健康教育规划、政策和措施提供理论支撑和决策依据，围绕加强和改进心理健康教育开展调查研究、工作指导、学术交流、评估督导等。

北川县委成立了全国首个县级心理卫生服务机构——北川羌族自治县心理卫生服务中心。中心属于国家财政拨款的正科级事业单位，挂靠卫生局，负责整合全县心理援助资源，组织实施、分类指导全县干部、中小学生、教师以及特殊群体的心理援助工作。截至2010年下半年，中心已在全县教育单位设置心理卫生服务站点32个，引进了一个为期三年的"童心康复"项目，由中国扶贫基金会、耐克运动品牌一起赞助，强调在运动当中成长，专门抚慰灾后儿童的心灵。

汶川县成立了"汶川县心理重建工作领导小组"，由县委常委、宣传部部长吴开明担任组长，成立了"汶川县心理重建中心"，全面负责汶川县的长期心理重建工作，致力于减少地震带来的心理创伤，提高全县人民的心理健康水平。汶川县副县长蒲进兼任主任，从招录的事业单位人员中抽调3~4名心理学专业人员到中心办公室工作。

成都市教科院负责全市心理教育的业务指导工作，下设成都市心理健康教研中心组，从中小学或教研员中挑选心理骨干教师10人左右作为中心组成员，两年一聘，协助教科院开展业务指导工作。

在心理重建工作中，各级领导小组和工作小组都发挥了积极的作用，共同推动了全省中小学心理健康教育工作的开展。但与此同时，也遇到了一些问题，如专家指导小组经费不足，没有配备办公场所，使得委员会成员基本仍在各自的领域工作，难以协同开展工作。未来可考虑在灾后重建期，从政策和制度上为专家指导小组等机构提供运行的保障，在办公条件、经费和人员配备上提供切实的支持。

（三）对口援建工作

四川地震灾后，中小学心理援助方面的对口援建工作有两种形式，一种是中央政府安排的重建方案中的对口援建；另一种是省内安排的对口援建。

1. 中央政府安排的对口援建

立足我国国情，国务院办公厅于2008年6月印发了《汶川地震灾后恢复重建对口支援方案》，按照"一省帮一重灾县"的原则，安排了东部和中部地区的19个省市以3年为期援建四川省的18个县（市）以及甘肃省、陕西省的受灾严重地区。

对口支援首先体现在基础设施建设方面，一些学校由此配备了专业的心理咨询室。但随着时间的流逝，很多咨询室出现了闲置的状况，这就涉及人员的问题。四川省教育厅抓住对口援建的政策机遇，要求各地区积极寻求人员上的帮助,在《实施意见》中省教育厅指出,国务院安排有省级对口支援的受灾县(市、区),教育行政部门要主动与对口支援的省级教育行政部门联系,向支援省提出派出专家团队对中小学心理辅导与心理健康教育工作进行有效支援。

各重灾区县在政策的要求以及自身的需要下,陆续与对口援建省市建立了心理援助的协调机制,援建方在心理重建方面所做的工作主要包括四个方面:第一,为受灾地区师生提供康复性培训。如都江堰市教育局邀请上海市心理协会,组织了8人专家团队,开展各种专题讲座14场,一共有4 000多名师生参加,进行个别辅导40多人次。广元市争取到浙江和黑龙江两省有心理咨询资质的专家47人,并安排到各县市区开展培训15场,3 000余人次接受了心理辅导。第二,直接在灾区学校派驻教师,针对受灾地区学生进行心理辅导和心理健康教育工作。如绵竹对口援建方江苏省,有计划地派遣专家和心理老师到绵竹学校指导工作,担任心理副校长和专职心理老师,帮助学校开展心理辅导,帮助学校心理老师成长。此外,江苏省还组织绵竹市43位心理老师到南京、常州、无锡等市参观学习。第三,与受援方进行教师轮换,将对口援建省份的教师轮流派到灾区工作,将灾区的老师派到援建地区进行工作调整。第四,在极重灾区县设立心理辅导站点和心理咨询网站、热线电话等,帮助灾区师生解答心理问题,提供心理援助。

2. 省内结对帮扶

根据四川省教育厅《通知》,从2009年开始,利用3年时间,采用多种形式,重点依托高等学校,以对口支援方式,通过开展团体辅导、专题讲座、个别咨询与辅导等,积极开展地震灾区中小学教师辅导与心理健康教育。结对帮扶的单位安排是:成都市——四川大学、西华大学、成都学院;阿坝州——成都医学院、四川师范大学、乐山师范学院、阿坝师范高等专科学校;德阳市——川北医学院、内江师范学院、宜宾学院、四川工程职业技术学院;绵阳市——成都中医药大学、西南科技大学、绵阳师范学院、四川教育学院、四川中医药高等专科学校;广元市——泸州医学院、西华师范大学、四川理工学院、四川信息职业技术学院;雅安市——四川农业大学、康定民族师范专科学校、雅安职业技术学院。

2010年6月,省教育厅进一步提出,在当前及今后3~10年内,要以省内高校专业人才队伍为依托,实施对口援助地震灾区学校师生心理服务工程,加强灾区学校师生心理服务工作,有效降低灾区学校师生心理疾病患病率,基本使灾区广大师生特别是因为地震灾害造成有心理问题或精神疾病的高危群体摆脱心理阴影,帮助他们形成健康、乐观、向上的良好精神面貌。同时,在省教育厅《通知》的基础上,将援建单位具体到39个地震重灾县(市、区)。

(四) 条件保障

重建期中小学心理健康教育工作在陆续展开的同时，条件保障成为这项工作开展的重要基础，多项通知、文件都将中小学心理健康教育的财物保障纳入灾后工作的重要内容。

在教育部《通知》中提到："灾区各级教育行政部门要有部门负责这项工作，并提供人财物的保障。要加强协调和管理，统筹好各个方面的资源和力量。"省教育厅《实施意见》中提到："灾区中小学是心理辅导与心理健康教育工作的实施主体。学校领导要亲自挂帅，切实按照教育部及省教育厅的要求，把心理辅导与心理健康教育落实到学校的各项工作之中。学校应在人力、财力、物力的投入上给予心理健康教育必要的条件保障，使心理辅导机构有固定场所、有必备设施、有专人负责。学校应设立心理辅导室（或称心理咨询室），配备一定的学生心理健康阅读资料，建立与管理学生心理档案。"

为灾区中小学师生提供心理救助和自助的场所、设备，这对于心理教育工作的顺利开展至关重要。震后青少年心理健康教育的相关政策、文件之中，保障落实心理健康教育的场所、环境、硬件设备是一大重点。整体来讲，在灾后的心理重建工作中，硬件设施的落实是较为到位的。以成都为例，在 1 000 多所中小学中，有 700 多所学校设有咨询室，普及率已达到较高的水平。政府和学校力求通过硬件条件的保障来巩固心理工作的稳定性，通过心理咨询室的建设来促进心理健康教育工作的有效开展。除此之外，非政府组织、基金会等社会团体都为灾区中小学提供了十分充足的硬件资源，如心理视讯平台、沙盘活动室等等。总体而言，在重建期，大部分地区、大部分学校心理工作的硬件设施建设状况比较理想，基本能够为心理工作者和学生提供一个健全、完善的心理教育工作和学习环境。

(五) 对未来管理工作的建议

本课题通过调研发现，尽管从教育部到县市教育局等各级教育部门都对中小学生的心理援助高度重视，制定了多个文件，也成立了多个机构，建立了各种机制，但仍然存在相当多的问题，在未来需要加以完善。

首先，政策制定尽可能明确，工作机构才能有效运转。如前所述，教育部和省教育厅制定的有关心理重建政策，其表述普遍较为笼统、模糊，指导思想和精神表述多，实施细则和操作内容少，标准和要求不够清晰，不利于工作的切实开展与考核。为此，各地必须根据本地情况出台符合本地的政策，政策要尽可能地对领导小组、工作队伍、条件保障做出明确的规定。更重要的是，灾后政府部门要有专门的机构着力推动心理援助工作，切实将其作为灾后教育重建的重要组成部分。从四川灾后三年建设情况来看，心理援助工作表现突出的各市（州）推进的做法各不相同，但又有相似之处。汶川县成立了"心理重建中心"，挂靠在教育局；北川成立了半实体的"北川心理卫生服务中心"，有专人负责此项工作；德阳市将工作明确赋责于市教科所；等等。无论哪种体制，要做得好，都需要有专门的人员来负责，这要求工作人员有使命感和高投入，其所在部门能够提供支持。灾后心理援助对全国大多数地区来说都是新事物，原有的体制中缺少相应的组织机构和人员，这就要求发生灾难后必须有机构具体负责应对这方面的需要。这个机构可以是新成立的，也可以是既有机构承担新责任。新成立的机构比如北川心理卫生服务中心，有专职的人员和经费，能够通盘、全面、专业地负责本地区的心理援助工作，但由于上没有对应领导机构，下没有对应的执行部门，需要克服的困难很多，需要工作人员创造性地挖掘资源，解决问题。汶川县和德阳市都将中小学生心理援助的工作交给教育局的教科所（教研室）负责，上下级行政体系清楚，但可调配的资源相对较少。因此，要应对灾后中小学生心理疏导这样的新任务，成立新机构和"旧瓶装新酒"都各有利弊，最重要的还是领导重视与否、能否提供条件支持，以及具体工作的负责人是否有工作热情、具备相应的能力。

其次，"对口援建"要遵循行业规律，要有保障机制。四川灾区三年重建的重大成就证明中央的对口援建政策是非常有效的，可以预计这也将成为未来大灾后的政策设计。中央的对口援建政策主要是针对经济、社会重建来安排的，但由于心理学专业力量的发展并不必然和经济发展步调一致，有些援建省份在中小学生心理卫生和心理健康教育方面并没有太强实力，或者支援方重视不足，没有细化具体工作要求，结果使得部分区县得到的支持有限，四川省内的结对帮扶就是在考虑到这一点之后做出的补充。那么从全国来说，对口援建工作可以分领域进行。经济实力强的省份就从经济方面进行援建，提供资源支持，心理专业能力强的省份提供专业力量结对帮扶，将经济帮扶和专业帮扶有效结合。举例来说，北京、上海等地的心理学力量强大，可以多支援几个省份而不局限于某一个。由于我国目前心理学力量的主体都集中在高校，基于对高校管理的有效性，这项工作可以由教育部中小学生心理健康专家指导委员会协调安排。对于对口援建的工作内容也可以做出较为具体的指导，从应急期的管理、协调到重建期的政策制定、队伍建设等提出工作要求，也可以要求相应高校派出专门的人手到灾区长时间工作。

最后，保障必要的经费，并充分利用各种资源设施。在灾后青少年心理教育工作的开展过程中，心理工作经费不足、物资匮乏、资金投入政策不完善、没有持续投入等问题，成了心理健康教育工作道路上的一大障碍。

正如前文所述，震后重建投入的经费总额早已逾千亿元人民币，这些经费用于震后灾区房屋、公共设施、教育、医疗卫生等多方面的重建，很好地保障了灾区人民的日常生活。但在如此庞大的经费数额之下，灾后青少年心理健康教育的资金问题并未得到充分解决。总体而言，用于心理健康教育工作的资金在震后重建总资金中所占的比例很小，资金的缺乏对心理健康教育工作产生了极大的阻碍，资金的申请、使用也花费了心理教育工作者不少的心血和精力。目前很多心理健康教育的经费是由一些非政府组织、基金会和企业提供，但他们一般会在工作开展一段时间后，便不再提供后续的经费支持。因此，我们建议教育部出台相关的政策文件，在生均公用经费中投入一部分用于心理教育，从而保证心理工作基本、持续的资金需求，同时建立起相应的考核、监督机制，做到专款专用，以此保证心理健康教育工作从短期的重视走入长期正规化的轨道。如此一来，既能为灾区中小学提供更加舒适、安宁的心理健康教育环境，也使得心理教育工作者无需费心于经费的筹集，而能将更多的精力投入到心理教育工作本身，从而更好地为青少年的心理健康做出贡献。

在健全的硬件设施到位之后，灾区各中小学面临着一个棘手的难题就是：专业人才的匮乏。巨资投入的完备的心理教育设备，没有专业人士能够正确的使用，从而造成了资源的浪费；不少学校仍然缺乏专业的心理老师来管理和使用个体咨询室和团体辅导室；一味地追求"齐、多、全"，使得很多硬件设施在实际操作中并没有派上用场；硬件设施虽然能够一次性到位，但缺乏相关的资金以对其进行长期维护。与此同时，有些地区、学校的心理教育工作已经开展得初具规模，而现有的硬件设施已经无法满足当前工作的需求，使得心理工作无法得到进一步的发展。而有些地区、学校的心理教育硬件设施因为资金等问题迟迟不能到位，不少地区仍然缺乏专业的心理咨询室；即使为了落实政策修建了心理咨询室，也往往只是一间空房子，或是放任不管，缺乏配套设施的引入。这一问题亟须引起相关政府部门的重视。

由此，建议有关部门应根据学校心理健康教育工作的开展程度和各校的实际需求，提供分层次分阶段的硬件设施配备。同时，在心理健康教育的硬件设施落实政策中，进一步完善有关设施建设和使用的监督评估体系，以防止对物资不合理的投入和不必要的浪费，从而将硬件设施对心理工作的辅助作用最大化。

二、重建期心理健康教育师资队伍的建设

根据省教育厅《实施意见》，灾区中小学心理健康教育教师既是心理援助的

对象,又是灾区师生心理重建的主力军。要通过努力,逐步建设一支结构合理、数量足、素质高,以专职为骨干、专兼职结合、相对稳定的心理健康教育师资队伍。要通过招聘引进、校内转岗、在职培训等途径,用5年左右的时间,逐步实现按学生人数每1 500人配备1名专职心理健康教育教师,并实行执证上岗。对于灾区学校,尤其是有校舍倒塌和师生死亡的学校,要贯彻省政府办公厅《通知》精神,至少配备1~2名有经验或经过培训的心理服务人员,做到心理服务在范围上全覆盖。

在本课题研究中,我们看到,在推进队伍建设的过程中,各地取得了可喜的成绩,但也遇到了一些问题。较为突出的是心理老师的编制、待遇问题,这需要政府部门制定相关政策来切实保障。以此为基础,才能有效提高师资队伍的数量,进而通过培训工作提升整个队伍的质量。

(一) 师资队伍基本状况

除了成都市等少数地区之外,四川省大部分地区的学校在震前并没有设置心理老师这一岗位。作为震后的新生事物,心理健康教育的师资队伍建设得到了各界的高度重视,相关部门也从政策上规定了师生配比等内容。但是,由于为经验的缺乏,在队伍建设之初便遇到了各种问题,如编制、职称、待遇等,在一定程度上阻碍了建设的步伐。为此,需要上级政府结合现实情况制定相关政策,在基本物质保障的层面,破除影响师资队伍发展的障碍。

1. 编制状况

在灾区心理健康教育工作的落实中,很多学校都反映了这样一个问题:各级教育行政部门的文件要求学校逐步配齐专职心理老师,灾后学校师生的心理状况也非常需要专职心理老师,但是学校心理健康教师的人事编制却一直得不到解决。从全国范围来看,北京、上海、广东、福建等省(市)均在本地的相关政策中对心理健康教育教师的编制有所规定,很好地解决了这一问题。但四川省尚未出台相关规定,使得人事编制成为心理健康教育师资队伍建设的制度性障碍。

编制直接关系着老师们的生存状况,极大地限制了专职心理老师的发展。一些志愿者尽管有意留在当地任教,但因为无法成为在编人员,未来的生活完全没有保障,不得不选择离开。在理论上,学校可以将人事部门为该校配备的编制分给心理老师,但是在现实中,因为灾后老师的大量流失使得主科老师数量不足,尽管学校认识到心理健康教育的重要性,仍然倾向于重视主科老师,因而很难将宝贵的编制分给心理老师。针对这一情况,教育部门应加强与人事部门的沟通,以逐步解决心理教师的编制问题。

2. 职称状况

除了编制之外，职称走向也是一度困扰心理老师的问题。大部分心理老师并不是心理学背景出身，在放弃原来任教学科之后，他们看不到自己今后的职业发展路径，很难在当前岗位上安心工作。为此，四川省政府部门结合学校的组织架构，对相关内容进行梳理，决定将心理健康归入思想政治教育的范畴，评聘条件和方法与其他学科一样，对职称发展给出了明确的导向。

具体执行中，有条件的地区早已开始落实相关工作。以成都为例，市教育局在德育工作"十五"规划中就提出"在职称评定中，增大现有师资队伍的评聘比例，将从事德育工作和心理健康工作的同志纳入政治课、思品课的评聘范围"，并"力争在 3~5 年内培养出德育和心理健康教育工作的学科带头人 1~2 人"。到 2010 年，成都市中小学教师职称评聘体系已有了心理教育专业职称，一批中小学心理高级教师随之涌现，此外还评出了 2 名市级心理学科带头人和 1 名四川省心理特级教师。这些政策极大地鼓舞了全市心理健康教育工作者的信心和积极性，也是成都市心理健康教育工作机制日渐成熟的一个标志。其他地区可以据此作为参照，逐步完善本地的相关机制。

3. 待遇状况

省教育厅《实施意见》中指出，专兼职心理辅导教师从事个别和团体心理辅导的工作量应根据不同工作内容的特点，以客观、恰当方式计算。学校在对他们进行考核、表彰、奖励以及发放各项福利待遇时，应与其他教师一视同仁。这在制度上满足了心理教师对于公平公正的期望，但因为缺乏具体实施细则，心理课的课时量自然低于语数外等主科，导致福利待遇与主课教师相差较大。

绩效工资出台之后，使得情况有了一定的好转。根据绩效工资的规定，教师收入中 70% 是一样的，另外 30% 与绩效挂钩。具体来讲，以往教授语、数、外的主科老师因为课时多、权重高等因素，收入远高于其他副科老师。但由于绩效工资弱化了差异的部分，使得各学科教师的收入相对有所拉近，在一定程度上促进了专职心理教师队伍的发展。然而，具体到各校，心理老师的收入水平其实仍有着明显的不同。在重视心理健康教育的学校中，心理老师的待遇和其他老师差不多；而在并不真正重视心理健康教育的学校中，其待遇却不及平均水平。由此，建议相关部门出台具体细则，使心理老师在各校的待遇都能得到保障。

4. 队伍构成

根据《2008 年四川省教育事业统计年鉴》的数据，全省普通高中、普通初中和普通小学心理健康教育教师与学生的比例分别是 1∶4 126、1∶12 640、1∶28 210。心理健康教育教师的缺口分别高达：普通高中 599 人，普通初中 2 124 人，普通小学 4 095 人。

"5·12"地震震后，因为政策要求以及校长重视等因素，心理健康教育得到了长足发展。各地、各校积极通过招聘引进、校内转岗、在职培训等途径，提升了师资队伍数量，同时力争保证心理老师的质量，取得了一定的成效，使得心理老师的总量大增。

但是，面对以往巨大的缺口，要实现1 500∶1的生师比目标，对于多数地区仍然困难。同时，一些心理老师因为种种原因难以很好地从事心理健康工作，各部门需要对此引起足够的重视，通过监督检查等方式保证校内心理健康工作的有效推进。

以往基础良好的地区，如成都，在心理健康教育方面有着较好的发展，这也体现在师资队伍的配备上。根据《成都市中小学心理健康教育2008~2012年发展规划》（以下简称《发展规划》），全市中小学心理健康教育到2012年将再有一个较大的发展：全市100%的中小学配备1~2名心理老师，心理健康教育进入课堂，90%的中小学建立心理咨询室并正常开展活动；市心理健康教育实验学校力争达到500所。为了实现心理老师的配备目标，成都市放宽入口，积极引进心理学、教育学专业毕业生充实队伍。仅锦江区就在2008~2010年间引进了8名高校毕业生担任心理专职教师，其中包括硕士研究生2名。截至2011年11月，市直属中学、区县重点中学已有1/3以上配有专职心理老师，部分学校有2名专职教师，个别学校（如双流县华阳中学）拥有6名专职心理老师。但在小学中，心理老师的配备情况相对较差，仅有少数学校拥有专职心理老师。

汶川县积极落实教育厅文件精神，2008年秋季全县一次性引进了20多位专职心理老师，这在整个灾区都是非常少有的，体现了县委、县政府领导对此工作的高度重视。在德阳，在市教科所已经督查过的30所国家级/省市级示范高中、初中、小学和直属学校中，全部配备了专兼职心理老师，其中近20所学校拥有专职心理老师，并要求这些学校在2012年之内完成生师1 500∶1的配备。虽然目前实际上离这个目标仍有一定的距离，但与以往相比已有了巨大的进步。

（二）队伍建设的主要内容

根据省教育厅《实施意见》，学校开展心理辅导和心理健康教育的队伍包括三个方面的人员，即心理健康教育专兼职教师，班主任、共青团和少先队辅导员、德育处（政教处）主任等，以及普通教师和职工。

针对专兼职教师，培训一般从某个群体开始，自上而下或自下而上地发展师资队伍。具体而言，自上而下的模式是指，首先培养骨干力量，然后带动整个队伍的发展；而自下而上的模式则是指，首先培养基层的心理老师，然后从中选拔出优秀人员成为骨干力量，组织管理本地区的工作。针对班主任以及团委等思想政治教育系统的老师，一些地区设置了普及型的培训，以期借助这个与学生最亲密的团体，更好地推动学校心理健康教育工作。针对普通教师和职工（在此也包括专兼职教师和班主任等），考虑到整个教师群体的心理健康状况与学生一样需要得到关注，同时也是为了避免老师们对学生心理健康的不利影响，一些机构组织了以心理康复为主题的培训，以帮助经历心理创伤的教师更好地恢复。

虽然这三方面人员是开展中小学生心理辅导的直接力量，但对这三支队伍工作的顺利开展能够产生直接影响的人员是校领导。校领导重视与否，往往成为一个学校心理援助工作开展是否有力的决定性条件。因此，师资队伍建设的一项重要任务是提升校领导的意识。

1. 校领导意识提升

在灾后，一些校领导开始重视心理健康教育工作，但也有一些校领导依旧对相关工作缺乏足够的关注。学校的各项工作都是在校领导的主持下开展，提升校长的意识，无疑会极大地促进心理健康工作在学校中的发展。

在省教育厅《通知》中指出，2009~2011 年，在校长省级培训中，将把地震灾区校长的心理辅导与心理健康教育纳入培训的重要内容，进而普及灾后心理健康教育科学常识，帮助校长掌握灾后心理调适的方法、重建积极的心理品质；同时，指导灾区校长开展学校师生心理辅导与心理健康教育活动。在《四川省教育厅关于进一步加强地震灾区中小学教师（校长）队伍建设、提高办学水平的意见》中提出，要"实施地震灾区中小学校长培训工程"，通过两年时间实施"四川地震灾区中国小学校长管理能力提升培训项目"、"教育部—联合国儿童基金会爱生学校培训项目"、"教育部—中国移动中小学校长种子培训项目"等，支持地震灾区中小学校长全覆盖培训，从办学理念、学校制度建设、校园文化建设、队伍建设、安全及常规管理、心理危机干预与抚慰等方面，全面提高灾区学校校长整体素质和学校管理水平，实现学校软件和硬件建设同步提高。对地震重灾区县市中小学校长的全覆盖专题培训中，按照上述"意见"，2010 年应完成 39 个国家重灾县市区全部 2 525 所中小学校长的培训，2011 年应完成 12 个省定重灾县市区全部 1 594 所中小学校长的培训。

可以说，教育厅从政策角度强调了校长在心理健康教育工作中的重要性，进而通过组织相关培训让校长们一方面了解心理健康的知识，另一方面学会如何有效开展具体工作。此外，省内还出台文件，要求开展结对帮扶的工作，将高校与各地的心理健康工作对接，一方面为当地提供直接的援助；另一方面督促相关工作的开展。

需要强调的是，心理健康教育其实不是孤立的，可以同很多东西相结合。建议各级领导部门在与学校沟通时，能够从校方角度出发考虑相关问题，和校领导建立同盟军，营造良好的心理氛围，让他们看到开展心理健康工作的益处，这样才能更好地推动相关工作的开展。心理老师也是如此，仅靠自身是不够的，要尽力获得校领导的支持，以便在校园中顺畅地开展工作。

2. 骨干教师培训

按照教育部《通知》精神，四川省教育厅组织实施了"省级心理健康教育骨干教师培训计划"，旨在为重灾区中小学、幼儿园培养有志于从事心理健康教育工作的骨干教师1 000名。通过培训，可以帮助教师掌握心理康复教育的知识和方法，为灾区培养一支心理康复教育骨干教师队伍，带动灾区整体教师队伍心理康复教育培训，科学有效地推动中小学学生灾后心理康复教育，确保地震灾区小学、初中、高中学生心理辅导课程的实施。培训采用集中培训、校本培训、网络培训等方式，结合灾区中小学师生心理创伤现状和实际需要，有针对性地开设心理健康和创伤心理学课程和相关专题。

本课题组在汶川的培训和研究充分表明，长期、系统、专业、多元化的培训能够切实提高教师的意识、能力和知识水平。类似的长期、专业培训还有北京师范大学心理学院与德阳市教育局共同举办的德阳市心理健康教育教师三年培训计划和北京大学心理系在北川主持的壹基金三年培训项目。德阳市在三年的时间，举办15期心理老师岗位培训班，对全市761所中小学的761位专职教师进行系统的专业培训，整个过程依靠北师大心理学院的专业支持。北川的壹基金培训项目同样以三年为期，通过讲课、案例督导等方式对老师们进行指导。

3. 班主任工作等专题培训

除专兼职的心理老师外，班主任、共青团和少先队辅导员、德育处专职教师等是学校开展心理健康教育的主力队伍。要对他们加强专业培训，增强他们对心理健康教育的敬业精神和专业技能，创造性地开展各种心理健康教育、辅导和咨询活动。

成都市教科所推出了ABC三级辅导员培养模式（A级为督导型的专业心理老师，B级为骨干型的专兼职心理老师，C级为以班主任为主要对象的普及型兼职心理老师），并将开展C级培训作为当前的工作重点。

C级培训的内容以树立心理健康教育意识、普及心理健康教育常识、掌握心理健康教育方法为主。参加培训的班主任来自各中小学及高等院校，由成都市教育局统一分配指标，各个学校根据指标形成参与者名单，借助3~4天的短期课程完成通识性的培训。成都市从2010年到2011年已累计培训1 100余人，并计划在三年内完成对成都所有班主任的培训，进而实现"人人都是学校心理健康教育工作者"的目标。经过培训的班主任可以获得本地区颁发的C级证书。到2010年上半年为止，全市已有1 205人获得B级培训资格证书，7 037人取得C

级培训资格证书。班主任参加 C 级培训并获得资格证书，已纳入市教育局即将启动的"成都市中小学班主任资格准入制"，并成为其中的一项必备条件，从而将从政策上进一步保证培训的全覆盖。

4. 心理康复培训

针对灾后教师们的普遍需求，省教育厅针对重灾区学校心理创伤严重的教师集中进行了心理康复培训，并优先安排有亲人遇难的教师参加培训。活动在 2009 年暑期举办 3 期，每期培训 100 人，共培训 300 人。此项活动力图通过培训促进灾区中小学教师灾后心理调适，使灾区教师了解地震后心理康复专业知识和科学的心理辅导方法，并通过人文素养专题讲座、互动文娱体育活动、参观考察等培训活动形式，积极创设良好的心理氛围，修复灾区中小学教师遭受的心理创伤，帮助他们调整和放松精神状态，重建心理健康，提高人文社科与艺术修养，以良好的身心状态开展教育教学工作。

部分学校也开展了针对教师心理康复的各种活动。如成都市实验小学设置了魅力课堂、精神家园、健康快车、网络空间、艺术殿堂、五彩驿站、阳光地带、雅园起跑线、雅园讲坛等 9 个站点，所有的站点主持人均由一线的普通教师自主担任，通过每日晨练、团队拓展、户外踏青、厨艺比拼、心理沙龙、佳片有约、好书共赏、沙盘游戏等一系列丰富多彩的活动为教师减压。此外，还专门设立了"教师心斋"，并定期开展"1＋1＞2"（即两位心理专业教师带领各小组教师）的教师团队建设活动，让教师从教书育人的惯性中走出来，进而关注自己身心的发展，使每个教师都能在丰富的活动中找到自己的位置，得到团队的支持，发展自我的价值。在此基础上，学校关注教师自我实现的需要，组织各类专业发展活动，进一步让教师在专业成长中找到自我的价值。教师在这样的自主发展中，真正感受到心理对个人成长的重要作用，也深刻意识到心灵成长对人生的重要意义。于是，老师们更多地在自己的教育过程中融入心理健康教育知识，让成就自己的快乐与成就学生的快乐共同构筑自己幸福的教育人生。

不过，客观地说，许多地区和学校对相关工作仍缺乏重视，大部分老师并没有得到有效的心理支持。之所以出现这种情况，一方面源自当前相关力量的不足，使得一些部门或组织即便认识到这一问题，也没有足够的时间和精力开展具体的工作；另一方面源自整个社会对于相关问题的重视不足，传统思想中教师无私奉献的形象，使得人们鲜少考虑帮助他们。由此，建议从政府角度提高对教师心理健康问题的重视，出台相关政策保证具体工作的落实。而从教师的角度，也要主动寻求外界帮助与支持力量，同时更为积极地看待各种现实的问题，力争通过自己的努力更好地解决问题。

（三）健全完善教研机构

心理健康教育专业教师在中小学校人数少，难以在校内形成有效的教研团队。因此，在县级建立稳定的教研队伍和教研机构，成为这支队伍顺利开展工作、有序长期发展的重要保障。三年来，各区市县心理教研员从无到有，从非专业到专业人员，逐年增加。到2009年9月为止，灾区20个市县兼职心理教研员已全部配齐。许多区市县考虑到心理老师在单个学校难以建立"以老带新"的模式，缺乏自我成长的环境，从而构建了联合教研组的模式，由高中、初中、小学分别按照就近原则，根据片区成立教研组，参照其他学科教研组的运作方式定期开展活动，在县、市层面成立区县一级的中心教研组。例如，汶川县教研室整体负责全校的心理健康教育的教研工作以及教师的培训学习工作。德阳自2005年起，市教科所就配备有专职心理健康教研员，负责全市中小学心理健康教育的业务指导和教师培训工作。

此外，绵竹、汶川、北川等地区在教研体系之外，还成立了相关的心理服务中心。但由于行政级别、经费保障、人员配备等多方面的因素，运作情况并不理想，未来的持续发展也缺乏保障。比较教研体系与单设中心这两种模式，在依托教育系统的前提下，前者显得更为可行。

（四）师资队伍建设中的问题与建议

第一，设立明确的心理健康教育岗位，增加编制、保障其和其他学科老师平等的待遇。从本课题组的调研情况来看，在许多地区，因为编制、待遇等问题，尚未真正配备心理老师。在一些学校中，由于没有编制，只好配备兼职心理老师，这制约了心理健康教育工作的有效开展。兼职心理教师因为兼职的身份，加之其自身的主要工作需要完成，能够从事心理健康教育的时间很有限。有些兼职老师的双重身份存在一定的矛盾，难以在角色间随时转换，比如一些人兼职从事纪律、处分等工作，这类工作的要求与心理老师的角色之间，有时候存在一定的冲突。要在学生面前同时扮演好这两种角色，对于任何老师都是巨大的挑战。

由此，教育主管部门应当认真落实省教育厅制定的有关心理健康教师岗位的生师比1 500：1的规定，保证心理教师队伍的形成与稳定。建立一支稳定的专职队伍是中小学生心理健康教育的核心基础。另外，应对兼职心理老师的具体工作内容进行更为细化的规定，一方面保证他们有足够的时间和精力从事相关工作；另一方面也可避免因为角色冲突的产生而影响工作效果。

第二，要选拔对此项工作有高度认同感、个性较为匹配的人。有些专职或兼职心理老师对心理健康教育并不十分感兴趣，积极性不高；成为心理老师，对他们而言，只意味着应付上级检查以及参加相关培训等。这种情况下，学校心理健康工作难以有实质进展。也有老师认同这项工作的重要性，但由于其能力、个性与工作要求相去甚远，难以胜任。

本课题组对灾后教师心理健康的研究发现，应对方式为消极逃避的老师表现出更为严重的 PTSD 和抑郁症状以及更低的工作满意度，复原力强、乐观的、对环境有控制感的老师，PTSD 更低，PTG 更高。心理健康教育的专职老师应该能更好地面对灾难，因此在选择教师时应该考虑这些人格特质。

第三，做好专兼职教师的培训。本课题组对灾后教师心理健康的研究还发现，社会支持对灾后教师心理健康的影响比较复杂，对灾后教师提供的支持和帮助不一定都会起到积极的作用，有些培训不一定使对方产生良好的心理感觉，有时反而使对方自尊降低，感觉自己软弱无能。因此，我们在为灾后教师提供帮助和支持的同时，必须考虑帮助的方式和形式问题，尽可能使帮助带来积极的效果。比如，我们可能需要增加一些自治取向的、能促使灾后教师自我恢复的帮助方式，减少一些依赖取向的、会使对方感觉自己更加脆弱的帮助形式。

本课题组的培训模式为专家培训加教练督导的模式，不仅给予他们直接的帮助，更注重指导他们在教学过程中的行为，让其有更实质的成长。这种长期、专业、系统的培训模式应当成为灾后教师培训的基本模式。

第三节　重建期心理健康教育的途径和方法

根据四川省教育厅《实施意见》，要求自 2008 年 9 月开学起，所有地震灾区学校要将中小学心理辅导与心理健康教育纳入正常的教育教学环节，科学、有序、持续地进行灾后心理援助。具体而言，面向全体学生开设灾后心理健康教育活动课或专题讲座；开展班级团体辅导；开展个别咨询和辅导；把地震灾区的中小学心理辅导与心理健康教育与日常学科教学有机融合。在具体实施过程中，相关工作主要围绕心理健康教育活动课、班级团体辅导以及个别咨询和辅导等有效开展。部分发展较好地区的学校在此基础上探索出了心理委员、家长辅导等模式，进一步丰富了心理健康教育的途径和方法。

在这一过程中，我们课题组基于科学的实证研究、有效的教师培训，实施并完善了四川省教育厅的《实施意见》，为灾后重建期中小学生心理健康教育提供了专业支持。

一、课程建设

　　进入任重而道远的重建期,课程建设成为灾区中小学心理健康教育工作的重中之重。教育部《通知》中规定,灾区中小学是心理辅导与心理健康教育工作的实施主体,要求灾区各级教育行政部门和学校在教育教学计划中予以安排,并参照教育部中小学心理健康专家指导委员会和学校公共卫生专家指导委员会制订的《地震灾区小学、初中、高中学生心理辅导课程目录》,认真开展心理辅导与心理健康教育的各项工作。此课程目录对小学、初中、高中各年级分别设置了相应的课程内容,每学期8课时。该目录是引领灾区中小学心理辅导和心理健康教育的重要大纲,为灾区中小学心理教育起到了课程指导的关键作用。

　　但是,这一目录仅是纲领性地概括了中小学灾后心理健康教育工作可能涉及的内容,还不够具体化。对于震前心理健康教育基础比较薄弱的四川省来说,急需更加详细而深入的指导性蓝本。于是,中央教育科学研究所与四川省教育科学研究所根据《教育部地震灾区小学、初中、高中学生心理辅导课程目录》,在2008年9月联合编写了供中小学教师使用的《灾后小学心理健康教育活动课案例》、《灾后初中心理健康教育活动课案例》和《灾后高中心理健康教育活动课案例》,并紧急印刷了5 300余册免费发放给灾区各中小学校。这些书籍和素材在灾后迅速下发到中小学校和学生手中,对于课程的开设起到了非常积极的作用。

　　在汶川地震后的2009年,为进一步加强中小学生命与安全教育,培养中小学生积极的人生态度和健全人格,提高中小学生的自我生存和保护能力,四川省教育厅结合四川中小学生生活、学习状况和教育教学实际,制定了四川省义务教育地方课程《生活·生命与安全》,并颁发了《生活·生命与安全》教材的指导纲要,从2009年秋季起在四川省各中小学全面推进该课程。《生活·生命与安全》涵盖了生命教育、健康教育、安全教育、劳动与技术教育、环境教育等方面的内容,有序地贯穿于九年义务教育的各个年级。其中涉及心理健康教育的主要内容包括:普及心理健康基本知识,树立心理健康意识,了解简单的心理调节方法,认识心理异常现象,初步掌握心理保健常识,其重点是学会学习、人际交往、升学择业、生活和社会适应及情绪管理等方面的常识。当前灾区各校都以《生活·生命与安全》教材为主体开展心理健康教育活动课程。《四川省义务教育地方课程指导纲要》规定,小学1~6年级必须每周上3课时《生活·生命与安全》,初一、初二年级每周2课时,初三年级为每周1课时。

二、团体活动

在课题进行的三年中,我们对重建期心理健康教育的团体活动进行了深入的思考。团体辅导可以帮助学生们发展良好的人际关系和适应行为,感受"和别人一样"的体验以及彼此间的互助与互利,进一步增强归属感,借助探索过程获得自我成长,而这些是在个体辅导过程中难以实现的。此外,团体辅导受众较多,并且实施难度相对较低,在当前专业师资缺乏的情况下,更容易在学校中推行。因此,可以将它与心理健康教育活动课有机结合起来,使学生们在体验的同时学到知识。

学校中人数众多,为了让更多的人可以获得有效的帮助,开展团体活动有着极强的现实意义。在条件相对较好的地区,学校中针对班级或更小群体开展了各种主题的团体辅导活动;而在条件相对落后的地区,借助外部力量也开展了一些类似的活动。例如,北川根据省教育厅《实施意见》,根据当地学生的特点,设计、开发了班级团体主题活动方案,开展了各种生动活泼、体验性强的活动,通过师生的参与和互动,促进了学生对自我的了解,体验到了支持和被支持,增强了安全感和自信心。在班级团体辅导活动中,一旦发现有特别需要帮助的学生,可以对他们实施个别咨询和辅导,并在必要时转介到相应的专业心理机构。

在成都石室中学,针对高三学生特殊心理需求和班主任对班级教育工作的建议,学校在2008年创造性地提出让心理老师参与到高三个别班级的教育工作中,尝试开展班级心理辅导的新模式。在此基础上,学校将心理辅导老师与班主任的上述合作模式制度化为"班级双辅制",并在高三年级全面推行。学校成立了"班级双辅制"工作小组,由分管校长负责,学校心理辅导教师和高三年级班主任为工作组成员。在班级事务的管理中,班主任为主,心理老师为辅;在心理健康教育工作中,心理老师为主,班主任为辅。针对高三学生的情况,及时有效地开展了有针对性的专题团体辅导,如班级支持系统建立专题、时间管理专题、学习策略专题、考试心理调整专题、自信心训练专题等。这些活动切实缓解了高三学生繁重复习任务带来的巨大压力,有助于帮助学生进行积极的情绪管理,有效减轻了学生考试焦虑,使学生对自己充满信心,积极学习、积极备考。

而在成都七中,学校建立了"1+12"的心理健康教育模式,即由一个经过专业培训的心理老师带领12名学生,运用团体辅导的方式进行心理健康教育。在现行班级授课制的情况下,实行多名经过专业培训的老师,共同对一个班的同学分组实行团体辅导,从而促进学生健康成长,增强班级凝聚力,促进整体和谐的教育模式。具体操作过程中,由学校成立实施小组,设立专项资金,设定负责人和监督人,制定相关学习制度和督导制度。"1+12"中的"1"以心理老师为主体,发展多个热爱心理学的兼职者并接受培训,邀请了香港中文大学林孟平等专家教授对学校老师进行专业培训。学校早在2007年便启动了这一模式,利用高一上半学期心理课的时间,几位经过专业培训的老师以团体辅导的范式,同时针对一个班的同学实行。随后,学校组织了四川师范大学20名研究生和本校6名热心心理健康教育的老师,在全年级推行"1+12"的团体辅导模式。

"加油——在运动中成长"是由中国扶贫基金会和耐克公司提供资金支持及技术指导的社会心理项目,以8~14岁的未成年人为对象,旨在通过游戏、运动和表演的方式,在轻松愉悦的气氛中,激发孩子们自我恢复的心理潜力,培养他们开展建设性交流、提高自尊心、耐挫力和团队合作与信任等在内的积极品质。项目实施由经过专门培训的安抚员(老师、辅导员或志愿者)具体进行,在任何安全的场地均可开展,每周1~2次,每次45分钟。

三、个别咨询

个别咨询是我们课题组成员长期实践的一项重要内容。作为常规的心理辅导模式,个别咨询是学校心理健康教育中不可或缺的一部分。特别是在地震这样的特殊背景下,虽然已经过去了三年多,但灾难对人的影响是深远的,师生的心灵与精神重建仍然是今后较长时间中非常重要的主题。对于许多同学而言,团体活动会起到很好的效果。但对于那些特别需要帮助的学生,团体的作用可能会比较有限,不足以解决其问题,这就需要及时实施个别咨询和辅导。如果问题十分严重,还需要转介到相应的专业心理机构或精神卫生机构去接受治疗。

根据四川省教育厅《实施意见》,要开设心理咨询室,由受过专业心理咨询训练的心理老师对学生开展"一对一"的心理诊断、咨询、辅导和矫治工作。对于有严重心理问题的学生,及时鉴别并转介到相关专业机构。在相关工作的推进过程中,仅有少数心理健康教育发展较为超前的学校能够顺畅地开展个别咨询,大部分学校遇到了一些问题:首先,不少学校出现了咨询室完全空置的现象。伴随外来力量的离去,专业队伍越发缺乏,一些学校因为没有心理老师而无法开展咨询,而另外一些学校虽然配备了名义上的心理老师,但因为这些老师相关知识与技能的严重不足,同样难于开展咨询;其次,在有条件开展咨询的学校中,因为师生比例的严重失衡,心理老师整日忙于心理课等其他各项工作,造成了咨询室大部分时间空置的状况;此外,因为督导力量的缺乏,心理老师在个别咨询中如果遇到问题很可能无处求助,这也在一定程度上阻碍了个别咨询在学校中的发展。

基于以上情况，许多地区在重建期选择了依靠外来力量提供个别咨询，借此为本地区的发展提供过渡。与此同时，各地区也都着力于培养本地力量，力争在外来专家的帮助下建立起由本地教师组成的常驻专业队伍。在外来力量中，大部分队伍工作时间较短，在此仅以工作时间较长的绵竹心理服务中心为例进行介绍。

在壹基金资助下，中国科学院心理研究所和绵竹市教育局合作建立了绵竹心理服务中心，主要开展个案、家庭、团体咨询工作，同时督导各校心理辅导教师及社区工作站志愿者，还面向绵竹市全体居民开展心理健康教育、培训等工作。中心采取免费的方式，由专业的心理咨询师提供对于儿童行为矫正、网络成瘾、学习问题、人际关系、亲子关系、恋爱情感、婚姻家庭、压力管理以及职业规划等方面的心理服务。自2009年7月19日挂牌后，出现了大量来访者到中心咨询。在约1年的运作过程中，累计完成140余例个案，并且收效较好，获得了当地政府部门及民众的普遍认可。这一方面说明当地民众对于个别咨询的强烈需求，而另一个方面也可以反映出本地咨询力量的缺乏。应该说，中心一方面提供了专业的心理咨询服务，另一方面更提供了专家进行督导，而这两者在当地都是十分稀缺的资源。各校心理辅导老师以及社区工作站志愿者等在这些专业力量的支持下，借助作为助手从旁学习以及参与督导等方式，使自己的咨询能力获得了一定的提升。但是，因为基金会项目的结束，中心在免费服务一年之后由于没有经费继续支持而停止了运作。这也成为摆在相关部门面前需要解决的问题。

四、心理委员

我们在课题进行的过程中，深刻体会到设立心理委员的重要性。因为仅靠教师层面的工作，远远满足不了学生获得心理帮助的需求。过去的心理咨询工作都是等着学生来求助，这种工作模式有很大的弊端，不能及时了解学生的心理动态，不能主动及时干预校园危机，工作比较被动。在这种背景下，建立以学生为主体的心理自助组织，形成一种运行良好的心理自助和互助机制，构建全程全方位的学生心理健康教育和监护系统，显得尤为重要。为此，一些学校建立了班级心理委员，以发挥学生的主体作用。

在成都市双流县艺体中学，学校把全体学生作为心理健康教育的工作对象，探索出了一条更加积极、主动、全面的心理健康教育途径和方法，让更多的学生参与进来。在学校心理辅导中心的指导下，各班选聘一男一女两位同学担任班级心理委员，组建学生心理社团"心灵家园"。社团以"自助助人、健康成长"为宗旨，由专业的心理老师对心理委员进行培训，让心理委员们掌握中学生心理健康的标准和中学生常见的心理问题及症状识别等心理健康常识，明确心理委员的工作职责、权利、日常工作方法等，学会填写《双流艺体中学班级心理委员工作手册》，并通过开展心理健康教育活动周、心理健康教育手抄报比赛、心理健康趣味运动会等多种形式，向同学广泛宣传心理健康知识。

而在崇州市蜀城中学，学校针对心理教育师资薄弱、心理干预机制滞后、心理健康教育工作者与学生之间联系不紧密等问题，采用班级心理委员的模式，将心理健康教育辐射至学校的最基层单位。每班设2名心理委员，男、女各1名，由个人自荐、班主任考察推荐，心理老师考核录取。随后，由专职心理老师负责培训，内容包括：心理委员职责、心理观察员的基本技能、朋辈心理辅导基础技能、开展班级心理健康活动的基本方法等。通过培训，力求使心理委员能够胜任简单的朋辈心理辅导，并承担心理观察员的工作。班级心理委员是心理老师的得力助手，能协助心理老师将心理知识、概念及方法传播给班级同学，在全校形成良好的氛围。通过培训后的心理委员，可以在一定程度上弥补心理教师因精力不足难以为更多的学生提供及时有效帮助而造成的遗憾。心理委员搭建了师生之间的桥梁，有助于心理老师的教育工作更有针对性。此外，作为危机干预机制中的"前沿哨兵"，心理委员也能使干预工作更加及时和有效。

考虑到小学生（特别是低年级学生）年纪较小，学习专业的心理知识存在一定困难，照搬心理委员的模式缺乏可行性。为此，需要对相关培训内容和工作职责进行修改，以符合小学生的特点。在成都市清波小学，就开创了具有特色的模式。考虑到沉重的教学任务限制了老师全面细致观察每个学生心理变化的可能性，而孩子们随着年龄的增加，情绪智力的提高，知识面的扩充，心理也会出现暂时的灰色现象，如不及时处理往往会带来更严重的问题。为了更加全面地了解他们的心理状况，学校在探索小学心理健康教育和管理模式上有所突破，建立了"小小心灵护航队"。在具体实施过程中，首先由每班推选1~2个比较乐观、有爱心、爱帮助同学、具有敏锐观察力和良好交际能力，并且对心理健康有一定认识的学生，成为心灵护航队的队员。随后，每个队员在每周五参加固定的培训，同时也会得到学校德育处及各班班主任的支持。进而，队员开始肩负起自己的责任，及时完成并上交"班级学生心理状态晴雨表"，观察本班同学的心理状况并及时告诉心理老师或者班主任；做好班级同学和老师之间的"心灵小纽带"，协助班主任和心理辅导老师开展心理健康活动等。

应该说，心理委员在中小学的心理健康教育中仍较少被提及，但以上试点工作已经充分证明了其作用与有效性。此外，无论学校中的心理老师数量是否充足，这种模式都可以得到有效的开展。由此，我们建议各校均可以考虑使用类似的模式来协助心理老师的工作。针对小学生认知水平较低的特点，可以参考清波小学的创新模式，降低学生的任务难度，同样也可以取得良好的效果。

五、家长辅导

家庭对于孩子的成长有着深远的影响，心理健康教育不仅需要学校的努力，也需要家长的有效支持。为此，需要通过家长学校、家访等形式，帮助家长了解心理健康知识，掌握心理健康教育方法，注重自身良好心理素质的养成。要引导家长转变教育观念，以正确的理想和追求以及良好的品格和行为影响孩子。在本课题的研究中，我们不仅看到灾后中小学生家长辅导的重要性，而且也看到四川省在家长辅导中所做的有益工作。

例如成都市第十二中学，针对在备战高考的过程中，高三学生的家长也会紧张、焦虑，并影响到学生这一问题，开展了高三家长的心理辅导活动，主要包括三个方面：第一，开办家长学校。在高三第一学期开设"陪孩子过好高三"的主题活动，向家长们介绍高三孩子们的心理需要、亲子沟通策略等。在高三第二学期开展"和孩子一起迎接高考"的专题讲座，让家长了解高考，了解孩子应试心理，介绍营造良好家庭氛围、激励孩子的方法。第二，组织家长团体心理辅导。针对高三学生容易与父母发生冲突，亲子沟通方式欠妥等现实情况，开展了以"我画我家、孩子的压力、家庭排列、我担心……"等为主题的团体辅导。在团队活动中，家长逐渐修正了对孩子的不恰当期望，学习与孩子沟通的方法，从而为高三学生的成长营造了一个宽松而温馨的家庭心理氛围。第三，编印家长《心灵之夜》手册。选择"高三考生：爸爸妈妈我想对您说"、"当好高三考生家长有学问"、"考前作息时间巧安排"等文章，供家长们参考学习。

事实上，孩子的很多心理问题其症结往往在家庭，但是许多学校并没有切实关心家长的心理健康状况，这也使得一些学生的心理问题迟迟难以解决。由此，建议学校应该适当对家长进行关注，通过开展讲座、交流等活动，使家长认识到以往与孩子沟通中的问题以及不合理的期望等，进而学会有效沟通的方法，最终成为有助于孩子健康成长、并被孩子所喜欢与爱戴的好家长。

六、存在的问题与建议

（一）心理健康教育课程的课时问题

省教育厅《实施意见》要求，灾区各中小学应当面向全体学生开设灾后心理健康教育活动课或专题讲座。课时安排为：小学各年级每学期不少于9课时，初中、高中各年级每学期不少于10课时。然而该项政策在实际执行中却遇到了很多困难。许多学校的心理健康教育活动课形同虚设。校长们为了应付检查，在课表上都安排了相应的符合要求的心理健康教育活动课程。看似落实了政策，实则是搭了一副空架子。

当前学校的科目繁多，心理教育相对语文、数学等主要科目未被重视，在各科目争抢课时的情况下，心理课只能让位于其他学科，由此导致各校的心理健康教育活动课时少，频率低，远远达不到《实施意见》的课时要求。部分学校甚至完全不顾上级政策的要求，并未安排任何专门的课时用于心理教育，心理老师只能利用课余时间，开展心理健康教育活动。在高中，这种心理教育活动课名存实亡的现象更为普遍。高中课改对课程设置做了很大的调整，导致学校的课时安排更为紧张，在这种情况下，部分学校甚至干脆不上心理课，由此能留给心理健康教育工作的空间和余地就大大缩小了，心理教育甚至被完全边缘化。

从目前全省要求开设的《生活·生命与安全》教材的课程实施情况，也可以窥见心理健康教育活动课在课时方面实施不到位的问题。在这门课的实际执行过程中，仅有少数学校能严格落实该项要求，保证《生活·生命与安全》的课时达到标准。很多学校尤其是广大农村中小学甚至难以保证一周安排一个课时的《生活·生命与安全》课。

灾区中小学的心理健康教育活动课何以实施得如此困难？究其原因，校领导对心理工作的不重视，缺乏考核机制，以及某些教育体制和政策文件的相互矛盾是问题的关键所在。上级有政策，各学校也有相应的对策。如果校领导重视心理健康教育工作，就会努力调解各科目课时安排协调的困难，将心理健康教育活动课按照课时要求落到实处，并安排专业的老师来上课，真正让心理健康教育活动课发挥出它应有的效力。如果校领导不重视，在各种现实条件不利的情况下，就容易把心理健康教育工作搁置一边，导致课时不达标，或是任意让其他毫无工作基础、从未受过相关培训的科任老师代上心理教育活动课，以此应付了事。可以说，增强校领导对心理健康教育工作的意识和重视才是问题的突破口。缺乏考核机制也导致了相关政策未能受到相应的重视。各政策文件仅是一种要求，还未上升为硬性的规定。换句话说，目前灾区各地还缺乏相配套的考核机制来督促学校的落实情况。即使在某些地区已经开展了一系列的督察工作，但并未形成一个长久的具有威慑力的体制和机制。

根据本课题组的调研，建议灾区教育局主管领导能够高度关注学生心理健康教育工作，改变各中小学校领导的态度，增强意识，让他们主动、自觉地从学生身心全面发展的高度去重视心理健康教育工作。另外，各地应当逐渐启动对各校心理健康教育工作的考核制度，在课程考核方面，根据学校心理健康教育活动课程的设置、课程的开展状况给予相应的考核，并将其纳入学校评优评先的标准体系之中。通过例行检查和突击检查、访谈学生和家长、让学校实时反馈工作情况等方式，防止部分学校为应付检查而敷衍作假，真正推动这项工作的顺利落实。

此外，还有一点需要引起政府部门的重视。现有的教育体制和政策文件存在一定程度的矛盾冲突，导致基层领导和教师在具体执行过程中遇到了很多难题，也直接影响了心理健康教育课程的顺利开展。例如，此次四川省在调整地方课程时，把心理健康教育归为综合课，这在某种程度上间接削弱了心理健康教育的力度。此外，按照省教育厅的文件要求，中学每学期不低于10节课，小学每学期不低于9节课。但在国家普通高中的课改中，并不包含心理健康这一部分的内容，对这方面的要求完全没有涉及，这就大大阻碍了心理健康教育活动课在高中的顺利实施。由此，建议将心理教育课程纳入国家的课程设置，同时在地方课程设置时，给予其专业的地位保障，这样才能保证心理健康教育活动课真正发挥它服务于灾后学生心理重建以及促进个人成长和发展的最终目的。

（二）心理健康教育课程的教材建设

如前所述，虽然教育部颁布了《地震灾区小学、初中、高中学生心理辅导课程目录》，对中小学各年级的心理健康教育课程内容做了每学期8课时的安排，中央教育科学研究所与四川省教育科学研究所也联合编写了供中小学教师使用的《灾后小学心理健康教育活动课案例》、《灾后初中心理健康教育活动课案例》和《灾后高中心理健康教育活动课案例》等资料，但对于心理健康教育工作刚刚起步的各级重灾区而言，在课程实际执行的过程中，纲要和参考书并没有充分发挥它应有的作用。尽管有大纲和案例参考的指导，但对于心理学专业水平较为欠缺的许多一线教师而言，还不够操作化，对具体的课程内容仍旧十分茫然，心理健康教育活动课的效果也因此大打折扣。由此可见，从目前的师资专业水平出发，要想更加有效地执行心理健康教育活动课程，仅有大纲和案例集等参考材料是远远不够的。缺乏教材这一载体，灾区的心理健康教育工作遇到了较大的"瓶颈"，对于震前心理健康教育基础比较薄弱的四川省来说，急需更加详细丰富而深入的指导性蓝本。

目前在全省开设的《生活·生命与安全》课，对于心理健康教育而言，仅有"呵护心灵"作为其中的一个版块，其内容的专业性和教学量均不能充分满足当今中小学心理健康教育课程内容的需要，使得当前各地心理健康教育课程内容的丰富性和深入性受到了一定程度的限制。直至现今，四川省本地仍没有统一的专门针对中小学生心理辅导的地方教材。同时，由于没有心理方面的专门教材，使得各校在课程执行时，基层教师从自己的角度、自身拥有的资源和水平出发，自行开发设计课程，具有极大的随意性，也导致了一定程度的混乱。而某些不重视心理教育的学校则在缺乏教材的情况下，将心理工作应付了事。

因此，为了保证心理健康教育课程建设的严谨性和专业性，使其能在灾区中小学系统、规范地开展，建议四川省应当尽快整合各方资源，开发出一套专门针对中小学心理健康的地方教材。同时，为了保证心理健康教育工作具有较强的针对性，能够因地制宜地开展实行，各地方应当努力争取各方力量的协助，编制符合本地状况的校本教材。汶川县、北川县和德阳市在这一问题上的构想富有建设性。教研人员参考大纲、案例，综合各家思想，并在调研当地中小学生的心理健康状况和心理教育需求的基础上，着手编制富有地方特色的本地教材。其中灾难教育、感恩教育得到了特别的重视，计划在中小学的心理健康教育教材中加大这些主题的教育力度。这种立足本地实际的做法，也是值得其他灾区借鉴和效仿的。

总之，灾区中小学心理健康教育不仅急需教师培训来保障课程实施的效果，还需要四川当地开发出较为全面、深入、细化且易于操作的心理教材。如此，在省级教材和地方教材的基础上，一线教师的课程安排便能够更加规范、专业化。另外，如同语文、数学等常规学科的教材一般，学生们在上心理健康教育活动课时，通过教材的线索指引，也能更深入地领会心理健康教育的内容。同时，各地的心理教研人员，应在大纲和教材的基础上，开发出一系列相关的活动教案，并针对地方特色和本校情况开发出更具针对性的课程体系，由此才能促进心理健康教育课程的持续进行和不断发展。

（三）心理健康教育活动的开展

在当前情况下，专职和兼职心理老师是心理健康教育开展的主体力量，但从学校长期发展的角度考虑，让每一个老师都成为有心理健康教育功能的老师才是最终目标。全体教师员工，无论做行政管理还是后勤服务，都应该了解中小学生心理发展的规律特点，自觉以培养学生自信、自尊、乐观、积极的优良品质为工作目标。可以从班主任培养开始，由专职心理老师根据本校情况设计符合学生规律特点的心理健康教育活动，然后由班主任老师再根据本班情况加以实施。更进一步，班主任老师在熟练掌握基本的知识、技能后，可以自觉减少影响学生心理健康状况的教育行为，并设计和开发新的有利于学生心理发展的教育活动。

参 考 文 献

［1］Diane Myers 著，陈锦宏等译：《灾难与重建——心理卫生实务手册》，台北：心灵工坊文化 2001 年版。

［2］安媛媛：《中学生创伤暴露程度与创伤后应激障碍之间的关系：复原力的影响作用》，北京师范大学 2010 年硕士论文。

［3］安媛媛、伍新春、刘春晖、林崇德：《情绪性人格对青少年创伤后成长的影响——应对方式的中介和社会支持的调节作用》，载《心理发展与教育》，2013 年第 6 期，第 657～663 页。

［4］安媛媛、臧伟伟、伍新春、林崇德、周佶：《创伤暴露程度对中学生创伤后成长的影响——复原力的调节作用》，载《心理科学》，2011 年第 3 期，总第 34 期，第 727～732 页。

［5］曹日芳、赵国秋、王义强、汪永光、何晓燕：《中学生地震创伤后应激障碍发生情况及其影响因素分析》，载《中国学校卫生》，2010 年第 31 期，第 1328～1329 页。

［6］陈昌凯、肖心月、张保军、黄皓明：《灾难性事件对幸福感的"积极"影响》，载《心理科学进展》，2010 年第 7 期，总第 18 期，第 1104～1109 页。

［7］陈寒、曾玉君、张妍：《"5·12"地震灾区志愿者的人格和心理健康研究》，载《绵阳师范学院学报》，2010 年第 6 期，总第 12 期，第 94～98 页。

［8］陈静、杨旭光、王静爱：《巨灾后幸存者心理恢复力初步探究——以 1976 年唐山地震为例》，载《自然灾害学报》，2008 年第 1 期，总第 17 期，第 86～91 页。

［9］陈丽：《关于构建地震灾后心理救助综合体系的思考》，载《西南交通大学学报（社会科学版）》，2009 年第 2 期，第 15～17 页。

［10］陈秋燕：《对地震灾区中小学生心理援助工作的思考和建议》，载《中小学心理健康教育》，2008 年第 7 期，第 13～15 页。

［11］陈少华：《人格与认知》，北京：社会科学文献出版社 2005 年版。

［12］陈世英、高耀：《七年级学生抑郁情绪的调查与分析》，载《当代教育理论与实践》，2011年第5期，总第3期，第112～114页。

［13］陈宇嘉、王绣兰：《震灾儿童与少年创伤处置技术与流程》，引自《九二一震灾心理援助学术研讨会论文集》，2001年。

［14］陈允恩、陈昕、詹军、曲建英：《汶川地震对都江堰市某中学初三学生心理健康状况影响的调查》，载《中国健康心理学杂志》，2009年第17期，第309～210页。

［15］陈仲庚：《人格心理学》，沈阳：辽宁人民出版社1986年版。

［16］陈仲庚：《实验临床心理学》，北京：北京大学出版社1992年版。

［17］程科、周宵、陈秋燕、张晨光、伍新春：《小学生创伤后应激障碍对攻击行为的影响——应对方式的调节作用》，载《心理发展与教育》，2013年第6期，总第29期，第649～656页。

［18］代维祝、张卫、李董平、喻承甫、文超：《压力性生活事件与青少年问题行为：感恩与意向性自我调节的作用》，载《中国临床心理学杂志》，2010年第6期，总第18期，第796～798页。

［19］付芳、伍新春、臧伟伟、林崇德：《自然灾难后不同阶段的心理干预》，载《华南师范大学学报（社会科学版）》，2009年第3期，第115～120页。

［20］傅小兰：《"5·12"汶川地震心理援助前期工作反思》，引自张侃、张建新：《灾后心理援助名家谈》，北京：科学出版社2009年版。

［21］甘怡群、奚庄庄、胡月琴、张轶文：《核心自我评价预测学业倦怠的新成分：集体自尊》，载《北京大学学报》（自然科学版），2007年第5期，总第43期，第709～715页。

［22］高淑贞：《儿童青少年地震创伤后压力反应之追踪研究》，载《彰化师大辅导学报》，2004年第1期，总第26期，第85～106页。

［23］耿富磊、范方、张岚：《汶川地震后18个月都江堰地区青少年睡眠问题共患PTSD、抑郁、焦虑状况》，载《中国临床心理学杂志》，2012年第2期，总第20期，第172～175页。

［24］关念红：《地震后创伤性应激心理》，载《新医学》，2008年第9期，总第39期，第573～574页。

［25］关念红、王昆、魏钦令、张晋碚、王厚亮、王继辉：《汶川地震异地治疗伤员创伤后应激症状及影响因素分析》，载《中山大学学报（医学科学版）》，2008年第4期，总第29期，第361～366页。

［26］郭素然、辛自强、耿柳娜：《事件影响量表修订版的信度和效度分析》，载《中国临床心理学杂志》，2007年第1期，总第15期，第15～17页。

［27］郝传慧、雷雳：《青少年心理弹性的效用与提升》，载《中国青年研究》，2007年第1期，第72~75页。

［28］贺婕、徐莎莎、祝卓宏、王力、王文忠：《汶川地震后青少年PTSD症状及其相关因素研究》，载《中国临床心理学杂志》，2011第1期，总第19期，第103~105页。

［29］洪福建：《"9·21"震灾受创者灾后身心反应之变动与维持——灾后环境压力、因应资源与因应历程的追踪研究》，台湾大学心理学研究所2003年博士论文。

［30］洪仲清：《书写对国小高年级学童创伤经验的影响》，国立台湾大学心理研究所2004年硕士论文。

［31］侯彩兰、李凌江、张燕、李卫辉、李则宣、杨建立、李功迎：《矿难后2个月和10个月创伤后应激障碍的发生率及相关因素》，载《中南大学学报（医学版）》，2008年第4期，总第33期，第279~283页。

［32］胡丽、赵玉芳：《汶川地震灾区中学生心理健康状况调查》，载《中国学校卫生》，2009年第3期，总第30期，第266~267页。

［33］胡丽、赵玉芳：《汶川地震7个月后中学生心理健康状况调查》，载《现代预防医学》，2010年第14期，总第37期，第2676~2678页。

［34］胡丽、赵玉芳、苏亮夫、雷丹、赵雪峰、张春芳：《汶川地震后中学生心理健康状况与心理干预的关系》，载《西南农业大学学报》（社会科学版），2009年第6期，总第7期，第169~171页。

［35］胡俏、戴春林：《中学生学习倦怠结构研究》，载《心理科学》，2007年第1期，总第30期，第162~164页。

［36］胡俏、邵日新：《汶川地震灾民中的社会支持和消极沉思对焦虑抑郁情绪的影响研究》，载《中国神经精神疾病杂志》，2009年第1期，总第35期，第44~46页。

［37］胡欣怡：《创伤后成长的内涵与机制初探：以九二一震灾为例》，国立台湾大学心理学研究所2005年硕士论文。

［38］胡远超、赵山：《心理委员制度：朋辈咨询在我国高校的本土化形式》，载《南京邮电大学学报》（社会科学版），2008年第1期，总第10期，第63~66页。

［39］黄希庭：《人格心理学》，杭州：浙江教育出版社2002年版。

［40］吉文昌、曾宁波：《"5·12"汶川特大地震灾后师生心理援助应急机制研究》，北京：教育科学出版社2010年版。

［41］江光荣：《心理咨询的理论与实务》，北京：高等教育出版社2005年版。

[42]《教育部关于地震灾区中小学开展心理辅导与心理健康教育的通知》,载《中华人民共和国教育部公报》,2008年第9期,第11~18页。

[43]《关于全力做好抗震救灾工作的紧急通知》,载《中华人民共和国教育部公报》,2008年第6期,第5~6页。

[44]解亚宁:《简易应对方式量表信度和效度的初步研究》,载《中国临床心理学杂志》,1998年第6期,第114~116页。

[45]金树人:《九二一震灾后的心理复健工作》,载《理论与政策》,2001年第1期,总第14期,第87~102页。

[46]景璐石、黄颐、司徒明镜:《汶川大地震后重灾区青少年创伤后应激反应和抑郁情绪的研究》,载《中华行为医学与脑科学杂志》,2009年第18期,第193~195页。

[47]赖念华:《灾后心灵重建团体之形成与介入策略——以儿童艺术治疗为例》,载《九二一震灾心理援助学术研讨会论文集》,2001年。

[48]雷鸣、戴艳、肖宵、曾灿、张庆林:《心理复原的机制:来自特质性复原力个体的证据》,载《心理科学进展》,2011年第6期,总第19期,第874~882页。

[49]雷鸣、张庆林:《创伤后心理复原的生理机制》,载《心理科学进展》,2009年第3期,总第17期,第616~622页。

[50]李海峰、况伟宏、韩布新:《成都、德阳地区地震8个月后老年人抑郁状况及其相关因素》,载《社会精神病学》,2010年第2期,总第24期,第122~125页。

[51]李虹、林崇德、商磊:《生命控制感对内外在控制感与心理健康之间关系的调节和中介作用》,载《心理科学》,2007年第3期,总第7期,第519~523页。

[52]李辉、舒姝、李红:《灾后心理援助应处理好的几个关系》,载《云南师范大学学报》,2009年第3期,总第41期,第118~122页。

[53]李洁、郭建雄、徐文军、殷青云、胡号应、沈峰:《四川汶川地震伤员的心理卫生状况调查》,载《中国神经精神疾病杂志》,2008年第34期,第523~524页。

[54]李磊琼:《地震后儿童心理干预与转变过程探索》,载《中国健康心理学杂志》,2007年第6期,总第15期,第526~528页。

[55]李莎莎、耿柳娜:《地震后心理危机干预:针对PTSD的减压团体》,载《河北教育》(综合版),2008年第Z1期,第66~68页。

[56]李松蔚、王文余、钱铭怡、高隽、王雨吟、邓晶:《对震后灾区初中

生创伤后成长情况的调查》，载《西华大学学报》（哲学社会科学版），2010年第5期，总第29期，第6~10页。

[57] 李文道、邹泓、赵霞：《初中生的社会支持与学校适应的关系》，载《心理发展与教育》，2003年第3期，总第19期，第73~81页。

[58] 李晓东、林崇德：《终生控制理论：关于人的整个生命历程的动机理论》，载《心理学探新》，2002年第22期，第13~17页。

[59] 李永鑫、赵娜：《工作—家庭支持的结构与测量及其调节作用》，载《心理学报》，2009年第9期，总第41期，第863~874页。

[60] 李勇、贺丹军、吴玉琴、杨宁波、王昊飞、丛晓银：《汶川大地震受灾学生创伤后应激症状及危险因素》，载《中国康复医学杂志》，2008年第10期，总第23期，第868~871页。

[61] 连榕、杨丽娴、吴兰花：《大学生专业承诺、学习倦怠的状况及其关系》，载《心理科学》，2006年第1期，总第29期，第47~51页。

[62] 廖强、张建新、付登金、涂学刚、江玲、王玲：《汶川地震后1月成都市区中学生心理状况》，载《预防医学情报杂志》，2008年第12期，第930~932页。

[63] 廖文乾：《地震灾后国民小学实施心理复健之研究——一所灾区小学之个案研究》，国立台中师范学院国民教育研究所2002年硕士论文。

[64] 林崇德：《追求创新：中国发展心理学研究的必由之路——纪念朱智贤教授逝世20周年》，载《心理发展与教育》，2011年第2期，总第27期，第113~117页。

[65] 林崇德、刘春晖：《心理和谐是经济发展方式转变与自主创新的保证》，载《北京师范大学学报》（社会科学版），2011年第1期，第5~11页。

[66] 林崇德、伍新春、侯志瑾、付芳、臧伟伟：《灾后中小学生的长期心理援助模式——基于TAT和SAP的比较》，载《华南师范大学学报》（社会科学版），2009年第4期，第48~53页。

[67] 林崇德、伍新春、张宇迪、臧伟伟、周宵、戴艳：《汶川地震30个月后中小学生的身心状况研究》，载《心理发展与教育》，2013年第6期，总第29期，第631~640页。

[68] 林清文：《九二一灾后师生身心反应与辅导需求》，载《九二一震灾心理复健学术研讨会论文集》，2001年。

[69] 蔺秀云、方晓义、刘杨、兰菁：《流动儿童歧视知觉与心理健康水平的关系及其心理机制》，载《心理学报》，2009年第10期，总第41期，第967~979页。

[70] 刘建君、白克镇、龚科:《地震灾后幸存者心理健康状况调查》,载《神经疾病与精神卫生》,2008年第6期,总第8期,第466~467页。

[71] 刘柳、杨业兵、苗丹民、张颖:《灾区高三学生高考前心理健康状况与应对方式、自我效能感的相关性》,载《中华行为医学与脑科学杂志》,2009年第3期,总第18期,第207~209页。

[72] 刘涛生、刘伟志:《汶川地震经历者睡眠状况及人格影响因素研究》,载《中国健康心理学杂志》,2010年第4期,第424~426页。

[73] 刘贤臣、马登岱、刘连启:《心理创伤后应激障碍自评量表的编制和信度效度研究》,载《中国行为医学科学》,1998年第7期,第93~96页。

[74] 刘秀丽:《构建重大灾后心理援助体系的设想》,载《教育研究》,2010年第11期,第47~48页。

[75] 刘占全:《"成长日记"引领学生走出心灵的阴霾——如何辅导地震灾区学生进行心理自救》,载《中小学心理健康教育》,2008年第13期,第34~35页。

[76] 卢建平:《汶川地震灾后的儿童心理危机干预问题及建议》,载《中国神经精神疾病杂志》,2008年第9期,总第34期,第521~522页。

[77] 鲁丹、金英姿:《地震灾后中职学生心理安抚活动模式研究》,载《中国健康心理学杂志》,2011年第1期,总第19期,第59~61页。

[78] 马娟、张颖、倪娜:《社会支持、心理控制感对地震波及地区》,载《社会心理科学》,2009年第5期,总第24期,第588页。

[79] 马丽:《地震后青少年学生心理辅导策略》,载《中小学心理健康教育》,2008年第12期,第6~7页。

[80] 马利军、黎建斌:《大学生核心自我评价、学业倦怠对厌学现象的影响》,载《心理发展与教育》,2009年第3期,第101~106页。

[81] 毛淑芳:《复原力对自我复原的影响机制》,浙江师范大学2005年硕士论文。

[82] 倪士光、伍新春、张步先:《大学生学业倦怠问卷的信效度验证及其结构》,载《中国健康心理学杂志》,2009年第7期,第827~830页。

[83] 农保雄:《小学校园文化建设对学生心理健康教育的影响》,载《企业科技与发展》,2010年第1期,第61~62页。

[84] 欧阳新辉、雷慧、涂绍生、陈雄诺:《重大灾害后青少年心理康复的体育干预策略及实证研究——以汶川地震部分寄读学生为例》,载《中国特殊教育》,2009年第6期,第91~96页。

[85] 庞智辉、游志麒、周宗奎、范翠英、李晓军:《大学生社会支持与学

习倦怠的关系：应对方式的中介作用》，载《中国临床心理学杂志》，2010 年第 5 期，总第 18 期，第 654~657 页。

［86］乔建中、李星云：《情绪充予和情绪调节在学习过程中的动机作用及其机制》，载《南京师大学报》（社会科学版），1995 年第 3 期，第 80~83 页。

［87］茄学萍、曾祥岚、王惠惠：《青少年地震应激反应模型》，载《心理学探新》，2009 年第 5 期，总第 29 期，第 51~55 页。

［88］申继亮：《教师人力资源开发与管理》，北京：北京师范大学出版社 2005 年版。

［89］沈烈荣、刘华山、徐云：《大学生的同伴依恋与心理健康关系的性别角色效应》，载《中国临床心理学杂志》，2008 年第 2 期，总第 16 期，第 181~182 页。

［90］石林：《控制感在应对过程中的作用——一个关于应激应对风格的模式》，载《中国心理卫生杂志》，2004 年第 3 期，第 208~211 页。

［91］四川省"5·12 教育重建研究"课题组：《"5·12"汶川特大地震：四川灾区教育重建研究》，北京：教育科学出版社 2011 年版。

［92］四川省教育厅：《关于加强学校抗震救灾防病救助工作的紧急通知》（2008 年）。http：//www.scedu.net/html/_info_3_001_/_XBS3VI_4831_2802_scedu_18_/2008 - 05 - 15/files/wj08n/nr_125.html，2008 - 05 - 15。

［93］四川省教育厅：《关于进一步加强灾后中小学生心理辅导与心理健康教育工作的实施意见》（2008），http：//www.scjks.net/Article/dyyj/Class91/200808/5057.html，2008 - 08 - 06。

［94］宋辉、康林、徐佳军、黄明金、孙倩、孙学礼：《"5·12"汶川地震灾后酒依赖流行病学调查研究》，载《中国药物依赖性杂志》，2010 年第 1 期，第 57~62 页。

［95］苏朝霞、康妍、李建明：《青少年抑郁及其相关影响因素研究》，载《中国健康心理学杂志》，2011 年第 5 期，总第 19 期，第 629~631 页。

［96］苏林雁、王凯、朱焱：《儿童抑郁障碍自评量表的中国城市常模》，载《中国心理卫生杂志》，2003 年第 17 期，第 547~549 页。

［97］孙云晓、邹泓：《良好习惯缔造健康人格》，北京：北京出版社 2006 年版。

［98］陶炯、王相兰、温盛霖：《汶川地震安置点灾民抑郁症状及影响因素分析》，载《中国行为医学科学》，2008 年第 17 期，第 1023~1025 页。

［99］涂阳军、陈建文：《创伤后成长：概念与测量》，载《中国社会医学杂志》，2009 年第 5 期，总第 26 期，第 260~262 页。

［100］涂阳军、郭永玉：《创伤后成长：概念、影响因素与心理健康的关系》，载《心理科学进展》，2010年第1期，总第18期，第114~122页。

［101］汪向东、王希林、马弘：《心理卫生评定量表手册》，载《中国心理卫生杂志》（增刊），1999年，第127~130页。

［102］汪向东、赵丞智、新福尚隆：《地震后创伤应激障碍的发生率及影响因素》，载《中国心理卫生杂志》，1999年第1期，总第13期，第28~30页。

［103］汪亚珉：《创伤后成长：灾难与进步相伴而行》，载《首都师范大学学报》（社会科学版），2009年第4期，第122~128页。

［104］王丹、司徒明镜、方慧、张毅、景璐石、黄颐：《地震经历对灾区初中生抑郁问题的影响》，载《华西医学》，2009年第10期，总第24期，第2509~2511页。

［105］王国香、刘长江、伍新春：《教师职业倦怠量表的修编》，载《心理发展与教育》，2003年第3期，总第19期，第82~86页。

［106］王国香、刘长江、伍新春：《教师职业倦怠与归因的关系探讨》，载《心理与行为研究》，2006年第2期，总第4期，第139~142页。

［107］王坚杰、张洪波：《儿童青少年心理健康促进研究进展》，载《中国妇幼健康研究》，2006年第3期，总第17期，第208~210页。

［108］王坚杰、张洪波、许娟：《合肥市小学生心理复原力与社会支持的关系》，载《中国心理卫生杂志》，2007年第3期，第21期，第162~164页。

［109］王丽萍、张本、姜涛、徐广明、于振剑：《唐山大地震所致慢性创伤后应激障碍临床研究》，载《中国心理卫生杂志》，2005年第9期，总第19期，第517~520页。

［110］王爽、张泽良、贺婧菲：《儿童地震灾害创伤后应激障碍的心理干预策略初探》，载《沙洋师范高等专科学校学报》，2009年第1期，总第10期，第73~77页。

［111］王相兰、陶炯、温盛霖、甘照宇、李雷俊、郑俩荣：《汶川地震灾民的心理健康状况及影响因素》，载《中山大学学报》（医学科学版），2008年第29期，第367~371页。

［112］王艳波、刘晓虹：《创伤亲历者的韧性及创伤后成长的研究进展》，载《中华护理杂志》，2010年第3期，总第45期，第56~58页。

［113］王雁飞：《社会支持与身心健康关系研究述评》，载《心理科学》，2004年第27期，第1175~1177页。

［114］王玉龙、谢伟、杨智辉、彭勃、王建平：《PTSD在中国的研究进展》，载《应用心理学》，2005年第2期，总第11期，第176~180页。

[115] 卫萍：《学校心理健康教育在学科教学中的渗透策略》，载《安徽农业大学学报》（社会科学版），2005 年第 5 期，第 110～114 页。

[116] 魏珍：《中学生学习倦怠的主要影响因素及其个别差异研究》，南京师范大学 2007 年硕士学位论文。

[117] 温忠麟、侯杰泰、马什赫伯特：《潜变量交互效应分析方法》，载《心理科学进展》，2003 年第 5 期，总第 11 期，第 593～599 页。

[118] 温忠麟、张雷、侯杰泰、刘红云：《中介效应检验程序及其应用》，载《心理学报》，2004 年第 36 期，第 614～620 页。

[119] 吴坎坎、张雨青、Peter, T. C.：《灾后民众创伤后应激障碍（PTSD）与事件冲击量表（IES）的发展和应用》，载《心理科学进展》，2009 年第 3 期，总第 17 期，第 495～498 页。

[120] 吴垠、陈雪军、郑希付：《汶川地震极重灾区妇女创伤后应激症状、心理健康及其影响因素》，载《中国临床心理学杂志》，2011 年第 1 期，总第 19 期，第 92～95 页。

[121] 吴英璋、许文耀：《灾难心理反应及其影响因子之文献探讨》，载《临床心理学刊》，2004 年第 2 期，总第 1 期，第 85～96 页。

[122] 伍新春、侯志瑾、臧伟伟、张宇迪、常雪亮：《汶川地震极重灾区中小学校的心理援助现状与需求——以茂县、汶川县和都江堰市为例》，载《华南师范大学学报》（社会科学版），2009 年第 3 期，第 110～114 页。

[123] 伍新春、林崇德、臧伟伟、付芳：《试论学校心理危机干预体系的构建》，载《北京师范大学学报》（社会科学版），2010 年第 1 期，第 45～50 页。

[124] 伍新春、张宇迪、林崇德、臧伟伟：《中小学生的灾难暴露程度对创伤后应激障碍的影响——中介和调节效应》，载《心理发展与教育》，2013 年第 6 期，总第 29 期，第 641～648 页。

[125] 向莹君、熊国玉、董毅强、马道川、刘之月、刘潇霞等：《汶川地震灾区 1 960 名中学生创伤后应激障碍症状调查》，载《中国心理卫生杂志》，2010 年第 1 期，总第 24 期，第 17～20 页。

[126] 萧丽玲：《儿童创伤事后压力症候之研究——九二一地震的冲击》，国立屏东师范学院 2001 年硕士论文。

[127] 萧文：《灾变事件的前置因素——复原力的探讨与建构》，载《测验与辅导》，1999 年第 156 期，第 3249～3253 页。

[128] 肖静芬：《湖南地区中学生社会支持、应付方式与主观幸福感的关系研究》，湖南师范大学 2008 年硕士学位论文。

[129] 谢子龙、侯洋、徐展：《初中流动儿童社会支持与问题行为特点及其

关系分析》，载《中国学校卫生》，2009 年第 10 期，第 898~900 页。

[130] 辛玖岭、祝卓宏、王力、张雨青、徐莎莎、王文忠：《汶川地震重灾区青少年创伤后应激障碍及其相关因素》，载《中国临床心理学杂志》，2010 年第 18 期，第 63~66 页。

[131] 辛自强、马君雪、耿柳娜：《青少年无望感与生活事件、控制信念和社会支持的关系》，载《心理发展与教育》，2006 年第 3 期，第 41~46 页。

[132] 辛自强、赵献梓、郭素然：《青少年的控制信念：测量工具及应用》，载《河北师范大学学报》（教育科学版），2008 年第 9 期，总第 10 期，第 54~60 页。

[133] 徐唯、董红斌、胡刚、宋瑛、梁爱民：《爆炸事故幸存者创伤后应激障碍发生的影响因素》，载《中国心理卫生杂志》，2005 年第 2 期，总第 19 期，第 88~90 页。

[134] 徐勇、张克让、刘中国、杨辉、宋丽萍、薛云珍：《SARS 患者、疫区公众 PTSD 的对照研究》，载《中国临床心理学杂志》，2005 年第 2 期，总第 13 期，第 210~212 页。

[135] 许文耀、曾幼涵：《灾难因子与心理症状间之关系——以"9·21"地震为例》，载《临床心理学刊》，2004 年第 1 期，总第 1 期，第 30~39 页。

[136] 杨凡、林沐雨、钱铭怡：《地震后青少年社会支持与创伤后成长关系的研究》，载《中国临床心理学杂志》，2010 年第 5 期，总第 18 期，第 614~616 页。

[137] 杨国枢、刘英茂：《普通心理学》，台北：台北大洋出版社 1978 年版。

[138] 杨丽娴、连榕：《中学生学习倦怠与人格关系》，载《心理科学》，2007 年 6 期，总第 30 期，第 1409~1412 页。

[139] 杨淑芬、吕庆友、李凤香、邹德纯：《严重创伤患者的个性与应激障碍关系的研究》，载《现代临床护理》，2007 年第 3 期，总第 6 期，第 4~5 页。

[140] 杨宇然：《中学生学习倦怠与自尊关系研究》，华东师范大学 2008 年硕士论文。

[141] 叶奕乾：《人格心理学》，西宁：青海人民出版社 1990 年版。

[142] 茵素·金·伯格等著，黄汉耀译：《儿童与青少年焦点解决短期心理咨询》，成都：四川大学出版社 2005 年。

[143] 于肖楠、张建新：《韧性（resilience）——在压力下复原和成长的心理机制》，载《心理科学进展》，2005 年第 13 期，第 658~665 页。

[144] 臧伟伟：《汶川地震青少年创伤后成长与创伤后应激障碍的对比研究》，北京师范大学 2010 年博士论文。

[145] 臧伟伟、付芳、伍新春、林崇德：《自然灾难后身心反应的影响因素：研究与启示》，载《心理发展与教育》，2009年第3期，第107~112页。

[146] 臧伟伟、张宇迪、伍新春：《汶川地震外迁学生的PTSD状况及其与社会支持的关系》，载《华南师范大学学报》（社会科学版），2009年第4期，第59~63页。

[147] 曾宁波：《地震灾区学校心理援助机制初探》，载《中国特殊教育》，2008年第6期，第70页。

[148] 张本、王学义、孙贺祥：《唐山大地震所致孤儿心理创伤后应激障碍的调查》，载《中华精神科杂志》，1999年第2期，总第32期，第111~114页。

[149] 张本、张凤阁、王丽萍、于振剑、王长奇、王思臣：《30年后唐山地震所致孤儿创伤后应激障碍现患率调查》，载《神经病与精神病学》，2008年第6期，第469~473页。

[150] 张晨光、陈秋燕、程科、伍新春、林崇德：《社会支持在灾区中学生创伤后成长中的中介效应检验》，载《西南民族大学学报》（人文社会科学版），2012年第9期，第82~86页。

[151] 张春芳、赵玉芳、赵雪峰：《汶川地震后震区中学生心理健康状况的调查》，载《中国健康心理学杂志》，2009年第4期，总第17期，第477~478页。

[152] 张静秋、汤永隆、邓丽俐、刘玲爽、赵玉芳、胡丽：《"5·12"四川地震灾民社会支持的调查》，载《心理科学进展》，2009年第3期，总第17期，第542~546页。

[153] 张侃：《国外开展心理援助工作的一些做法》，载《求是》，2008年第16期，第59~61页。

[154] 张侃、张建新：《灾后心理援助名家谈》，北京：科学出版社2009年版。

[155] 张黎黎、钱铭怡：《美国重大灾难及危机的国家心理卫生服务系统》，载《中国心理卫生杂志》，2004年第6期，总第18期，第395~397页。

[156] 张宁、张雨青、吴坎坎、陈正根、刘寅、祝卓宏：《汶川地震幸存者的创伤后应激障碍及其影响因素》，载《中国临床心理学杂志》，2010年第18期，第69~72页。

[157] 张倩、郑涌：《创伤后成长："5·12"地震创伤的新视角》，载《心理科学进展》，2009年第3期，总第17期，第623~630页。

[158] 张日昇：《咨询心理学》，北京：人民教育出版社2009年版。

[159] 张姝玥、王芳、许燕、潘益中、毕帼英：《受灾情况和复原力对地震灾区中小学生创伤后应激反应的影响》，载《心理科学进展》，2009年第3期，

总第 17 期，第 556～561 页。

[160] 张思明：《对心理健康教育活动课的基本思考》，载《当代教育论坛》，2008 年第 10 期，第 110～112 页。

[161] 张涛：《中学生自我概念、应对方式以及对心理健康的影响研究》，重庆师范大学 2006 年硕士论文。

[162] 张学伟：《地震对丧亲青少年的心理影响及其心理援助》，载《西南交通大学学报》（社会科学版），2009 年第 2 期，总第 10 期，第 20～24 页。

[163] 张毅、司徒明镜、方慧、景璐石、王丹、陈婷等：《汶川大地震灾区儿童青少年的地震经历与抑郁情绪》，载《华西医学》，2009 年第 1 期，第 21～24 页。

[164] 张莹、张舟：《灾后心理援助研究述评与展望》，载《中国应急救援》，2010 年第 4 期，第 26～28 期。

[165] 张志峰：《五大人格特质在互动过程下对团队绩效影响研究》，内蒙古工业大学 2006 年硕士论文。

[166] 赵冰、田峰、王永龙、杨辉、王宝珠、宋丽萍：《58 例汶川地震灾后住院幸存者人格特征，应对方式与心理健康的相关研究》，载《中华行为医学与脑科学》，2009 年第 2 期，总第 3 期，第 211～212 页。

[167] 赵丞智、李俊福、王明山、范启亮、张富、张华彪、汪向东：《地震后 17 个月受灾青少年 PTSD 及其相关因素》，载《中国心理卫生杂志》，2001 年第 3 期，总第 15 期，第 145～147 页。

[168] 赵国秋：《心理干预技术》，载《中国全科医学》，2008 年第 1A，总第 11 期，第 45～47 页。

[169] 赵国秋、汪永光、王义强、曹日芳、傅素芬：《灾难中的心理危机干预——精神病学的视角》，载《心理科学进展》，2009 年第 4 期，第 489～494 页。

[170] 赵玉芳、赵守良：《震前生活事件、创伤程度对中学生震后心理应激状况的影响》，载《心理科学进展》，2009 年第 3 期，总第 17 期，第 511～515 页。

[171] 郑雪：《人格心理学》，广东：广东高等教育出版社 2007 年。

[172] 郑玉英：《演剧治疗应用于原住民心理重建之一例》，载《九二一震灾心理援助学术研讨会论文集》2001 年。

[173] 中华医学会精神科分会编：《中国精神障碍分类与诊断标准（CCMD-3）》，山东：山东科学技术出版社 2001 年版。

[174] 周波、周东、肖军、鄢波：《"5·12" 汶川大地震灾民创伤后应激障碍的特点分析》，载《实用医院临床杂志》，2009 年第 6 期，第 32～34 页。

[175] 周晖、钮丽丽、邹泓：《中学生人格五因素问卷的编制》，载《心理发展与教育》，2000年第1期，总第16期，第48~54页。

[176] 周丽娟、卢宁：《深圳义工突击队绵竹地震灾区工作效果评估》，载《预防医学情报杂志》，2008年第11期，总第24期，第857~859页。

[177] 朱会明、刘长颖、孙伟：《学习倦怠研究的再思考》，载《商业文化·社会经纬》，2008年第1期，第333~334页。

[178] 朱丽雅：《大学生生活事件、应对方式与焦虑的关系研究》，吉林大学2006年硕士论文。

[179] 朱晓静：《研究生主观幸福感及其行为应对方式研究》，武汉理工大学2008年硕士论文。

[180] 邹泓：《中学生的社会支持系统与同伴关系》，载《北京师范大学学报》（社会科学版），1999年第1期，第34~42页。

[181] 邹泓：《青少年的同伴关系——发展特点、功能及其影响因素》，北京：北京师范大学出版社2003年版。

[182] 邹泓、张春妹：《中学生的人格五因素、感知的社会支持与自尊的关系》，载《北京师范大学学报》（社会科学版），2006年第4期，第44~52页。

[183] Abraído-Lanza, A. F., Guier, C., & Colón, R. M. (1998). *Psychological Thriving Among Latinas with Chronic Illness.* Journal of Social Issues, 54 (2), 405-424.

[184] Aldwin, C. M. (1994). *Stress, Coping, and Development: An Integrative Perspective.* NewYork: Guilford.

[185] Alisic, E., Van der Schoot, T. A., van Ginkel, J. R., & Kleber, R. J. (2008). Looking beyond posttraumatic stress disorder in children: Posttraumatic stress reactions, posttraumatic growth, and quality of life in a general population sample. *Journal of Clinical Psychiatry*, 69 (9), 1455-1461.

[186] Altindag, A., Ozen, S., &Sir, A. (2005). One-year follow-up study of posttraumatic stress disorder among earthquake survivors in Turkey. *Comprehensive Psychiatry*, 46 (5), 328-333.

[187] An, Y., Fu, F., Wu, X., Lin, C., & Zhang, Y. (2013). Longitudinal Relationships Between Neuroticism, Avoidant Coping and Posttraumatic Stress Disorder Symptoms in Adolescents Following the 2008 Wenchuan Earthquake in China. *Journal of Loss and Trauma*, 18 (6), 556-571.

[188] Armenian, H. K., Morikawa, M., Melkonian, A. K., Hovanesian, A., Akiskal, K. &Akiskal, H. S. (2002). Risk factors for depression in the survi-

vors of the 1988 earthquake in Armenia. *Journal of Urban Health*, 79, 373-382.

[189] Arnberg, F. K., Johannesson, K. B., & Michel, P. -O. (2013). Prevalence and Duration of PTSD in Survivors Six Years After a Natural Disaster. *Journal of anxiety disorders*, 27 (3), 347-352.

[190] Aronen, E. T., uontela, V. V., Steenari, M. R., Salm J. et al. (2005). Working memory, psychiatric symptoms, and academic performance at school. *Neurobioloigy of Learning and Memory*, 83, 33-42.

[191] Aslam, N., & Tariq, N. (2011). Trauma, Depression, Anxiety, and Stress among Individuals Living in Earthquake Affected and Unaffected Areas. *Pakistan Journal of Psychological Research*, 25 (2), 131-148.

[192] Aslikesimci, F., Goral, S., & Gencoz. T. (2005). Determinants of stress-related growth: gender, stressfulness of the event and coping strategies. *Current Psychology*, 24 (1), 68-75.

[193] Avinash, T., Allen, C., & Sherman, S. S. (2010). Religious coping and posttraumatic growth among family caregivers of cancer patients in India. *Journal of Psychosocial Oncology*, 28 (2), 173-188.

[194] Ayub, M., Poongan, I., Masood, K., Gul, H., Ali, M., Farrukh, A., ... Naeem, F. (2012). Psychological Morbidity in Children 18 months after Kashmir Earthquake of 2005. *Child Psychiatry Human Development*, 43, 323-336.

[195] Bal, A. (2008). Post-Traumatic Stress Disorder in Turkish Child and Adolescent Survivors Three Years after the Marmara Earthquake. *Child and Adolescent Mental Health*, 13 (3), 134-139.

[196] Barakat, L. P., Alderfer, M. A., & Kazak, A. E. (2006). Posttraumatic growth in adolescent survivors of cancer and their mothers and fathers. *Journal of Pediatric Psychology*, 31 (4), 413-419.

[197] Barrett, L. F., & Bliss-Moreau, E. (2009). She's emotional. He's having a bad day: Attributional explanations for emotion stereotypes. *Emotion*, 9 (5), 649-658.

[198] Barton E A. (2005). Posttraumatic growth, posttraumatic stress disorder and time in national humanitarian aid workers. Fuller Theological Seminary, The dissertation for the PhD Degree.

[199] Basoglu, M., Kilic, C., Salcioglu, E., & Livanou, M. (2005). Prevalence of posttraumatic stress disorder and comorbid depression in earthquake survi-

vors in Turkey: An epidemiological study. *Journal of Traumatic Stress*, 17 (2), 133 – 141.

[200] Bellizzi, K. M., & Blank, T. O. (2006). Predicting posttraumatic growth in breast cancer survivors. *Health Psychology*, 25 (1), 47 – 56.

[201] Benight, C. C., & Bandura, A. (2004). Social cognitive theory of posttraumatic recovery: The role of perceived self-efficacy. *Behavior Research and Therapy*, 42 (10), 1129 – 1148.

[202] Berit, G., Norman, P., & Barton, J. (2009). Cognitive processing and posttraumatic growth after stroke. *Rehabilitation Psychology*, 54 (1), 69 – 75.

[203] Bollinger, A., Riggs, D., Blake, D., & Ruzek, J. (2000). Prevalence of personality disorders among combat veterans with posttraumatic stress disorder. *Journal of Traumatic Stress*, 13 (2), 255 – 70.

[204] Bonanno, G. A., Galea, S., Bucciarelli, A., & Vlahov, D. (2006). Psychological Resilience After Disaster New York City in the Aftermath of the September 11th Terrorist Attack. *Psychological Science*, 17 (3), 181 – 186.

[205] Borja, S. E., Callahan, J. L., & Long, P. J. (2006). Positive and negative adjustment and social support of sexual assault survivors. *Journal of Traumatic Stress*, 19 (6), 905 – 914.

[206] Bostock, L., Sheikh, A. I., & Barton, S. (2009). Posttraumatic growth and optimism in health-related trauma: a systematic review. *Journal of Clinical Psychology in Medical Settings*, 16 (4), 281 – 296.

[207] Bozo, O., Gündodu, E., & Büyükaik, C. (2009). The moderating role of different sources of perceived social support on the dispositional optimism – posttraumatic growth relationship in postoperative breast cancer patients. *Journal of Health Psychology*, 14 (7), 1009 – 1020.

[208] Brady, K. T., Killeen, T. K., Brewerton, T. &Lucerini, S. (2000). Comorbidity of psychiatric disorders and posttraumatic stressdisorder. *Journal of Clinical Psychiatry*, 61, 22 – 32.

[209] Brewin, C. R., & Holmes, E. A. (2003). Psychological theories of posttraumatic stress disorder. *Clinical Psychology Review*, 23 (3), 339 – 376.

[210] Brian, J., Hall, S, E., Hobfoll, P. A., Palmieri, D, C., Oren, S., Robert, J. J., Sandro, G. (2008). The psychological impact of impending forced settler disengagement in Gaza: Trauma and posttraumatic growth. *Journal of Traumatic Stress*, 21 (1), 22 – 29.

［211］Brock, S. T. (1998). Helping classrooms cope with traumatic events. Professional School Counseling, 2 (2): 110 – 116.

［212］Buchi, S., Jenewein, E., Schnyder, U., Jina, E. (2006). Bereavement and posttraumatic growth in parents two to six years after death of their extremely premature baby. *Journal of Psychosomatic Research*, 60, 655 – 664.

［213］Bulut, S., Bulut, S., & Tayli, A. (2005). The dose of exposure and prevalence rates of post traumatic stress disorder in a Sample of Turkish Children Eleven Months After the 1999 Marmara Earthquakes. *School Psychology International*, 26 (1), 55 – 70.

［214］Bussell, V. A., & Naus, M. J. (2010). A longitudinal investigation of coping and posttraumatic growth in breast cancer survivors. *Journal of Psychosocial Oncology*, 28 (1), 61 – 78.

［215］Calhoun, L. G., & Tedeschi, R. G. (2006). Handbook of posttraumatic growth: Research and practice. London: Lawrence Erlbaum Associates.

［216］Calhoun, L. G., & Tedeschi, R. G. (1998). Posttraumatic growth: Future directions. In R. G. Tedeschi, C. L. Park, & L. G. Calhoun (Eds.), Posttraumatic growth: Positive change in the aftermath of crisis. Mahwah, NJ: Lawrence Erlbaum Associates, 215 – 238.

［217］Calhoun, L. G., Cann, A., Tedeschi, R. G., & McMillian, J. (2000). A correlational test of the relationship between posttraumatic growth, religion, and cognitive processing. *Journal of Traumatic Stress*, 13 (3), 521 – 527.

［218］Calhoun, R. G. &Tedeschi, L. G. (2004). The foundations of posttraumatic growth: New considerations. *Psychological Inquiry*, 15 (1), 93 – 102.

［219］Casella, L., & Robert, W. M. (1990). Comparison of characteristics of Vietnam veterans with and without posttraumatic stress disorder. Psychological Reports, 67 (2), 595 – 605.

［220］Celebi Oncu, E., & Metindogan Wise, A. (2010). The effects of the 1999 Turkish earthquake on young children: Analyzing traumatized children's completion of short stories. *Child development*, 81 (4), 1161 – 1175.

［221］Chan C. L. W., Wang C. W., Qu Z. Y., Lu B. Q. B., Ran M. S., Yuan A. H. Y., ... Zhang X. L. (2011). Posttraumatic Stress Disorder Symptoms among Adult Survivors of the 2008 Sichuan Earthquake in China. *Journal of Traumatic Stress*, 24, 295 – 302.

［222］Chang, W. C., Chua, W. L., & Toh, Y. (1997). The concept of psychological control in the Asian context. In K. Leung, U. Kim, S. Yamaguchi, Y. Kashima (Eds.), Progress in Asian Social Psychology (Vol. 1) (pp. 95 – 117). Singapore: John Wiley & Sons.

[223] Chemtob, C. M, Nakashima, J. P., & Hamada, R. S. (2002). A school based psychosocial intervention was effective in children with persistent post-disaster trauma symptoms. *Evidence-based mental health*, 5 (3), 76.

[224] Chen, C. C., Yeh, T. L., Yang, Y. K., Chen, S. J. et al. (2001). Psychiatric morbidity and post-traumatic symptoms among survivors in the early stage following the 1999 earthquake in Taiwan. *Psychiatry Research*, 105 (1), 13 – 22.

[225] Chen, C. H., Tan, H. K., Liao, L. R., Chen, H. H., Chan, C. C., Cheng, J. J., et al. (2007). Long-term psychological outcome of 1999 Taiwan earthquake survivors: a survey of a high-risk sample with property damage. *Comprehensive Psychiatry*, 48, 269 – 275.

[226] Chen, S. H., Lin, Y. H., Tseng, H. M., & Wu, Y. C. (2002). Posttraumatic stress reactions in children and adolescents one year after the 1999 Taiwan chi-chi earthquake. *Journal of the Chinese Institute of Engineers*, 25 (5), 597 – 608.

[227] Chen, S. H., Wu, Y. C. (2006). Changes of PTSD symptoms and school reconstruction: A two-year prospective study of children and adolescents after the Taiwan 9·21 earthquake. *Natural Hazards*, 37 (1), 225 – 244.

[228] Chen, Y. S., Chen, M. C., Chou, F. H., Sun, F. C., Chen, P. C., Tsai, K. Y., et al. (2007). The relationship between quality of life and posttraumatic stress disorder or major depression for firefighters in Kaohsiung, Taiwan. *Quality of Life Research*, 16, 1289 – 1297.

[229] Chou, Y. -J., Huang, N., Lee, C. -H., Tsai, S. -L., Tsay, J. -H., Chen, L. -S., & Chou, P. (2003). Suicides after the 1999 Taiwan earthquake. *International Journal of Epidemiology*, 32 (6), 1007 – 1014.

[230] Christopher, M. (2004). A broader view of trauma: A biopsychosocial-evolutionary view of the role of the traumatic stress response in the emergence of pathology and/or growth. *Clinical Psychology Review*, 24 (1), 75 – 98.

[231] Clark, L. A., & Watson, D. (1991). Tripartite model of anxiety and depression: psychometric evidence and taxonomic implications. *Journal of abnormal psychology*, 100 (3), 316 – 336.

[232] Cobb, A. R., Tedeschi, R. G., Calhoun, L. G., & Cann, A. (2006). Correlates of posttraumatic growth in survivors of intimate partner violence.

Journal of Traumatic Stress, 19 (6), 895 – 903.

［233］Cohen, S., & Wills, T. A. (1985). Stress, social support, and the buffering hypothesis. *Psychological Bulletin*, 98 (2), 310 – 357.

［234］Compas, B. E., Hinden, B. R., & Gerhardt, C. A. (1995). Adolescent development: Pathways and processes of risk and resilience. *Annual Review of Psychology*, 46 (1), 265 – 293.

［235］Connor, M. D., & Davidson, M. D. (2003). Development of a new resilience scale: The Connor – Davidson Resilience Scale (CD – RISC). *Depression and Anxiety*, 18 (2), 76 – 82.

［236］Cordova, M. J., Cunningham, L. L. C., Carlson, C. R., & Andrykowski, M. A. (2001). Posttraumatic growth following breast cancer: a controlled comparison study. *Health Psychology*, 20 (3), 176 – 185.

［237］Costa, P. T. J., & McCrae, R. R. (1985). The NEO Personality Inventory Manual. Odessa, FL Psychological Assessment Resources.

［238］Cox, C. M., Kenardy, J. A., &Hendrikz, J. K. (2008). A Meta – Analysis of Risk Factors That Predict Psychopathology Following Accidental Trauma. *Journal for Specialists in Pediatric Nursing*, 13 (2), 98 – 110.

［239］Coyne, J. C., Burchill, S. A. L., & Stiles, W. B. (1991). *An interactional perspective on depression.* In C. R. Snyder & D. R. forsyth (Eds.), Handbook of social and clinical psychology: The health perspective. Elmsford, NY, US: Pergamon Press.

［240］Cryder, C. H., Kilmer, R. P., Tedeschi, R. G., & Calhoun, L. G. (2006). An exploratory study of posttraumatic growth in children following a natural disaster. *American Journal of Orthopsychiatry*, 76 (1), 65 – 69.

［241］Currier, J. M., Hermes, S., & Phipps, S. (2009). Brief report: Children's response to serious illness: perceptions of benefit and burden in a pediatric cancer population. *Journal of Pediatric Psychology*, 34 (10), 1129 – 1134.

［242］Davidson, J. R. T., Payne, V. M., Connor, K. M., Foa, E. B., Rothbaum, B. O., Hertzberg, M. A., &Weisler, R. H. (2005). Trauma, resilience and saliostasis: Effects of treatment in post-traumatic stress disorder. *International Clinical Psychopharmacology*, 20 (1), 43 – 48.

［243］Davis, C. G., & Nolen – Hoeksema, S, Larson, J. (1998). Making sense of loss and benefiting from the experience: Two construals of meaning. *Journal of Personality and Social Psychology*, 75 (2), 561 – 574.

[244] Dekel, S., Ein-Dor, T., & Solomon, Z. (2012). Posttraumatic growth and posttraumatic distress: a longitudinal study. *Psychol Trauma: Theory, Res, Prac and Pol*, 4, 94–101.

[245] Diaz, C. A., Quintana, G. R., & Vogel, E. H. (2012). Depression, anxiety and post-traumatic stress disorder symptoms in adolescents seven months after the february 27 2010 earthquake in Chile. *Terapia Psicologica*, 30(1), 37–43.

[246] Dunkley, D. M., Kirk, R. (2000). the relation between perfectionism and distress: hassles, coping, and perceived social support as mediators and moderators. *Journal of Counseling Psychology*, 47(4), 437–453.

[247] Dunkley, D. M., Sanislow C. A., Grilo, M. C., & McGlashan, T. (2006). Perfectionism and depressive symptoms 3 years later: Negative social interactions, avoidant coping, and perceived social support as mediators. *Comprehensive Psychiatry*, 47(2), 106–115.

[248] Dunn, J., Campbell, M., Penn, D., Dwyer, M., & Chambers, S. K. (2009). Amazon heart: an exploration of the role of challenge events in personal growth after breast cancer. *Journal of Psychosocial Oncology*, 27(1), 119–135.

[249] Dyregrov, A., Kristoffersen, J., & Gjestad, R. (1996). Voluntary and professional disaster workers: Similarities and differences in reactions. *Journal of Traumatic Stress*, 9(3), 541–555.

[250] Eddie, M. W., Tong, G. D., Bishop, S. M., Hwee, C. E., Yong, G. W., Jansen, A. M. (2004). Social support and personality among male police officers in Singapore. *Personality and Individual Differences*, 36(1), 109–123.

[251] Ehlers, A., & Clark, D. M. (2000). A cognitive model of posttraumatic stress disorder. *Behaviour research and therapy*, 38(4), 319–345.

[252] Eksi, A. & Braun, K. L. (2009). Over-time changes in PTSD and depression among children surviving the 1999 Istanbul earthquake. *European Child & Adolescent Psychiatry*, 18(6), 384–391.

[253] Emre, S. H., & Belgin, A. (2010). Factors associated with posttraumatic growth among myocardial infarction patients: perceived social support, perception of the event and coping. *Journal of Clinical Psychology in Medical Settings*, 17(2), 150–158.

[254] Engelkemeyer, S. M., & Marwit, S. J. (2008). Posttraumatic growth in bereaved parents. *Journal of Trauma Stress*, 21(3), 344–346.

[255] Everly, G. S., & Boyle, S. (1999). Critical Incident Stress Debriefing

(CISD): A meta-analytic review of effectiveness. *International Journal of Emergency Mental Health*, 1 (3), 165 – 168.

[256] Everly, Jr., G. S., & Mitchell, J. T. (1999). Critical Incident Stress Management (CISM): A new era and standard of care in crisis intervention (2nd Ed.). Ellicott City, MD: Chevron.

[257] Fendrich, M., Weissman, M. M., Warner, V. (1990). Screening for depressive disorder in children and adolescents: validating the Center for Epidemiologic Studies Depression Scale for Children. *American Journal of Epidemiology*, 131 (3): 538 – 551.

[258] Florian, V., Mikulincer, M., & Bucholtz, I. (1995). Effects of adult attachment style on the perception and search for social support. *The Journal of Psychology*, 129 (6), 665 – 676.

[259] Foa, E. B., Johnson, K. M., Feeny, N. C., & Treadwell, K. R. H. (2001). The Child PTSD Symptom Scale: A Preliminary Examination of its Psychometric Properties. *Journal of Clinical Child & Adolescent Psychology*, 30 (3): 376 – 384.

[260] Frankenhaeuser, M., & Johansson, G. (1986). Stress at work: Psychobiological and psychosocial aspects. *International Review of Applied Psychology*, 35 (3), 287 – 299.

[261] Frazier, P., Conlon, A., & Glaser, T. (2001). Positive and negative life changes following sexual assault. *Journal of consulting and clinical psychology*, 69 (6), 1048 – 1055.

[262] Frazier, P., Tashiro, T., Berman, M., Steger, M., & Long, J. (2004). Correlates of levels and patterns of positive life changes following sexual assault. *Journal of consulting and clinical psychology*, 72 (1), 19 – 30.

[263] Freedy, J. R., Shaw, D. L., Jarrell, M. P., & Masters, C. R. (1992). Towards an understanding of the psychological impact of natural disasters: An application of the conservation resources stress model. *Journal of Traumatic Stress*, 5 (3), 441 – 454.

[264] Furman, W., & Buhrmester, D. (1992). Age and sex differences in perceptions of networks of personal relationships. *Child Development*, 63 (1), 103 – 115.

[265] Gan, Y. Q., Shang, J. Y., & Zhang, Y. L. (2007). Coping flexibility and locus of control as predictors of burn-out among Chinese college students. *Social Behavior and Personality*, 35 (8), 1087 – 1098.

[266] Garrison, C. Z., Weinrich, M. W., Hardin, S. B., et al. (1993). Posttraumatic disorder in adolescents after a hurricane. *American Journal of Epidemiology*, 138 (5), 522 – 530.

[267] Giannopoulou, I., Strouthos, M., Smith, P., Dikaiakou, A., Galanopoulou, V., & Yule, W. (2006). Post-traumatic stress reactions of children and adolescents exposed to the Athens 1999 earthquake. *European Psychiatry*, 21, 160 – 166.

[268] Gibbs, M. S. (1989). Factors in the victim that mediate between disaster and psychopathology: A review. *Journal of Traumatic Stress*, 2 (4), 489 – 514.

[269] Ginzburg, K., Ein – Dor, T., Solomon, Z. (2010). Comorbidity of posttraumatic stress disorder, anxiety and depression: A 20 – year longitudinal study of war verterans, *Journal of Affective Disorders*, 123, 249 – 257.

[270] Goenjian, A. K., Roussos, A., Steinberg, A. M., Sotiropoulou, C., Walling, D., Kakaki, M., & Karagianni, S. (2011). Longitudinal study of PTSD, depression, and quality of life among adolescents after the Parnitha earthquake. *Journal of Affective Disorders*, 133, 509 – 515.

[271] Green, B. L., Korol, M., Grace, M. C., Vary, M. G., Leonard, A. C., Gleser, G. C., & Cohen, S. S. (1991). Children and disaster: age, gender, and parental effects on PTSD symptoms. *Journal of American Academy of Child and Adolescent Psychiatry*, 30 (6), 945 – 951.

[272] Groome, D., & Soureti, A. (2004). Post-traumatic stress disorder and anxiety symptoms in children exposed to the 1999 Greek Earthquake. *British Journal of Psychology*, 95 (3), 387 – 397.

[273] Hafstad, G. S., Kilmer, R. P., & Gil – Rivas, V. (2011). Posttraumatic growth among Norwegian children and adolescents exposed to the 2004 tsunami. *Psychological Trauma: Theory, Research, Practice, and Policy*, 3 (2), 130 – 138.

[274] Hagenaars, M. A., & Minnen, A. (2010). Posttraumatic growth in exposure therapy for PTSD. *Journal of Traumatic Stress*, 23 (4), 504 – 508.

[275] Hammond WA, RomneyDM. (1994). Cognitivefactors contributingtoadolescent depression. *Journal of Youth and Adole scence*, 24 (6), 667 – 683.

[276] Helgeson, V. S., Reynolds, K. A., & Tomich, P. L. (2006). A meta-analytic review of benefit finding and growth. *Journal of Consulting and Clinical Psychology*, 74 (5), 797 – 816.

［277］Herman‐Stahl, M., & Petersen, A. C. (1996). The protective role of coping and social resources for depressive symptoms among young adolescents. *Journal of Youth and Adolescence*, 25 (6), 733–753.

［278］Ho, S. M. Y., Chan, C. L. W., & Ho, R. T. H. (2004). Posttraumatic growth in Chinese cancer survivors. *Psycho‐Oncology*, 13 (6), 377–389.

［279］Hobfoll, S. E. (1989). Conservation of resources: A new attempt at conceptualizing stress. *American Psychologist*, 44 (3), 513–524.

［280］Hobfoll, S. E., Hall, B. J., Canetti‐Nisim, D., Galea, S., Johnson, R. J., & Palmieri, P. A. (2007). Refining our understanding of traumatic growth in the face of terrorism: Moving from meaningful cognitions to doing what is meaningful. *Applied Psychology*, 56 (3), 345–366.

［281］Hochsehild, A. R. (1983). *The managed heart.* Berkeley: University of California Press.

［282］Holgersen, K. H., Boe, H. J., & Holen, A. (2010). Long-term perspectives on posttraumatic growth in disaster survivors. *Journal of Traumatic Stress*, 23 (3), 413–416.

［283］Horowitz, M. J., Wilner, N., Avarez, W. (1979). Impact of Event Scale: a measure of subjective stress. *Psychosom Med*, 41 (3), 209–218.

［284］Huleatt, W. J. (2002). Pentagon Family Assistance Center Inter‐Agency Mental Health Collaboration and Response. *Military Medicine*, 167 (9), 68–70.

［285］Hutchison, S. B. (2005). *Effects of and interventions for childhood trauma from infancy through adolescence: Pain unspeakable.* New York: The Haworth Press.

［286］Ickovics, J. R., Meade, C. S., Kershaw, T. S., Milan, S., Lewis, J. B., & Ethier, K. A. (2006). Urban teens: Trauma, posttraumatic growth, and emotional distress among female adolescents. *Journal of Consulting and Clinical Psychology*, 74 (5), 841–850.

［287］Jacobs, S. R., & Dodd, D. K. (2007). Student burnout as a function of personality social support and workload. *Journal of College Student Development*, 44 (3), 291–303.

［288］Janoff‐Bulman, R. (1992). *Shattered assumptions.* New York: The Free Press.

［289］Janoff‐Bulman, R. (2004). Posttraumatic growth: Three explanatory models. *Psychological Inquiry*, 15 (1), 30–34.

[290] Jayde, P. (2005). Positive growth following a traumatic life event: An analysis of cognitive responses, coping, and social support. *Dissertation Abstracts International*, 66 (2), 1183.

[291] John, P. B., Russell S., Russell, P. S. (2007). The prevalence of posttraumatic stress disorder among children and adolescents affected by tsunami disaster in Tamil Nadu. *Disaster Management & Response*, 5 (1), 3-7.

[292] Johnson, D. M., Pike, J. L., & Chard, K. M. (2001). Factors predicting PTSD, depression, and dissociative severity in female treatment-seeking childhood sexual abuse survivors. *Child Abuse & Neglect*, 25 (1), 179-198.

[293] Joseph, S., & Linley, P. A. (2005). Positive adjustment to threatening events: An organismic valuing theory of growth through adversity. *Review of general psychology*, 9 (3), 262-280.

[294] Joseph, S., & Linley, P. A. (2006). Growth following adversity: Theoretical perspectives and implications for clinical practice. *Clinical Psychology Review*, 26 (8), 1041-1053.

[295] Kaniasty, K., Norris, F. H. (1995). In search of altruistic community: Patterns of social support mobilization following hurricane hugo. *American Journal of Community Psychology*, 23 (4), 447-477.

[296] Kaniasty, K., Norris, F. H. (2000). Help-Seeking Comfort and Receiving Social Support: The Role of Ethnicity and Context of Need. *American Journal of Community Psychology*, 28 (4), 545-581.

[297] Karakaya, I., Aşaoşlu, B., Coşkun, A., Sişmanlar, S. G., & Yildiz, O. O. (2004). The symptoms of PTSD, depression and anxiety in adolescent students three and a half years after the Marmara earthquake. *Turkish journal of psychiatry*, 15 (4), 257-263.

[298] Karanci, A. N., & Erkam, A. (2007). Variables related to stress-related growth among Turkish breast cancer patients. *Stress and Health*, 23 (5), 315-322.

[299] Kato, H., Asukai, N., Miyake, Y., Minakawa, K., & Nishiyama, A. (1996). Post-traumatic symptoms among younger and elderly evacuees in the early stages following the 1995 Hanshin-Awaji earthquake in Japan. *Acta Psychiatrica Scandinavica*, 93 (6), 477-481.

[300] Kim, L. S., Sandler, I. N., & Tein, J. (1997). Locus of control as a stress moderator and mediator in children of divorce. *Journal of Abnormal Child Psychol-

ogy, 25 (2), 145-155.

[301] Kitamura, T., Watanabe, K., Takara, N., Hiyama, K., Yasumiya, R., & Fujihara, S. (2002). Precedents of perceived social support: personality, early life experiences and gender. *Psychiatry and Clinical Neurosciences*, 56 (2), 169-176.

[302] Kolltveit, S., Lange-Nielsen, I. I., Thabet, A. A. M., Dyregrov, A., Pallesen, S., Johnsen, T. B., & Laberg, J. C. (2012). Risk factors for PTSD, anxiety, and depression among adolescents in gaza. *Journal of traumatic stress*, 25 (2), 164-170.

[303] Kun P., Chen X., Han S., Gong X., Chen M., Zhang W., Yao L. (2009). Prevalence of post-traumatic stress disorder in Sichuan Province, China after the 2008 Wenchuan earthquake. *Public Health* 123, 703-707.

[304] Lai, T. J., Chang, C. M., Connor, K. M., Lee, L. C., & Davidson, J. R. T. (2004). Full and partial PTSD among earthquake survivors in rural Taiwan. *Journal of Psychiatric Research*, 38 (3), 313-322.

[305] Lamothe, D., Currie, F., Alisat, S., Sullivan, T., Pratt, M., Pancer, M., et al. (1995). Impact of a social support intervention on the transition to university. *Canadian Journal of Community*, 14 (2), 167-180.

[306] Laundra, K. H., Kiger, G., & Bahr, S. J. (2002). A Social development model of serious delinquency examining gender differences. *The Journal of Primary Prevention*, 22 (4), 389-407.

[307] Lawrence, J. W., & Fauerbach. J. A. (2003). Personality, coping, chronic stress, social support and ptsd symptoms among adult burn survivors: a path analysis. *Journal of Burn Care & Rehabilitation*, 24 (1), 63-72.

[308] Lazarus, R. S., & Folkman, S. (1984). *Stress, appraisal, and coping*. New York: Springer.

[309] Lechner, S. C., & Antoni, M. H. (2004). Posttraumatic growth and group-based interventions for persons dealing with cancer: What have we learned so far? *Psychological Inquiry*, 15 (1), 35-41.

[310] Lechner, S. C., Carver, C. S., Antoni, M. H., Weaver, K. E., & Phillips, K. M. (2006). Curvilinear associations between benefit finding and psychosocial adjustment to breast cancer. *Journal of Consulting and Clinical Psychology*, 74 (5), 828-840.

[311] Leidner, R. (1993). *Fast food, fast talk: Service work and the routini-*

zation of everyday life. Berkeley: University of California Press.

[312] Lelorain, S., Bonnaud – Antignac, A., & Florin, A. (2010). Long term posttraumatic growth after breast cancer: prevalence, predictors and relationships with psychological health. *Journal of Clinical Psychology in Medical Settings*, 17 (1), 14 – 22.

[313] Lewis, V., Creamer, M., & Failla, S. (2009). Is poor sleep in veterans a function of post-traumatic stress disorder? *Military medicine*, 174 (9), 948 – 951.

[314] Linley, P. A., & Joseph, S. (2004). Positive change following trauma and adversity: a review. *Journal of Traumatic Stress*, 17 (1), 11 – 21.

[315] Maercker, A., & Langner, R. (2001). Posttraumatic personal growth: Validation of German versions of two questionnaires. *Diagnostica – Gottingen –* , 47 (3), 153 – 162.

[316] Malta, L. S., Blanchard, E. B., Taylor, A. E., Hickling, E. J., & Freidenberg, B. M. (2002). Personality disorders and post traumatic stress disorder in motor vehicle accident survivors. *The Journal of Nervous and Mental Disease*, 190 (1), 767 – 774.

[317] Manne, S., & Glassman, M. (1998). Perceived control, coping efficacy, and avoidance coping as mediators between spouses & unsupportive behaviors and cancer patients & psychological dist ress. *Health Psychology*, 19 (2), 155 – 164.

[318] Manor, H., & Margalt, M. (1986). The Therapeutic Class Teacher: A Therapist or a teacher? *School Psychology International*, 7 (2), 83 – 87.

[319] Margolin, G., Ramos, M. C., Guran, E. L. (2010). Earthquakes and children: The role of psychologists with families and communities. *Prefessional Psychology: Research and Practice*, 41, 1 – 9.

[320] Markus, H. R., & Kitayama, S. (1991). Culture and the self: Implications for cognition, emotion, and motivation. *Psychological Review*, 98 (2), 224 – 253.

[321] Maslach, C, Jackson, S E, & Leiter, M P. (1996). *The Maslach Burnout Inventory (3rd Ed.*). Palo Alto, CA: Consulting Psychologists Press.

[322] Masten, A. S. (1994). *Resilience in individual development: Successful adaptation despite risk and adversity.* In M. C. Wang & E. W. Gordon (Eds.), Educational resilience in inner-city America: Challenges and prospects (pp. 3 – 25). Hillsdale, NJ: Erlbaum.

［323］Mayou R., Ehlers A., & Bryant B. (2002). Posttraumatic stress disorder after motor vehicle accidents: 3 - year follow-up of a prospective longitudinal study. *Behavior Research and Therapy*, 40 (6), 665 - 675.

［324］Mayou, R., Bryant, B., Ehlers, A. (2001). Prediction of psychological outcomes one year after a motor vehicle accident. *American Journal of Psychiatry*, 158 (8), 1231 - 1238.

［325］McCann, I. L., & Pearlman, L. A. (1990). Vicarious traumatization: A framework for understanding the psychological effects of working with victims. *Journal of traumatic stress*, 3 (1), 131 - 149.

［326］McCullough, M. E., Kilpatrick, S. D., Emmons, R. A., & Larson, D. B. (2001). Is gratitude a moral affect? *Psychological Bulletin*, 127 (2), 249 - 266.

［327］McFarlane, A. C. (1987). Posttraumatic phenomena in a longitudinal study of children following a nature disaster. *Journal of American Academy of Child and Adolescent Psychiatry*, 26 (5), 764 - 769.

［328］McmIllen J. C., North C. S., SmIth E. M. (2000). What parts of PTSD are normal: Intrusion, avoidance, or arousal? Data from the Northridge, California, earthquake. *Journal of Traumatic Stress*, 13, 57 - 75.

［329］McMillen, J. C. (2004). Posttraumatic growth: What's it all about? *Psychological Inquiry*, 15 (1), 48 - 52.

［330］McMillen, J. C., & Fisher, R. H. (1998). The Perceived Benefit Scales: Measuring perceived positive life changes after negative events. *Social Work Research*, 22 (3), 173 - 187.

［331］McMillen, J. C., Smith, E. M., & Fisher, R. H. (1997). Perceived benefit and mental health after three types of disaster. *Journal of Consulting and Clinical Psychology*, 65 (5), 733 - 739.

［332］Mcmllen, J. C., North, C. S., & Smith, E. M. (2000). What parts of PTSD are normal: Intrusion, avoidance, or arousal? Data from the Northridge, California, earthquake. *Journal of Traumatic Stress*. 13 (1): 57 - 75.

［333］Mehnert, A. & Koch, U. (2007). Prevalence of acute and post-traumatic stress disorder and comorbid mental disorders in breast cancer patients during primary cancer care: a prospective study. *Psychooncology*, 16 (3), 181 - 188.

［334］Meyerson, D. A., Grant, K. E., Carter, J. S., & Kilmer, R. P. (2011). Posttraumatic growth among children and adolescents: A systematic review. *Clinical Psychology Review*, 31 (6), 949 - 964.

[335] Michael, T., Ehlers, A., & Halligan, S. L. (2005). Enhanced priming for trauma-related material in posttraumatic stress disorder. *Emotion*, 5 (1), 103 - 112.

[336] Milan, S., Zona, K., Acker, J., & Turcios - Cotto, V. (2013). Prospective risk factors for adolescent PTSD: sources of differential exposure and differential vulnerability. *Journal of abnormal child psychology*, 41 (2), 339 - 353.

[337] Monroe, S. M., & Simons, A. D. (1991). Diathesis-stress theories in the context of life stress research: implications for the depressive disorders. *Psychological bulletin*, 110 (3), 406 - 425.

[338] Mulilis, J. P., & Lippa, R. (1990). Behavioral change in earthquake preparedness due to negative threat appeals: A test of protection motivation theory. *Journal of Applied Social Psychology*, 20 (8), 619 - 638.

[339] Neimeyer, R. A. (2004). Fostering posttraumatic growth: A narrative elaboration. *Psychological Inquiry*, 15 (1), 53 - 59.

[340] Nicholls, P. J., Abraham, K., Connor, K. M., et al. (2006). Trauma and posttraumatic stress in users of the Anxiety Disorders Association of America Web site. *Comprehensive Psychiatry*, 47 (1), 30 - 34.

[341] Nolen - Hoeksema, S., & Morrow, J. (1991). A prospective study of depression and posttraumatic stress symptoms after a natural disaster: the 1989 Loma Prieta Earthquake. *Journal of personality and social psychology*, 61 (1), 115 - 121.

[342] Nolen - Hoeksema, S., Wisco, B. E., & Lyubomirsky, S. (2008). Rethinking rumination. *Perspectives on psychological science*, 3 (5), 400 - 424.

[343] Norris, F. H., Friedman, M. J., Watson, P. J., Byrne, C. M., Diaz, E., … Kaniasty, K. (2002). 60,000 disaster victims speak: Part I. An empirical review of the empirical literature, 1981 - 2001. *Psychiatry: Interpersonal and Biological Processes*, 65 (3), 207 - 239.

[344] Norris, F. H., Perilla, J. L., Riad, J. K., et al. (1999). Stability and change in stress, resources, and psychological distress following natural disaster: Findings from Hurricane Andrew. *Anxiety, Stress and Coping*, 12 (4), 363 - 396.

[345] North, C. S., Hong, B. A. (2000). Project CREST: A new model for mental health intervention after a community disaster. *American Journal of Public Health*, 90 (7), 1057 - 1058.

[346] O'Leary, V. E., & Ickovics, J. R. (1995). Resilience and thriving in response to challenge: An opportunity for a paradigm shift in women's health. *Women's*

Health: *Research on Gender, Behavior, and Policy*, 1 (2), 121 – 142.

［347］Ong, A. D., Bergeman, C. S., Bisconti, T. L. & Wallace, K. A. (2006). Psychological resilience, positive emotions, and successful adaptation to stress in later life. *Journal of Personality and Social Psychology*, 91 (4), 730 – 749.

［348］Oquendo, M. D., et al. (2003). Association of co morbid posttraumatic stress disorder and major depression with greater risk for suicidal behavior. *The American Journal of Psychiatry*, 160 (3), 580 – 582.

［349］O'Toole, B. I., & Catts, S. V. (2008). Trauma, PTSD, and physical health: an epidemiological study of Australian Vietnam veterans. *Journal of Psychosomatic Research*, 64 (1), 33 – 40.

［350］Panagioti, M., Gooding, P., & Tarrier, N. (2009). Post-traumatic stress disorder and suicidal behavior: A narrative review. *Clinical Psychology Review*, 29 (6), 471 – 482.

［351］Park, C. L. (1998). Stress – Related Growth and Thriving Through Coping: The Roles of Personality and Cognitive Processes. *Journal of Social Issues*, 54 (2), 267 – 277.

［352］Park, C. L., & Folkman, S. (1997). Stability and change in psychosocial resources during caregiving and bereavement in partners of men with AIDS. *Journal of Personality*, 65 (2), 421 – 447.

［353］Park, C. L., Cohen, L. H., & Murch, R. L. (1996). Assessment and prediction of stress-related growth. *Journal of Personality*, 64 (1), 71 – 105.

［354］ParkC. L, FolkmanS. (1997). Meaning in the context of stress and coping. *Review of general psychology*, 1, 115 – 144.

［355］Paton, D., & Johnston, D. (2001). Disasters and communities: vulnerability, resilience and preparedness. *Disaster Prevention and Management*, 10 (4), 270 – 277.

［356］Phipps, S., Long, A. M., & Ogden, J. (2007). Benefit finding scale for children: Preliminary findings from a childhood cancer population. *Journal of Pediatric Psychology*, 32 (10), 1264 – 1271.

［357］Pierce, J. L. (1995). *Gender trials*: *Emotional lives in contemporary law firms*. Berkeley: University of California Press.

［358］Powell, S., Rosner, R., Butollo, W., Tedeschi, R. G., & Calhoun, L. G. (2003). Posttraumatic growth after war: A study with former refugees and displaced people in Sarajevo. *Journal of clinical psychology*, 59 (1), 71 – 83.

[359] Pynoos R. S., Geonjian A., Tashjian M., et al. (1993). Post-traumatic stress reactions in children after the 1988 Armenian Earthquake. *British Journal of Psychiatry*, 163, 239–247.

[360] Roussos A., Goenjian A. K., Steinberg A. M., et al. (2005). Posttraumatic stress and depressive reactions among children and adolescents after the 1999 earthquake in Ano Liosia, Greece. *The American Journal of Psychiatry*, 162 (3), 530–537.

[361] Saakvitne, K. W., Tennen, H., & Affleck, G. (2010). Exploring thriving in the context of clinical trauma theory: Constructivist self development theory. *Journal of Social Issues*, 54 (2), 279–299.

[362] Salsman, J. M., Segerstrom, S. C., Brechting, E. H., Carlson, C. R., & Andrykowski, M. A. (2009). Posttraumatic growth and PTSD symptomatology among colorectal cancer survivors: a 3-month longitudinal examination of cognitive processing. *Psycho-Oncology*, 18 (1), 30–41.

[363] Salter, E., & Stallard, P. (2004). Posttraumatic growth in child survivors of a road traffic accident. *Journal of Traumatic Stress*, 17 (4), 335–340.

[364] Sampson, E. E. (2000). Reinterpreting individualism and collectivism: Their religious roots and monologic versus dialogic person-other relationship. *American Psychologist*, 55 (12), 1425–1432.

[365] Schaefer, J. A., & Moos, R. H. (1992). *Life crises and personal growth*. In B. N. Carpenter (Ed.), Personal coping: Theory, research, and applications (pp. 149–170). New York: Praeger.

[366] Schnurr, P. P., Rosenberg, S. D., & Friedman, M. J. (1993). Change in MMPI scores from college to adulthood as a function of military service. *Journal of Abnormal Psychology*, 102 (2), 288–296.

[367] Schroevers, M. J., & Teo, I. (2008). The report of posttraumatic growth in Malaysian cancer patients: Relationships with psychological distress and coping strategies. *Psycho-Oncology*, 17 (12), 1239–1246.

[368] Schwarzer, R., Luszczynska, A., Boehmer, S., Taubert, S., & Knoll, N. (2006). Changes in finding benefit after cancer surgery and the prediction of well-being one year later. *Social Science & Medicine*, 63 (3), 1614–1624.

[369] Scrignar, C. B. (1984). *Post-traumatic Stress Disorder: Diagnosis, Treatment, and Legal issues*. New York: Praguer.

[370] Seng, J. S., Clark, M. K., McCarthy, A. M., et al. (2006). PTSD

and physical co morbidity among women receiving Medicaid: Results for service-use data. *Journal of Traumatic Stress*, 19 (1), 45 – 56.

[371] Senol – Durak, E, & Ayvasik, H. B. (2010). Factors associated with posttraumatic growth among myocardial infarction patients: Perceived social support, perception of the event and coping. *Journal of Clinical Psychology and Medical Settings*, 17 (2), 150 – 158.

[372] Sepehri, G., & Meimandi, M. (2006). Pattern of drug prescription and utilization among Bam residents during the first six months after the 2003 Bam earthquake. *Prehospital and disaster medicine*, 21 (6), 396 – 402.

[373] Shakespeare – Finch, J., Gow, K., & Smith, S. (2005). Personality, coping and posttraumatic growth in emergency ambulance personnel. *Traumatology*, 11 (4), 325 – 334.

[374] Shimizu, S., Aso, K., Noda, T., Ryukei, S., Kochi, Y., & Yamamoto, N. (2000). Natural disasters and alcohol consumption in a cultural context: the Great Hanshin Earthquake in Japan. *Addiction*, 95 (4), 529 – 536.

[375] Snape, M. C. (1997). Reactions to a traumatic event: The good, the bad and the ugly? Psychology, *Health & Medicine*, 2 (3), 237 – 242.

[376] So-kum Tang, C. (2007). Posttraumatic growth of Southeast Asian survivors with physical injuries: Six months after the 2004 southeast Asian Earthquake – Tsunami Australasian. *Journal of Disaster and Trauma Studies*, 1, 1174 – 4707.

[377] Solomon, Z. & Dekel, R. (2007). Posttraumatic stress disorder and posttraumatic growth among Israeli expows. *Journal of Traumatic Stress*, 20 (3), 303 – 312.

[378] Stein, B. D., Jaycox, L. H., Kataoka, S. H., Wong, M., Tu, W., Elliott, M. N., … Fink, A. (2003). A mental health intervention for schoolchildren exposed to violence: A randomized controlled trail. *Journal for the American Medical Association*, 290, 603 – 611.

[379] Stephen, Z., Levine, A. L., Yaira, H., Einat, S, & Solomon, Z. (2008). Posttraumatic growth in adolescence: Examining its components and relationship with PTSD. *Journal of Traumatic Stress*, 21 (5), 492 – 496.

[380] Stephens, C., Long, N., & Miller, I. (1997). The impact of trauma and social support on Posttraumatic Stress Disorder: A study of New Zealand police officers. *Journal of Criminal Justice*, 25 (4), 303 – 314.

[381] Strom, T. Q., Leskela, J., James, L. M., Thuras, P. D., Voller, E., Weigel, R., et al. (2012). An exploratory examination of risk-taking behavior

and PTSD symptom severity in a veteran sample. *Military medicine*, 177 (4), 390 - 396.

[382] Stump, M. J., & Smith, J. E. (2008). The relationship between posttraumatic growth and substance use in homeless women with histories of traumatic experience. *American Journal on Addictions*, 17 (6), 478 - 487.

[383] Swickert, R., & Hittner, J. (2009). Social support coping mediates the relationship between gender and posttraumatic growth. *Journal of Health Psychology*, 14 (3), 387 - 393.

[384] Taft, C. T., Creech, S. K., & Kachadourian, L. (2012). Assessment and treatment of posttraumatic anger and aggression: A review. *Journal of Rehabilitation Research and Development*, 49 (5), 777 - 788.

[385] Taku, K., Cann, A., Tedeschi, R. G.., & Calhoun, L. G. (2008). Intrusive versus deliberate rumination in posttraumatic growth across US and Japanese samples. *Anxiety Stress Coping*, 20 (2), 1 - 8.

[386] Taku, K., Kilmer, R. P., Cann, A., Tedeschi, R. G., & Calhoun, L. G. (2012). Exploring posttraumatic growth in Japanese youth. *Psychological Trauma: Theory, Research, Practice, and Policy*, 4 (4), 411 - 419.

[387] Tang, C. S. (2007). Trajectory of traumatic stress symptoms in the aftermath of extreme natural disaster: A study of adult Thai survivors of the 2004 Southeast Asian earthquake and tsunami. *The Journal of nervous and mental disease*, 195 (1), 54 - 59.

[388] Taylor, S. E., Kemeny, M. E., & Reed, G. F., et al. (2000). Psychological resources, positive illusions, and health. *American psychologist*, 55 (1), 99 - 109.

[389] Tedeschi, R. G., & Calhoun, L. G. (1995). Trauma and transformation: Growing in the aftermath of suffering. Thousand Oaks: CA: Sage.

[390] Tedeschi, R. G., & Calhoun, L. G. (1996). The Posttraumatic Growth Inventory: Measuring the positive legacy of trauma. *Journal of traumatic stress*, 9 (3), 455 - 471.

[391] Tedeschi, R. G., & Calhoun, L. G. (2004). Posttraumatic growth: Conceptual foundations and empirical evidence. *Psychological Inquiry*, 15 (1), 1 - 18.

[392] Teicher, M. H., Glod, C. A., Surrey. J., & Swett, C. (1993). Early childhood abuse and limbic system ratings in adult psychiatric outpatients. *Journal of Neuropshychiatry*, 5 (3), 301 - 306.

[393] Trickey, D., Siddaway, A. P., Meiser-Stedman, R., Serpell, L., & Field, A. P. (2012). A meta-analysis of risk factors for post-traumatic stress disorder in children and adolescents. *Clinical Psychology Review*, 32 (2), 122–138.

[394] Turner, R., Grindstaff, C., & Phillips, N. (1990). Social support and outcome in teenage pregnancy. *Journal of Health and Social Behavior*, 31 (1), 43–57.

[395] Uemoto, M., Asakawa, A., Takamiya, S., Asakawa, K., & Inui, A. (2012). Kobe Earthquake and Post-Traumatic Stress in School-Aged Children. *International Journal of Behavioral Medicine*, 19 (3), 243–251.

[396] Veeser, P. I., & Blakemore, C. W. (2006). Student Assistance Program: A new approach for student success in addressing behavioral health and life events. *Journal of American College Heath*, 54 (6), 377–381.

[397] Vehid, H. E., Alyanak, B., & Eksi, A. (2006). Suicide ideation after the 1999 earthquake in Marmara, Turkey. *The Tohoku Journal of Experimental Medicine*, 208 (1), 19–24.

[398] Verger, P., Rotily, M., Hunault, C., Brenot, J., Baruffol, E., & Bard, D. (2003). Assessment of exposure to a flood disaster in a mental health study. *Journal of Exposure Analysis and Environmental Epidemiology*, 13 (6), 436–442.

[399] Vernberg, E. M., La Greca, A. M., Silverman, K. W., & Prinstein, M. J. (1996). Prediction of posttraumatic stress symptoms in children after Hurricane Andrew. *Journal of Abnormal Psychology*, 105 (2), 237–248.

[400] Vishnevsky, T., Cann, A., Calhoun, L. G., Tedeschi, R. G., & Demakis, G. J. (2010). Gender differences in self-reported posttraumatic growth: A meta-analysis. *Psychology of Women Quarterly*, 34 (1), 110–120.

[401] Wagnild, G. M. (2009). A review of the resilience scale. *Journal of Nursing Measurement*, 17 (2), 105–113.

[402] Wang H. L., Jin H., Nunnink S. E., Guo W., Sun J., Shi J. A., ... Baker D. G. (2010). Identification of post traumatic stress disorder and risk factors in military first responders 6 months after Wen Chuan earthquake in China. *Journal of Affective Disorders*, 130, 213–219.

[403] Wang, W., Fu, W., Wu, J., Ma, X., Sun, X., Huang, Y., et al. (2012). Prevalence of PTSD and Depression among Junior Middle School Students in a Rural Town Far from the Epicenter of the Wenchuan Earthquake in China. *PloS one*, 7 (7), 1–10.

[404] Wang, X. D., Gao, L., Zhang, H. B., Zhao, C. Z., Shen, Y. C., & Shinfuku, N. (2000). Post-earthquake quality of life and psychological well-being: Longitudinal evaluation in a rural community sample in northern China. *Psychiatry and Clinical Neurosciences*, 54 (4), 427–433.

[405] Wang, X., Gao, L., Shinfuku, N., Zhang, H., Zhao, C., & Shen, Y. (2000). Longitudinal Study of Earthquake-Related PTSD in a Randomly Selected Community Sample in North China. *The American Journal of Psychiatry*, 157 (8), 1260–1266.

[406] Watson, D., & Hubbard, B. (1996). Adaptational style and dispositional structure: Coping in the context of the five-factor model. *Journal of Personality*, 64 (4), 737–774.

[407] Watt, M. H., Ranby, K. W., Meade, C. S., Sikkema, K. J., MacFarlane, J. C., Skinner, D., et al. (2012). Posttraumatic stress disorder symptoms mediate the relationship between traumatic experiences and drinking behavior among women attending alcohol-serving venues in a South African township. *Journal of Studies on Alcohol and Drugs*, 73 (4), 549.

[408] Weiss, D., Marmar, C. (1997). *The Impact of Event Scale-Revised*. In Wilson, J. and Keane, K. Assessing psychological trauma and PTSD. New York: Guildford.

[409] Westphal, M., & Bonanno, G. A. (2007) Posttraumatic growth and resilience to trauma: different sides of the same coin or different coins. *Applied Psychology: an International Review*, 56 (3), 417–427.

[410] Wickrama, K. A. S., & Wickrama, K. A. (2008). Family context of mental health risk in Tsunami affected mothers: Findings from a pilot study in Sri Lanka. *Social Science and Medicine*, 66 (4), 994–1007.

[411] Wolchik, S. A., Coxe, S., Tein, J. Y., Sandler, I. N., & Ayers, T. S. (2008). Six-year longitudinal predictors of posttraumatic growth in parentally bereaved adolescents and young adults. *OMEGA—Journal of Death and Dying*, 58 (2), 107–128.

[412] Wolmer, L., Laor, N., Dedeoglu, C., Siev, J., & Yazgan, Y. (2005). Teacher-mediated intervention after disaster: A controlled three-year follow-up of children's functioning. *Journal of Child Psychology and Psychiatry*, 46, 1161–1168.

[413] Wu, Y. C., Hung, F. C., & Chen, S. H. (2002). "Changes or not"

is the question: The meaning of posttraumatic stress reactions one year after the Taiwan chi-chi earthquake. *Journal of the Chinese Institute of Engineers*, 25 (5), 609 – 618.

[414] Yen, S., et al. (2002). Traumatic exposure and posttraumatic stress disorder in borderline, schizotypal, avoidant, and obsessive-compulsive personality disorders: Findings from the Collaborative Longitudinal Personality Disorders Study. *Journal of Nervous and Mental Disease*, 190 (8), 510 – 518.

[415] Ying, L., Wu, X., & Lin, C. (2012). Longitudinal linkages Between depressive and posttraumatic stress symptoms in adolescent survivors following the Wenchuan earthquake in China: A three-wave, cross-lagged study. *School psychology International*, 33 (4), 416 – 432.

[416] Ying, L., Wu, X., Lin, C., Chen, C. (2013). Prevalance and predicators of posttraumatic stress disorder and depressive symptoms among child survivors 1 year following the Wenchuan earthquake in China. *European Child & Adolescent Psychiatry*, 22 (9), 567 – 575.

[417] Yu, X., Lau, J. T. F., Zhang, J., Mak, W. W. S., & Choi, K. C. (2010). Posttraumatic growth and reduced suicidal ideation among adolescents at month 1 after the Sichuan earthquake. *Journal of Affective Disorders*, 123 (1 – 3), 327 – 331.

[418] Zhang, L. (2002). Study on the relation between social support and quality of life for elderly population. Chinese *Journal of Behavior Medical Science*, 11 (1), 82 – 85.

[419] Zhang, Z., Ran, M. S., Li, Y. H., Ou, G. J., Gong, R. R., Li, R. H., et al. (2012). Prevalence of post-traumatic stress disorder among adolescents after the Wenchuan earthquake in China. *Psychological medicine*, 1 (1), 1 – 13.

[420] Zhang, Z., Shi, Z., Wang, L., & Liu, M. (2011). One year later: Mental health problems among survivors in hard-hit areas of the Wenchuan earthquake. *Public health*, 125 (5), 293 – 300.

[421] Zoellner, T., & Maercker, A. (2006). Posttraumatic growth in clinical psychology: A critical review and introduction of a two component model. *Clinical Psychological Review*, 26 (5), 626 – 653.

[422] Zoellner, T., Rabe, S., Karl, A., & Maercker, A. (2008). Posttraumatic growth in accident survivors: Openness and optimism as predictors of its constructive or illusory sides. *Journal of Clinical Psychology*, 64 (3), 245 – 263.

后 记

我们所承担的教育部哲学社会科学研究课题重大攻关项目"灾后中小学生心理疏导研究"于2011年5月顺利通过了教育部专家组的学术鉴定,并以96分被评为"优秀"课题成果;2011年11月,我们又在结束对汶川县持续3年9期15个专题的培训后,在汶川县政府的主持下进行了培训项目的总结,从而宣告了本课题研究和培训工作的圆满完成。在顺利完成课题工作后,我们又花了整整2年的时间,认真总结和梳理相关的研究发现和培训经验,这就是目前呈现在您面前的这本凝结着我们心血和汗水的专著。

在5年多的研究、实践和总结过程中,我们深感服务教育实际、解决实践问题价值巨大,但更深感研究过程艰辛异常、研究成果来之不易。在"5·12"汶川特大地震发生之前,我们团队的成员大多是研究正常情境下中小学生的心理发展与教育的专家,是汶川特大地震的发生改变了我们的学术轨迹,让我们在服务国家重大需求、解决重大实际问题的过程中,升华着我们对学术研究与造福民众关系的认识,也使得我们团队的许多成员成为了创伤心理学领域的研究专家和实践能手。

在5年多的研究、实践和总结过程中,我们深感个人的能力和努力对于任务的完成固然重要,但团队的通力合作和相互支持才是完成重大项目的真正保障。在此,我要感谢北京师范大学伍新春教授、侯志瑾教授、乔志宏教授、方晓义教授、芦咏莉教授、张日昇教授、西南民族大学陈秋燕教授、四川师范大学戴艳教授、加拿大生命协会庄健会长及他们所带领的研究和服务团队的精诚合作和全力付出,尤其要特别感谢伍新春教授协助我主持课题并在课题的总体协调方面、陈秋燕教授在汶川的教师培训方面、戴艳教授在灾后心理的调查方面、庄健先生在资金筹措和人员支持方面所付出的心力。正是因为大家不计得失地相互扶持,我们的课题才取得了圆满成功,正所谓"人心齐泰山移"!

在5年多的研究、实践和总结过程中,我们始终得到了教育部社会科学司、北京师范大学社会科学处、我们所指导的研究生及国际友人的大力支持。从课题最初的申请论证到研究成果的最终出版，教育部社会科学司的张东刚、魏贻恒等有关领导给予了我们很大的关心和鼓励，北京师范大学社会科学处的刘复兴、范立双、田晓刚等有关同仁给予了我们有力的协助和支持，西南民族大学程科、张晨光等老师为课题的顺利开展所付出的默默努力，我们不会忘记；我们所指导的博士生安媛媛（目前任教于南京师范大学）、臧伟伟（目前任教于北京科技大学）、付芳（目前任教于复旦大学）、应柳华（目前任教于浙江理工大学）、刘春晖（目前任教于北京师范大学）、周宵、博士后曾盼盼（目前任教于北京教育学院）、硕士生张宇迪（目前任教于北京信息职业技术学院）、陈杰灵等，从课题申请、数据调研、结果分析、报告撰写、书稿整理等方面，给予了我们全方位的协助，做了大量具体而细致的工作，我们将铭记这份师生情谊；加拿大生命协会、美国文化更新基金会、新加坡倍乐基金会等不计名利、甘居幕后，为汶川教师培训工作的顺利开展提供了充足的资金支持，并派出了高水平的专家队伍支持我们的培训工作，我们会将他们这份人道主义的精神收藏于心底。

《灾后中小学心理疏导研究》即将付梓，我们也为"夺取抗击汶川特大地震等严重自然灾害和灾后恢复重建重大胜利（十八大报告）"做出了一点贡献，但我们对于汶川地震后的心理援助工作并不会因此而结束。在教育部等相关部门的支持下，我们将一如既往地保持与汶川地震灾区师生的密切联系，深入探究汶川地震对中小学师生心理发展的长期影响，并为他们解决日常生活、学习和工作上的各种问题继续尽一份绵薄之力。

林崇德

2013 年 11 月于北京师范大学

教育部哲学社会科学研究重大课题攻关项目成果出版列表

书　名	首席专家
《马克思主义基础理论若干重大问题研究》	陈先达
《马克思主义理论学科体系建构与建设研究》	张雷声
《马克思主义整体性研究》	逄锦聚
《改革开放以来马克思主义在中国的发展》	顾钰民
《新时期　新探索　新征程 ——当代资本主义国家共产党的理论与实践研究》	聂运麟
《当代中国人精神生活研究》	童世骏
《弘扬与培育民族精神研究》	杨叔子
《当代科学哲学的发展趋势》	郭贵春
《服务型政府建设规律研究》	朱光磊
《地方政府改革与深化行政管理体制改革研究》	沈荣华
《面向知识表示与推理的自然语言逻辑》	鞠实儿
《当代宗教冲突与对话研究》	张志刚
《马克思主义文艺理论中国化研究》	朱立元
《历史题材文学创作重大问题研究》	童庆炳
《现代中西高校公共艺术教育比较研究》	曾繁仁
《西方文论中国化与中国文论建设》	王一川
《楚地出土戰國簡册〔十四種〕》	陳偉
《近代中国的知识与制度转型》	桑兵
《中国抗战在世界反法西斯战争中的历史地位》	胡德坤
《京津冀都市圈的崛起与中国经济发展》	周立群
《金融市场全球化下的中国监管体系研究》	曹凤岐
《中国市场经济发展研究》	刘伟
《全球经济调整中的中国经济增长与宏观调控体系研究》	黄达
《中国特大都市圈与世界制造业中心研究》	李廉水
《中国产业竞争力研究》	赵彦云
《东北老工业基地资源型城市发展可持续产业问题研究》	宋冬林
《转型时期消费需求升级与产业发展研究》	臧旭恒
《中国金融国际化中的风险防范与金融安全研究》	刘锡良
《中国民营经济制度创新与发展》	李维安
《中国现代服务经济理论与发展战略研究》	陈宪
《中国转型期的社会风险及公共危机管理研究》	丁烈云
《人文社会科学研究成果评价体系研究》	刘大椿
《中国工业化、城镇化进程中的农村土地问题研究》	曲福田
《东北老工业基地改造与振兴研究》	程伟
《全面建设小康社会进程中的我国就业发展战略研究》	曾湘泉

书　名	首席专家
《自主创新战略与国际竞争力研究》	吴贵生
《转轨经济中的反行政性垄断与促进竞争政策研究》	于良春
《面向公共服务的电子政务管理体系研究》	孙宝文
《产权理论比较与中国产权制度变革》	黄少安
《中国企业集团成长与重组研究》	蓝海林
《我国资源、环境、人口与经济承载能力研究》	邱　东
《"病有所医"——目标、路径与战略选择》	高建民
《税收对国民收入分配调控作用研究》	郭庆旺
《多党合作与中国共产党执政能力建设研究》	周淑真
《规范收入分配秩序研究》	杨灿明
《中国加入区域经济一体化研究》	黄卫平
《金融体制改革和货币问题研究》	王广谦
《人民币均衡汇率问题研究》	姜波克
《我国土地制度与社会经济协调发展研究》	黄祖辉
《南水北调工程与中部地区经济社会可持续发展研究》	杨云彦
《产业集聚与区域经济协调发展研究》	王　珺
《我国民法典体系问题研究》	王利明
《中国司法制度的基础理论问题研究》	陈光中
《多元化纠纷解决机制与和谐社会的构建》	范　愉
《中国和平发展的重大前沿国际法律问题研究》	曾令良
《中国法制现代化的理论与实践》	徐显明
《农村土地问题立法研究》	陈小君
《知识产权制度变革与发展研究》	吴汉东
《中国能源安全若干法律与政策问题研究》	黄　进
《城乡统筹视角下我国城乡双向商贸流通体系研究》	任保平
《产权强度、土地流转与农民权益保护》	罗必良
《矿产资源有偿使用制度与生态补偿机制》	李国平
《巨灾风险管理制度创新研究》	卓　志
《中国与全球油气资源重点区域合作研究》	王　震
《生活质量的指标构建与现状评价》	周长城
《中国公民人文素质研究》	石亚军
《城市化进程中的重大社会问题及其对策研究》	李　强
《中国农村与农民问题前沿研究》	徐　勇
《西部开发中的人口流动与族际交往研究》	马　戎
《现代农业发展战略研究》	周应恒
《综合交通运输体系研究——认知与建构》	荣朝和
《中国独生子女问题研究》	风笑天
《我国粮食安全保障体系研究》	胡小平
《城市新移民问题及其对策研究》	周大鸣

书 名	首席专家
《新农村建设与城镇化推进中农村教育布局调整研究》	史宁中
《农村公共产品供给与农村和谐社会建设》	王国华
《中国边疆治理研究》	周　平
《边疆多民族地区构建社会主义和谐社会研究》	张先亮
《新疆民族文化、民族心理与社会长治久安》	高静文
《中国大众媒介的传播效果与公信力研究》	喻国明
《媒介素养：理念、认知、参与》	陆　晔
《创新型国家的知识信息服务体系研究》	胡昌平
《数字信息资源规划、管理与利用研究》	马费成
《新闻传媒发展与建构和谐社会关系研究》	罗以澄
《数字传播技术与媒体产业发展研究》	黄升民
《互联网等新媒体对社会舆论影响与利用研究》	谢新洲
《网络舆论监测与安全研究》	黄永林
《中国文化产业发展战略论》	胡惠林
《教育投入、资源配置与人力资本收益》	闵维方
《创新人才与教育创新研究》	林崇德
《中国农村教育发展指标体系研究》	袁桂林
《高校思想政治理论课程建设研究》	顾海良
《网络思想政治教育研究》	张再兴
《高校招生考试制度改革研究》	刘海峰
《基础教育改革与中国教育学理论重建研究》	叶　澜
《公共财政框架下公共教育财政制度研究》	王善迈
《农民工子女问题研究》	袁振国
《当代大学生诚信制度建设及加强大学生思想政治工作研究》	黄蓉生
《从失衡走向平衡：素质教育课程评价体系研究》	钟启泉　崔允漷
《高校思想政治理论课教育教学质量监测体系研究》	张耀灿
《处境不利儿童的心理发展现状与教育对策研究》	申继亮
《学习过程与机制研究》	莫　雷
《青少年心理健康素质调查研究》	沈德立
《灾后中小学生心理疏导研究》	林崇德
《WTO 主要成员贸易政策体系与对策研究》	张汉林
《中国和平发展的国际环境分析》	叶自成
《冷战时期美国重大外交政策案例研究》	沈志华
＊《中国政治文明与宪法建设》	谢庆奎
＊《非传统安全合作与中俄关系》	冯绍雷
＊《中国的中亚区域经济与能源合作战略研究》	安尼瓦尔·阿木提
……	

＊为即将出版图书